Wortschatz und Schreibkompetenz

Waxmann Verlag GmbH
Steinfurter Straße 555, 48159 Münster
info@waxmann.com

Sprachliche Bildung – Studien

herausgegeben vom
Mercator-Institut

Band 1

Das Mercator-Institut für Sprachförderung und Deutsch
als Zweitsprache ist ein von der Stiftung Mercator initiiertes und
gefördertes Institut der Universität zu Köln

Sprachliche Kompetenzen sind eine wesentliche Voraussetzung dafür, dass Kinder und Jugendliche ihr Potenzial ausschöpfen können – in der Schule, im Studium, in der Berufsausbildung und in der Gesellschaft. Dennoch verfügt ein zu großer Teil der Schülerinnen und Schüler nicht über ausreichende bildungssprachliche Qualifikationen, um die Schule erfolgreich abzuschließen und ein selbstbestimmtes Leben zu führen. Die Schriftenreihe „Sprachliche Bildung" des Mercator-Instituts für Sprachförderung und Deutsch als Zweitsprache bündelt Modelle, Konzepte und Forschungsergebnisse aus Sprachdidaktik, Bildungsforschung, Linguistik und Psychologie und liefert neue Impulse für die Diskussion und Forschung im Feld sprachliche Bildung. In der Unterreihe „Sprachliche Bildung – Studien" erscheinen Monographien, in erster Linie exzellente und innovative Dissertations- und Habilitationsschriften. Im Zentrum stehen Studien zu Prozessen, Methoden und Formaten der sprachlichen Bildung und Förderung in einer durch Vielfalt geprägten Gesellschaft.

Die Schriftenreihe richtet sich an Vertreterinnen und Vertreter aus Forschung und Lehre sowie an Expertinnen und Experten in der Bildungsadministration und -praxis. Herausgegeben wird die Reihe vom Mercator-Institut für Sprachförderung und Deutsch als Zweitsprache, das 2012 von der Stiftung Mercator an der Universität zu Köln initiiert wurde und seitdem gefördert wird. Ziel des Instituts ist es, die sprachliche Bildung entlang des gesamten Bildungswegs und insbesondere in der Schule zu verbessern.

Moti Mathiebe

Wortschatz und Schreibkompetenz

Bildungssprachliche Mittel in
Schülertexten der Sekundarstufe I

Waxmann 2018
Münster · New York

Die Veröffentlichung dieser Dissertation wurde
vom Mercator-Institut gefördert.

Bibliografische Informationen der Deutschen Nationalbibliothek
Die Deutsche Nationalbibliothek verzeichnet diese Publikation in
der Deutschen Nationalbibliografie; detaillierte bibliografische
Daten sind im Internet über http://dnb.dnb.de abrufbar.

Sprachliche Bildung – Studien, Bd. 1

ISSN 2569-5045
Print-ISBN   978-3-8309-3811-8
E-Book-ISBN   978-3-8309-8811-3

© Waxmann Verlag GmbH, Münster 2018
www.waxmann.com
info@waxmann.com

Umschlaggestaltung: Inna Ponomareva, Jena
Satz: Stoddart Satz- und Layoutservice, Münster

Gedruckt auf alterungsbeständigem Papier,
säurefrei gemäß ISO 9706

Printed in Germany

Alle Rechte vorbehalten. Nachdruck, auch auszugsweise, verboten.
Kein Teil dieses Werkes darf ohne schriftliche Genehmigung des
Verlages in irgendeiner Form reproduziert oder unter Verwendung
elektronischer Systeme verarbeitet, vervielfältigt oder verbreitet werden.

Zusammenfassung

Die adäquate und funktionale Verwendung von Sprache beim Verfassen von Texten stellt eine zentrale Anforderung dar, der sich Schülerinnen und Schüler der Sekundarstufe I täglich stellen müssen. Die großen Schulleistungsstudien belegen, dass häufig die lexikalischen Fähigkeiten in unzureichendem Maße vorhanden sind und einen inhaltlich-fachlichen Lernzuwachs verhindern. Die Rolle des Wortschatzes bei der Textproduktion ist in der empirischen Schreibforschung ein bislang vernachlässigtes Gebiet, unter anderem weil dieser sprachliche Phänomenbereich äußerst komplex erscheint. Auch das Register der Bildungssprache, das für die konzeptionelle Schriftlichkeit als notwendig diskutiert wird, wurde für das Deutsche noch nicht ausreichend empirisch erforscht. Bis heute ist deshalb weitestgehend unklar, welche sprachlichen Mittel zum erfolgreichen schrift-sprachlichen Handeln beitragen.

Die vorliegende Untersuchung geht daher der Frage nach, inwiefern der Wortschatz als ein Teil von bildungssprachlicher Kompetenz einen Prädiktor für Textqualität darstellt.

Die Stichprobe umfasst 277 Schülerinnen und Schüler der 5. und 9. Klassenstufe und der drei Schularten Hauptschule, Realschule und Gymnasium. Etwas weniger als die Hälfte der Probandinnen und Probanden spricht zu Hause ausschließlich Deutsch, der Rest verfügt (zusätzlich) über eine andere Familiensprache. Von allen Schülerinnen und Schülern liegen zwei Textprodukte vor, ein Instruktions- und ein Berichtstext. Nach der elektronischen Transkription der Texte wurden diese entweder auf Basis ihrer jeweiligen Lemmata und zugehörigen Wortarten oder aber im Textganzen entlang der in der Literatur als relevant diskutierten bildungssprachlichen Mittel analysiert und quantifiziert, wie z. B. auf ihre morphologische Komplexität. Spezifische sprachliche Merkmale in den Texten wurden darüber hinaus auch auf die Angemessenheit ihrer Verwendung beurteilt, wie z. B. die Verben. Zudem wurden die produzierten Texte einer inhaltlichen Analyse unterzogen, die sich an die Idee der Textprozeduren anlehnt.

Für viele der aus den Texten generierten bildungssprachlichen Maße zeigen sich die zu erwartenden Effekte hinsichtlich der Klassenstufe und Schulart. Ein Einfluss der Familiensprache ergibt sich fast ausschließlich nur für jene sprachlichen Merkmale, deren kontextuelle Angemessenheit auch beurteilt wurde. Wird allerdings lediglich die Verwendungshäufigkeit der jeweiligen sprachlichen Mittel betrachtet, dann lassen sich kaum Unterschiede hinsichtlich der familiensprachlichen Gegebenheiten feststellen. Weiterhin zeigt sich oftmals ein unmittelbarer Einfluss der Aufgabenstellung, der erkennen lässt, dass über die Gesamtstichprobe hinweg für den Instruktions- und Berichtstext jeweils verschiedene bildungssprachliche Merkmale spezifisch sind.

Die Ergebnismuster sprechen dafür, dass die untersuchten sprachlichen Mittel als Indikatoren für bildungssprachliche Kompetenz gelten und Entwicklungsprozesse sowie Normvariationen abbilden können. Dennoch legen die empirischen Befunde nahe, den Einfluss der Schreibaufgabe bereits bei der Konzeption einer textbasierten Untersuchung von Bildungssprache zu berücksichtigen. Zudem sollten für die Textanalyse ebenso qualitative Vorgehensweisen gewählt werden, da diese möglicherweise einen tiefergehenden Einblick in das Zusammenspiel zwischen der Verwendungshäufigkeit sprachlicher Mittel und ihrem angemessenen Einsatz liefern können.

Schlagwörter: Wortschatz, Schreibkompetenz, Sekundarstufe I

Abstract

Using language adequately and functionally while producing texts is a requirement that students in secondary school face on a daily basis. Large international student assessments show that the lexical abilities are often insufficient and tend to inhibit content and subject-related learning. Up to now, the role of vocabulary during text production has not drawn a lot of attention within empirical writing research. This is mainly due to the fact that this domain seems to be a very complex issue. Also, although the register of academic language is discussed as essential for conceptual writing (in German: konzeptionelle Schriftlichkeit) it is not sufficiently empirically explored for the German language. To date, it is unclear which linguistic means are required for a successful communication in written language.

The current study discusses the question in how far vocabulary – as a part of academic language competence – is a predictor of text quality.

The sample consists of 277 students of level 5 and 9 and visits to three different school types (lower, medium and higher secondary education). A little less than half of the participants speak only German at home. The others command another language (in addition to German). All students produced two text genres, an instructional text and a report. After electronical transcription, the texts were analysed either on the basis of their respective lemmata and parts of speech, or on the text as a whole. The focus is on linguistic means that are discussed in literature as particularly relevant for academic language, e.g. morphologically complex words. Another approach is the assessment of the appropriateness in which the linguistic means are used, e.g. the use of verbs. In addition, the content of the text is analysed based on the concept of text procedures.

For many linguistic variables that were generated on the basis of the texts the expected effects for the students' class and school type are confirmed. An impact of the language spoken within the family is mostly obvious for the linguistic variables concerning contextual appropriateness. The influence of linguistic background is less obvious if the means of academic language are only quantified, however, unrated. Furthermore, a strong effect of task instruction can be illustrated. For each text type (instructional text and report) different means of academic language are specific.

The results suggest that the investigated linguistic means could be considered indicating competence in academic language and portray developmental processes and norm variation. However, the impact of the writing task should be already taken into account during the conception of text-based investigations of academic language. Moreover, also qualitative methods should be consulted for text analysis which potentially allows a deeper insight in the interaction of the quantitative use and the contextual accuracy of linguistic means.

Keywords: vocabulary, writing competence, secondary school

Inhalt

1. Einleitung

1.1 Verortung und Zielsetzung der Arbeit

Schule hat den Auftrag, gleiche Bildungschancen für alle Schülerinnen und Schüler zu schaffen und ihre unterschiedlichen Fähigkeitsvoraussetzungen auszugleichen, damit sie ihr Recht auf Bildung verwirklichen können (Stanat, 2006). Die schulischen Basisqualifikationen von Schülerinnen und Schülern liegen jedoch im deutschen Schulsystem im Argen. Es bestehen gravierende Leistungsunterschiede zwischen den Lernenden, wie die Forschungsergebnisse der letzten Jahre belegen (Baumert & Schümer, 2001). In der aktuellen bildungspolitischen Diskussion ringt man um Ansätze und Maßnahmen, um diesem Trend entgegenzuwirken. Besonders alarmierend ist die Situation in der Sekundarstufe I, da hier der Kompetenzerwerb basaler Fähigkeiten wie dem Lesen und Schreiben so weit vorangeschritten sein sollte, dass dieser zum inhaltlich-fachlichen Lernen beitragen kann. Insbesondere Schülerinnen und Schüler mit einer anderen Familiensprache als Deutsch weisen hier Defizite auf. Aufgrund mangelnder grundlegender sprachlicher Fähigkeiten können sie den Anforderungen im Unterricht nicht gerecht werden. Ebenso betroffen sind monolingual Deutsch sprechende Schülerinnen und Schüler, deren ungenügende Sprachkompetenz das inhaltliche Lernen oft verhindert. Gleichzeitig führen die unzureichenden fachlichen Kenntnisse dazu, dass die weitere Profilierung des Wortschatzes nur bedingt gelingen kann (Lesemann, Scheele, Mayo & Messer, 2007; Ramm, Walter, Heidemeier & Prenzel, 2005).

Zwar legen Wortschatz und Schreibkompetenz als die beiden Schlagworte im Titel dieser Arbeit die Vermutung nahe, dass beide Fähigkeitsbereiche miteinander einhergehen oder dass sich ein umfangreicher Wortschatz zwangsläufig positiv auf die Textproduktion auswirkt. Eine Untersuchung dieses vermeintlichen Zusammenhangs steht jedoch bisher im deutschsprachigen Raum noch aus. Sie würde besonders die folgenden drei wissenschaftlichen Disziplinen und Forschungsschwerpunkte bereichern:

(1) Die Rolle der Sprache stand in der *empirischen Schreibforschung* in den letzten 40 Jahren kaum im Fokus, auch wenn seit den 1980er Jahren viele neue Forschungsfelder entstanden sind. So führte die Untersuchung des Schreibprozesses und der Schreibentwicklung in Deutschland innerhalb der Schreibdidaktik zu einer Verlagerung von der traditionellen Aufsatzlehre hin zur Zerlegung des Schreibens in seine Teilprozesse. Diese kognitive Wende wurde auch in die Bildungsstandards aus dem Jahre 2004 (KMK, 2004) implementiert. Es liegt eine Reihe von Studien aus der (Kognitions-)Psychologie vor, welche sich mit möglichen Prädiktoren und weiteren Kovariaten der Schreibkompetenz beschäftigt. Dort wurde nachgewiesen, dass sowohl kognitive Kompetenzen als auch orthographische und graphomotorische Fähigkeiten mit der Qualität des Textprodukts korrelieren (Deno, Marston & Mirkin, 1982; Hogan & Mishler, 1980; Kellogg,

1996; McCutchen, 1996; Parker, Tindal & Hasbrouck, 1991). Die Rolle lexikalischer Mittel nehmen allerdings bislang weder Untersuchungen zu möglichen Prädiktoren der Schreibkompetenz noch schreibdidaktische Maßnahmen in den Blick. Dies mag unter anderem darauf zurückzuführen sein, dass lange Zeit unterschätzt wurde, dass sich der Wortschatz nach Schuleintritt und mit Beginn des Schreibenlernens weiterentwickelt und profiliert. Zudem ist der Phänomenbereich des Wortschatzes sehr komplex, und es besteht bis heute kein Konsens darüber, was unter das Wissen um ein Wort (in diesem Fall: um ein Konzept) gefasst werden kann. In der frühen Sprachentwicklung ist für den Aufbau des Wortwissens die zunehmende Verknüpfung von lautlichen Einheiten mit bestimmten Konzepten relevant (Aitchison, 1993; Carey & Bartlett, 1978). So meint z. B. das Wort *Ball* den runden Gegenstand, mit dem man spielen kann, und eben keinen eckigen, wie z. B. einen Bauklotz. Mit dem Grammatikerwerb verändert sich dieser Zusammenhang, da sich die Bedeutung von Wörtern häufig erst durch die Einbettung in grammatische Konstruktionen, Phrasen oder Sätze ergibt. Beispielsweise verweist das Wort *Maus* je nach Kontext auf verschiedene Gegenstände und Sachlagen, z. B. *das Tier* vs. *das Computerzubehör* vs. *den Kosename für eine Person*. Ebenso bewirkt bei der Gegenüberstellung der beiden Sätze *Die Frau küsst den Mann* vs. *Die Frau küsst der Mann* die unterschiedliche Kasusmarkierung des Lexems *Mann* einen anderen semantischen Gehalt des Satzes, auch wenn die Lexeme selbst dieselben bleiben. Genau diese Verwobenheit der verschiedenen sprachsystematischen Ebenen (Semantik, Morphologie und Syntax) erschwert die Erforschung des reinen Wortwissens und verdeutlicht, dass eine Analyse isolierter Wörter im Text nicht immer zielführend sein kann. In den jüngsten Veröffentlichungen der empirischen Schreibforschung ist der Perspektivenwechsel von einer rein kognitionspsychologischen Betrachtung des Schreibens hin zu einer Fokussierung auf die Rolle der Sprache bei der Textproduktion zwar erkennbar (vgl. hierzu u. a. Becker-Mrotzek, Grabowski & Steinhoff, 2017). Die konkrete Verortung lexikalisch-sprachlicher Mittel fehlt jedoch in den aktuellen Modellen und Theorien der Schreibforschung nach wie vor. Ihre Untersuchung wäre vor allem mit Blick auf die Konzeption geeigneter Fördermaßnahmen zur Verbesserung der Schreibkompetenz notwendig.

(2) Auch aus *bildungswissenschaftlicher Perspektive* ist der Zusammenhang zwischen lexikalischen Mitteln und Textproduktion von großem Interesse. Eine der „Leitvokabeln" im bildungspolitischen Diskurs der letzten Jahre ist die sogenannte Bildungssprache (Feilke, 2012, S. 4). Damit soll der Unterschied zwischen dem sprachlichen Register in der Schule und im Alltag markiert werden. So vollzieht sich sprachliches Handeln im Unterricht besonders auf schriftsprachlicher Ebene, für die andere sprachliche Mittel kennzeichnend sind als für das Mündliche, da dort der Inhalt durch Prosodie, Gestik oder Mimik unterstützt werden kann. Die Schriftsprache hingegen erfordert einen Ausgleich dieser parasprachlichen Mittel durch ein erhöhtes Abstraktionsvermögen der Schreibenden und durch die Be-

rücksichtigung der Leserperspektive. Für das Englische sind die Besonderheiten der Bildungssprache bereits gut erforscht. In Deutschland sind mittlerweile einige Fördermaßnahmen zu bildungssprachlichen Fähigkeiten entstanden, unter anderem die *BiSS-Initiative* (Bildung durch Sprache und Schrift) oder das Modellprogramm *FörMig* (Förderung von Kindern und Jugendlichen mit Migrationshintergrund), wobei meist vorbehaltlos vom Konstrukt Bildungssprache ausgegangen wurde, ohne dass eine theoretische und empirische Fundierung stattgefunden hat. Dadurch, dass die Verwendung bildungssprachlicher Mittel besonders während der Textproduktion erwartet wird und dort gleichzeitig epistemische Funktionen einnehmen kann, was Ziel einer guten Schreibdidaktik sein sollte, bedarf es zunächst einer empirischen Untersuchung der tatsächlich eingesetzten sprachlichen Mittel bei der Textproduktion von Schreibnovizen. Die eingangs beschriebenen soziostrukturellen und sprachspezifischen Unterschiede von Schülerinnen und Schülern im deutschen Schulsystem lassen sich dann auch in Form von gezielten Förderprogrammen kompensieren, wenn Erkenntnisse zu deren tatsächlichem Sprachgebrauch vorliegen.

(3) Auch die *Entwicklungspsychologie* und die *Sprachheilpädagogik* könnten von der Untersuchung des Zusammenhangs von Wortschatz und Schreibkompetenz für diagnostische Zwecke profitieren. Während zahlreiche Testverfahren für die Entwicklung des Wortschatzes bis zum Eintritt in die Schule existieren, sind Diagnostikinstrumente für Kinder ab zehn Jahren nur noch spärlich vorhanden. Dies ist auf dieselbe Herausforderung zurückzuführen, wie sie für die empirische Schreibforschung besteht: Den Wortschatz von Jugendlichen in seiner Breite zu erfassen, scheint unmöglich. Es können jeweils nur Ausschnitte betrachtet werden. Die Analyse des Wortwissens in der produktiven Modalität auf Textebene scheint somit die zielführendste Variante, um die Lexeme direkt in ihrem Verwendungskontext untersuchen zu können und somit einen Einblick in die tatsächliche Kompetenz der Probandinnen und Probanden zu erhalten. Bisher ist die detaillierte Untersuchung des Wortwissens auf Textebene nur in wenigen Studien umgesetzt worden, da viele Faktoren zu berücksichtigen sind, wie z. B. die Notwendigkeit eines guten Schreibimpulses, die Transkription und Digitalisierung der Texte sowie die Hinzuziehung von Tools zur Auszählung und Analyse der sprachlichen Mittel.

Um die verschiedenen Perspektiven auf dieses Thema zu beleuchten, werden die beiden Fähigkeitsbereiche *Schreibkompetenz* und *Wortschatz* sowie deren aktueller Forschungsstand zunächst getrennt voneinander vorgestellt. Die Darstellungstiefe und gesonderte Einführung ist wissentlich so ausführlich gewählt, da zur Verbindung beider Bereiche zumindest im deutschsprachigen Raum bisher nur wenig veröffentlicht wurde. Es scheint notwendig, die Einbettung der beiden Phänomene in die Forschungslandschaft zunächst jeweils separat vorzunehmen – auch wenn bei der Darstellung das jeweils andere Konstrukt stets in bestimmtem Ausmaß enthalten sein wird.

Die vorliegende Studie ist dennoch vorrangig dem Gebiet der empirischen Schreibforschung zuzuordnen, da die Forschungsperspektive eher von den Texten ausgeht und weniger von der Idee, Wortschatzfähigkeiten durch Schreibimpulse sichtbar zu machen. Die gewählte Herangehensweise wurde im Rahmen des Forschungsprojekts *Diagnose und Förderung von Teilkomponenten der Schreibkompetenz* entwickelt, das durch das Bundesministerium für Bildung und Forschung gefördert wurde. Dieses beschäftigte sich in den Jahren 2009 bis 2012 mit der Identifizierung möglicher Teilkomponenten der Schreibkompetenz (Knopp, Becker-Mrotzek & Grabowski, 2013). Es wurden Schülerinnen und Schüler der 5. und 9. Klasse der Schularten *Hauptschule*, *Realschule* und *Gymnasium* an den Standorten *Köln* und *Hannover* hinsichtlich ihrer sprachlichen und kognitiven Voraussetzungen, ihrer Kompetenz in den vermuteten prädiktiven Teilkomponenten *Kohärenzherstellung* und *Perspektivenübernahme* und in der Qualität der von ihnen verfassten Textsorten *Instruktion* und *Bericht* untersucht. Die Leistungsüberprüfungen liefen sowohl im Klassenverband als auch in Einzeltestungen ab. Das Projekt liefert daher kontrollierte und umfangreiche Daten, die es ermöglichen, sowohl die Textprodukte verschiedener Probandengruppen hinsichtlich ihrer lexikalischen Merkmale zu analysieren und zu vergleichen, als auch diese in Bezug zu weiteren möglichen Kovariaten der Textqualität zu setzen. Mit Blick auf die verschiedenen Disziplinen, die zum Wortschatz forschen, wird hier die Spannbreite von einzelnen Lexemen, grammatischen Konstruktionen bis hin zu den zurzeit in der Sprachwissenschaft und Schreibdidaktik stark beforschten Textprozeduren ausgenutzt. Die sprachlichen Phänomene werden dabei sowohl einzeln als auch in Zusammenhang mit der Textqualität untersucht.

1.2 Struktureller Aufbau der Arbeit

Die vorliegende Arbeit ist thematisch in zwei Blöcke aufgeteilt.
- Teil I (Kapitel 2 bis 7): Theoretischer Teil
- Teil II (Kapitel 8 bis 10): Empirischer Teil

Zur Orientierung werden die Hauptkapitel der beiden Teile dieser Arbeit nachfolgend kurz in Bezug auf ihre Struktur und ihren Inhalt umrissen:

In *Teil I (Theoretischer Teil; Kapitel 2 bis 7)* werden Theorien zum Wortschatz und zur Schreibkompetenz dargelegt. Beide Konstrukte werden aus verschiedenen Perspektiven und unterschiedlichen disziplinären Zugängen beleuchtet.

Dabei widmet sich das *zweite Kapitel* dem aktuellen Forschungsstand der empirischen Schreibforschung, wobei in Abschnitt 2.1 die gängigsten Modelle der Schreibprozessforschung präsentiert werden, um vor diesem Hintergrund eine Einordnung der lexikalischen Mittel vorzunehmen. Wie die Modellierung von Schreibkompetenz derzeit diskutiert wird und inwiefern die Modelle dem Wortschatz eine grundlegende Rolle beim Kompetenzerwerb des Schreibens zukommen lassen, wird in Abschnitt 2.2 erörtert. In Abschnitt 2.3 folgt eine Beschreibung der Schreibentwicklung, um in Kapitel 3 die Anforderungen an die Schreibfähigkeiten von Schülerinnen und Schülern der Sekundarstufe I diskutieren zu können.

Das *dritte Kapitel* schließt an die Grundlagen der Schreibforschung an, schildert jedoch die aktuelle Lage der Schreibdidaktik in der Sekundarstufe I. Nach einem kurzen Abriss der Geschichte der Schreibdidaktik (Abschnitt 3.1) werden die Ergebnisse zentraler Schulleistungsstudien im Bereich des Schreibens in Abschnitt 3.2 zusammengetragen. Es folgt die Darstellung der von der Kultusministerkonferenz (KMK) verabschiedeten Bildungsstandards sowie der in den USA eingeführten *Common Core Standards* (Abschnitt 3.3). Anschließend werden die Effekte evaluierter Interventionsmaßnahmen (Abschnitt 3.4) sowie gängige Konzepte des Deutschunterrichts betrachtet (Abschnitt 3.5).

Im *vierten Kapitel* wird der Phänomenbereich des Wortschatzes eingeführt. Dabei schafft Abschnitt 4.1 die notwendigen psycholinguistischen Grundlagen und stellt die in der Literatur diskutierten Möglichkeiten zur Systematisierung des Wortschatzes dar. Die Entwicklung des Wortschatzerwerbs wird mit ihrer bis ins Erwachsenenalter andauernden Profilierung in Abschnitt 4.2 nachgezeichnet. Die verschiedenen Untersuchungsmöglichkeiten zur Messung lexikalischer Fähigkeiten unter besonderer Berücksichtigung der Sekundarstufe I werden in Abschnitt 4.3 vorgestellt. Dabei werden verbreitete und auch weniger bekannte Testverfahren sowie Analysemöglichkeiten auf Textebene vorgestellt und diskutiert.

Das *fünfte Kapitel* widmet sich dem Umgang mit lexikalischen Fähigkeiten von Schülerinnen und Schülern in der Sekundarstufe I im deutschsprachigen Raum. Analog zur Darstellung in Kapitel 3 zur Schreibkompetenz wird auch hier wiederum ein Blick auf Schulleistungsstudien (Abschnitt 5.1), die Bildungsstandards (Abschnitt 5.3) und die vorherrschenden Methoden im Unterricht (Abschnitt 5.4) geworfen. Ausführungen zum Konzept der Bildungssprache finden sich in Abschnitt 5.2, welche derzeit als notwendige Voraussetzung für den Schulerfolg und als vermittelnde Rolle zwischen Wortschatz und Textproduktion diskutiert wird. Daran schließt sich ein Fazit zur Behandlung des Wortschatzes im deutschsprachigen Raum an, und erste Desiderate werden formuliert (Abschnitt 5.5).

Nachdem die beiden Fähigkeitsbereiche, Wortschatz und Schreibkompetenz, eher getrennt voneinander vorgestellt wurden, richtet sich der Blick im *sechsten Kapitel* nun auf internationale Studien, die den Zusammenhang beider bereits empirisch untersucht haben. Im Vordergrund der Studien stehen dabei zwei Aspekte: zum einen die Vorhersagbarkeit der Textqualität durch lexikalische Fähigkeiten (Abschnitt 6.1) und zum anderen die Verbesserung der Textqualität anhand von Wortschatztrainings durch Interventionsstudien (Abschnitt 6.2).

Das *siebte Kapitel* dient als Scharnierkapitel zwischen den theoretischen Ausführungen in den Kapiteln 2 bis 6 und dem daran anschließenden empirischen Vorhaben in Teil II. Zunächst wird eine kurze Zusammenfassung unternommen, und es werden die wichtigsten Forschungsdesiderate formuliert, welchen sich die vorliegende Arbeit widmet. Dazu werden die konkreten Fragestellungen und die zugehörigen Hypothesen abgeleitet.

In *Teil II* dieser Arbeit *(Empirischer Teil; Kapitel 8 bis 10)* wird dann die Methodik vorgestellt, um den Zusammenhang von Wortschatzfähigkeiten und Schreibkompetenz zu erforschen.

Dafür werden im *achten Kapitel* das Untersuchungsdesign (Abschnitt 8.1), die Stichprobe (Abschnitt 8.2) und die herangezogenen Schreibaufgaben (Abschnitt 8.3) erläutert. Daran anschließend folgt eine Vorstellung der verwendeten Verfahren zur Datenaufbereitung (Abschnitt 8.4, 8.5 und 8.6).

Das *neunte Kapitel* bietet nach Vorstellung der aus den Texten generierten Variablen die Aufführung der Ergebnisse. Dafür werden einerseits in Abschnitt 9.1 die varianzanalytischen Befunde zu den verschiedenen sprachlichen Variablen abgebildet und andererseits in Abschnitt 9.2 die Zusammenhangsmuster dieser Variablen untereinander sowie in Verbindung mit der Textqualität und weiteren sprachlichen Voraussetzungsmaßen betrachtet. Das Kapitel schließt mit der Darstellung ausgewählter Einzelfälle, um somit die über die Stichprobe hinweg gezeigten Befunde an Beispielen nachvollziehbar zu gestalten und genauer diskutieren zu können (Abschnitt 9.3).

Im *zehnten Kapitel* wird der gewählte empirische Zugang anhand einer methodologischen Abhandlung diskutiert (Abschnitt 10.1). Weiterhin werden die Befunde in Bezug zu bereits bestehenden Theorien und Forschungsergebnissen gebracht. Abschließend werden mögliche Implikationen insbesondere für erste didaktische Maßnahmen abgeleitet (Abschnitt 10.2).

2. Grundlagen: Empirische Schreibforschung

In diesem Kapitel wird zunächst der Stand der aktuellen Schreibprozessforschung (Abschnitt 2.1) dargelegt, soweit er für die Fragestellung dieser Arbeit nach Bedeutung und Einfluss sprachlicher Mittel während des Schreibens relevant ist. Es folgt die Vorstellung einiger Modellierungsversuche zum Konstrukt der Schreibkompetenz (Abschnitt 2.2). Dabei steht die Berücksichtigung der lexikalischen Fähigkeiten im Fokus. In Abschnitt 2.3 wird erörtert, wie sich die Entwicklung der Schreibfähigkeit vollzieht, um damit die Grundlagen für die in Kapitel 3 folgenden Ausführungen zur Situation der Schreibdidaktik zu schaffen. Abschnitt 2.3 dient darüber hinaus auch der Darstellung des Zusammenhangs zwischen der kognitiven, basalsprachlichen und schriftsprachlichen Entwicklung.

2.1 Modellierung des Schreibprozesses

Um die Schwierigkeiten von Schülerinnen und Schülern beim Verfassen von Texten besser nachvollziehen zu können, ist es sinnvoll, einen Blick auf die notwendigen Prozesse beim Schreiben zu werfen. Hierzu sind in den letzten 35 Jahren einige Modellvorschläge entstanden, zunächst vorrangig aus der Disziplin der Kognitionspsychologie in den USA (Hayes, 1996, 2012; Hayes & Flower, 1980), aber auch aus Deutschland aus dem Bereich der empirischen Schreibdidaktik (Baurmann, 1990; Becker-Mrotzek & Böttcher, 2006; Ludwig, 1983). Das wohl bekannteste Modell zum Prozess des Schreibens ist das von Hayes und Flower (1980, siehe Abbildung 1). Dieses setzte nachhaltige Forschungsimpulse.

Die empirische Grundlage für die Entwicklung des Modells bilden Protokolle über die Gedanken von Schreiberinnen und Schreibern beim Verfassen eigener Texte (*thinking aloud protocols*). Diese reichen von den ersten Notizen bis zum fertigen Schreibprodukt. Ein Ergebnis der Protokolle ist die Betrachtung des Schreibprozesses als eine Handlung des Problemlösens. Eine ausführliche Beschreibung des Modells bieten Alamargot und Chanquoy (2001).

Das Modell setzt sich aus drei Hauptkomponenten zusammen: dem Aufgabenumfeld (*task environment*), dem Langzeitgedächtnis des Schreibers bzw. der Schreiberin (*writer's long term memory*) und dem Schreibprozess an sich mit drei weiteren Subprozessen. Letztere lassen sich noch näher charakterisieren:

- Der Prozess des Planens (*planning*) umfasst die Generierung von Ideen (*generating*), indem zum einen Wissensinhalte aus dem Langzeitgedächtnis und zum anderen Informationen aus der Schreibaufgabe, wie dem Thema (*topic*), der Adressaten (*audience*) oder der Motivation (*motivating cues*), genutzt werden. Die Inhalte werden anschließend mit Blick auf eine konkrete Zielsetzung (*goal setting*) strukturiert (*organizing*).

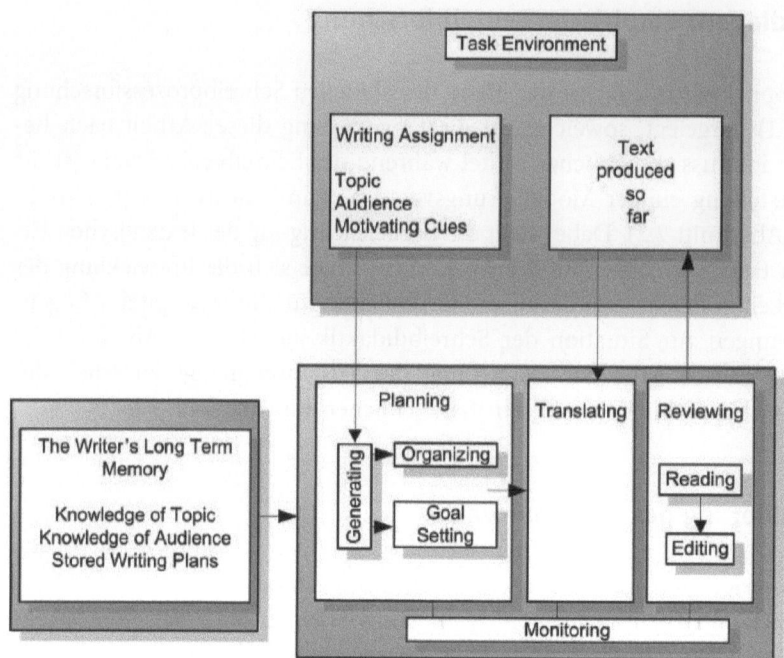

Abbildung 1:   Schreiben als Problemlösen: das Modell von Hayes und Flower (1980, S. 10; entnommen aus
               Becker-Mrotzek et al., 2015, S. 181).

- Der zweite Teilprozess ist das Formulieren (*translating*). Die ausgewählten Inhalte, die meist als nichtsprachliche Wissensinhalte vorliegen, werden versprachlicht und damit in zusammenhängende Sätze bzw. Ausdrücke umgewandelt. Dadurch verändert sich das Aufgabenumfeld (*text produced so far*) kontinuierlich.
- Der Prozess des Überarbeitens (*reviewing*) ist eng mit dem Formulieren verknüpft. Die semantische und pragmatische Übereinstimmung zwischen dem geschriebenen Text und den Planungszielen wird überprüft, indem der Text gelesen (*reading*) und verändert bzw. angepasst wird (*editing*).

Der gesamte Schreibprozess wird durch eine Überwachungsinstanz (*monitor*) gesteuert, die z. B. dafür verantwortlich ist, dass zwischen den Teilprozessen gewechselt werden kann, und die den Abschluss des Schreibprozesses bestimmt. Das Zusammenspiel aus Planen, Formulieren und Überarbeiten verläuft jedoch nicht sequentiell, sondern zyklisch.

Auch wenn die Autoren ihr Modell selbst noch als vorläufig bezeichnet hatten, galt es in den letzten 35 Jahren als Fundament für die empirische Schreibprozessforschung: Es war hinreichend unspezifisch und ermöglichte zudem durch den modularen Aufbau eine Dekomposition des Schreibprozesses, sodass verschiedene Forschungsbereiche daran anknüpfen konnten (Sieber, 2003; Wrobel, 2014). Für die Untersuchung von Schreibprozessen Heranwachsender muss jedoch bedacht werden, dass das Modell von planvollen und partnerbezogenen (adressaten-orientierten) Schreiberinnen und Schreibern ausgeht. Es kann daher weniger auf Schreibanfänger bezogen werden (Merz-Grötsch, 2000).

Der Prozess der Versprachlichung der Ideen *(translating)* ist im Modell sehr allgemein gehalten. Die Autoren verstehen unter dem Formulieren die Auswahl von Propositionen und die Zuweisung adäquater syntaktischer Formen, was aus Abbildung 2 deutlich wird.

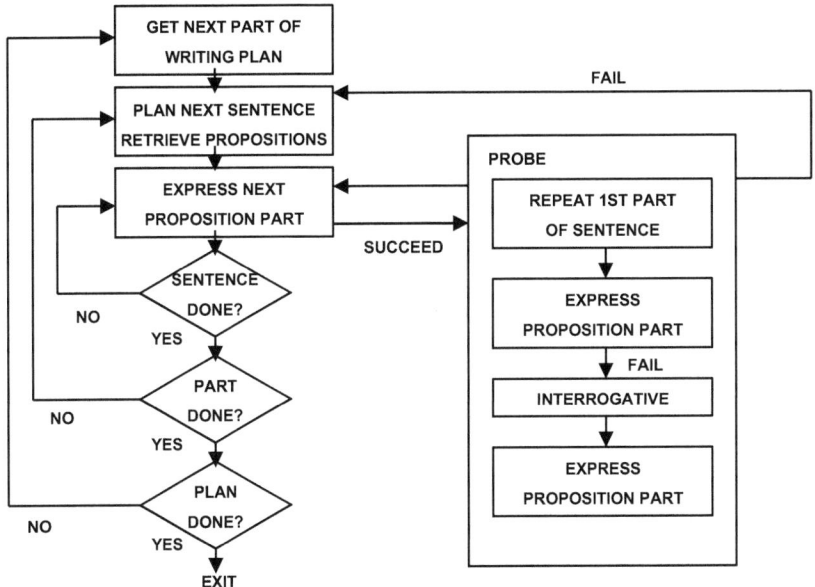

Abbildung 2:   Der *translating process* im Schreibprozessmodell von Hayes und Flower (1980, S. 16; eigene Nachzeichnung).

Die verschiedenen sprachlichen Ebenen, wie die lexikalische Planung oder die morphosyntaktische Zusammenstellung, werden dabei ignoriert. Laut Wrobel (1995, 2002) beginnt das Formulieren jedoch bereits auf der Ebene der Planung in Form von Notizen. Zudem würden kognitive Inhalte erst während des Formulierens gebildet, weil Planen und Sprache nicht direkt trennbar sind und die Entwicklung von Ideen an das Ausformulieren gebunden sei. Wrobel (1995) schlägt als Erweiterung ein eigenständiges Stadium der Prätextbildung vor, in dem adäquate schriftsprachliche Formulierungen entstehen. Letztlich spielt die Wortwahl jedoch bei allen drei Schreibprozessen eine Rolle: Die Schreiberinnen und Schreiber planen ihre Ideen im Kopf unter Nutzung bestimmter Formulierungen. Anschließend werden diese auf das Papier gebracht, und das Geschriebene wird überarbeitet. Es wird geprüft, ob die Worte effektiv so eingesetzt wurden, dass sie die beabsichtigten Inhalte transportieren können (Olinghouse & Graham, 2009). Die explizite Einbindung von formulierungsbezogenen Fähigkeiten in alle drei

Prozesse des Schreibens ist bei Hayes und Flower (1980) so jedoch nicht auffindbar.

Ein Modell, das die Rolle der Sprachverarbeitung stärker berücksichtigt, ist das von de Beaugrande (1984). Schreiben wird hier nicht nur als primär kognitiver Prozess verstanden, sondern als stufenweises, paralleles Verarbeiten, bei dem pragmatische, kognitive und sprachliche Vorgänge zusammenwirken. Abruf-, Linearisierungs- und Verbalisierungsprozesse führen zu einem Wandel von abstrakten Plänen hin zur sprachlichen Realisierung. Die Textproduktion beginnt auch hier mit der Zielsetzung, aus der erste Ideen zur Aufgabenbearbeitung entstehen. Danach werden konzeptuelle Prozesse umgesetzt, wie z. B. der Abruf von Textmusterwissen oder Vorstellungen zum angestrebten Text (*text-world-model*). Erst danach beginnt die Versprachlichung, die in drei Ebenen unterschieden wird. Zunächst werden die konzeptuellen Ideen mit abstrakten sprachlichen Ausdrücken verbunden (*goals, ideas, conceptual development, expression*). Diese werden im Anschluss syntaktisch linearisiert (*phrases*) und schließlich phonetisch oder graphematisch verschlüsselt (*sound/letters*). Zwar gibt es eine deutliche Verarbeitungsrichtung, es kann jedoch auch zwischen den verschiedenen Ebenen gewechselt werden, oder es findet ein paralleler Ablauf statt. Wrobel (1995) spricht von einer interdisziplinären Ausrichtung des Modells, da es sowohl auf linguistische als auch auf kognitionspsychologische und soziologische Theorien zurückgreift. Im Vergleich zum Modell von Hayes und Flower (1980) werden im Modell von de Beaugrande (1984) zwar Sprachprozesse berücksichtigt und sprachsystematisch differenziert, dennoch bleibt weiterhin unklar, welche spezifischen sprachlichen Mittel für den Schreibprozess benötigt werden und wie die Auswahl dieser stattfindet.

Aufgrund der kritischen Stimmen und neuer empirischer Ergebnisse revidierte Hayes sein Modell zweimal (1996, 2012). In der aktuellsten Version (2012) werden neben einer Prozess-Ebene die personenbezogenen Fähigkeiten auf zwei weiteren Ebenen abgebildet, und zwar auf der Ressourcen- und auf der Kontrollebene. Es wird nachfolgend nur auf jene Änderungen im Vergleich zum Modell von 1980 eingegangen, die für die vorliegende Arbeit thematisch relevant sind. Zu den Ressourcen zählen diejenigen Inhalte des Langzeitgedächtnisses (*long-term memory*), in denen sprachliche und schreibbezogene Wissensbestände verankert sind. Sprachliche Inhalte verweisen dabei auf allgemeine Vorwissens- und Weltwissensinhalte sowie konkrete sprachliche Mittel. Schreibbezogene Inhalte, wie das Wissen über die Aufgabe, die Adressaten oder das Textmuster, hängen mit der daraus resultierenden Textqualität zusammen (Saddler & Graham, 2007). Den Zusammenhang zwischen allgemeinem Vorwissen und der Textqualität konnten Olinghouse, Graham und Gillespie (2015) nachweisen; auf den Zusammenhang zwischen domänenspezifischem Wissen, allgemeinen sprachlichen Mitteln und dem Schreibprodukt wird später in Kapitel 3 eingegangen. Es ist erkennbar, dass das aktuelle Modell von Hayes (2012) die Rolle des sprachlichen Materials nun explizit berücksichtigt, dessen Art und Zusammensetzung jedoch weiterhin nicht näher erläutert wird. Fest steht dennoch, dass die sprachlichen Mittel zum einen den Abruf von Ideen erleichtern und zum anderen für die konkrete Formulierung notwendig sind.

Auf der Kontrollebene steuert die Zielsetzung (*goal setting*) das Planen, das Formulieren und das Überarbeiten. Hier sind die Schreibpläne gespeichert. Der Monitor als solcher fällt weg, stattdessen ist die überwachende Kontrolle stärker vom Schreiber bzw. von der Schreiberin selbst und der jeweiligen Schreibaufgabe *(task material)* abhängig. Auch bei der Wahl der sprachlichen Mittel spielt die Schreibaufgabe eine wichtige Rolle, was Hayes (2012) explizit nicht erwähnt, was aber die aktuellen Überlegungen der Sprachdidaktik zeigen (Bachmann & Becker-Mrotzek, 2010). Die Aufgabe steuert den Schreibprozess, indem aus dem Langzeitgedächtnis Wissen zur Aufgabenstellung sowie Handlungsschemata und die dazugehörigen sprachlichen Ausdrücke abgerufen werden (Feilke, 2014a).

Ein weiteres Modell, welches sonst häufig für die Darstellung der Schreibentwicklung verwendet wird, ist das Schreibstrategienmodell von Bereiter und Scardamalia (1987). Es wird an dieser Stelle vorgestellt, weil es ähnlich auf die Bedeutung der Gedächtnisinhalte eingeht wie das neue Modell von Hayes (2012). Es kontrastiert zwei Schreibstrategien: Die Strategie des *knowledge telling* kennzeichnet typischerweise Schreibnovizen, die beim Schreiben kaum vorgeschaltete Planungsprozesse nutzen. Stattdessen erfolgt die Selektion von Inhalten rein assoziativ, sodass diese meist in einem narrativen oder berichtenden Modus wiedergegeben werden (Becker-Mrotzek & Böttcher, 2006). Dabei werden einzelne Schlüsselwörter aus dem Langzeitgedächtnis abgerufen und in losem Bezug aneinandergereiht direkt verschriftlicht. Selten steht das Textganze im Fokus, wodurch die Texte häufig wenig kohärent sind. Eine Umstrukturierung der jeweiligen Inhalte können die Novizen (noch) nicht leisten, auch wenn sie bereits über sprachbezogenes Wissen verfügen (Alamargot & Chanquoy, 2001). Bei fortgeschrittenen Schreiberinnen und Schreibern hingegen ist der Prozess des Schreibens im Sinne von Hayes und Flower (1980) als zielgerichteter Problemlöseprozess zu verstehen. Die Strategie des *knowledge transforming* beinhaltet die Transformation des eigenen Wissens während der aktuellen Schreibsituation. Dieser Vorgang der Herleitung neuen Wissens wird durch die Verknüpfung eines thematisch-inhaltlichen und eines sprachbezogenen rhetorischen Problemraums bedingt. Während für ersteren für die Aufgabe relevante Wissensinhalte maßgeblich sind (Was soll gesagt werden?), wird im zweiten sprachlich-diskursives Wissen bearbeitet (Wie soll es ausgedrückt werden?), so z. B. Textsortenwissen oder Prozedurenwissen. Die Klärung der ersten Frage bedingt dabei die Klärung der zweiten. Den Schreibexpertinnen und -experten gelingen noch vor der eigentlichen Textproduktion die adäquate Zielsetzung und die Planung, sodass sie den Text als Ganzes im Blick haben und die jeweiligen Inhalte schon vorher organisieren und strukturieren. Der Übergang von der einen zur anderen Strategie gelingt nur durch stete Übung.

Jedoch bedeutet dies nicht, dass Expertinnen und Experten jederzeit planvoll an eine Schreibaufgabe herangehen (müssen). Die Anwendung der jeweiligen Strategie hängt zu großen Teilen von der Schreibaufgabe ab, sodass ggf. auch die reine Aneinanderreihung von Inhalten zu einer adäquaten Bearbeitung führen kann (McCutchen, 2006).

Während das Modell von Hayes (2012) das inhalts- und das sprachbezogene Wissen gemeinsam in der Komponente des Langzeitgedächtnisses verortet und auf die Verbindung beider nicht näher eingeht, schreiben Bereiter und Scardamalia (1987) beiden Problemräumen eine voneinander abhängige Bedeutsamkeit zu. Nur durch Verbindung der Ausdrucksintention mit der Ausdrucksweise (abhängig von der Aufgabe, Textsorte o. ä.) können die Gedanken adäquat zu Papier gebracht werden. Verschiedene Studien konnten die Bedeutung beider Problemräume für die resultierende Textqualität nachweisen (z. B. Benton, Corkill, Sharp, Downey & Khramtsova, 1995; McCutchen, 1996; Olinghouse & Graham, 2009), und vermutlich sind lexikalische Fähigkeiten nicht ausschließlich im sprachbezogenen rhetorischen Problemraum zu verorten. Denn auch das Inhaltswissen ist an Fachausdrücke und damit an domänenspezifisches sprachliches Wissen gekoppelt. In der Literatur herrschen diesbezüglich allerdings kontroverse Meinungen (für einen Überblick siehe Olinghouse & Wilson, 2013).

Es lässt sich zusammenfassen, dass die Forschung zum Schreibprozess mittlerweile viele theoretische Konzepte und Modelle hervorgebracht hat, die je nach Fachrichtung und interdisziplinärer Verortung unterschiedlich aufgebaut und gewichtet sind (für einen Überblick siehe Alamargot & Chanquoy, 2001). So werden Komponenten wie Motivation (Boscolo, 2009; Graham, 2006; Hayes, 2012), Schreibfunktion (Ludwig, 1983; Ossner, 1995), Gedächtnis (McCutchen, 2011; Torrance & Galbraith, 2008), Rekursivität und Interaktivität zwischen Leser bzw. Leserin und Text (Ludwig, 1983), Parallelität und Simultanität (de Beaugrande, 1984), Handlungsrahmen (Wrobel, 1995) oder die Rezeptionsbedingungen (Becker-Mrotzek & Böttcher, 2006) in den Blick genommen. Zwar berücksichtigen die meisten Modelle die Rolle des Arbeits- bzw. Langzeitgedächtnisses sowie die drei Kernprozesse des Planens, Formulierens und Überarbeitens, doch auf das Formulieren selbst wird selten spezifisch eingegangen. Die Rolle der lexikalischen Fähigkeiten wird in keinem Modell explizit beachtet. Auch wenn das Modell von Hayes (2012) und das Schreibstrategienmodell von Bereiter und Scardamalia (1987) die Rolle allgemeiner sprachlicher Mittel als gespeicherte Elemente im Langzeitgedächtnis und als notwendige Einheiten für den Formulierungsprozess ansprechen, gehen beide Modelle nicht näher auf eine Spezifizierung dieser Mittel ein. Dies mag an der disziplinären Ausrichtung der Autoren liegen, die vorrangig aus kognitionspsychologischen Forschungsgruppen stammen. Die Annäherung an das aus sich heraus schon sehr komplexe Problem der Untergliederung des Schreibprozesses in seine verschiedenen beteiligten linguistischen Ebenen und Phänomene ist und kann nicht der Fokus der Kognitionspsychologie alleine sein.

Sprachliche Fähigkeiten lassen sich nur in der Theorie sprachsystematisch (z. B. lexikalische vs. grammatische Fähigkeiten) unterteilen, so beispielsweise zur Verdeutlichung von Sprachentwicklungsprozessen oder zur Darstellung von sprachlichen Fehlertypen. Im natürlichen, alltäglichen Sprachgebrauch und damit in der konkreten Verwendung werden diese Ebenen jedoch vermischt, sodass eine Modellierung schwer möglich scheint. Für eine (Neu-)Modellierung des Schreibprozesses unter Beachtung von sowohl kognitiven als auch sprachlichen Fähigkeiten und deren Zusammenwirkung wäre die Vernetzung verschiedener Disziplinen hilfreich. Da die Wahl der sprachlichen Mittel zudem eng mit individuellen Voraussetzungen der Schreibenden (z. B. Familiensprache oder kulturelles Kapital in der Familie) zusammenhängt, ist auch der Einbezug bildungswissenschaftlicher Sichtweisen sinnvoll – ähnlich wie es bei der Entwicklung, Auswertung und Interpretation von Aufgaben im Rahmen von *Large Scale Assessments*, wie z. B. PISA (*Programme for International Student Assessment*), bereits der Fall ist.

2.1 Konzeptionen von Schreibkompetenz

Während im vorherigen Abschnitt die gängigen Modelle zum Schreibprozess unter besonderer Berücksichtigung des Wortschatzes diskutiert wurden, wird nun näher beleuchtet, wodurch sich kompetente Schreiberinnen und Schreiber kennzeichnen lassen. Es werden Kompetenzmodelle zur Textproduktion vorgestellt und auf ihre Einbettung lexikalischer Fähigkeiten untersucht.

Der Begriff der Kompetenz

Der Kompetenzbegriff ist vor ca. 15 Jahren durch die Ergebnisse der PISA-Studie vermehrt in die öffentliche Diskussion gerückt; die neuen Bildungsstandards formulieren den Aufbau von Kompetenzen nun als zentrales Bildungsziel (vgl. hierzu Abschnitt 3.3). Kritische Stimmen fürchten jedoch, dass durch die angestrebte Operationalisierung des Konstrukts zur Leistungsmessung die eigentliche Förderung der dahinterstehenden Fähigkeiten zu kurz kommt (Köller, 2008). Weiterhin wird der Begriff mittlerweile fast inflationär gebraucht, sodass unklar ist, was eigentlich unter Kompetenz gefasst werden kann (Ossner, 2006). Die bildungswissenschaftliche Perspektive versteht Kompetenz als Fähigkeit zum erfolgreichen Umgang mit Problemsituationen (Grabowski, 2014). Es handelt sich dabei um ein theoretisches Konstrukt und damit um eine Hypothese über Merkmalsausprägungen, die sich nicht direkt beobachten lassen, sondern die aufgrund beobachtbarer Anzeichen erschlossen werden müssen (Herrmann, 1991). Kompetenz gilt als eine latente Eigenschaft, ihre Ausprägung als stabil und manifest, aber durch Intervention veränderbar.

Eine anerkannte und gleichzeitig weit gefasste Begriffsbestimmung gibt Weinert (2001). Er versteht unter Kompetenz „die bei Individuen verfügbaren oder durch sie erlernbaren kognitiven Fähigkeiten und Fertigkeiten, um bestimmte Probleme zu lösen, sowie die damit verbundenen motivationalen, volitionalen und sozialen Bereitschaften und Fähigkeiten, um die Problemlösungen in variablen Situationen erfolgreich und verantwortungsvoll nutzen zu können" (S. 21 f.). Die hier aufgeführte Definition beinhaltet jedoch, dass Kompetenz sowohl die Fähigkeit als auch die Bereitschaft meint, domänenspezifische Anforderungen in bestimmten Situationen zu bewältigen. Häufig werden in den Kompetenzmodellen volitionale und motivationale Aspekte zugunsten kognitiver Fähigkeiten nicht berücksichtigt (Pohl, 2014).

Durch die Entwicklung der neuen Bildungsstandards und die Veränderung des Bildungssystems von einer Input- zur Outputsteuerung verlieren die bisherigen Modelle und Forschungsansätze der jeweiligen Fachdidaktiken immer stärker an Bedeutung. Die empirische Evidenz der Wirksamkeit von Unterricht steht nun im Vordergrund. Somit kommt dem Fach der Psychologie, welches sich unter anderem mit der Erstellung und Umsetzung von Forschungsdesigns sowie der Operationalisierung theoretischer Konstrukte beschäftigt, eine besondere Rolle zu. So müsste beispielsweise für die Annahme, dass sich das Lesen durch bestimmte didaktische Maßnahmen verbessert, das Konstrukt der Lesekompetenz erst einmal messbar und quantifizierbar gemacht werden, z. B. in Form von Aufgaben zum Einsetzen bestimmter Zielitems in einen Lückentext. Die immer stärker werdende Einbindung der Psychologie und auch der empirischen Bildungsforschung in die Belange der Fachdidaktiken bedeutet somit nicht (nur) ein Zurückdrängen der fachspezifischen Inhalte der Didaktiken, sondern ermöglicht vor allem eine interdisziplinäre Arbeitsweise und eine Anbindung an aktuelle bildungspolitische Fragestellungen. Die neue gemeinsame Perspektive auf das Lehren und Lernen zeigt sich bereits in einigen Modellversuchen zur Schreibkompetenz, wie z. B. bei Becker-Mrotzek und Schindler (2007).

Der Begriff der Schreibkompetenz

Bis heute gibt es nicht *das* Modell der Schreibkompetenz. Dies ist der Tatsache geschuldet, dass die bildungswissenschaftliche Diskussion um Kompetenzen noch sehr jung ist. Weiterhin fehlt die Empirisierung zur Überprüfung möglicher Theorien, die zugleich aufwendig ist. Textproduktion ist, wie anhand der Schreibprozessmodelle bereits gezeigt wurde, ein sehr komplexer Prozess, der sich aus verschiedenen Perspektiven und unter verschiedenen Zugängen darstellen lässt. Die meisten Ansätze zur Modellierung der Schreibkompetenz stehen ebenfalls nebeneinander und sind schwer zu vereinen (Baurmann & Pohl, 2009; Pohl, 2014). So lässt sich z. B. sowohl der Prozessaspekt als auch der Produktaspekt in den Vordergrund stellen. Beides hat auf den Unterricht und auf die Beurteilung von Schülertexten ganz unterschiedliche Auswirkungen, beides ist aber wichtig im Blick zu behalten.

Harsch, Neumann, Lehmann und Schröder (2007) beschreiben Schreibkompetenz als „Fähigkeit [...], Texte adressatengerecht zu formulieren und, je nach Zielsetzung, präzise zu informieren, überzeugend zu argumentieren oder Sprache ästhetisch ansprechend und kreativ einzusetzen" (S. 45). Schon aus dieser Definition wird die Rolle der sprachlichen Mittel bei der Verschriftlichung verschiedener Textsorten bzw. in verschiedenen Schreibsettings (Aufsatz, kreatives Schreiben, Lyrik usw.) deutlich.

Im Folgenden werden zwei aktuelle Modelle der Fachdidaktik Deutsch zur Schreibkompetenz dargestellt. Dabei wird vorrangig auf ihre Unterschiede hingewiesen und der Einbettung lexikalischer Fähigkeiten nachgegangen.

Das Modell von Becker-Mrotzek und Schindler (2007)

Das didaktisch-motivierte *Modell zu den domänenspezifischen Anforderungen des Schreibens* von Becker-Mrotzek und Schindler (2007; siehe Abbildung 3) baut auf das Kompetenzmodell für die Fachdidaktik Deutsch von Ossner (2006) auf und basiert zudem auf den Ergebnissen der Schulleistungsstudien und auf der Formulierung der Bildungsstandards.

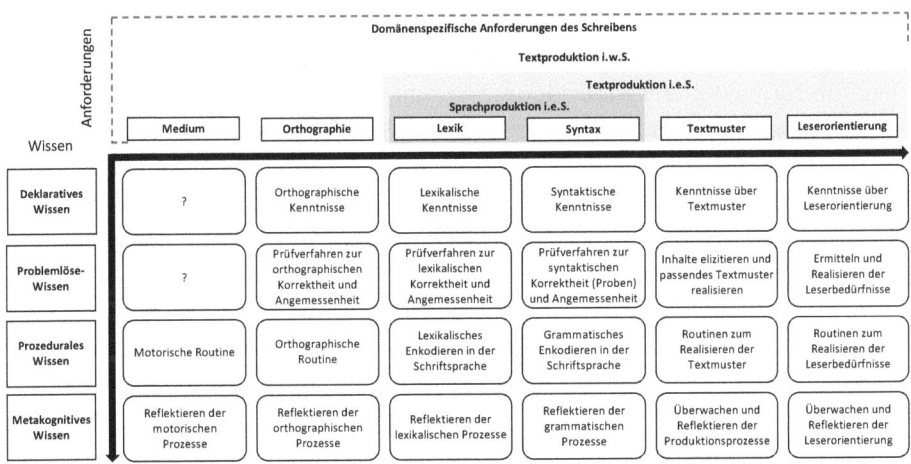

Abbildung 3:   Das Kompetenzmodell zum Schreiben von Becker-Mrotzek und Schindler (2007, S. 24; eigene Nachzeichnung).

Die Autoren nehmen eine linguistisch abgeleitete und hierarchische Binnendifferenzierung der Domäne *Schreiben* vor, indem sie das Schreiben in Textproduktion im weiteren Sinne (i. w. S.), Textproduktion im engeren Sinne (i. e. S.) und Sprachproduktion i. e. S. unterteilen und diesen drei Aspekten insgesamt sechs Anforderungsbereiche zuteilen. So zählen zur Sprachproduktion i. e. S. die Lexik und Syntax. Die Anforderungsbereiche werden durch die vier Wissenstypen nach Mandl, Friedrich und Horn (1986) qualitativ binnendifferenziert in deklaratives Wissen,

Problemlöse-Wissen, prozedurales Wissen und metakognitives Wissen. Je höher das Anforderungsniveau, desto mehr muss das eigene Wissen für die Bewältigung der Schreibaufgabe verändert werden. Für Becker-Mrotzek und Schindler (2007) stellt Schreibkompetenz das Produkt des Anforderungsniveaus der Schreibaufgabe und der Summe des anforderungsbezogenen Wissens dar. Das bedeutet laut den Autoren aber gleichzeitig, dass ein Schreiber bzw. eine Schreiberin mit maximalem Schreibwissen (Summe der einzelnen Wissenskomponenten) eine Aufgabe mit mittlerem Anforderungsniveau auch nur mittelmäßig lösen kann. Dies ist nicht der zugrunde liegenden Kompetenz geschuldet, sondern vielmehr der Aufgabe. Die Rolle der Aufgabenstellung beim Schreiben wird in Abschnitt 3.5 näher beleuchtet. Wichtig ist jedoch zu beachten, dass durch diese Sichtweise der Aufgabenstellung viel Bedeutung zugesprochen wird: Die gezeigte Schreibkompetenz entspricht so von vornherein nicht immer unbedingt den tatsächlich abrufbaren Schreibfähigkeiten der Schülerinnen und Schüler – abgesehen von motivationalen Faktoren, die in diesem Modell gar nicht berücksichtigt werden. Nicht ohne Grund sprechen Bachmann und Becker Mrotzek (2010) von der Wichtigkeit gut profilierter Aufgaben, um die tatsächliche Schreibkompetenz annähernd messen zu können. Laut Becker-Mrotzek und Schindler (2007) ist eine Aufgabe nur dann gut gelöst, wenn alle für die Textsorte relevanten Anforderungen realisiert sind, also die Lexik, Syntax, Leserorientierung usw. Sobald ein Anforderungsbereich nicht optimal realisiert ist, ist die ermittelte Schreibkompetenz automatisch defizitär. Ein Nachteil dieser Modellierung besteht jedoch darin, dass die Gewichtung der einzelnen Komponenten des Schreibwissens und der Anforderungsbereiche unklar bleibt. Auch werden die Zusammenhänge zwischen den Anforderungsbereichen von den Autoren nicht besprochen. Die Niveaustufen basieren auf der Annahme, dass die Textsorten in der Schule im Sinne des Curriculums an Schwierigkeit zunehmen und sich somit implizit die Kompetenzstufen verändern. Die mittlerweile umstrittene Annahme des steigenden Schwierigkeitsgrades der Textsorten wird in Abschnitt 3.5 diskutiert.

Es ist zwar bemerkenswert, dass die Lexik in diesem Modell explizit adressiert wird, trotzdem stellt sich die Frage, ob die Art der Aufstellung als isolierter Bereich so sinnvoll ist. Im tatsächlichen Schreibprozess kann beispielsweise Leserorientierung nur durch die Verwendung von Syntax und Lexik realisiert werden. Sie wird sich folglich nicht ohne sprachliche Mittel zeigen. Das bedeutet, dass die Anforderungsbereiche stark voneinander abhängen. Weiterhin ist zum vorgestellten Modell kritisch anzumerken, dass der kognitive Anspruch der Anforderungsbereiche recht unterschiedlicher Natur ist: Orthographiekenntnisse gehören eher zu Basisqualifikationen (Ehlich, Bredel, Reich & Falk, 2009), während Leserorientierung höhere kognitive Prozesse fordert. Im Modell stehen jedoch beide nebeneinander.

Diese kritischen Ausführungen zeigen den Zwiespalt zwischen einer expliziten Aufschlüsselung und damit nebengeordneten Reihung der Teilfähigkeiten (Anforderungsbereiche) einerseits und der Integration dieser in höhere spezifische bzw. umfassendere Teilbereiche von Schreibkompetenz andererseits. Die Vorgehensweise im Modell von Becker-Mrotzek und Schindler (2007) entspricht der ersten Variante, die es ermöglicht, sich die jeweiligen Bereiche, wie beispielsweise den Wortschatz, isoliert von den anderen Fähigkeitsbereichen anzuschauen. Der Wortschatz kann auf diese Weise prozessbezogen auf unterschiedlichen Niveaustufen gefördert werden, wie durch das lexikalische Enkodieren in der Schriftsprache. Diese Vorgehensweise birgt jedoch das Risiko, den für die Textproduktion notwendigen Teilfähigkeiten jeweils zu viel Gewicht zu verleihen. So kann die isolierte Betrachtung des Wortschatzes dazu führen, dass der Blick auf das Textganze verloren geht. Denn für die Textqualität ist nicht nur die adäquate Verwendung der Wörter ausschlaggebend, sondern auch deren Verwendung in geeigneten grammatischen Konstruktionen oder die Berücksichtigung der Leserinnen und Leser. Verfügen die Adressatinnen und Adressaten über wenig Vorwissen zum Thema eines Textes, brauchen sie im Vergleich zu Expertinnen und Experten auf diesem Gebiet eventuell andere Begriffserklärungen der an sich adäquat verwendeten Wörter im Text. Texte als solche sind „übersummativ" (Ott, 2000, S. 8); das bedeutet, ihre Qualität ist durch mehr gekennzeichnet als durch das bloße Zusammenbauen der einzelnen dafür notwendigen Teilfähigkeiten. Aus diesem Grund sollte z. B. bei der Bewertung von Texten der geschriebene Text stets auch global betrachtet werden und nicht (nur) in seine Einzelteile zerpflückt werden.

Das Modell von Baurmann und Pohl (2009)

Die zweite zuvor angesprochene Möglichkeit der Modellierung von Schreibkompetenz, also die Integration der jeweiligen Anforderungen in Teilkompetenzen der Schreibkompetenz, wird im *Kompetenzmodell für den Bereich Schreiben* von Baurmann und Pohl (2009) verwirklicht (siehe Abbildung 4). Dieses schließt sowohl den Aspekt des Schreibprozesses (Planungs-, Formulierungs- und Überarbeitungskompetenz) als auch den des Schreibprodukts (Ausdrucks-, Kontextualisierungs-, Antizipations- und Textgestaltungskompetenz) mit ein. So meint die Ausdruckskompetenz die Fähigkeit, adressatenorientiert und emotional involviert zu schreiben, was den Einsatz der dafür notwendigen lexikalischen, syntaktischen und textstrukturellen Mittel erfordert. Während diese linguistischen Ebenen bei Becker-Mrotzek und Schindler (2007) verschiedene Anforderungsbereiche darstellen, werden die notwendigen (Basis-)Qualifikationen hier unter dem jeweiligen Teilkompetenzbereich gebündelt. Dies macht wiederum die Aufschlüsselung der Teilfähigkeiten und damit die Möglichkeit, diese zunächst isoliert zu fördern, um so letztendlich die Qualität der Texte zu erhöhen, schwierig. Auch wird hier der Kompetenzbegriff breit ausgelegt, und es bleibt unklar, wodurch sich die jeweilige Kompetenz auszeichnet bzw. wie sie unabhängig von den anderen Teilkompetenzen messbar gemacht werden kann.

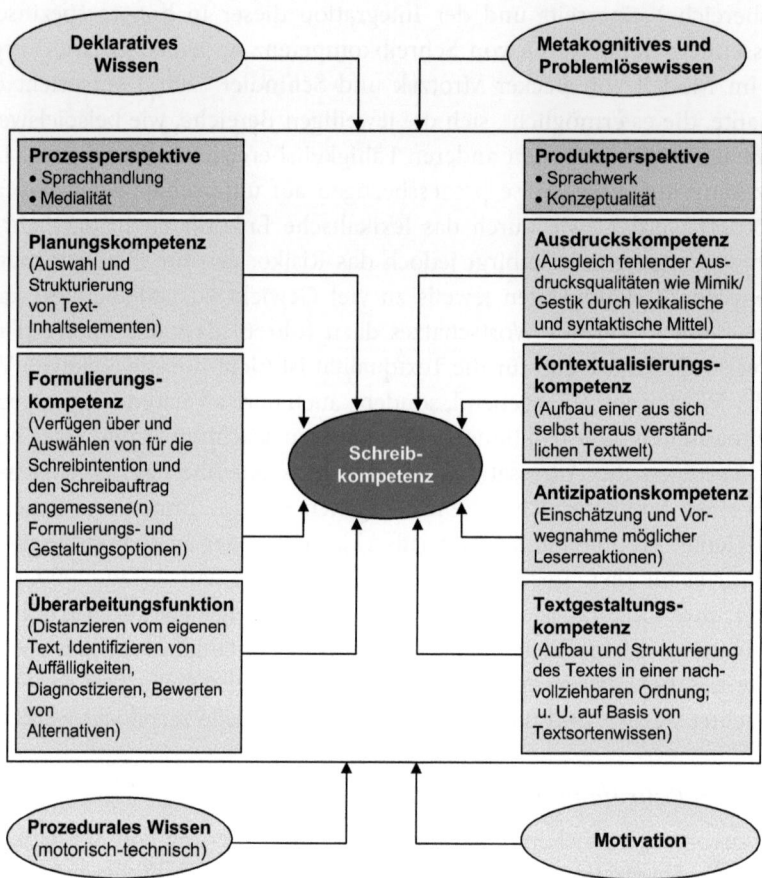

Abbildung 4:   Das Kompetenzmodell für den Bereich Schreiben von Baurmann und Pohl (2009, S. 96; eigene Nachzeichnung).

Dennoch ist festzuhalten, dass das Modell von Baurmann und Pohl (2009) ein aus sich heraus originär schreibtheoretisch fundiertes Modell darstellt: Die Textproduktion steht als solche im Vordergrund (Feilke, 2014b). Den Autoren gelingt es, die für das Schreiben von Texten spezifischen Teilfähigkeiten in den Vordergrund zu rücken. Aus diesem Grund werden auch die kognitiven Fähigkeiten und die Motivation ausgelagert, da sie für die Autoren zwar wichtige Voraussetzungen für das Schreiben bilden, aber eben nicht nur ausschließlich für dieses notwendig sind. Ein solch differenziertes Bild findet sich im Modell von Becker-Mrotzek und Schindler (2007) nicht. Es wirkt wesentlich abstrakter und zugleich domänenunspezifisch, da die linguistischen Anforderungsbereiche und Wissenstypen erst einmal schreibfern bzw. für jegliche sprachliche Kommunikationsart gültig sind (Feilke, 2014b).

Ein weiterer Aspekt, der jedoch an beiden und auch an weiteren Modellversuchen zur Schreibkompetenz zu bemängeln ist, ist die fehlende Hierarchisierung der Kompetenzkomponenten. Die Modelle haben keine erklärende Struktur. Es wird nicht deutlich, wie die Teilkomponenten der Schreibkompetenz voneinander abhängen und ob es Hierarchiebildungen gibt (Grabowski, Blabusch & Lorenz, 2007; Pohl, 2014). Zwar scheint das Modell von Baurmann und Pohl (2009) zu zeigen, dass es für kognitive Faktoren einen außenstehenden Einfluss gibt, aber wie genau dieser aussieht, bleibt unklar. Ein Grund hierfür mag die fehlende Empirisierung beider Modelle sein. Ihnen liegt keine statistische Absicherung zugrunde, sondern es handelt sich bisher um rein theoriegeleitete Modellierungsversuche. Die Überprüfbarkeit ist für das Modell von Becker-Mrotzek und Schindler (2007) aufgrund der Nebeneinanderstellung der Teilfähigkeiten sicher leichter umsetzbar, ob so jedoch wirklich die Schreibkompetenz gemessen wird, ist fraglich. Dazu müsste gleichzeitig die Abgrenzung von anderen Konstrukten vollzogen werden (Konstruktvalidierung). Eventuell würde die Empirisierung der beiden Modellierungsversuche zu der Erkenntnis führen, dass Schreibkompetenz das emergente Ergebnis verschiedener Fähigkeitsausprägungen darstellt, was sich in der Textqualität niederschlägt. So wäre es dann möglicherweise zielführender, bei der Modellierung von Schreibkompetenz Hierarchien der Bedingungen für erfolgreiche Textproduktion zu bilden, statt verschiedene Kompetenzdimensionen aufzufächern.

Zusammenfassend lässt sich bisher feststellen, dass die in der Fachdidaktik Deutsch entstandenen Modelle zur Schreibkompetenz beide die lexikalischen Fähigkeiten einschließen – im ersten Fall werden sie als eigenständige Teilkompetenz aufgeführt und als Sprachproduktion im engeren Sinne verstanden (Becker-Mrotzek & Schindler, 2007), im zweiten Fall werden sie zusammen mit weiteren sprachsystematischen Bereichen zur Ausdruckskompetenz eines Schreibers bzw. einer Schreiberin gezählt (Baurmann & Pohl, 2009). Da beiden Modellen jedoch die Empirisierung fehlt, ist bisher unklar, inwieweit der Wortschatz tatsächlich eigenständig zur Schreibkompetenz beiträgt und vor allem, was als Indikator für Schreibkompetenz herangezogen wird. Im Zuge der Diskussion um die Interdisziplinarität ist zu beachten, dass diese unabdingbar für die empirische Fundierung derartiger Modelle ist. Sie darf jedoch gleichzeitig nicht zu einer (einseitigen) Verlagerung des Fokus auf andere, den beteiligten Fächern „nähere" Fähigkeiten führen, wie z. B. eine verstärkte Ausrichtung auf die kognitiven Aspekte durch die Beteiligung der Psychologie. Alle Disziplinen müssen gleichberechtigt ihre fachspezifischen Theorien und Vorgehensweisen in die Zusammenarbeit einbringen können.

2.3 Entwicklung der Schreibfähigkeit

Bisher konnte dargelegt werden, welche Teilfähigkeiten zur Schreibkompetenz zu zählen sind – vorrangig aus Sicht der Fachdidaktik Deutsch. Im Folgenden wird der Frage nachgegangen, wie Personen im Zuge der Literalisierung zu kompetenten Schreiberinnen und Schreibern werden und welche Entwicklungsschritte dabei erkennbar sind. Die Darstellung bereitet auf das nachfolgende Kapitel 3 vor, in welchem die aktuelle bildungspolitische Diskussion zum Leistungsstand der Schülerinnen und Schüler in der Sekundarstufe I vorgestellt wird.

Während die Entwicklung des Erstlesens und Erstschreibens in der Literatur meist als Schriftspracherwerb bezeichnet wird, kann die Entwicklung des weiterführenden Schreibens, welche den abgeschlossenen Schriftspracherwerb voraussetzt, als Schreibentwicklung bezeichnet werden (Becker-Mrotzek, 2004; Feilke, 1993). Bei dieser geht es nicht mehr um die graphomotorischen Basisqualifikationen.

Zunächst kann festgestellt werden, dass die literale Kompetenz, die sich aus der Lese- und Schreibkompetenz zusammensetzt (Schmölzer-Eibinger, 2008), zu größten Teilen erst durch die Beschulung erworben wird. Zwar beginnt die Entwicklung von Schreibfähigkeit häufig schon vor Schuleintritt, doch ist sie im Gegensatz zur mündlichen Sprache ein „ontogenetisch sekundäres Phänomen" mit weniger „Eigendynamik" (Ott, 2000, S. 4). Schreibentwicklung läuft nicht autonom ab, sondern ist vor allem von unterrichtlicher Förderung und individuellen Ressourcen abhängig (Baurmann & Ludwig, 2001; Ossner, 1996). Das wiederum bedeutet, dass für Schülerinnen und Schüler, die außerhalb der Schule keine Berührungspunkte mit Schriftsprache haben, die Angebote im Unterricht eine entscheidende Rolle für die Entwicklung der Schreibfähigkeit spielen. Die Notwendigkeit der Optimierung schreibdidaktischer Maßnahmen trifft daher ganz besonders für Schülerinnen und Schüler aus bildungsferneren Familien und/oder mit einer anderen Familiensprache als Deutsch zu. Schriftsprache ist konzeptionell anders gestaltet als die mündliche Kommunikation; sie zeichnet sich durch spezifische Normen aus, die erlernt werden müssen (Koch & Oesterreicher, 1994). Mit Blick auf die Wortschatzfähigkeiten ergibt sich hier ein gravierendes Problem: Schriftspracherwerb kann nur schwer auf Basis eines gering ausgeprägten Wortschatzes erfolgen, vor allem dann nicht, wenn der Wortschatz im konzeptionell schriftlichen Medium zusätzlich ein anderer ist als in der mündlichen Kommunikation. Diese Erkenntnis geht mit dem Begriff der sogenannten Bildungssprache einher (vgl. hierzu Abschnitt 5.2).

Die Beherrschung von Schreibfähigkeit hat einen großen Einfluss auf die allgemeine Entwicklung, vor allem auf die der intellektuellen Fähigkeiten (Wygotskij, 1986). So führt die Auseinandersetzung mit Schriftsprache nicht nur zu verbesserten metalinguistischen Fähigkeiten, weil Sprache instrumentalisiert werden kann, sondern im Idealfall auch zu einem gesteigerten Abstraktions- und Distanzierungsvermögen und zur Fähigkeit der Perspektivenübernahme (Becker-Mrotzek & Böttcher, 2006). Diese Fähigkeitsaspekte gelten als hierarchiehöhere Prozesse und kennzeichnen letztlich den Begriff der konzeptionellen Schriftlichkeit (Bachmann, 2014; Feilke, 2002). Schreiben dient dazu, „seinen Gedanken Gestalt zu geben" (Ossner, 1995, S. 41), und gilt als wirksames Mittel zur Entfaltung der Kognition. Becker-Mrotzek (2004) beschreibt zwei Wirkrichtungen: (1) Durch das Schreiben lassen sich Äußerungen geplanter und bewusster formulieren. Durch den leichteren Zugang zum Produzierten ist auch die Reflexion der eigenen Gedanken besser möglich. So bildet der Text ein Mittel, um komplexe Formen des Denkens überhaupt zu realisieren (epistemische Funktion des Schreibens). (2) Gleichzeitig stellt das Denken aber auch eine notwendige Voraussetzung für das Schreiben dar. Denn im Gegensatz zur Mündlichkeit liegt die Verantwortung der Kommunikation erst einmal allein aufseiten des Schreibers bzw. der Schreiberin (Ehlich, 1983). Er bzw. sie muss dies mithilfe kognitiver Verfahren kompensieren und die Äußerungen stärker planen. Becker-Mrotzek (2004) zieht aus dieser Situation das Fazit, dass die Textproduktion diejenigen kognitiven Fähigkeiten benötigt, die sie gleichzeitig weiter ausbaut. Gleichzeitig lässt sich aber auch sagen, dass Textproduktion die sprachlichen Fähigkeiten benötigt, mithilfe derer der Schreiber bzw. die Schreiberin sich Zugang zu höheren kognitiven Prozessen verschafft. Auf Basis des vermehrten (Nach-)Denkens entwickelt er bzw. sie wiederum neue, anspruchsvollere und verdichtetere Formulierungen. Diese Prozesse funktionieren jedoch nicht nur aus sich selbst heraus, sondern fordern das Lernen am Modell.

Viele Studien zum Verlauf der Schreibentwicklung sind in den letzten 35 Jahren veröffentlicht worden (Augst & Faigel, 1986; Bachmann, 2002; Bereiter, 1980; Bereiter & Scardamalia, 1987). Sie legen unterschiedliche Schwerpunkte, so z. B. auf die Reihenfolge der Entwicklungsstadien, den zeitlichen Ablauf oder mögliche Voraussetzungen und Determinanten. Es lässt sich grob zusammenfassen, dass sich die Schreibfähigkeiten vorrangig zwischen dem 8. und 16. Lebensjahr ausprägen, sich jedoch lebenslang weiterentwickeln. Kompetente Schreiberinnen und Schreiber sind nicht unbedingt an ihrem biologischen Alter auszumachen, sondern vielmehr an ihrer Schreiberfahrung: Der Erwerb von Schreibfähigkeit ist, wie bereits erwähnt, pragmatisch situiert und findet nur dort statt, wo eine entsprechende Anforderung gegeben ist – Textproduktion kann nicht wie das Mündliche nur aus kontextuellen Spracherfahrungen und -begegnungen erlernt werden (Feilke, 1996; Grabowski, Blabusch & Lorenz, 2007).

Bereiter (1980) stellte als einer der ersten ein Modell zur Entwicklung konzeptioneller Schriftlichkeit vor – ein Fünf-Stufenmodell mit steigendem Schwierigkeitsgrad. Dieses Modell wurde von Baurmann (1990) adaptiert, die Stufen wurden lediglich als Modi bezeichnet und etwas anders tituliert (jeweils in Klammern nicht kursiv dargestellt): So ist das Schreiben von Schreibanfängerinnen und -anfängern zunächst assoziativ (*associative writing*; assoziativ-expressiv).

Dies zeigt sich vor allem in Aneinanderreihungen wie „und dann ... dann". Das Geschriebene wird nicht organisiert, sodass Mittel der globaleren Kohärenz und Adressatenorientierung meist nicht zu finden sind: Diese Stufe entspricht der Strategie des bereits vorgestellten *knowledge telling* von Bereiter und Scardamalia (1987). Die nächste Entwicklungsstufe, das performative Schreiben *(performative writing*; normorientiert), zeichnet sich durch die allmähliche Beherrschung von Schreibkonventionen aus, wie Orthographie, Interpunktion und auch Stil. Im Prinzip stellt diese Fähigkeit keinen neuen Entwicklungsschritt dar, sondern ist eher das Resultat schulischer Anpassung. Die Phase des kommunikativen Schreibens (*communicative writing*; kommunikativ) beinhaltet die Berücksichtigung der Adressatinnen und Adressaten. Die Schreiberinnen und Schreiber sind nun fähig, während der Textproduktion ihre Leserinnen und Leser zu antizipieren und den Text adressatenorientiert zu formulieren. Das umfassende Schreiben (*unified writing*; authentisch) ist dadurch gekennzeichnet, dass die Schreibenden neben dem Einbezug der Perspektive der Leserinnen und Leser nun auch den eigenen Vorstellungen an den Text durch die Verwendung stilistischer oder argumentativer Mittel gerecht werden können. In der letzten Phase wird die Fähigkeit zur Wissensgenerierung mittels Textproduktion erworben. Schreiben dient jetzt als Erkenntnisgewinn und Mittel des Denkens (*epistemic writing*; heuristisch). Auf jeder Stufe steht somit entweder der Schreibprozess als solcher, das Textprodukt oder die Leserinnen und Leser im Fokus der Reflexion. Daher lässt sich die Schreibentwicklung auch als Dimensionswechsel beschreiben (Fix, 2008). Um eine höhere Stufe erreichen zu können, müssen die Fähigkeiten der darunterliegenden Stufe zunächst routiniert und damit ohne kognitive Belastung beherrscht werden. Aus diesem Grund geht es weniger um eine Ersetzung als vielmehr um die Integration und Erweiterung zuvor erworbener Fähigkeiten.

Ähnlich wie auf das Modell von Hayes und Flower (1980) folgten auf das Schreibentwicklungsmodell von Bereiter (1980) einige kritische Sichtweisen: Ossner (1996) äußert, dass die Stufen als Normen gelten könnten und daraus eine Fixierung auf Entwicklungsphasen resultieren könnte. Das würde die Förderung der einzelnen Schreiberinnen und Schreiber als Individuen behindern. Es könnte leicht angenommen werden, dass die nächste Stufe im Sinne von Entwicklungsprozessen wie von selbst erreicht werde und sich die Schritte stets in derselben Abfolge vollziehen. Ossner (1996) versteht das Modell weniger als Entwicklungsmodell, sondern vielmehr als die Dekomposition eines komplexen Sachverhalts. Fix (2008) betont, dass für die adäquate Realisierung komplexer Schreibaufgaben in der Schule das Erreichen der beiden höchsten Stufen im Modell von Bereiter (1980) nicht zwingend ausschlaggebend ist. Wichtiger ist der flexible Umgang mit der expressiven, kognitiven, textuellen und sozialen Problemdimension, also der Berücksichtigung der eigenen Interessen, der Inhaltsdarstellung, der Textgestaltung und der Überzeugung der Leserinnen und Leser (Feilke, 1988). Kompetente Schreiberinnen und Schreiber begreifen, dass ihr Text stets mehr ist als die Summe seiner Wörter, Sätze und auch seiner Argumente, sondern dass das Schreiben die Lösung eines komplexen Kommunikationsproblems darstellt – es muss daher beim Schreiben eher das tiefergehende Ziel im Fokus stehen, welches nicht immer der Erkenntnisgewinn durch den Akt der Textproduktion darstellt. Diese Einsicht geht mit den im vorherigen Abschnitt dargestellten Diskussionspunkten zum Problem der Modellierung von Schreibkompetenz einher. Die Dekomposition des Konstrukts birgt schnell die Gefahr, das Textganze aus den Augen zu verlieren.

Weiterhin ist zu dem Modell von Bereiter (1980) kritisch anzumerken, dass die Formulierung der Entwicklungsstufen die notwendigen Voraussetzungen nicht hinreichend berücksichtigt. Bezogen auf die sprachlichen Aspekte ist jedoch klar, dass sich die Weiterentwicklung im Schreiben nur vollziehen kann, wenn die sprachlichen Fähigkeiten auch in ausreichendem Maße zur Verfügung stehen. Schreibende können lediglich dann adressatengerecht formulieren, wenn sie zum einen die dazu notwendigen sprachlichen Mittel beherrschen und – das ist besonders wichtig – wenn ihnen die Notwendigkeit der Leserantizipation bewusst ist. Hier wird wieder der enge Bezug zwischen kognitiver Entwicklung, sprachlicher Entwicklung und Schreibentwicklung deutlich. Da sowohl die Ausbildung eines bildungssprachlichen Wortschatzes als auch die Schreibentwicklung externe Anregung benötigen, sollte und muss diese Anregung didaktisch auch so aufgebaut sein, dass sie die zugrunde liegenden kognitiven Konzepte enthüllt. Wenn also kein Bewusstsein dafür besteht, dass eine Anleitung so formuliert werden muss, dass der beschriebene Handlungsvorgang tatsächlich durchgeführt werden kann, werden die notwendigen sprachlichen Mittel wahrscheinlich auch nicht verwendet – unabhängig davon, ob sie theoretisch zur Verfügung stünden oder nicht.

Auch wenn das Fünf-Stufenmodell von Bereiter (1980) nicht explizit auf die Voraussetzung differenzierter sprachlicher Fähigkeiten zur Fokussierung auf die für die verschiedenen Stufen typischen Dimensionen (Schreibprozess, Schreibprodukt, Leserinnen und Leser) eingeht, scheint dennoch deutlich, dass zur Entfaltung der Schreibfähigkeit die notwendigen sprachlichen Mittel zur Verfügung stehen müssen und dass sich die kognitive, (basal-)sprachliche und schriftsprachliche (im Sinne der Textproduktion) Entwicklung gegenseitig bedingen.

Nach Darlegung der für die vorliegende Arbeit relevantesten Modelle und Theorien der empirischen Schreibforschung wird im folgenden Kapitel auf die Situation der Schreibdidaktik und die dortige Berücksichtigung der Rolle des Wortschatzes eingegangen.

3.   Schreibdidaktik in der Sekundarstufe I

Nachdem in Kapitel 2 die aktuellen Modelle zum Schreibprozess, der Schreib-kompetenz und der Schreibentwicklung vorgestellt wurden und damit die the-oretischen Grundlagen aus der Disziplin der Kognitionspsychologie und in An-sätzen aus der Fachdidaktik Deutsch, bietet dieses Kapitel einen Überblick zum Status-quo der Schreibdidaktik in der Sekundarstufe I. Zunächst wird ein kurzer Abriss der Geschichte der Schreibdidaktik geboten (Abschnitt 3.1), um danach die in den Abschnitten 3.2 und 3.3 aktuellen bildungspolitischen Entwicklungen im Bereich des Schreibens vorrangig im deutschsprachigen Raum besser einordnen zu können. Abschnitt 3.4 wirft durch die Vorstellung aktueller Metaanalysen zur Schreibdidaktik einen Blick auf die internationale Forschungslage. Auch dort be-stätigt sich das Bild einer wenig zufriedenstellenden Berücksichtigung der Rolle des Wortschatzes. In Abschnitt 3.5 werden die aktuellen und zuvor dargestellten Perspektiven innerhalb der Schreibdidaktik zusammenfassend mit Blick auf die Fragestellung der vorliegenden Arbeit diskutiert.

3.1   Geschichte der Schreibdidaktik

Bei Betrachtung der Entwicklung der Schreibdidaktik innerhalb der letzten 150 Jahre zeigt sich, dass die Schwerpunktsetzung in Deutschland insgesamt große Unterschiede aufwies und gleichzeitig dennoch einseitig war. Mit einem Wechsel der Orientierung hin zum Schreibprodukt, zu den Schülerinnen und Schülern, zu den Adressatinnen und Adressaten, zum Prozess und zu den Methoden hat sich vorrangig jedoch immer wieder die Fokussierung auf das Schreibprodukt und damit auf den Aufsatzunterricht durchgesetzt (Merz-Grötsch, 2003). Heute wird auch vom „didaktischen Brauchtum" (Ossner, 2006, S. 121) gesprochen.

Die Produktion von Texten wurde zwischen dem 16. und dem 18. Jahrhun-dert nur in den Abschlussklassen der Latein- und Gelehrtenschulen unterrichtet. Dabei wurde das Schreiben in lateinischer Sprache im Sinne des Stils der aus der Antike und durch die lateinischen Texte übernommenen Rhetorik vollzogen: Die schriftliche Modalität galt als Vorbereitung für das mündliche Präsentieren in Form von Reden oder Vorträgen. Es war üblich, erarbeitete Reden und Aufsätze im Unterricht vorzutragen, um damit seine Beredsamkeit unter Beweis zu stellen (Abraham, 2014). Ab 1770 war ein Wandel erkennbar. Der Unterricht diente nicht mehr dazu, Dichter und Redner rhetorisch auszubilden, sondern den schriftli-chen Ausdruck und damit den „Styl" zu schulen, welcher so wirken sollte, als sei er nicht künstlich und gestellt formuliert, sondern natürlich.

Im Zuge der Literalisierung in Deutschland im 19. Jahrhundert, welche zur Verbreitung des Schriftdeutschen beitrug und eine für alle Deutschen gelten-de Standardsprache vorsah, wurden in den Elementarschulen Schreibstunden eingeführt. Die Schülerinnen und Schüler sollten lernen, korrekte Sätze zu bilden und die jeweils adäquaten Wörter zu verwenden. So diente der sogenannte *gebundene Aufsatz* – gebunden, weil die Schülerinnen und Schüler in ihrem Schreiben an Vorgaben zu Thema, Stil und Wortwahl gebunden waren – dem reproduzierenden Schreiben anhand von Textmustern und nicht dem eigenständigen Planen und Formulieren. Das Curriculum sah fünf basale Aufsatzarten (Darstellungsformen) vor, unterschieden in subjekt- oder objektbezogene, die alle kommunikativen Anlässe abdecken sollten: Erzählungen, Schilderungen, Berichte, Beschreibungen und Erörterungen (Ludwig, 2003). Die produktorientierte Perspektive hatte lediglich die stereotype Vermittlung der Textsorten unter Beachtung von stilistischen und rhetorischen Merkmalen zum Ziel. Gegen Ende des 19. Jahrhunderts führte die Entfaltung der Reformpädagogik zur Einsicht, dass die Aufsatzformen nicht der Realität außerhalb der Schule entsprachen. Die neue Ausrichtung legte den Fokus mit dem *freien Aufsatz* auf die Schülerinnen und Schüler, die thematisch und stilistisch ungebunden ihr eigenes Erleben und ihre Persönlichkeit frei entfalten sollten. Es stand nun das Subjekt mit seinen Gedanken und seinem Erleben im Vordergrund. In den 1970er Jahren kam es zur sogenannten *kommunikativen Wende*: Der kommunikative Zweck und damit der pragmatische Aspekt des Schreibens wurden in den Fokus gestellt, die Adressatinnen und Adressaten sollten „bewegt" werden. Führend war hier die Arbeitsgruppe um Boettcher, Friger, Sitta und Tymister (1973) mit dem prägenden Titel ihrer Veröffentlichung *Schulaufsätze – Texte für Leser*. Sie stellte eine Gegenbewegung zum Aufsatzunterricht dar. Zwar stand nun die Handlungsorientierung des Schreibens im Fokus und somit auch die Rolle der Schreibaufgabe, das Ausdrucksvermögen an sich wurde hier aber weiter vernachlässigt bzw. vorausgesetzt (Bachmann & Becker-Mrotzek, 2017). Als Resultat der angloamerikanisch geprägten kognitiven Schreibforschung kam es in Deutschland Anfang der 90er Jahre zu einer weiteren Veränderung: der *kognitiven Wende*. Die *Prozessorientierung* und damit die Zerlegung des Schreibens in die Phasen des Planens, Formulierens und Überarbeitens bildeten nunmehr den Schwerpunkt in der Schreibdidaktik. Die Erkenntnis, dass Schreiben einen komplexen Problemlösungsprozess darstellt, bei dem die Teilprozesse iterativ-rekursiv durchlaufen werden, wurde auch curricular umgesetzt und ist heute in den Bildungsstandards zu finden (vgl. Abschnitt 3.3, z. B. *Texte planen und entwerfen, Texte schreiben, Texte überarbeiten*). Zwar könnte durch die Dekomposition des Prozesses davon ausgegangen werden, dass gerade im Bereich des Texteschreibens der Formulierungsprozess stärker angesteuert wird, tatsächlich scheint die Kompetenzorientierung den Schwerpunkt aber eher auf das Sprachhandeln und Problemlösen zu legen (vgl. hierzu auch Bachmann & Becker-Mrotzek, 2017). Die kognitiven Fähigkeiten stehen daher weiterhin stärker im Vordergrund als die sprachlichen, obwohl die beiden aus der Deutschdidaktik stammenden Versuche der Modellierung des Schreibens jeweils die Rolle der Ausdrucksfähigkeit (Lexik und Syntax/Morphologie) hervorgehoben haben (Baurmann & Pohl, 2009; Becker-Mrotzek & Schindler, 2007).

3.2 Large Scale Assessments zu Schreibleistungen

Im Rahmen der neuen bildungspolitischen Ausrichtung auf die Outputsteuerung des Unterrichts zeigt sich in den großen Schulleistungsstudien in Deutschland, dass die Schülerinnen und Schüler starke Defizite in ihren Textprodukten aufweisen (einen Überblick zu den Schulleistungsstudien bieten Enders & Grabowski, 2015). Daraus lässt sich schlussfolgern, dass der Unterricht sie nicht ausreichend auf die Schreibanforderungen im späteren Berufsleben vorbereitet oder zumindest nicht auf die in den Schulleistungsstudien abgeprüften Aufgaben (Becker-Mrotzek & Böttcher, 2006). Gleichzeitig gibt es in Deutschland im Vergleich zu den Leistungen im Lesen oder in den Naturwissenschaften für den Bereich des Schreibens nur wenig große und damit kaum repräsentative Studien. Die Gründe hierfür sind zahlreich: Im Vergleich zur Überprüfung von Orthographie scheint es schwierig, adäquate Auswertungsmechanismen zu finden, die die methodischen Voraussetzungen, wie z. B. Interraterreliabilität, erfüllen und gleichzeitig die Besonderheiten der jeweiligen Aufgabe beachten (für einen Überblick siehe Grabowski, Becker-Mrotzek, Knopp, Jost & Weinzierl, 2014). Sowohl für Längsals auch für Querschnittstudien ist die Vergleichbarkeit der Aufgabenformate und deren Parallelisierung kein einfaches Unterfangen, da häufig unklar ist, was mit der jeweiligen Aufgabenstellung überhaupt gemessen wird und ob die jeweiligen Aufgabenanforderungen identisch sind. Auch scheint oft fraglich, was die erwartete Kompetenz der Schülerinnen und Schüler auszeichnet, was also als ein gelungener Text gilt (Neumann, 2014). Gerade hier ergeben sich kontroverse Ansichten zwischen den verschiedenen Disziplinen (z. B. funktionale Pragmatik vs. Textlinguistik; vgl. hierzu auch Neumann, 2014). Auch wenn die aktuelle Schreibdidaktik eine prozessorientierte Herangehensweise an die Vermittlung von Schreibfähigkeit postuliert, ist die empirische Untersuchung von Schreibfähigkeit aufgrund des begrenzten Zeitfensters fast immer produktorientiert und zielt dabei selten auf eine Einschätzung des individuellen Entwicklungsstands eines Schülers bzw. einer Schülerin ab (für einen Überblick siehe van Steendam, Tillema, Rijlaarsdam & van den Bergh, 2012).

Im Folgenden werden zwei empirische Befunde aus Deutschland, die DESI-Studie (Deutsch Englisch Schülerleistungen International) und die Studie des IQB (Institut zur Qualitätssicherung im Bildungswesen), sowie die Ergebnisse der Studien im Rahmen des NAEP (*National Assessment of Educational Progress)* aus den USA vorgestellt. Die Studien stellen die einzigen repräsentativen Untersuchungen zur Textproduktion dar.

Das Modul Schreiben in Klasse 9 innerhalb der DESI-Studie

Die DESI-Studie wurde in den Jahren 2003 und 2004 von der Kultusministerkonferenz in Auftrag gegeben und mit ca. 11000 Schülerinnen und Schülern der
9. Jahrgangsstufe aller Schularten durchgeführt. Ziel war es, Grundlagenwissen
über die sprachlichen Fähigkeiten der Schülerinnen und Schüler zu erhalten, um
darauf aufbauend bildungspolitische Interventionsmaßnahmen konzipieren und
rechtfertigen zu können. Es sollten vor allem Erklärungsansätze für die Unterschiede in den sprachlichen Leistungsniveaus gefunden werden, wie sie bei PISA
zutage traten. Wichtig war es, einen Eindruck vom tatsächlichen Können bzw.
der Kompetenz der Schülerinnen und Schüler zu erhalten, um damit das allgemeine Stimmungsbild erklären bzw. die gefühlt schlechten Leistungen aufdecken
zu können. Die Studie bestand aus verschiedenen Modulen zu den rezeptiven
und produktiven sprachlichen Fähigkeiten. Dabei liefern die Ergebnisse des Mo-
duls Schreiben im Fach Deutsch den einzigen großen Datensatz und die einzige
Längsschnittuntersuchung zu Schreibleistungen in der Sekundarstufe in Deutschland (Neumann & Lehmann, 2008).

Dieses Modul hatte zum Ziel, Aussagen über die Schreibfähigkeiten und deren
Entwicklung innerhalb eines Schuljahres zu treffen und diese auf Kompetenzstu-
fen einzuordnen. Diese Kompetenzstufen wurden empirisch bestimmt, zum einen
deduktiv über objektiv erhobene Aufsatzmerkmale und zum anderen induktiv
über Merkmale in den Texten selbst. Schreiben wurde als zweidimensionales
Konstrukt aus einerseits semantisch-pragmatischen Kompetenzen (Sprachstil und
Wortschatz) und andererseits sprachsystematischen Fähigkeiten (Orthographie,
Morphologie, Syntax) verstanden. Für beide Kompetenzdimensionen waren drei
Ausprägungsarten (Niveau A, B, C) möglich. Kritisch angemerkt wird bei der
Konzeption der drei Niveaustufen, dass diese nicht theoriegeleitet oder an der
Schreibentwicklung und deren Erwerbsstufen ausgerichtet worden seien, sondern
recht willkürlich gesetzt worden wären (Feilke, 2014a; Philipp, 2012). Aufgabe der
Schülerinnen und Schüler war es, einen offiziellen Beschwerdebrief oder einen
Brief an einen Freund bzw. eine Freundin zu formulieren. Dabei stand nicht die
Erfüllung der Merkmale einer spezifischen Textsorte im Vordergrund, sondern
es ging um die Herstellung eines möglichst authentischen Schreibanlasses, der
Aufschluss über das Kompetenzniveau des Schülers bzw. der Schülerin geben
sollte. Die Aufgabenstellung wurde randomisiert zugeteilt. Die Leistungen wur-
den zu Schuljahresbeginn und -ende erhoben. Der Leistungszuwachs innerhalb
eines Schuljahres ist insgesamt sehr gering und zeigt sich lediglich im unteren
Leistungsbereich. Zwei Drittel aller Schülerinnen und Schüler lassen sich am
Ende von Klasse 9 hinsichtlich ihrer semantisch-pragmatischen Kompetenz auf
Niveaustufe B einordnen, die sich durch einen teilweise begrenzten Wortschatz,
Wortwiederholungen und Übergeneralisierungen kennzeichnet. 30 % der Schülerinnen und Schüler erreichen lediglich das Niveau A, von denen ein Großteil aus
der Hauptschule und IGS stammt. In diesen Schülertexten zeigen sich umgangs-

sprachliche Sprachnormen, ein logisch fehlerhafter Aufbau, keine bzw. fehlerhafte Adressatenorientierung und sehr begrenztes Wortmaterial mit häufigen Wiederholungen oder unangemessenen Wendungen.

Angesichts dieser Ergebnisse sprechen sich Harsch und Kollegen (2007) für die unterrichtliche Arbeit an Inhalt und Aufbau sowie Stil- und Wortwahl aus. Bei den Übungen zur Wortwahl sollen Texte beispielhaft auf stilistische Besonderheiten untersucht werden. Es sollen zudem mögliche Wendungen erprobt und kategorisiert werden. Auch werden sprachsystematische Übungseinheiten zu den Merkmalen verschiedener Textsorten vorgeschlagen. Auf die gängigen Unterrichtskonzepte und die Wende von traditionellen (sprachsystematischen) Übungen hin zum funktional-pragmatischen Schreibunterricht wird in Abschnitt 3.5 eingegangen.

Studie des IQB zur Erstellung eines Kompetenzstufenmodells für den Teilbereich des Schreibens in Klasse 9

Auch wenn als Folge des alarmierenden Ergebnisses aus PISA (Baumert, 2001) und als Konsequenz der Formulierung der Bildungsstandards durch die KMK im Jahre 2004 flächendeckend jedes Jahr die Leistungen von Schülerinnen und Schülern der 8. Klasse anhand von Vergleichsarbeiten (VERA) untersucht werden, wird das Modul zum Schreiben in VERA 8 nur als optional betrachtet (Philipp, 2015). Ziel der Vergleichsarbeiten ist die jahrgangsbezogene Untersuchung des Leistungsstandes am Ende des Schuljahres, um anhand der Ergebnisse die Kompetenzorientierung von Unterricht voranzubringen. Nachfolgend wird auf die Ergebnisse der Normierungsstichprobe eingegangen, die zur Entwicklung eines Kompetenzstufenmodells für den Mittleren Schulabschluss im Bereich des Schreibens herangezogen wurden (IQB, 2014).

Die Schülerinnen und Schüler der Normierungsstichprobe (9. und 10. Klasse) schrieben jeweils zwei Texte, die entweder verschiedenen Textmustern oder demselben entsprachen. Die möglichen Textmuster waren informierende (Bericht und Beschreibung), argumentative oder narrative Texte. Für jedes Textmuster wurden zuvor Einzelmodelle mit den Kompetenzstufen I–V entwickelt, um die Schülertexte auf die typischen Merkmale des jeweiligen Textmusters hin bewerten zu können. Dabei bedeutet Kompetenzstufe I: Mindeststandard verfehlt, Kompetenzstufe II: Mindeststandard, Kompetenzstufe III: Regelstandard, Kompetenzstufe IV: Regelstandard plus und Kompetenzstufe V: Optimalstandard.

Aufgrund der inhaltlichen Ausrichtung der vorliegenden Arbeit wird im Folgenden nur auf das informierende Textmuster (Beschreibung und Bericht) in Klasse 9 eingegangen. In der Beschreibung sollten die Schülerinnen und Schüler eine Bauanleitung und eine Anleitung zu einer sportlichen Übungseinheit verfassen. Das Textmuster des Berichts bestand sowohl aus einer Zeitungsnachricht, die auf Grundlage von mehreren Notizen zu formulieren war, als auch aus einem Untersuchungsbericht, welcher auf Basis eines wortwörtlichen Gesprächs erstellt werden sollte. Nähere Informationen zu den Aufgabenstellungen sind der Veröffentlichung der IQB-Studie nicht zu entnehmen. Die informierenden Texte umfassten 400 bis 500 Schülertexte aller Schularten; genauere Angaben zur Größe der Stichprobe liegen nicht vor. Die Ergebnisse zeigen, dass 8,5 % der Schülerinnen und Schüler der Klasse 9 den Mindeststandard verfehlen. Die Kompetenzstufe ist durch „häufig nicht-funktionale narrative und emotionale Markierungen" (IQB, 2014, S. 18) und durch eine nicht adäquate oder wechselnde Perspektive des Schreibers bzw. der Schreiberin gekennzeichnet. Konnektoren wie Konjunktionen oder Adverbien werden häufig falsch gebraucht. Der Wortschatz wird als gering beschrieben, und es kommt zu häufigen Wortwiederholungen. Nur Kompetenzstufe II wird von knapp 20 % der Schülerinnen und Schüler erreicht, die Texte sind insgesamt recht kurz und wenig strukturiert gestaltet. Der Wortschatz wird als inadäquat beschrieben, auch hier sind häufige Wiederholungen kennzeichnend. Den Regelstandard und damit Kompetenzstufe III erreichen lediglich etwas mehr als ein Drittel der Schülerinnen und Schüler aus Klasse 9. Hier werden die Mittel zur Kohärenzherstellung überwiegend richtig gebraucht, sodass eine Rekonstruktion der Sachlage für die Leserinnen und Leser weitestgehend möglich ist. Die Wortwahl ist adäquat und meist präzise; es kommt zum Teil zu Wortwiederholungen. Wird die Tatsache berücksichtigt, dass informierende Texte bereits zu Anfang der Sekundarstufe I gemäß des Curriculums behandelt werden, ist das Ergebnis, dass mehr als 25 % der Klasse 9 nicht den Regelstandard erreichen, höchst bedenklich.

Studie des National Assessment of Education Progress (NAEP) zum Schreiben in Klasse 8

Zur breiteren internationalen Einordnung werden weiterhin die Befunde der in den USA durchgeführten Studien zum NAEP für die Klasse 8 aus dem Jahr 2011 vorgestellt (National Centre for Education Statistics, 2012). Es wurden die kommunikativen Absichten des Erzählens, Informierens und Überzeugens herangezogen. Dabei grenzen die Testleiterinnen und Testleiter den Begriff der „kommunikativen Absicht" (*communicative purpose*) klar von dem der Textsorte ab, um die kommunikative Sichtweise auf das Schreiben herauszustellen. 30 % der Schülerinnen und Schüler wurde die Aufgabe einer Erzählung und jeweils 35 % die Textabsicht des Informierens und Überzeugens zugeordnet. Alle Texte wurden auf einer Sechs-Punkte-Skala entlang der drei Merkmale *Ideenentwicklung*, *Organisation der Ideen* und *Sprachgebrauch* bewertet. Dabei waren drei Kompetenzniveaus zu erreichen, die sich folgendermaßen übersetzen lassen: Grundkenntnisse (*basic*), fortgeschrittene Kenntnisse (*proficient*) und Expertenkenntnisse (*advanced*). Schülertexte, die das basale Level erreichen, enthalten die für das Thema, die Absicht und die Leserinnen und Leser relevanten Wörter und Phrasen. Der Text ist kohärent und sinnvoll strukturiert. Texte des fortgeschrittenen Levels zeigen eine wohl überlegte Verwendung von Wörtern und Phrasen.

Schon an der Beschreibung der Kompetenzstufen wird deutlich, dass das basale Level im Gegensatz zu Kompetenzstufe II der IQB-Studie wesentlich höhere Anforderungen aufweist. Außerdem wird eine ressourcenorientierte Beschreibung der Stufen verfolgt, die an den Stärken der Texte ausgerichtet ist und weniger an den Defiziten, was sich zugleich positiv auf die Motivation der Schülerinnen und Schüler auswirken kann. Die Studie wurde mit 24100 Schülerinnen und Schülern der Klasse 8 durchgeführt, im Jahre 2011 zum ersten Mal am Computer. Es zeigt sich, dass 54 % der Achtklässlerinnen und Achtklässler das Basislevel, 24 % das fortgeschrittene und 3 % das Expertenlevel erreichen; ca. 20 % liegen noch unter dem Basislevel. Eine deutliche Risikogruppe bilden Schülerinnen und Schüler, deren Muttersprache eine andere als Englisch ist. Für den Vergleich mit den beiden zuvor vorgestellten Studien lässt sich sagen, dass hier jedoch alle drei Textsorten bzw. -absichten einfließen, sodass zu vermuten ist, dass die als anspruchsvoller einzustufende argumentative Aufgabe für Klasse 8 die Ergebnisse der NAEP-Studie mindert.

Auch wenn eine Systematisierung der hier vorgestellten Studien aufgrund der Unterschiedlichkeit der Aufgabenformate, Textsorten und Unterrichtssprachen sowie aufgrund der herangezogenen Kompetenzstufenmodelle nur schwer möglich ist, zeigt sich doch in allen drei Studien ein großer Anteil an Schülerinnen und Schülern, die nicht den erwarteten Leistungsstand (Niveau B vs. Regelstandard vs. proficient) erreichen. Häufig wird der in den Texten gezeigte Wortschatz als gering und unpräzise beschrieben, und es treten viele Wortwiederholungen auf. Die Texte sind insgesamt recht kurz und ermöglichen den Leserinnen und Lesern aufgrund fehlender Kohärenz nur bedingt eine Rekonstruktion der Sachlage und damit den Aufbau eines mentalen Modells (siehe hierzu Kintsch, 1998).

Auch andere Forschungsgruppen konnten starke Defizite von Schülerinnen und Schülern bei der Textproduktion nachweisen (z. B. Hoppe, 2003; Hornung, 2003). Dabei zeigen sich in den untersuchten Schülertexten immer wieder unspezifisch verwendete Begrifflichkeiten, eine fehlende Textstruktur, unzusammenhängende Satzverbindungen, ein fehlerhafter Gebrauch von Konjunktionen und eine starre Orientierung an Textmustern. Bredel (2003) sieht die Ursache dieser schlechten Leistungen in einer „Vertreibung der Sprache aus dem Deutschunterricht" (S. 146), da unter anderem zugunsten des Literaturunterrichts immer weniger an den sprachlichen Formen und an deren Verbindung mit den Textfunktionen gearbeitet wird. Merz-Grötsch (2000) merkt an, dass sich die Unterrichtspraxis trotz der Kritik an den starren Darstellungsformen (Textsorten) kaum geändert hat. Stattdessen werden weiterhin vorrangig die bekannten Aufsatzarten im Schreibunterricht behandelt, ohne die reale Schreibfunktion in den Vordergrund zu stellen. Sieber (1998) spricht von einem Verfall der Schriftkultur, welchen er vor allem durch die neuen Medien verursacht sieht. Das sogenannte Parlando, die Tendenz, mündliche Strukturen in Texten zu verwenden, sei zunehmend stärker erkennbar. Heute – fast 20 Jahre nach der Diskussion um das Parlando – könnte diese Entwicklung auch anders begründet werden, z. B. durch den wachsenden Anteil an Schülerinnen und Schülern mit Migrationshintergrund, die die im Unterricht geforderte Bildungssprache nicht ausreichend beherrschen. Steinig (2009), der die Texte von 530 Viertklässlerinnen und Viertklässlern aus den Jahren 1972 und 2002 verglichen hat, kommt zu dem Ergebnis, dass sich kein „Sprachverfall" in diesem diachronen Vergleich nachweisen lässt. Er berichtet vielmehr von einer Verbesserung in der Ausdrucksfähigkeit und Textstrukturierung, dies jedoch in Abhängigkeit von der Schulart, der Familiensprache und dem sozioökonomischen Status der Familie. Deutlich benachteiligt und schlechter im Ergebnis im Vergleich zu 1972 sind Schülerinnen und Schülern mit niedrigem Einkommen der Eltern und mit einer Hauptschulempfehlung.

Zusammenfassend lässt sich feststellen, dass eine Untersuchung der verschiedenen sprachlichen Auffälligkeiten (wie unangemessene Begriffe, vereinfachter Satzbau, fehlerhafte grammatische Konstruktionen) und der eher kognitiv gesteuerten Phänomene in den Texten (wie der Textstruktur oder der Einbindung der Leserperspektive) zu Erkenntnissen darüber führen könnte, inwieweit sich diese Merkmale gegenseitig beeinflussen und inwieweit sie jeweils zur Textqualität beitragen. Weiterhin lassen sich diese Ergebnismuster in Abhängigkeit der Schulart, der Klassenstufe, der Textsorte und der Familiensprache der Schülerinnen und Schüler darstellen, sodass auf Basis einer derartigen Analyse Fördermaßen ableitbar und begründbar wären. Denn unabhängig von den Gründen für die in den Schulleistungsstudien aufgefundenen Defizite scheint es notwendig, diesen entgegenzuwirken. Die Beherrschung konzeptioneller Schriftlichkeit muss eines der Lernziele von Unterricht darstellen, eben weil dieses Sprachregister bei der Steuerung und Versprachlichung von Denkprozessen eine entscheidende Rolle spielt. Jedoch lässt sich der (Schreib-)Unterricht nur umgestalten, wenn die Zusammenhangsmuster zwischen den verschiedenen sprachlichen Ebenen und der resultierenden Textqualität fundiert erforscht sind.

3.3 Standards zur Überprüfung der Kompetenzen im Bereich des Schreibens

Trotz der zuvor angesprochenen fehlenden Erforschung der Zusammenhänge zwischen den für das Schreiben notwendigen sprachlichen Fähigkeiten folgte auf die Befunde der *Large Scale Assessments* die Formulierung der Anforderungen an den Schreibunterricht in den sogenannten Bildungsstandards. Diese werden im Folgenden vorgestellt, wobei ebenso ein Blick auf die Standards für die Kompetenzen im Bereich des Schreibens in den USA geworfen wird.

Bildungsstandards

In den Bildungsstandards der KMK aus dem Jahre 2004 (KMK, 2004) ist für alle 16 Bundesländer die Orientierung des Lehrens und Lernens an den Kompetenzen der Schülerinnen und Schüler festgesetzt, also an den Zielfähigkeiten, die die Schule vermitteln soll. Durch diesen Wechsel von einer Input- zu einer Output-steuerung sollen die Wirkungen und Ergebnisse von Unterricht besser kontrolliert werden können. Dies geschieht einerseits durch die regelmäßige stichprobenartige Teilnahme an nationalen und internationalen *Large Scale Assessments*, wie z. B. PISA, und andererseits durch bereits angesprochene flächendeckende Vergleichsarbeiten wie VERA 8. Für die Lehrkräfte bedeutet die Orientierung an der Outputsteuerung, dass sie auf keinen inhaltlichen Plan und konkrete Vorgaben mehr zurückgreifen können. Zudem sind optimale Aufgaben zur Messung der Kompetenz der Schülerinnen und Schüler „im engeren Sinne nicht curricular valide" (Grabowski, 2014, S. 23), da bei der Kompetenzmessung besonders die Transferleistungen im Fokus stehen. Knapp formuliert müssen die Standards für das Fach Deutsch klar definiert, erfüllbar und überprüfbar sein (Oelkers, 2005). Das zentrale Lernziel für den Bereich des Schreibens für die Real- und Hauptschule lautet: „Dem Schreibanlass und Auftrag entsprechende Texte verfassen sie [die Schüler bzw. Schülerinnen] eigenständig, zielgerichtet, situations- und adressatenbezogen und gestalten sie sprachlich differenziert, wobei sie sprachliche Mittel gezielt und überlegt einsetzen." (KMK, 2004. S. 9; KMK, 2005a, S. 9). Schreiben wird also kommunikativ verstanden. Die Formulierung zum Einsatz der sprachlichen Mittel, zu welchen – wenn auch nicht explizit geäußert – ebenso die lexikalischen Mittel zählen, setzt einerseits die Beherrschung der Mittel (Wortschatzbreite) und andererseits die Kenntnis ihrer Wirkung (Wortschatztiefe bzw. Vernetzung) voraus (vgl. hierzu Abschnitt 4.1 und 4.3). Die Beherrschung lexikalischer Kompetenzen wird in den Bildungsstandards an keiner Stelle explizit erwähnt, und doch wird sie in den vier Bereichen des Faches Deutsch jeweils indirekt genannt (vgl. auch Steinhoff, 2009).

Die Anforderungsbereiche für den Bereich des Schreibens im Fach Deutsch für den Mittleren Schulabschluss sind folgende:
- über Schreibfertigkeiten verfügen
- richtig schreiben
- einen Schreibprozess eigenverantwortlich gestalten:
  - Texte planen und entwerfen
  - Texte schreiben
  - Texte überarbeiten

Deutlich wird das Verständnis einer prozessorientierten Schreibdidaktik durch die Zerlegung der Textproduktion in die Phasen des Planens, Verschriftlichens und Überarbeitens. Bei der Planung sollen die Schülerinnen und Schüler sich für „die angemessene Textsorte entscheiden und Texte ziel-, adressaten- und situationsbezogen [...] konzipieren" (KMK, 2004, S. 12). Der Anforderungsbereich des

Texteschreibens ist am ausführlichsten beschrieben. Die Schülerinnen und Schüler sollen insbesondere über „informierende (berichten, beschreiben, schildern), argumentierende (erörtern, kommentieren), appellierende, untersuchende (analysieren, interpretieren) [und] gestaltende (erzählen, kreativ schreiben)" Textmuster verfügen (KMK, 2004, S. 12). Dabei wird nicht nur die Beherrschung der Schreibformen angesprochen, sondern auch die Versprachlichung, die „strukturiert, verständlich, sprachlich variabel und stilistisch stimmig zur Aussage" gestaltet sein soll (KMK, 2004, S. 12). Hier ist ein deutlicher Bezug zur Rolle des Wortschatzes erkennbar. Die vorgesehenen Methoden und Arbeitstechniken zur Erzielung der Anforderungsbereiche gehen aber wiederum nicht in angemessener Weise auf die Arbeit am Wortschatz ein. Lediglich die Vorgehensweise „Texte inhaltlich und sprachlich überarbeiten: z. B. Textpassagen umstellen, Wirksamkeit und Angemessenheit sprachlicher Gestaltungsmittel prüfen" ist zu finden (KMK, 2004, S. 13). Bereits die dargestellten empirischen Befunde zu den Schreibleistungen in der Sekundarstufe I lassen vermuten, dass den Schülerinnen und Schülern für diese Methode die basalen Grundkenntnisse fehlen und die Anwendung voraussichtlich ohne die Unterfütterung mit dem benötigten Wortschatzwissen ins Leere läuft.

Bis zum Jahr 2014 fehlte paradoxerweise ein zugrunde liegendes theoretisch und empirisch fundiertes Kompetenzmodell für den Bereich des Schreibens, um den sogenannten Output der Schülerinnen und Schüler messen zu können. Die bereits vorgestellten Ergebnisse der Normierungsstichprobe des IQB (2014) dienten der Formulierung eines Kompetenzmodells für den Mittleren Schulabschluss. Demnach scheint nun geklärt, dass die in den Bildungsstandards formulierten Anforderungen als Regelstandards zu verstehen sind und somit Kompetenzstufe III entsprechen. Warum jedoch die Durchführung des Teilbereichs des Schreibens in VERA 8 weiterhin für die Schulen lediglich optional ist, scheint mit Blick auf die bisher empirisch erhobenen Schreibleistungen kaum verständlich.

Unabhängig von der Messung der Kompetenzen sind die Bildungsstandards recht unspezifisch formuliert und laufen daher Gefahr, nur als globale Zielanforderungen verstanden zu werden (Fix, 2008). Zwar werden Methoden wie das freie und das kreative Schreiben empfohlen, doch sind weiterhin die traditionellen Aufsatzarten aufgeführt, wenn auch im Rahmen des zweiten Schreibprozesses des Texteschreibens. Diese Tatsache birgt das Risiko, dass die Aufsatzarten nach wie vor als Norm für die Schreibfähigkeit der Schülerinnen und Schüler herangezogen werden, da ihre Merkmale recht einfach zu überprüfen sind. Obwohl darüber Einigkeit herrscht, dass das didaktische Brauchtum zu bloßer Produktorientierung und reiner Abarbeitung von Textmerkmalslisten mit Vernachlässigung der Textfunktion führen kann, wird genau dies durch die unkonkreten Formulierungen in den Bildungsstandards möglicherweise evoziert. Weiterhin bewirken Standards oftmals, dass bloß deren Erreichung im Vordergrund steht, der Weg dorthin, das heißt Lehrkonzepte und Binnengliederung, jedoch nicht. Auch in den USA hat sich das Risiko des sogenannten *teaching to the test* gezeigt

(Greene, Winters & Forster, 2003). Es sollte daher nicht vergessen werden, dass ein qualitätssicherndes System im Bildungswesen nicht automatisch zu einer Steigerung der Schülerleistungen und zur Verbesserung der Unterrichtsqualität führt. Vielmehr sind die spezifischen didaktischen Maßnahmen in den Blick zu nehmen (Köller, 2008).

Common Core State Standards

In den USA zeigt sich ein ähnliches Dilemma bei der Verabschiedung von Standards für den Kompetenzbereich des Schreibens. Dort wurden im Jahre 2010 die sogenannten *Common Core State Standards* von dem *National Governors Association Centre for Best Practices* und dem *Council of Chief State School Officers* verabschiedet. Hier sind die erwarteten Leistungen (*benchmarks*) für den Kindergarten bis Klasse 12 im Bereich des Schreibens festgesetzt, die sich direkt an die Schülerinnen und Schüler richten (siehe Common Core State Standards Initiative, n.d.). Schreiben wird als Schaltstelle für erfolgreiches Lernen verstanden. Für die Klassen 6 bis 12 findet sich eine Unterteilung der Standards für argumentative, informierende und narrative Texttypen. So lautet die allgemeine Anforderung für informierende Texte in Klasse 8:

> "write informative/explanatory texts to examine a topic and convey ideas, concepts, and information through the selection, organization, and analysis of relevant content. Use appropriate and varied transitions to create cohesion and clarify the relationships among ideas and concepts."

Explizit zur Wahl der lexikalischen Mittel wird aufgeführt: "use precise language and domain-specific vocabulary to inform about or explain the topic". Es sollen also nicht nur die genannten Schreibmuster beherrscht werden; Schreiben soll auch das Lesen und den Wissenserwerb unterstützen, wobei die sichere Beherrschung adäquater Wortwahl und Grammatik erwartet wird. Mit Blick auf die Ergebnisse der Studien des NAEP und das tatsächliche Unterrichtsgeschehen (Applebee & Langer, 2011; Cutler & Graham, 2008) wirken die Anforderungen recht ambitioniert. Auch hier besteht das Problem, dass keine hilfreichen bzw. wirksamen Methoden und Unterrichtskonzepte zur Erreichung der Standards aufgeführt werden.

3.4 Metaanalysen zu didaktischen Konzepten der internationalen Schreibdidaktik

Vor dem Hintergrund der veranschlagten Standards zu den Kompetenzen im Bereich des Schreibens werden nun die aktuellen Ergebnisse einiger Metaanalysen zur Wirksamkeit empirisch untersuchter Methoden der Schreibdidaktik vorgestellt. Die empirische Lage in Deutschland ist bisher leider bei Weitem noch nicht so weit fortgeschritten, dass Metaanalysen nur mit deutschen Interventionsstudien durchgeführt werden könnten. Eine Studie von Gilbert und Graham (2010) in den USA konnte zeigen, dass sich Lehrkräfte überfordert fühlen, Schreiben zu unterrichten. Sie wünschen didaktische Handanweisungen, da, wie bereits herausgestellt, in den *Common Core State Standards* (CCSS) keine Methoden zur Umsetzung der Standards aufgeführt werden.

So versuchen Graham, Harris und Santangelo (2015) in ihrer aktuellen Metaanalyse und -synthese von 20 zuvor veröffentlichten Publikationen Ergebnisse von Interventionsmaßnahmen und vor allem Empfehlungen für Lehrkräfte zur Erfüllung der CCSS herzuleiten. Eingeflossen in die Analysen sind experimentelle, quasi-experimentelle, Einzelfallstudien und qualitative Studien mit Probandinnen und Probanden vom Kindergartenalter bis Klasse 8. Es zeigt sich, dass das kollaborative Schreiben (durchschnittlich gewichtete Effektstärke (ES) für die Textqualität: 0.66), die Zielsetzung (ES: 0.80), die Instruktion von Strategien (ES: 1.00), aber auch das Training von Wörtern (ES: 0.78) am effektivsten sind. Bei der Maßnahme des Wortschatztrainings wurden die Studien von Thibodeau (1964) und Duin und Graves (1987) berücksichtigt, welche beide in Abschnitt 6.2 detailliert vorgestellt werden. An der geringen Anzahl von zwei Studien und ihrem Erscheinungsjahr lässt sich jedoch schon an dieser Stelle das Postulat nach dringend benötigter (Interventions-)Forschung zum Zusammenhang von Wortschatz und Schreiben unterstützen. Einen Großteil der herangezogenen Studien von Graham und Kollegen (2015) bilden Förderansätze zu hierarchiehohen kognitiven Prozessen.

Eine weitere aktuelle Metaanalyse von Koster, Tribushinina, Jong und van den Bergh (2015), in die 32 Interventionsstudien für die Klassen 4 bis 6 eingeflossen sind, weist ebenso nach, dass die Förderung von Zielsetzungen (ES: 2.03) und Strategien (ES: 0.96) für die Erhöhung der Textqualität effektiv zu sein scheint. Auch hier deckt sich das Bild mit der Lage in den anderen Bereichen der empirischen Schreibforschung: Der Wortschatz wurde in keiner der 32 analysierten Studien zur Verbesserung der Textqualität in Betracht gezogen, was zum einen an der wissenschaftlichen Ausrichtung der jeweiligen Forschergruppen liegen mag, zum anderen aber sicher auch an den bisher geringen Erkenntnissen zum Zusammenhang zwischen Wortschatzfähigkeiten und Schreibkompetenz.

3.5   Aktuelle Perspektiven innerhalb der Schreibdidaktik

Die bisherigen Ausführungen sprechen für eine eher nicht zufriedenstellen-
de empirische Lage für den Bereich des Schreibens in der Sekundarstufe I:
Zum einen gibt es nur wenige großangelegte Studien zu den Schreibleistungen
der Schülerinnen und Schüler. Die vorgestellten empirischen Befunde weisen
schlechte Schreibfähigkeiten für das Ende der Sekundarstufe I nach. Gleichzeitig
fehlt es an Studien bzw. repräsentativer Forschung zu (effektiven) Methoden der
Schreibförderung in Deutschland, sodass unklar scheint, wie den Defiziten der
Schülerinnen und Schüler entgegengewirkt werden kann. Die Untersuchung des
Wortschatzes als ein Teilaspekt von Schreibkompetenz ist bisher nicht gesondert
erforscht worden, weder in Grundlagenuntersuchungen zum Prozess des Schreibens, noch als Interventionsmaßnahme.

Jedoch hat sich in den letzten Jahrzehnten ein kognitiver Wandel in der
Schreibdidaktik vollzogen, bei dem das didaktische Brauchtum der Textsorten-
lehre vielfach als nicht mehr zielführend angesehen wird. Arbeiten von Augst,
Disselhoff, Henrich und Pohl (2007) konnten zeigen, dass die vermutete Stei-
gerung des Schwierigkeitsgrads von zunächst narrativen (Grundschule) zu
deskriptiv-instruktiven (Sekundarstufe I) und dann zu argumentativen Texten
(Ende Sekundarstufe I) so nicht haltbar ist: Auch Schülerinnen und Schüler der
Primarstufe können bereits argumentative Texte in geeigneten Lernsettings verfassen, was ihrer kognitiven Entwicklung und ihrer Argumentationsfähigkeit im
Mündlichen entspricht. Die Formulierung von Standards birgt stets die Gefahr,
Schülerinnen und Schüler zu homogenisieren, vor allem durch die Annahme von
Entwicklungsschritten, die so nicht haltbar sind. Fix (2008) spricht in diesem Zusammenhang von einem „didaktischen Paradoxon" (S. 56): Durch Stufenmodelle
wie dem von Bereiter (1980) wird die Komplexität des Entwicklungsprozesses so
reduziert, dass es oft zu falschen Beurteilungen der tatsächlichen Fähigkeiten zugunsten eines normkonformen Anforderungskatalogs kommt. Die individuellen
Fähigkeiten der Schülerinnen und Schüler werden nicht nur überschätzt, sondern
auch oft unterschätzt. Viel wichtiger wäre eine zunächst von Normen losgelöste
basale diagnostische Analyse davon, welche sprachlichen Fähigkeiten sich in den
Schülertexten (überhaupt) nachweisen lassen.

Wird dem Begriff des Textes eine etwas andere Perspektive zugrunde gelegt,
scheint die vollständige Abwendung von dem Konzept der Textsorten dennoch
nicht der optimale Weg zu sein. So ist zurzeit wieder eine Hinwendung zur Idee
des Textmusters im Sinne der kommunikativen Wende zu verzeichnen. Textsorten
werden nun nicht mehr als bloße Reproduktion vorgegebener Muster verstanden,
sondern als „schriftsprachliche Handlungsmuster", deren Versprachlichung durch
die kommunikative Absicht bestimmt wird (Böttcher & Becker-Mrotzek, 2006,
S. 18). Als Textmuster gelten diejenigen Formen, „die in der gesellschaftlichen
Wirklichkeit verwendet werden" (S. 23). In diesem Verständnis von Textsorten

zeigen sich der kommunikative Handlungscharakter und die Notwendigkeit der Antizipation der Leserinnen und Leser beim Schreiben. Trotz kritischer Betrachtung der curricularen Behandlung von Textsorten lässt sich feststellen, dass Textsortenwissen zum einen bei der Konstruktion des Sinns aus gelesenen Texten (Adamzik, 1995) und zum anderen bei der eigenen Textproduktion in Form von Planungs-, Strukturierungs- und Formulierungshilfen unterstützen kann. Eine völlige Loslösung von Textmustern wäre daher nicht hilfreich. Auch im Modell von Hayes und Flower (1980) kommt dieses Textsortenwissen als *stored writing plan* vor. Jedoch ist darunter kein statisches oder deklaratives Wissen zu verstehen, sondern vielmehr Handlungswissen im Sinne von *knowing how*, also die Umwandlung von reinem Wissen in Problemlösewissen oder prozedurales Wissen und damit in basalere Handlungsschemata. Textmuster sind daher eher als heuristische Pläne zu verstehen (Miller & Galanter, 1991) und nicht als sich verselbstständigte Muster, welche es abzuarbeiten gilt. Sie sind dadurch gekennzeichnet, „dass sie für unter-schiedliche kommunikative Zwecke je spezifische sprachliche Mittel bereitstellen" (Bachmann & Becker-Mrotzek, 2017, S. 29). Diese Mittel gehen direkt aus der Kommunikationssituation hervor und lassen sich einerseits in die Textmakrostruktur, die dem Text eine globale Struktur liefert, unterteilen, andererseits aber auch in Kollokationen, lexikalische Wendungen und die sogenannten Textprozeduren (z. B. Bachmann & Feilke, 2014). Letztere werden zurzeit in der Schreibdidaktik stark diskutiert und mittlerweile fast schon inflationär beforscht. Zwar sind sie als „sprachliche Werkzeuge des Schreibens" (Feilke, 2014a, S. 14) an die jeweilige Textsorte gebunden, beziehen sich aber nie auf den Text als Ganzes, sondern auf Teilhandlungen auf einer mittleren Ebene des Textes, indem sie kognitive Teilhandlungen mit den jeweiligen sprachlichen Mitteln verbinden. Steinhoff (im Druck) spricht von einer „bilateralen" Eigenschaft der Prozeduren, mit der sprachlichen Funktion oder auch dem Schema auf der einen Seite und der sprachlichen Form oder dem Ausdruck auf der anderen Seite. Aus diesem Grund gelten sie als den Text bildend, weil sie zwingend eine Formulierung nach der nächsten nach sich ziehen. Feilke (2014a) spricht von *funktionalen indem-Relationen*: Man berichtet in seinem Text, indem man die Aktanten lokalisiert (z. B. *rechts von …*) und indem man die Handlung sequenziert (z. B. *zuerst … danach*). Weitere Beispiele für Prozeduren bilden Texteröffnungen oder -abschlüsse, Verknüpfungen von Textteilen (z. B. *zum einen, … zum anderen*), Adressierungen der Leserinnen und Leser (z. B. *wie bereits erwähnt*, *im Folgenden*), Qualifizierungen (z. B. *meines Erachtens*) oder Bilanzierungen von Inhalten (z. B. *abschließend muss festgestellt werden*) (vgl. hierzu auch Bachmann & Becker-Mrotzek, 2017). Die Verwendung bzw. Kenntnis von Textprozeduren führt zur Entlastung sowohl der Schreiberinnen und Schreiber als auch der Leserinnen und Leser, weil der Text strukturiert wird und das Geschriebene teilweise durch die Leserinnen und Leser schon antizipiert, in jedem Fall aber besser nachvollzogen werden kann. Da der Fokus nicht mehr auf der Erfüllung bestimmter Normen liegt, sondern vielmehr darauf zu überlegen, welche Schreibfunktion und welche Texthandlungstypen für die jeweilige Schreibaufgabe notwendig sind, lässt sich von einem veränderten, eher funktionalen Verständnis des Begriffs der Textsorte sprechen. So fordert ein Brief an die Versicherung, um einen Schaden zu melden, verschiedene Texthandlungstypen wie die Anrede, die Vorstellung des Sachverhalts und vor allem eine Argumentation. Letztere wiederum benötigt Handlungsschemata wie das Positionieren, das Begründen, das Konzedieren oder auch das Modalisieren. Für jedes dieser Handlungsschemata sind bestimmte Prozedurenausdrücke notwendig, um die kognitive Operation zu versprachlichen (Feilke, 2014a).

Die Erwartungen an die Umsetzung verschiedener Handlungsschemata im Text verdeutlichen indirekt auch die Notwendigkeit einer gut formulierten Schreibaufgabe. Es muss aus der Aufgabenstellung ersichtlich werden, welche Texthandlungstypen und Handlungsschemata zur Erfüllung der Aufgabe benötigt werden. Mit den sogenannten gut situierten und profilierten Schreibaufgaben verfolgen Bachmann und Becker-Mrotzek (2010) den Leitgedanken, mithilfe bestimmter Maßnahmen des Settings schon früh in der Schreibentwicklung die tatsächlichen Schreibkompetenzen von Schülerinnen und Schülern evozieren zu können. Dabei müssen Schreibaufgaben stets mehr darstellen als bloße Leerstellen, in die ein beliebiges Aufsatzthema eingefügt werden kann. Vielmehr sollte die Funktion des Textes und damit das kommunikative Problem im Vordergrund stehen. Wichtig sind dabei unter anderem der enge Bezug zur Lebenswirklichkeit der Schülerinnen und Schüler, die Möglichkeit, sich das erforderliche Vorwissen und sprachliche Wissen aneignen zu können, und die Überprüfbarkeit der Wirkung auf die jeweiligen Leserinnen und Leser. Nur so kann sichergestellt werden, dass der geschriebene Text tatsächlich funktional ist.

Aktuell wird in der Schreibdidaktik stark in die Möglichkeiten der Didaktisierung von Textprozeduren und die Erforschung des Zusammenhangs von Textprozeduren und Textqualität investiert. Einige Studien haben bereits gezeigt, dass die Verwendung bestimmter Prozeduren mit einer höheren Textqualität einhergeht (z. B. Gätje, Rezat & Steinhoff, 2012; Steinhoff, 2009). Es scheint aber unklar, ob der Zusammenhang tatsächlich kausal ist oder ob nicht andere als die untersuchten Prozeduren bzw. weitere Kovariaten diesen Zusammenhang moderieren. Dennoch lässt sich nicht leugnen, dass die Beschäftigung mit den Prozeduren möglicherweise das Potenzial hat, Schülerinnen und Schülern den Handlungscharakter des Schreibens zu verdeutlichen, wobei bestimmte lexikalische Wendungen und immer wiederkehrende prototypische Ausdrücke ausschlaggebend für den Erfolg sind. Ungeklärt scheint jedoch die Abgrenzung von Prozedurenausdrücken und grammatischen oder lexikalischen Mitteln. Was zählt unter den Begriff der Prozedur? Sind es einzelne Wörter, Konstruktionen oder Teilsätze? Auch wenn der Ansatz der funktionalen Schreibdidaktik (vgl. Steinhoff, im Druck) und der aktuelle Modellierungsversuch zu einer Theorie der Textproduktion von Bachmann und Becker-Mrotzek (2017) jeweils für sich postulieren, die Sprachlichkeit beim Schreiben mehr in den Blick zu nehmen, kommt die Analyse der konkreten lexikalischen Mittel und prototypischen Formulierungen in beiden Fällen weiterhin zu kurz. Denn eine erfolgreiche Argumentation kann letztendlich eben nicht nur aus der Anwendung einer Konstruktion wie *zwar … aber* (der typischen Argumentations-Prozedur) bestehen, sondern fordert weitaus mehr sprachliche Mittel. Und selbst wenn einige wenige Prozedurenausdrücke beherrscht würden, benötigten die Schülerinnen und Schüler zahlreiche weitere lexikalische Ausdrücke und vor allem eine flexible Verwendung dieser. Die Perspektiven der Schreibdidaktik berücksichtigen diesen Aspekt bisher kaum. Es ist weiterhin ungeklärt und nicht erforscht, was die Schülerinnen und Schüler explizit sprachlich tun müssen, um einen Text zu verfassen, der seinem Zweck gemäß adäquat erscheint. Nachvollziehbar scheint, dass die Vermittlung geeigneter lexikalischer Mittel von Lehrkräften gefürchtet wird, zum einen weil es dafür kaum Konzepte gibt (noch weniger in Verbindung zum Schreiben), zum anderen weil die Vermittlung von Wortschatz viel Zeit in Anspruch nimmt (vgl. hierzu auch Abschnitt 4.2 und 5.4). Selbst wenn am Unverständnis des zugrunde liegenden Texthandlungstyps im Unterricht gearbeitet würde (Kognition) und an dem jeweils passendsten Prozedurenausdruck, fehlt den Lernenden ggf. immer noch das grundlegende Ausdrucksvermögen (Sprache).

Genau hier setzt ein sehr grundlegender Kritikpunkt an, der letztlich die vorliegende Arbeit motiviert: Die geringe Zahl der bisher evaluierten Maßnahmen der Schreibförderung hängt auch mit der fehlenden weiteren Fundierung der Ergebnisse der *Large Scale Assessments* zusammen. Zwar scheint deutlich, dass die Textprodukte der Schülerinnen und Schüler sprachlich defizitär sind, jedoch ist ungeklärt, inwieweit die gezeigten sprachlichen Unsicherheiten sich gegenseitig bedingen. Wie genau unterscheiden sich die sprachlichen Merkmale zwischen verschiedenen Schülergruppen, und wie wirken sich die in den Texten gezeigten Auffälligkeiten auf die Textqualität aus? Bevor didaktische Maßnahmen entwickelt und evaluiert werden, müssen diese empirisch und theoretisch noch tiefergehend begründet werden. Es scheint klar, dass Fördermaßnahmen zur Verbesserung der Schreibkompetenz notwendig sind. Da die Schreibkompetenz jedoch häufig nur anhand der globalen Textqualität bestimmt wird und aufgrund dieser Qualität dann erst rückwirkend in den Texten nach Indikatoren bzw. Auffälligkeiten über alle Probandinnen und Probanden hinweg gesucht wird, ist es nicht verwunderlich, dass die wenigen Maßnahmen, die evaluiert wurden, sich eher auf kognitive Aspekte beziehen. Diese lassen sich leichter von anderen Konstrukten abgrenzen und sind bisher besser erforscht. Dahingegen ist die Untersuchung der Sprachkompetenz sehr komplex, insbesondere für höhere Klassenstufen. Hier können eben nicht nur gängige alltagssprachliche Merkmale analysiert werden, sondern es müssen vor allem die Merkmale der konzeptionellen Schriftlichkeit bzw. der Bildungssprache einbezogen werden. Da jedoch das Konstrukt der Bildungssprache selbst noch nicht ausreichend erforscht ist (vgl. hierfür Abschnitt 5.2), ist es in jedem Fall nötig, die sprachlichen Merkmale zum einen sprachsystematisch und zum anderen in ihren Verwobenheiten, das heißt auf Basis von Konstruktionen und Phrasen sowie im Textganzen zu untersuchen. Damit ist eine weitaus detailliertere und noch „diagnostischere" Weise anzustreben, als es in den *Large Scale Assessments* der Fall war. Auch die Analyse der Umsetzung der Textprozeduren kann hier hilfreiche Erkenntnisse liefern, da diese sowohl inhaltliche als auch sprachlich-formale Auffälligkeiten in den Texten aufdecken können. Auf Basis einer solch fundierten Untersuchung kann anschließend der Zusammenhang mit der Textqualität und weiteren Kovariaten hergestellt werden, um darauf aufbauend schließlich Fördermaßnahmen vorzuschlagen.

Um das mit dieser Arbeit angestrebte Vorhaben der Untersuchung des Zusammenhangs von sprachlichen Fähigkeiten und Textqualität von der Theorie her weiter zu begründen, wird in den folgenden zwei Kapiteln ausführlich auf die Grundlagen und aktuellen Forschungen zum Wortschatz eingegangen.

4. Grundlagen: Wortschatz

Während in den vorherigen zwei Kapiteln die aktuelle Situation in der empirischen Schreibforschung und der Schreibdidaktik aufgezeigt wurde, bei der ansatzweise bereits die Einsicht eines notwendigen Perspektivenwechsels hin zur Notwendigkeit der Erforschung sprachlicher Fähigkeiten beim Schreiben erkennbar ist, wird nun der Wortschatz als ein Teilbereich der Sprachkompetenz näher beleuchtet. Dafür werden verschiedene Disziplinen einbezogen: die (Psycho-)Linguistik, die Kognitionspsychologie und die Entwicklungspsychologie. Abschnitt 4.1 bietet einen Überblick über die in der Literatur gängigen Systematisierungsversuche zum Wortwissen. Danach wird in Abschnitt 4.2 die Entwicklung des Wortschatzerwerbs ausführlich nachgezeichnet, um somit die Wechselwirkung von Schreibfähigkeiten und lexikalischen Leistungen, welche spätestens ab Schuleintritt erkennbar ist, besser nachvollziehen zu können. Abschnitt 4.3 präsentiert Möglichkeiten der Messung des Wortwissens. Dabei werden verschiedene (standardisierte) Tests und Untersuchungsverfahren auf Textebene vorgestellt, welche wiederum den Bezug zu den Schreibfähigkeiten herstellen.

4.1 Psycholinguistische Betrachtungen und Systematisierungen des Wortwissens

Es scheint unumstritten, dass Wörter die elementare Grundlage aller Sprachen bilden (Miller, 1993). Wie jedoch Begriffe wie *Wort* oder *Wortschatz* einheitlich gefasst werden können, hat sich in den letzten Jahren eher verkompliziert als vereinfacht. Dies ist das Ergebnis der verschiedenen disziplinären Sichtweisen auf das Phänomen *Wortschatz*, so z.B. der Lexikologie, der Korpuslinguistik, der Kognitionswissenschaft, der Psycholinguistik, aber auch der Fremdsprachendidaktik. Eine in der Literatur häufig zitierte Beschreibung für ein „prototypisches Wort" lautet: Ein Wort zeichnet sich durch „seine Isolierbarkeit in Rede und Schrift, seinen selbständigen Bedeutungscharakter, seine Morphemstruktur, seine Fähigkeit, Phrasenkern sein zu können[,] und seinen kommunikativen Charakter, etwas darzustellen und/oder Gefühle auszudrücken und/oder eine Intention zu transportieren" (Römer & Matzke, 2010, S. 18) aus. Deutlich werden hier bereits die verschiedenen herangezogenen sprachsystematischen Charakteristika aus Phonologie, Morphologie, Syntax, Pragmatik und letztlich der Semantik. Weiterhin kann das Kompositum *Wort-Schatz* auch als „Schatz, der aus vielen Wörtern besteht" umschrieben werden. Dass nicht die einzelnen Wörter und auch nicht ihre bloße Summe das Wertvolle auszeichnen, zeigt sich am Beispiel des Erlernens einer neuen Sprache (vgl. Haß-Zumkehr, 2000). Auch wenn Anfängerinnen und Anfänger schon bereits viele Wörter verstehen, sagt dies noch nichts über den Wert der Gesamtheit aus. Denn letztendlich spiegelt sich das „schatzartige Ganze" erst im Verwendungskontext des erfolgreichen Sprachhandelns und damit auf Textebene wider. Die Feststellung von Coseriu (1976, S. 23) „Der Wortschatz ist kein Mosaik, sondern eher ein kompliziertes Gebäude mit vielen [...] Räumen", ist auch heute noch aktuell und zeigt sich in der angesprochenen mehrdimensionalen Betrachtungsweise.

Die wohl grundlegendste Differenzierung für die Betrachtung des Phänomenbereichs *Wortschatz* ist die Unterscheidung zwischen Konzepten und Wörtern. Auch wenn im Folgenden immer wieder der Begriff *Wort* auftaucht, ist damit primär das Konzept gemeint. Ein Wort ist sprachstrukturell betrachtet letztlich nur der Zeichenausdruck für eine mentale Repräsentation und somit die Aneinanderreihung mehrerer Phoneme (Lautfolge) bzw. Grapheme (Schriftbild). Konzepte hingegen können als kognitiv repräsentierte Elemente des Wissens über Dinge oder Sachverhalte in der Welt bezeichnet werden. Sie bilden die kleinsten Einheiten unseres Gedächtnisses und sind als deklaratives Wissen im Langzeitgedächtnis als Teil des semantischen Systems gespeichert (vgl. Herrmann & Grabowski, 1994).

De Saussure (1986) spricht vom Bezeichnenden (*signifiant*), also der Wortform, welche einem Bezeichneten (*signifié*), dem Vorstellungsbild bzw. Konzept, zugeordnet wird. Die Zuordnung geschieht arbiträr und vollzieht sich durch konventionell getroffene Festlegungen der Gesellschaft. So hat das Konzept *Baum* (*signifié*) an sich nichts „Baumhaftes", und es gibt keinen speziellen Grund, warum das Konzept mit genau dieser Wortform /baʊm/ verbunden wird. Sobald aber diese Wortform in einer Sprache verwendet wird, referiert die Lautgestalt sowohl aufseiten der jeweiligen Sprachverwenderinnen und -verwender als auch bei den jeweiligen Rezipientinnen und Rezipienten automatisch auf das Konzept des Baumes (*eine Pflanze aus Holz mit Wurzeln und einem Stamm, der meistens mit Ästen versehen ist*). Jedoch ist die Assoziation zwischen Wortform und Konzept nicht immer eindeutig, sondern abhängig von der Situation und dem Vorwissen des Individuums. Kognitionspsychologisch betrachtet können Konzepte und Wörter jeweils als Komplexe aus untereinander verbundenen Komponenten verstanden werden. Diese Komponenten werden auch als *Marken* bezeichnet (vgl. Herrmann, 1985; Herrmann & Grabowski, 1994). Diese Marken wiederum können verschiedenen Modalitäten zugeordnet werden. So verkörpern z. B. sensorische Marken verschiedene Sinneseindrücke, wohingegen abstrakte Marken eher das abstrakte Wissen über die Objekte meinen. Abstrakte Marken für das Konzept *Baum* wären beispielsweise die Einordnung in die Kategorie der Pflanzen sowie die Feststellung, dass er hölzern ist, dass er Wurzeln hat und in den meisten Fällen Blätter trägt. Für das Wort *Baum* hingegen wären abstrakte Marken die Kenntnis darüber, dass es sich um ein Nomen handelt, es einen Diphthong enthält, ein Einsilber ist und zu den Wörtern gehört, die früh in der Entwicklung erlernt werden, auch aufgrund der vereinfachten Lautbildung (die Aussprache wiederum bildet eine motorische Marke). Beim Hören werden nun bestimmte Marken aktiviert und sowohl auf das Wort als auch auf das Konzept bezogen. Es entsteht somit ein temporärer Zusammenschluss der Markenkomplexe aufgrund der gemeinsamen Aktivierungen. Dieser kann sich jedoch je nach Situation ändern und hängt stark von der Anreicherung der jeweiligen Marken des Individuums ab. Die genannten drei Eigenschaften der Markenkomplexe bzw. des Verhältnisses von Wörtern und Konzepten werden in der *DMF-Theorie* (dual, multimodal, flexibel) zusammengefasst: *Dual* meint die notwendige Differenzierung zwischen Wörtern und Konzepten, *mulitmodal* weist auf die verschiedenen Modalitäten der Marken der Wort- und Konzeptkomplexe hin und *flexibel* bedeutet, dass sich die Assoziationen zwischen Wortform und Konzept variabel ändern können. Während die Struktur der Konzepte sprachunabhängig (jedoch nicht kulturunabhängig) aufgebaut ist, geschieht die Enkodierung der Konzepte in der jeweiligen Sprache des Sprachverwenders bzw. der Sprachverwenderin.

Wie die konkrete Versprachlichung eines Konzeptes geschieht, kann sowohl mit modular hierarchisch seriellen Modellen (Levelt, 1989) als auch mit holistischen, interaktiven Netzwerkmodellen (Collins & Loftus, 1975; Dell, 1986) erklärt werden. Die detaillierte Darstellung dieser Modelle steht hier jedoch nicht im Vordergrund. Levelt (1989) nutzt in seinem Modell den Begriff des mentalen Lexikons, welches allgemein als das „individuelle, durch lebensweltliche und sprachbiografische Erfahrungen bestimmte Wissen eines Sprachbenutzenden" bezeichnet werden kann (Glück, 2000, S. 399). Das mentale Lexikon ist modular geordnet und enthält eine Lemmaebene (Funktionsebene), welche die sprachspezifischen semantischen und syntaktischen Informationen des jeweiligen Wortes trägt, und eine Lexemebene (Strukturebene) mit phonologischen und morphologischen Merkmalen (Aitchison, 1993). Dabei zählen nicht nur einfache Wörter aus einem freien Morphem (z. B. *Tisch*) zu den gespeicherten Einheiten im mentalen Lexikon, sondern auch komplexe Wörter (z. B. *Schmuckschächtelchen*) oder Mehrgruppenlexeme wie Phraseologismen (z. B. *jemanden in die Pfanne hauen*). Besonders letztere verdeutlichen den engen Bezug zwischen Semantik und Syntax. Zu den vier von Levelt (1989) postulierten Bereichen eines Worteintrages (semantisch, syntaktisch, morphologisch und phonologisch) lassen sich drei weitere hinzufügen, die ebenso für die produktive und rezeptive Verarbeitung eines Konzeptes relevant sind (vgl. Steinhoff, 2009): das graphematisch-orthographische Wortwissen, welches für schriftsprachliche Verwendung notwendig ist, das phonetisch-phonologische Wissen, welches dazu führt, dass ein Konzept (korrekt) artikuliert werden kann (dieses Wissen bildet eine motorische Marke) sowie das pragmatische Wortwissen, das es dem Sprachverwender bzw. der Sprachverwenderin ermöglicht, ein Konzept situationsadäquat in den benötigten Kontexten zu distribuieren. Das pragmatische Wortwissen könnte unter anderem als emotivbewertende Marke im Sinne von Herrmanns Betrachtungsweise verstanden werden (1985).

Der Wortschatz stellt (psycho-)linguistisch gesprochen die Gesamtheit aller im mentalen Lexikon gespeicherten Einträge dar. Aus kognitionspsychologischer Perspektive ist der Wortschatz das Ausmaß der Anreicherung der Konzeptkomplexe und Wortkomplexe mit multimodalen Marken sowie die Anzahl der bereits erfolgreich bzw. situationsadäquat getätigten Zusammenschlüsse beider Komplexe.

Als Vorbereitung auf die Darstellung der Untersuchungsmöglichkeiten des Wortwissens in Abschnitt 4.3, welche für den empirischen Teil der vorliegenden Arbeit besonders relevant sind, werden im Folgenden drei in der Literatur gängige Einteilungsmöglichkeiten des Wortschatzes vorgestellt. Es kann bereits vorweggenommen werden, dass diese Systematisierungen die Komplexität des Phänomenbereichs *Wortschatz* jedoch nur in gewissem Maße auflösen:

(1) Eine für den Entwicklungsverlauf, aber auch für die Fremdsprachendidaktik grundlegende Differenzierung von Wortwissen ist die bereits angesprochene Gegenüberstellung von *rezeptivem* und *produktivem Wissen* (Faistauer, 2001; Huneke & Steinig, 1997). Schmitt (2014) spricht dieser Dichotomie eine hohe ökologische Validität zu, da alle Sprachlernenden selbst erfahren haben, dass sie mehr Wörter verstehen als sprechen. Während für das rezeptive Wortwissen im natürlichen Sprachgebrauch beim Hören und Lesen häufig eine losere Verknüpfung von formalem Wortwissen und dessen Bedeutung (Konzept) ausreicht, um sich die in der Situation gemeinte Bedeutung zu erschließen, benötigt die produktive erfolgreiche Verwendung beim Sprechen und Schreiben vor allem Wissen über den Kontext (Flood, Lapp, Squire & Jensen, 1991). Bisher ist nicht geklärt, wie groß die Anreicherung eines Wortes im mentalen Lexikon sein muss (Anzahl der Markenkomplexe), bis das Wort produktiv genutzt werden kann (Read, 2000). Sicher scheint jedoch, dass eine stärkere Vernetzung im mentalen Lexikon insgesamt die Wahrscheinlichkeit der mündlichen und schriftlichen Verwendung erhöht (Rothweiler & Meibauer, 1999).

(2) Weiterhin ist zu differenzieren, ob Wortwissen im *mündlichen* oder im *schriftlichen Medium* produziert wird. Die für das Schriftliche geltenden Konventionen verlangen andere, meist spezifischere und komplexere, lexikalische Mittel als die im Mündlichen. Die Idee der konzeptionellen Schriftlichkeit und die Besonderheit des Registers der Bildungssprache werden detailliert in den Abschnitten 2.2 und 5.3 beschrieben.

(3) Die dritte Systematisierungsmöglichkeit und eine in der Literatur vieldiskutierte Konzeptualisierung ist die Einteilung des Wortwissens in *Wortschatzbreite* und *Wortschatztiefe* (*breadth/size* vs. *depth/quality*; erstmals: Anderson & Freebody, 1981). Dabei meint die Wortschatzbreite den Umfang und damit die Gesamtheit aller dem Sprachverwender bzw. der Sprachverwenderin zur Verfügung stehenden Wörter. Hierfür ist nur eine vage Vorstellung der dahinterstehenden Konzepte (Semantik) notwendig. Im Gegensatz dazu bezeichnet die Wortschatztiefe grob die Qualität der im Lexikon gespeicherten Einträge. Bisher scheint die Theorie hinter dem Konstrukt der Wortschatztiefe jedoch nicht ein-

deutig bestimmt, was sich vor allem in der unterschiedlichen Operationalisierung zeigt (für einen Überblick siehe Schmitt, 2014). Häufig wird unter Wortschatztiefe die Differenzierung des Wortwissens in verschiedene Komponenten verstanden. Eine besonders unter diagnostischen Fragestellungen hilfreiche Spezifizierung des Wissens um ein Wort findet sich bei Nation (2001, S. 27; siehe Tabelle 1). Nation (2001) unterteilt das Wortwissen in rezeptives und produktives, nimmt jedoch keine Unterscheidung in Breite und Tiefe vor. Dennoch lässt sich feststellen, dass die Qualität und damit die Tiefe des Wissens um ein Wort vermutlich dann am größten ist, wenn alle Bereiche zu einem Wort beherrscht werden, also das Wissen um die Form, die Bedeutung und die Verwendung des Wortes. Die Abfrage von Assoziationen und Kollokationen wird in der Literatur am häufigsten für die Einschätzung der Tiefe verwendet (Schmitt, 2010).

Kognitionspsychologisch betrachtet ließe sich sagen, dass anhand von Assoziationen und Kollokationen Verbindungen zwischen Marken von Wort- und Konzeptkomplexen erfragt werden. Mit Blick auf die Entwicklung eines Diagnos-

Tabelle 1: Bereiche des Wortwissens. Eigene Übersetzung der Übersicht aus Nation (2001, S. 27) ins Deutsche: *What is involved in knowing a word?*

Form	gesprochen	rezeptiv	Wie hört sich das Wort an?
		produktiv	Wie wird das Wort ausgesprochen?
	geschrieben	rezeptiv	Wie sieht das Wort aus?
		produktiv	Wie wird das Wort geschrieben und buchstabiert?
	Wortteile	rezeptiv	Welche Teile des Wortes sind wiedererkennbar?
		produktiv	Welche Teile des Wortes sind für seine Bedeutung relevant?
Bedeutung	Form und Bedeutung	rezeptiv	Welche Bedeutung signalisiert die Wortform?
		produktiv	Welche Wortform kann die Bedeutung übertragen?
	Konzept und Referenz	rezeptiv	Was gehört zu dem Konzept?
		produktiv	Auf welche Aspekte bezieht sich das Konzept?
	Assoziationen	rezeptiv	Mit welchen anderen Wörtern wird dieses Wort assoziiert?
		produktiv	Welche Wörter können dieses Wort ersetzen?
Verwendung	Grammatische Funktionen	rezeptiv	In welchen Strukturen tritt das Wort auf?
		produktiv	In welchen Strukturen muss dieses Wort verwendet werden?
	Kollokationen	rezeptiv	Welche Wörter oder Worttypen treten in Zusammenhang mit diesem auf?
		produktiv	Welche Wörter oder Worttypen müssen mit diesem verwendet werden?
	Bedingungen der Verwendung (Register, Häufigkeit, …)	rezeptiv	In welcher Situation, wann und wie oft wird dieses Wort erwartet?
		produktiv	In welcher Situation, wann und wie oft kann dieses Wort verwendet werden?

tikinstruments scheint die Umsetzung der von Nation (2001) aufgestellten Bereiche sehr komplex, zumal sich wenig Wörter finden, die sich entlang der Bereiche überprüfen lassen (Read, 2000).

Meara und Wolter (2004) halten die traditionelle Unterteilung in Breite und Tiefe für nicht geeignet. Ihre Perspektive auf das Wortwissen ist in Tabelle 1 dargestellt. Wörter operieren weder allein, noch sind sie isoliert im mentalen Lexikon gespeichert. Sie stehen stets in Verbindung mit anderen bereits vorhandenen Einträgen. Diese Sichtweise entspricht Nations (2001) Aufführung der grammatischen Funktion und der Bedingungen der Wortverwendung.

Zwar ist es wahrscheinlich, dass früh gelernte Wörter tiefer verarbeitet werden als später erworbene, doch impliziert die traditionelle Gegenüberstellung von Breite und Tiefe häufig, dass Wörter ohne Verbindung zu anderen im Laufe des Lebens angereichert werden. Die Autoren sprechen sich stattdessen für die Unterscheidung zwischen Wortschatzgröße und Wortschatzorganisation aus. Diese Ansicht ist mit den zwei zentralen Erwerbsprozessen nach Aitchison (1993), dem *mapping* und dem Netzwerkausbau, gut vereinbar (vgl. Abschnitt 4.2). Die Organisation des mentalen Lexikons lässt sich laut Meara und Wolter (2004) über die Abfrage von vorhandenen Assoziationen messen, wofür es allerdings bis heute kein standardisiertes Testverfahren gibt (Read, 2007).

Auch weitere Autorinnen und Autoren sprechen sich gegen die Gegenüberstellung von Wortschatzbreite und -tiefe aus. Vermeer (2001) geht aufgrund der in ihrer Studie auffindbaren hohen Korrelation zwischen den jeweils herangezogenen Maßen davon aus, dass beide Konstrukte dasselbe Wissen messen und somit nicht voneinander unabhängig sind. Dies zeigt auch eine aktuelle Studie von McElvany, Ohle, El-Khechen, Hardy und Cinar (2017) mit Schülerinnen und Schülern der 3. Klasse, deren Fähigkeiten in Verfahren zur Wortschatzbreite und -tiefe stark korrelieren.

Daller, Milton und Treffers-Daller (2007) sprechen im Modell des lexikalischen Raumes sogar von drei Dimensionen des Wortschatzes: Umfang, Tiefe und *Wortflüssigkeit*. Gut vernetztes und stabiles Wortwissen zeichne sich auch dadurch aus, dass es im mündlichen und schriftlichen Sprachgebrauch flüssig und automatisiert abgerufen werden kann. Während der Wortschatzumfang rein deklaratives Wissen fordere, benötige die differenzierte und flüssige Verwendung von Wörtern prozedurales Wissen, welches das Wissen in die anderen Einheiten im mentalen Lexikon integriere. Für Schmitt (2014) hingegen zählt die Abrufgeschwindigkeit zum Konstrukt der Wortschatztiefe. Qian (1999, 2000) konnte in Regressionsanalysen einen zusätzlichen Beitrag der Wortschatztiefe zur Varianzaufklärung der Wortschatzbreite nachweisen, was wiederum für die Existenz von zwei unabhängigen Fähigkeitsaspekten spräche. Ein konzeptuelles Review von Schmitt (2014) zu zahlreichen Studien, die beide Konstrukte untersucht haben, zeigt, dass der Zusammenhang stark von der Frequenz der Zielitems, von der Art der Variablen, die als Indikatoren für Wortschatztiefe gelten (z. B. Kollokationen und

Assoziationen), und von der Muttersprache der Sprachverwenderinnen und -verwender abhängig ist. Bis heute gibt es kein eindeutiges Maß für die Wortschatztiefe – ungeachtet der Tatsache, dass die Theorie dahinter unklar scheint. Darüber hinaus lässt sich in keinem Parameter die komplette Qualität des Wortwissens vereinen. Es stellt sich daher die Frage nach dem Zugewinn der Unterscheidung in Breite und Tiefe – zumal die oftmals berichtete und empirisch nachgewiesene hohe Korrelation beider Konstrukte der Diskretheit beider widerspräche (z. B. Vermeer, 2001).

Insbesondere der zuletzt vorgestellte Systematisierungsversuch des Wortwissens unterstreicht die Herausforderung festzustellen, wann ein Wort „beherrscht" wird. Damit ist nicht die Opposition von *wissen* und *nicht wissen* gemeint, da das Wortwissen als solches zu komplex ist (Beck, McKeown & Kucan, 2002). Vielmehr geht es um die Berücksichtigung weiterer Facetten, die für die Beherrschung eines Wortes relevant sein können. Nagy und Scott (2000) schlagen vier Aspekte vor:

(1) Die *Inkrementalität* als Grad des Wortwissens betont den Entwicklungsaspekt. Wortwissen wird stufenweise erlernt und lässt sich auf einem Kontinuum abbilden. Es entwickelt sich von der Unkenntnis des Konzeptes (z. B. des Begriffs *Schnee*) über zunehmend breiter werdendes dekontextualisiertes Wissen sowie die Kenntnis der Beziehung zu anderen Konzepten (z. B. die Abgrenzung des Begriffs *Schnee* von *Hagel, Schneeregen, Regen* und *Eis*) und hin zum Wissen über die ggf. metaphorische Verwendungsweise (z. B. *Das ist doch Schnee von gestern.*).

(2) Eine weitere Facette des Wortwissens bildet die *Polysemie* (Mehrdeutigkeit) einer Wortform. Häufig kann die spezifische Bedeutung, also das gemeinte Konzept, erst aus dem Kontext geschlossen werden, auch wenn die Wortform bekannt ist (Polacco, 1996). Ein Beispiel hierfür ist die Wortform *Läufer*. Der Satz *Der Läufer ist ziemlich robust* lässt ohne Kontexteinbettung offen, ob mit der Wortform *Läufer* das Konzept des Leichtathlets oder das des Teppichs gemeint ist. Polysemie ist vor allem eine Herausforderung beim Erlernen einer Fremdsprache, was sich in der Schwierigkeit der Benutzung eines Wörterbuchs zeigt.

(3) Die Facette der *Wechselbeziehung* des Wortwissens betont die Abhängigkeit neu gelernter Wörter von bereits im mentalen Lexikon gespeicherten ähnlichen Wörtern bzw. Konzepten. Je besser die Organisation, desto schneller kann ein neues Wort hinzugefügt und darüber auch produktiv verfügt werden. Schon vorhandene Konzepte werden so um weiteres Wissen ergänzt und gleichzeitig von den neuen Konzepten abgegrenzt, was zu Nuancierungen der Wortbedeutungen führt.

(4) Die Dimension der *Heterogenität* verdeutlicht die Abhängigkeit des Wortwissens von der Art des Wortes. Das Wissen über die Bedeutung einer Präposition wird beispielsweise anders erlernt als das über die Bedeutung eines Inhaltswortes.

Letztlich zeigen die aufgeführten Systematisierungsversuche, wie schwierig das Wissen um ein Wort bzw. ein Konzept zu fassen ist. Sprache als solche ist komplex und im natürlichen Sprachgebrauch gerade nicht durch die bewusste und getrennte planvolle Auswahl des jeweiligen Konzepts in Verbindung mit den jeweils benötigten sprachsystematischen Eigenschaften gekennzeichnet. Die in der Theorie sicher sinnvolle Differenzierung verschiedener Ebenen des Wortwissens findet sich während der praktischen Verwendung nicht in gleicher Art und Weise wieder. Stattdessen geschieht der Gebrauch der Wörter, Phrasen und Sätze eher intuitiv und automatisiert, was die Operationalisierung und Messung des lexikalischen Wortwissens vor eine hohe Herausforderung stellt.

„Die Strukturen der Sprache kommen nicht erst dadurch zustande, dass die Gesetzmäßigkeiten durch unseren Geist er-funden werden. Das Systemhafte steckt vielmehr in der Sprache selbst, es tritt emergent aus ihr hervor, sodass es von unserem Geist quasi nur noch ge-funden werden muss" (Perkuhn, Keibel & Kupietz, 2012, S. 13).

4.2 Wortschatzerwerb vom frühen Kindesalter bis in die Sekundarstufe

Bevor die Möglichkeiten zur Messung von Wortwissen in Abschnitt 4.3 dargestellt werden, steht in diesem Kapitel die Entwicklung des Wortschatzes vom ersten Lebensjahr bis ins Jugendalter im Fokus. Um der Komplexität der Entwicklungsprozesse und den Veränderungen im Wortschatz ab dem Schuleintritt gerecht zu werden, ist die Darstellung bewusst detailliert. Insbesondere der Prozess der Profilierung des Lexikons ab dem Schulalter wird bei der Planung vieler empirischer Studien und bei der Entwicklung von Testverfahren häufig außer Acht gelassen.

In der Öffentlichkeit herrscht oftmals die (falsche) Vorstellung vom Spracherwerb vor, dass dieser mit der Produktion der ersten Wörter des Kindes einsetzt. Dabei wird jedoch vergessen, dass auch die vorsprachliche Lautentwicklung und das Sprachverstehen zum Spracherwerb gehören. Der Beginn des rezeptiven Worterwerbs findet bereits im 8. bis 10. Lebensmonat statt (Hollich, Hirsh-Pasek & Golinkoff, 2000).

In dieser Arbeit werden primär die Entwicklungssequenzen und die Struktur des Lexikons im Rahmen des allgemeinen Spracherwerbs untersucht und weniger die verschiedenen Erklärungsmodelle zum Sprach- bzw. Wortschatzerwerb erörtert, wobei sich unter anderem bei Kauschke (2012) und Klann-Delius (2008) Überblicksdarstellungen dazu finden lassen.

Mit dem Erwerb ist in der vorliegenden Arbeit die ungesteuerte und zudem monolinguale Erstsprachentwicklung zumindest bis zum Vorschulalter gemeint. Zum Sprach- und Lexikonerwerb bei Kindern mit Deutsch als Zweitsprache haben Ahrenholz, Oomen-Welke und Ulrich (2008) sowie Rost-Roth (2010) publiziert. Fundierte Einblicke in Störungen bei der Sprachentwicklung bietet Kannengieser (2015).

Bei der Aneignung lexikalischer Fähigkeiten spielen nach Komor und Reich (2009) drei Prozesse eine wichtige Rolle:

1) die Akkumulation, das heißt der Aufbau und die ständige Erweiterung des Lexikons,

2) die zunehmende Anpassung des Wortschatzes an die Erwachsenensprache und

3) die sich in späteren Entwicklungsstadien entwickelnde Fähigkeit zur Abstraktion und deren Markierung in sprachlichen Äußerungen, z. B. in Metaphern und Redewendungen.

Aitchison (1993) hingegen meint, dass am allmählichen Aufbau und der Strukturierung des mentalen Lexikons zwei zentrale Erwerbsprozesse beteiligt sind. Der erste, kognitive Prozess stellt das sogenannte *mapping* dar, bei dem das konzeptuelle Wissen (Bedeutung) mit der Wortform verbunden wird. Dieses spielt vor allem im frühen Erwerbsalter eine entscheidende Rolle. Den zweiten Erwerbsprozess bildet der Netzwerkausbau, der vorrangig durch die Steuerung des Spracherwerbs im Vorschulalter angestoßen wird. Im Folgenden werden die Prozesse näher beschrieben.

Die ersten Wörter werden ab dem Alter von zehn Monaten gebildet; während der nächsten Monate kommen pro Woche ca. zwei bis drei neue Wörter hinzu. Das Kind benötigt dazu ausreichend artikulatorische und phonologische Fähigkeiten, um die Wörter in wiedererkennbarer Weise produzieren und sie gleichzeitig als Kommunikationsmittel mit hinweisender oder sozialer Funktion einsetzen zu können (Dromi, 1987). Jedoch werden Wörter in dieser Phase nur performativ als reiner Sprechakt und noch nicht referenziell verwendet (Snyder, Bates & Bretherton, 1981). Sie sind kontextgebunden und unterliegen keiner Symbolfunktion im zielsprachlichen Sinne (Barrett, 1995; Szagun, 2013). Kauschke (2000) bezeichnet diese Wörter als *Protowörter*, als phonetisch konsistent verwendete Wortformen des Kindes (z. B. *bumm, oh*). Die ersten echten Wörter treten meist um den ersten Geburtstag auf (Grimm, 2003; Kauschke, 2000). Sie sind durch die adäquate Verknüpfung der korrekten lexikalischen Wortform mit der konventionell festgelegten Bedeutung gekennzeichnet (z. B. *Ball, Auto*). Im Zuge der parallel verlaufenden kognitiven Entwicklung erkennt das Kind nun die Benenn- und Symbolfunktion von Wörtern (Aitchison, 1993), das Lexikon ist jedoch weiterhin aus referenziellen und kontextgebundenen Wörtern zusammengesetzt (Harris, Barrett, Jones & Brookes, 1988).

Im weiteren Verlauf erwirbt das Kind zunehmend mehr Wörter, die komplexer und zum Teil bereits flektiert sind. Im Alter von 18 bis 20 Monaten werden ca. *50 Wörter* beherrscht (Bloom, 1993; Menyuk, Liebergott & Schultz, 1995). Dieser Wortschatzumfang gilt als Schwelle zu einer neuen Phase, dem sogenannten Wortschatzspurt. Die Erklärungsansätze für den Wortschatzspurt, unter anderem die *fast mapping-Theorie* (Carey & Bartlett, 1978), sind zahlreich und sollen hier nicht weiter ausgeführt werden. Einen Überblick bietet Rothweiler (2001). Werden mit 24 Monaten noch keine 50 Wörter produktiv beherrscht, spricht man von sogenannten *late talkers* (Rescorla, Mirak & Singh, 2000). In der physiologischen Entwicklung werden nun täglich mehrere Wörter neu erlernt und in das Lexikon übernommen (Clark, 2003). Der rezeptive Wortschatz umfasst jetzt 200 Wörter. Jedoch gestaltet sich der Zuwachs an neuen Wörtern nicht bei allen Kindern im Sinne einer exponentiellen Funktion. Es ist ebenso ein kontinuierlicher Zuwachs oder eine stufenförmige Entwicklung zu beobachten (Kauschke, 2000).

Der Einfluss des sprachlichen Inputs und damit des Bildungs- und des sozioökonomischen Status des Elternhauses auf die frühkindliche Wortschatzentwicklung konnte in verschiedenen Studien nachgewiesen werden (McElvany, Becker & Lüdtke, 2009). So haben Kinder aus akademischen Elternhäusern im Alter von drei Jahren ca. drei Millionen mehr Wörter gehört als Kinder aus Familien mit niedrigem sozioökonomischem Status; Erstere unterliegen einem potentiell geringeren Risiko der Ausbildung einer spezifischen Sprachentwicklungsstörung oder Ähnlichem (Fernald, Marchman & Weisleder, 2012; Hart & Risley, 2003). Weiterhin wird aber auch das phonologische Arbeitsgedächtnis als starker Prädiktor für den Wortschatzerwerb diskutiert, welcher die Aufnahme und Verarbeitung neuer Wörter überhaupt ermöglicht (Cain, Lemmon & Oakhill, 2004; Paradis, 2011).

Ausgelöst durch den Wortschatzspurt kommt es zur Produktion von Wortkombinationen, sodass durch Zwei- und Dreiwortäußerungen nun auch Relationen ausgedrückt werden können. Neben dem quantitativen Ausbau ist eine qualitative Veränderung im Sinne der *Wortartenzusammensetzung* erkennbar. Nach den ersten deiktischen und kindertypischen Protowörtern nimmt zunächst die Anzahl der Nomina zu, da ihre Bedeutungen perzeptuell leicht wahrnehmbar sind und sie meist an ein Referenzobjekt gebunden werden können. Auch tauchen erste Verben auf, meist die sogenannten *GAP-Verben* (*general all purpose verbs*). Diese nehmen Platzhalterfunktionen der syntaktischen Position des Prädikats ein, z. B. *haben, machen, tun*. Später kommt es zum Ausbau der Äußerungen durch Adjektive, die unter anderem dem Konkretisieren und Perspektivieren der Äußerungen dienen. Im Alter von drei Jahren ist die Wortartenverteilung so ausgeglichen wie bei Erwachsenen (Günther, 1991). Eine Studie von Kauschke (2000) konnte zeigen, dass ab diesem Alter keine Wortart mehr als 25 % der Gesamtanzahl an Wörtern ausmacht.

Es lässt sich zusammenfassen, dass die Zweiwortphase den Einstieg in die Grammatik und in den Erwerb des syntaktischen Prinzips bietet (Menyuk, 2000), wenn auch die Wörter noch nicht adäquat morphologisch markiert sind. So gilt der Umfang des Lexikons im zweiten Lebensjahr als stabilster Prädiktor für den Grammatikerwerb im dritten Lebensjahr (für das Englische: Bates, Dale & Thal, 1995; für das Deutsche: Kauschke, 2000; Szagun, Steinbrink, Franik & Stumper, 2006). Die Studie von Bates und Kollegen (1994) mit Kindern im Alter von acht bis 30 Monaten konnte diese qualitative Veränderung des Lexikons „from reference, to predication, to grammar" (S. 98) bestätigen.

Ab dem dritten Lebensjahr zeigen sich Phänomene im Erwerb, die auf den beginnenden Anpassungsprozess an die geltenden Normen der Erwachsenensprache hinweisen (2. Prozess nach Komor & Reich, 2009). Ein typisches Phänomen bilden *Wortneuschöpfungen* durch Komposition, Derivation und den Einsatz von Prä- oder Suffixen. So versucht das Kind fehlende Ausdrücke kreativ zu kompensieren und zeigt zudem, dass es die Prinzipien der Wortbildung bzw. Grammatik verstanden hat (Clark, 1993). Neologismen können aber auch als bewusst eingesetzte Strategien verstanden werden, um Reaktionen der Umwelt hervorzurufen und weiteren Input für den Ausbau des Lexikons zu erlangen (Meibauer, 1999). Ab dem Alter von sieben Jahren nehmen diese Phänomene wieder ab, da die zielsprachigen Wörter erworben sind. Weitere Phänomene sind *Unter- und Überdehnungen*, die Hinweise darauf geben, dass die lexikalischen Einträge nun nicht mehr thematisch-assoziativ, sondern in hierarchischen Ordnungsstrukturen gespeichert werden. Überdehnungen treten auf, wenn der konventionelle Referenzrahmen einer Lesart überschritten wird. Dies gilt nicht nur für einzelne Wörter (z. B. *Vollmond* gilt als *Ball*), sondern auch für grammatische Regelableitungen, wie z. B. die Pluralbildung (z. B. *ein Tiger, zwei Tigers*). Das Konzept ist also schon erworben, die produktive Wortform jedoch noch nicht. Unterdehnungen meinen die Engfassung des konventionell prototypischen Referenzrahmens. So wird z. B. nur der eigene blaue Plastikteller als Teller angesehen. Beide Eigenheiten sind Teil der Sprachentwicklung und Hinweise für die allmähliche Annäherung an die konventionell prototypische Lesart der Zielsprache (Rupp, 2013). Auch sie nehmen im Laufe der Entwicklung wieder ab. Weiterhin versuchen Kinder ab dem dritten Lebensjahr durch Nachfragen ihr Wortwissen auszubauen. Während zu Beginn der Entwicklung das Wortwissen über *bottom-up-Prozesse* aufgebaut wird, kann nun über *top-down-Mechanismen* auf bereits vorhandenen Wortschatz und Weltwissen zurückgegriffen werden. Dazu trägt auch die grammatische Entwicklung bei (*grammatic bootstrapping hypothesis*, siehe dazu Clark, 2007; Rothweiler, 2001).

Zum Schuleintritt beherrscht ein Kind ca. 3000 bis 6000 Wörter produktiv und 9000 bis 14000 Wörter rezeptiv (die Angaben schwanken stark, siehe dazu Aitchison, 1993; Clark 1993; Kannengieser, 2015; Pregel & Rickheit, 1987; Rothweiler & Meibauer, 1999). Danach werden pro Jahr zwischen 1000 und 3000 Wörter produktiv hinzugelernt (Nagy & Herman, 1987; Rothweiler & Meibauer, 1999). Während im frühen Kindesalter der *fast mapping-Prozess* (Carey & Bartlett, 1978) zum schnellen Zugewinn neuer Wortformen führt, werden die Einträge nun über das sogenannte *slow mapping* (McGregor, Newman, Reilly & Capone, 2002) verfeinert und weiter ausgebaut. Es kommt zu einem *syntagmatisch paradigmatischen Shift* (Glück, 2010), bei dem das mentale Lexikon anhand von hierarchischen Strukturen organisiert und ein Verständnis für die verschiedenen Verwendungsweisen eines Lexems aufgebaut wird. So ist ein effizienteres Speichern und Abrufen von Wissen möglich (Netzwerkausbau als zweiter Erwerbsprozess nach

Aitchison, 1993). Rothweiler und Meibauer (1999) bezeichnen diesen Wechsel als *Reorganisation* und *Konsolidierung* des Lexikons. Steinhoff (2009) spricht von *Wortschatzprofilierung*. Die Wortschatzvertiefung steht nun im Vordergrund und ist vor allem durch den Zugewinn der Schriftsprache geprägt:

> „Die Auseinandersetzung mit den Themen und Gegenständen im Unterricht und die Vermittlung der für die jeweiligen Fächer charakteristischen Begriffe, Konzepte und Kategorien erfolgt sowohl schriftlich als auch mündlich im Medium einer textgeprägten Sprache, die anderen Charakters ist als die erfahrungs-, erlebens- und kontaktbasierte Sprache des Alltags. Die aus dem Alltag gewohnten Sprach- und Denkweisen werden im Laufe der Schulzeit zunehmend durch diesen schulisch vorherrschenden Sprach- und Denkstil geprägt. Damit gehen eine zunehmende Loslösung der Lernenden von mündlichen Sprachgebrauchsformen und eine Hinwendung zu schriftsprachlich geprägten Sprachhandlungsweisen einher" (Schmölzer-Eibinger, 2008, S. 32 f.).

Durch den Schrifterwerb kommt es zu einem weiteren Wachstumsschub, der sich durch die Veränderung der Begriffsbildung kennzeichnen lässt. Es wird eine Art lexikalische Bewusstheit aufgebaut, und ein Wechsel von einem eher induktiven Ausbau von alltäglichen Begriffen zu einem deduktiven Erwerb und Ausbau wissenschaftlicher Begriffe bzw. eines spezifisch literalen Wortschatzes ist erkennbar (Friebertshäuser, 1978; Steinhoff, 2009). Dabei lernen die Schülerinnen und Schüler nicht nur neue explizit eingeführte Fachtermini, sondern vor allem die Vorläufer von Wissenschaftssprache kennen, um so z. B. Fachtermini definieren oder Sachverhalte detailliert beschreiben zu können (Komor & Reich, 2009; vgl. hierzu auch Abschnitt 5.2). Die Vermittlung von Fachwissen in der Schule führt zu einer Veränderung der Konzepte weg von äußerlichen, direkt wahrnehmbaren Merkmalen hin zu abstrakten. Kognitionspsychologisch gesprochen kommt es zu Anreicherungen des Konzepts mit abstrakten Marken. Der Gebrauch von übertragenen Bedeutungen wie Metaphern, Redewendungen und Routineformeln wird ab dem Alter von sieben Jahren beobachtet (Clark, 2000). Zwölfjährige sind dann in der Lage, diese auch zu verbalisieren, sie zu erläutern und zu begründen (3. Prozess nach Komor & Reich, 2009). Der sich ab dem Schuleintritt allmählich entwickelnde Prozess der Abstraktion und der sprachlichen Markierung ist mit dem Konzept der Bildungssprache gleichzusetzen, welche ausführlich in Abschnitt 5.2 diskutiert wird.

Die starke Varianz in den Angaben zur Wortschatzgröße ab dem Schulalter ist zum einen durch die Art der Untersuchungen bedingt, zum anderen aber auch durch die tatsächlichen Kompetenzunterschiede der Kinder, die sich wie erwähnt schon früh aufgrund von biologischen, sozioökonomischen und Umgebungsfaktoren manifestieren. Die Streuung vergrößert sich besonders zum Ende des Grundschulalters, wenn die Fähigkeit des Dekodierens beim Lesen automatisiert ist, manchen Kindern jedoch noch nicht gelingt und sie so über die Schriftsprache weniger Wörter aufnehmen können als ihre Altersgenossen. Dennoch sind die unterschiedlichen Angaben auch darauf zurückzuführen, dass das Lexikon so weit angewachsen ist, dass eine genaue quantitative Bestimmung zu Beginn des Schuleintritts schwer möglich ist. Der Wortschatzerwerb dauert bis ins Erwachsenenalter an und steigt weiterhin (Anglin, 2005). Dittmann (2010) spricht von einem produktiven Wortschatz von 10000 Wörtern und einem rezeptiven Wortschatz von 40000 Wörtern bei Erwachsenen. Zusätzlich ist die Vergleichbarkeit der Studien schwierig, weil sich vor allem die Angaben für die Sekundarstufe häufig auf verschiedene Sprachen beziehen und unklar ist, ob die Lexeme im engeren Sinne als Bedeutungseinheit jeweils eines Wortparadigmas (z. B. *singen* und *Sänger* als zwei verschiedene Lexeme) oder ob sie im weiteren Sinne als wortartübergreifende Bedeutungseinheiten gezählt werden. Kilian und Isermann (2010) bringen die Lage für die Sekundarstufe auf den Punkt: „Zu Umfang und Tiefe des rezeptiven und produktiven Wortschatzes […] liegen keine empirisch gesicherten aktuellen Daten vor" (S. 23). Die meisten Beobachtungen beziehen sich zudem nur auf wenige Probandinnen und Probanden, sodass kaum Repräsentativität der Daten gegeben ist (Augst, 1977, 1984; für einen Überblick siehe Günther, 1991).

Häufig wird in der Literatur als weiterer Grund für fehlende Daten zum fortgeschrittenen Wortschatzerwerb die Didaktisierung angeführt. So könne man ab dem Schulalter nicht mehr von einer ungesteuerten und eigenständigen Entwicklung des Wortschatzes sprechen (Ulrich, 2010). Dem ist jedoch entgegenzusetzen, dass eine externe Einwirkung auf den Wortschatz, wenn zum Teil auch implizit, bereits im Kindergarten und durch den Input im Elternhaus stattfindet (Hart & Risley, 2003). Unabhängig von dieser Diskussion ist festzustellen, dass die Schule eher zu einer Homogenisierung des Wortschatzes beiträgt, weil sie den Schülerinnen und Schülern ähnliche Erwerbskontexte bietet und diese Kontexte gleichzeitig erweitert. Trotzdem muss für die Aufnahme und Strukturierung neuer Wörter bereits eine stabile Grundlage an Wörtern und damit ein einigermaßen robustes mentales Netzwerk vorhanden sein. Dies ist vor allem mit Blick auf die Diskussion um die Bildungssprache zu beachten, da die spezifischen bildungssprachlichen Wörter und Wendungen, die zu einer Reorganisation des Lexikons beitragen, in der Schule nicht explizit vermittelt werden (vgl. zu dieser Problematik Abschnitt 5.2).

Zusammenfassend lässt sich feststellen, dass der Erwerb des Wortschatzes bis zum Schulalter gut erforscht ist, es jedoch für das Alter ab sieben Jahren nur noch wenige Daten gibt. Dieses hängt mit dem ab dort eintretenden Zugang zur Schriftsprache zusammen, durch den die Zahl der Einträge im Lexikon weiter ansteigt und sich vorhandene Einträge reorganisieren. Gegenwärtig ist daher weder klar, über welchen rezeptiven und produktiven Wortschatz Schülerinnen und Schüler der Sekundarstufe verfügen, noch in welcher Tiefe die Wörter semantisch vernetzt sind.

4.3   Untersuchungsmethoden zur Messung lexikalischer Fähigkeiten

Um Aussagen über die Wortschatzfähigkeiten einer Person treffen zu können, ist es notwendig, diese Fähigkeiten durch messbare Ausprägungen zu operationalisieren und damit den Wortschatz als latente Variable zu modellieren. Diese Herangehensweise macht das Phänomen *Wortschatz* zum Konstrukt. Im Alltag wird der Wortschatz intuitiv auf Basis des beobachtbaren Sprachverstehens und der Äußerungen einer Person durch seine Umgebung eingeschätzt. In den Unterabschnitten 4.3.1 und 4.3.2 werden die verschiedenen Möglichkeiten zur empirischen Überprüfung des Wortwissens beleuchtet. Zur Systematisierung dieser Verfahren wird der in Abbildung 5 dargestellte Vorschlag von Read (2000) zu den drei Dimensionen der Untersuchungsmöglichkeiten genutzt.

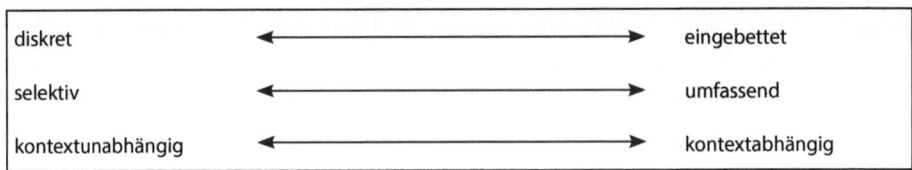

Abbildung 5:   Dimensionen der Untersuchungsmöglichkeiten von Wortwissen (in Anlehnung an Read, 2000, S. 9).

Nach Read (2000) stellen *diskrete* Verfahren jene Untersuchungen dar, die den Wortschatz anhand eines eigenständigen „autonomen" Testverfahrens untersuchen und dabei einzelne Items abfragen. Diesen stehen *eingebettete* Verfahren gegenüber, welche die lexikalischen Fähigkeiten in andere Fragestellungen einbinden, z. B. im Rahmen einer Spontansprachuntersuchung oder bei Untersuchungen aus der Fremdsprachendidaktik zur Einschätzung des Sprachstands einer Person. Eine *selektive* Untersuchung zieht spezifische Items heran, auf die der zu Testende hin geprüft wird. Dies ist meist bei rezeptiven und geschlossenen Formaten der Fall. Dagegen sind *umfassende* Verfahren solche, die eine Analyse aller sprachlichen Äußerungen und damit die Gesamtheit des Sprachvermögens vorsehen. Sie stellen eher offene Aufgabenformate wie Spontansprachuntersuchungen und Verfahren auf mündlicher oder schriftlicher Textebene dar. Weiterhin können die Vorgehensweisen nach ihrer Kontexteinbindung unterschieden werden. Dabei überprüfen *kontextabhängige* Verfahren im traditionellen Sinne den Gebrauch von Wörtern im Satzzusammenhang und damit ihre Passung in den Satzkontext. In einer neueren Publikation verdeutlicht Read (2007) jedoch, dass unter Kontext vor allem die pragmatischen Fähigkeiten der Probandinnen und Probanden und somit das kontextualisierte Wortwissen zur Einhaltung des Registers oder der Textsorte zu verstehen ist.

4.3.1 Testverfahren, Spontansprachuntersuchungen und Fragebögen

Bei der Suche nach Verfahren zur Messung des Wortschatzes ist festzustellen, dass es im englischsprachigen Raum weitaus mehr Diagnostikinstrumente und Herangehensweisen gibt als im deutschsprachigen. Einen internationalen Überblick möglicher (Test-)Verfahren zur Untersuchung des Wortschatzes bieten Read (2000) und Schmitt (2010). Im Folgenden werden davon jedoch nur jene Verfahren aufgeführt, die ins Deutsche adaptiert wurden. Die in Tabelle 2 dargestellten Herangehensweisen folgen der in Abschnitt 4.1 vorgestellten Systematisierungen von rezeptivem und produktivem Wortwissen sowie der Gegenüberstellung von Wortschatzbreite (Umfang) und Wortschatztiefe (Qualität). Unter Verfahren, welche die Wortschatztiefe berücksichtigen, werden jene gefasst, die mehr als die Anzahl der gewussten bzw. gekonnten Items messen und damit nicht nur die bloße Verbindung zwischen Wortform und einer einfachen Bedeutung. Die standardisierten in Tabelle 2 aufgeführten Verfahren sind in großen Teilen auf die Erfüllung der Gütekriterien (Objektivität, Reliabilität und Validität) geprüft worden. Die jeweils spezifi sch erhobenen Kriterien und die konkreten Ergebniswerte sind dem Manual des jeweiligen Testverfahrens direkt zu entnehmen. Einen Überblick bietet darüber hinaus Suchodoletz (2013). Auf Basis von Tabelle 2 ist erkennbar, dass die lexikalischen Fähigkeiten häufig im Rahmen von allgemeinen Entwicklungstests und Intelligenztests oder aber zur Diagnosestellung von spezifischen Sprachentwicklungsstörungen oder reinen semantisch-lexikalischen Störungen überprüft werden.

Tabelle 2: Übersicht zu (Test-)Verfahren zur Erhebung der Wortschatzfähigkeiten für das Deutsche (in Anlehnung an Kannengieser, 2015, S. 240–242); R = rezeptiv, P = produktiv, U = Umfang, QU = Qualität.

Art der Erhebung	Altersbereich	Modalität		Wortwissen	
		R	P	U	QU
Spontansprachuntersuchungen					
ASAS Aachener Screeningverfahren zur Analyse von Spontansprache Schrey-Dern, Stiller und Tockuss (2006)	1;0–3;11 Jahre	-	+	+	-
Elternfragebögen					
ELFRA-1 Elternfragebogen für Einjährige Kinder Grimm und Doil (2006)	10.–12. Monat	+	+	+	-
ELFRA-2 Elternfragebogen für Zweijährige Kinder Grimm und Doil (2006)	21.–24. Monat	-	+	+	-
ELAN Eltern Antworten, Elternfragebogen zur Wortschatzentwicklung im frühen Kindesalter Bockmann und Kiese-Himmel (2006)	16.–26. Monat	-	+	+	-

FRAKIS Fragebogen zur Erfassung der frühkindlichen Sprach-entwicklung Szagun, Stumper und Schramm (2009)	1;6–2;6 Jahre	-	+	+	-
SBE-2-KT Sprachbeurteilung durch Eltern, Kurztest für U7 Suchodoletz und Sachse (2012)	21.–24. Monat	-	+	+	-
SBE-3-KT Sprachbeurteilung durch Eltern, Kurztest für U7a Suchodoletz und Sachse (2012)	32.–40. Monat	-	+	+	-
standardisierte Testverfahren					
AWST-R Aktiver Wortschatztest – Revision Kiese-Himmel (2005)	3;0–5;5 Jahre	-	+	+	+
FTF-W Frankfurter Test für Fünfjährige – Wortschatz Raatz und Möhling (1971)	5;0–5;11 Jahre	-	+	+	-
PDSS Patholinguistische Diagnostik bei Sprachentwicklungs-störungen, Band Lexikon/Semantik Kauschke und Siegmüller (2012)	2;0–6;11 Jahre	+	+	+	+
PPVT-4 Peabody Picture Vocabulary Test; Dunn, Dunn und Lenhard (2015); deutsche Adaption	3;0–16;11 Jahre	+	-	+	-
Teddy-Test Test zur verbalen Verfügbarkeit zwischenbegrifflicher semantischer Relationen Friedrich (1998)	3;0–9;6 Jahre	-	+	+	+
TROG-D Test zur Überprüfung des Grammatikverständnisses Fox-Boyer (2016)	3;0–10;11 Jahre	+	-	+	+
WSU 4-6 Wortschatzuntersuchung für Kinder 4.-6. Klasse Raatz und Schwarz (1974)	9;0–11;11 Jahre	+	-	+	+
WWT Wortschatz- und Wortfindungstest Glück (2007)	5;6–10;11 Jahre	+	+	+	+
Subtests in standardisierten Sprachentwicklungstests					
HSET Heidelberger Sprachentwicklungstest Grimm und Schöler (1991)	4;0–12;0 Jahre	+	+	+	+
MSVK Marburger Sprachverständnistest für Kinder Elben und Lohaus (2000)	5;0–7;0 Jahre	+	-	+	+
PET Psycholinguistischer Entwicklungstest Angermaier (1977)	3;0–9;11 Jahre	+	+	+	+
SET 5-10 Sprachstandserhebungstest für Kinder im Alter zwischen 5 und 10 Jahren Petermann (2010)	5;0–10;11 Jahre	-	+	+	+

SETK 2 Sprachentwicklungstest für 2-jährige Kinder Grimm (2000)	2;0–2;11 Jahre	+	+	+	-
SETK 3-5 Sprachentwicklungstest für 3- bis 5-jährige Kinder Grimm (2001)	3;0–5;11 Jahre	+	+	+	+
(Subtests in) Intelligenztests					
CFT 20-R Grundtestintelligenzskala 2 – Revision mit Wortschatztest Weiß (2006)	8;5–19;0 Jahre	+	-	+	-
WST Wortschatztest Schmidt und Metzler (1992)	ab 16 Jahren	+	-	+	-

Diagnoseinstrumente, die Wortschatzfähigkeiten als Ressource und somit unter einer positiven Konnotation untersuchen, sind rar. Dies ist dem Verständnis von Testverfahren als Selektionsdiagnostik zuzuschreiben. Die Verfahren kommen insbesondere in den Disziplinen der Sprachheilpädagogik, Logopädie und der (Entwicklungs-)psychologie zum Einsatz und weniger in der Sprachdidaktik. Insofern gelten die Testitems meist eher als Mindeststandards und sind vorrangig in die Dimensionen der selektiven und diskreten Verfahren nach Read (2000) einzuordnen. Der selektive Charakter wird häufig durch eine nicht theoriegeleitete Itemauswahl verstärkt (Günther, 1991). Zudem vernachlässigen insbesondere die älteren Verfahren oftmals die Struktur des mentalen Lexikons. So wird hier nur die Nennung des Zielitems positiv bewertet, die Nennung von semantisch ähnlichen Wörtern oder gar Synonymen wird dagegen nicht anerkannt. Im AWST-R, TROG-D und WWT ist jedoch auch eine qualitative Auswertung der Fehler vorgesehen. Generell führt die Frage nach der Itemauswahl jedoch zu der sehr grundlegenden Feststellung, dass Testverfahren nur einen kleinen Ausschnitt der tatsächlichen Kompetenz der Probandinnen und Probanden aufzeigen können. Für Personen mit Deutsch eine Fremdsprache (DaF) ist die selektive Auswahl der Zielitems in den jeweiligen Tests oft unproblematischer, da im DaF-Bereich oftmals auch nur die Kenntnis einer geringen Zahl an Wörtern erwartet wird (Grundwortschatz). Jedoch ist es riskant, lediglich auf Basis der Leistungen in einem Testverfahren auf die tatsächliche lexikalische Kompetenz zu schließen, zumal diese häufig nur am Umfang des Wortschatzes ausgemacht wird, während die Vernetzung der Wörter seltener im Fokus steht.

In Tabelle 3 werden typische Aufgabenstellungen zur Überprüfung der Qualität des Wortwissens und deren Vernetzung im mentalen Lexikon vorgestellt und nach ihrem Vorkommen in den in Tabelle 2 aufgeführten Testverfahren eingeordnet. Wie bereits angedeutet, zeigt sich, dass die Aufgabenformate zur Überprüfung der Qualität des Wortwissens seltener in den Testverfahren vorkommen und wenn, dann besonders in den bereits veralteten Verfahren wie dem HSET oder PET. Beide werden heute nur noch selten eingesetzt, da die Items als nicht mehr aktuell gelten (vgl. Kannengieser, 2015).

Ein weiterer Grund für die geringe Spezifität der Untersuchungsinstrumente könnte auch mit der Zielgruppe zusammenhängen, welche sich für die meisten Verfahren aus Kindern bis zum Ende der Grundschulzeit zusammensetzt. Insbesondere die Tests für das Kindergartenalter fokussieren entwicklungsbedingt zunächst auf *mapping-Prozesse* und damit lediglich auf den Umfang des Wortschat-

Tabelle 3: Typische Aufgabenstellungen in gängigen Testverfahren zu den Wortschatzfähigkeiten (in Anlehnung an Kannengieser, 2015, S. 238–241); R = rezeptiv, P = produktiv, U = Umfang, QU = Qualität.

Methoden zur Überprüfung des Wortwissens	Beispiel	Modalität		Wortwissen		Vorkommen in Testverfahren
		R	P	U	QU	
Benennen von Abbildungen	„Was ist das?", „Was macht der?"	-	+	+	-	AWST-R, PDSS, PPVT-4, SET 5-10, SETK 2, WWT
Zeigen von Abbildungen aus einer Reihe von Ablenkern	„Zeige mir Frosch" Ablenker: Fisch, Krokodil	+	-	+	-	MSVK, PDSS, SETK 2, SETK 3-5, TROG-D, WWT
Sätze ergänzen	„Eis ist fest, Wasser ist…?"	-	+	+	+	PET
Fällen von semantischen Urteilen	„Können Tempel einstürzen?"	+	+	+	+	HSET, PET
Herstellen syntagmatischer Relationen	Relation zwischen Akteur und Aktion: „Der Teddy rennt"	-	+	+	+	Teddy-Test, SETK 3-5
Klassifizieren	Auswahl der korrekten Repräsentanten für einen Oberbegriff	+	-	+	+	HSET, PDSS, WSU 4-6
Kategorien benennen	Benennen des Oberbegriffs für abgebildete Repräsentanten	-	+	+	+	PDSS, SET 5-10, WWT
Ergänzen semantischer Reihen	Ergänze die Wörter „Stein, Wasser, Erde"	-	+	+	+	HSET
Definitionen	Gegenstände beschreiben oder deren Handhabung nachspielen, z. B. Ball	-	+	+	+	PET
Redensarten	zu einer vorgegebenen Redensart korrekte Erklärung finden aus vier Auswahlmöglichkeiten	+	-	+	+	WSU 4-6

zes. Für die Altersgruppe über elf Jahren und damit Schülerinnen und Schüler der Sekundarstufe I sind kaum aktuelle Verfahren zu finden. Die WSU 4-6 gilt mittlerweile als überholt. Der PPVT-4 bezieht sich lediglich auf den Wortschatzumfang. Der WST und der Wortschatztest aus dem CFT 20-R sind als intelligenznahe Tests einzuordnen (Willenberg, 2011a), die beide selektiv und diskret vorgehen und keine Kontexteinbettung der Wörter fordern. Im Wortschatztest des CFT 20-R soll aus fünf ähnlichen Wörtern das Wort heraussucht werden, das einem vorgegebenen Item semantisch am ähnlichsten ist bzw. dieselbe Bedeutung hat. Der WST ist ein Test, in dem die Probandinnen und Probanden anspruchsvolle Wörter und Nichtwörter erkennen müssen.

Das Fehlen von Verfahren für das Jugendalter zeigt sich ebenso in den USA, was Blachowicz, Fisher und Ogle (2006) folgendermaßen formulieren:

„Even though we know more about the incremental and metacognitive aspects of word learning than we did 75 years ago, the typical measures for vocabulary are still the gross assessments of our childhood" (S. 534).

Aufgrund der neuen Erwerbskontexte und dem Hinzukommen der Schriftsprache wären gerade Untersuchungen der lexikalischen Fähigkeiten von Schülerinnen und Schülern der Sekundarstufe interessant, um die in der Literatur beschriebene Profilierung des Wortschatzes analysieren und nachzeichnen zu können. Dafür sind jedoch Maßnahmen, die lediglich den Umfang messen, wenig zielführend, insbesondere dann nicht, wenn sie die rezeptive Modalität ansteuern. Auch Verfahren, die die lexikalischen Fähigkeiten auf Satzebene untersuchen, sind häufig irreführend, da sie nicht dem natürlichen Sprachgebrauch entsprechen. Wörter kommen in Texten und in Diskursen vor, beispielsweise in Form von Witzen, Briefen und Diskussionen. In der Fremdsprachendidaktik sind die Verfahren in den letzten Jahren durch Aufgaben, in denen Kommunikationssituationen simuliert werden sollen, immer mehr an den kommunikativen Aspekt angepasst worden (Read, 2000). Hier besteht mittlerweile eher das Problem, dass der Fokus zu stark auf anderen sprachlichen Ebenen liegt und die lexikalischen Fähigkeiten nur eine indirekte bzw. untergeordnete Rolle spielen. Es wäre darüber hinaus aber auch nicht sinnvoll, die Verfahren aus dem Fremdsprachenbereich für Schülerinnen und Schüler heranzuziehen, die in Deutschland aufgewachsen sind und spätestens ab Schulbeginn in der deutschen Amtssprache literalisiert wurden. Von ihnen sind umfassendere und flexibel verwendete Sprachkenntnisse zu erwarten, als sie mit der Überprüfung des Grundwortschatzes erfasst werden könnten.

4.3.2 Analyseverfahren zum Wortschatz auf Textebene

Aus den Darlegungen zu den Testverfahren lexikalischer Fähigkeiten ergibt sich die Frage, wie sich die Überprüfung des Wortschatzwissens in der Sekundarstufe I umfassender und weniger defizitorientiert anlegen ließe. Da sich der Wortschatz in höheren Klassenstufen aufgrund seiner Größe kaum mehr eingrenzen lässt, scheint eine Orientierung am Output und damit an der produktiven Modalität der Schülerinnen und Schüler sinnvoll. Hier eignet sich die textorientierte Wortschatzprüfung, zumal die Kommunikation in der Schule vorrangig auf Textebene erfolgt und so eine gute Abbildung der Kompetenz ermöglicht. Im Folgenden werden daher Maße vorgestellt, die der Analyse des Wortschatzes auf Textebene dienen. Da diese zum größten Teil auch für den empirischen Teil der Arbeit genutzt werden, gilt die Vorstellung in diesem Abschnitt daher nur einer kurzen

Einführung. Konkrete Erhebungsmöglichkeiten der Maße werden im Methoden- und Ergebnisteil stärker ausgeweitet (siehe Abschnitte 8.5 und 9.1).

Die Häufigkeit des Vorkommens eines Wortes im Deutschen stellt ein gängiges Maß für das Wortwissen vor allem in der Zweit- und Fremdsprachendidaktik dar. Einige Studien ermitteln die *Wortfrequenz* auf Basis des DUDENS oder Langenscheidts Grundwortschatz. Dabei gelten solche Wörter als häufig vorkommend, die zu den ersten 2000 Wörtern z.B. des Langenscheidt Grundwortschatzes zählen. Weiterhin wird zwischen weniger häufig vorkommenden Wörtern, also Wörtern, die nicht zum Grundwortschatz zählen, und so genannten niedrigfrequenten Wörtern unterschieden. Diese sind unter anderem seltenere Fachbegriffe oder Fremdwörter (vgl. z.B. Willenberg, 2008). Da Grund- und Aufbauwortschätze, wie sie insbesondere in der Fremdsprachendidaktik genutzt werden, recht starr sind, eignet sich für die meisten Fragestellungen mit Schülerinnen und Schülern, die in der deutschen Amtssprache literalisiert wurden, eher die korpusbasierte Analyse der Wortfrequenz. Hier sind die von den Schülerinnen und Schülern geäußerten Wörter für die Analyse nicht in einem festgesetzten erwarteten Wörter-Pool zu suchen; stattdessen kann wesentlich flexibler auf digitale Datenbanken zur Ermittlung der Häufigkeit des Vorkommens von Wörtern im allgemeinen Sprachgebrauch zurückgegriffen werden. Geeignete Datenbanken sind unter anderem die *dlexDB* (Heister et al., 2011), die *Leipzig Corpora Collection* (Quasthoff, Goldhahn & Eckart, 2015) oder die *celex Datenbank* (Baayen, Piepenbrock & Gulikers, 1995). Bei diesen sind jedoch Erwachsene die Referenzgruppe. Für Kinder zwischen sechs und zwölf Jahren steht die *childLex Datenbank* zur Verfügung (Schroeder, Wurzner, Heister, Geyken & Kliegl, 2015). Bei gleichzeitiger Untersuchung von Wortfrequenz und Polysemie (Mehrdeutigkeit der Wörter, z.B. *Bank* als Sitzgelegenheit und *Bank* als Geldinstitut) gilt es zu beachten, dass hochfrequente Wörter häufiger mehrdeutig verwendet werden können als niedrigfrequente. Die alleinige Analyse der Frequenz der Wörter, die eine Person verwendet, kann daher niemals eigenständig sichere Aussagen über die Elaboriertheit des Wortschatzes liefern (vgl. Schmitt, 2010).

Ein weiteres textbezogenes Maß stellt die *Textlänge* dar. Sie gilt in der frühen Schreibentwicklung als ein Kriterium für Textqualität (vgl. z.B. Grabowski et al., 2014; Malecki & Jewell, 2003). Sie wird bestimmt durch die Gesamtheit der verwendeten Wörter in einem Text, die sogenannten *Tokens*. Da jedoch durch diese Zählweise sich wiederholende Wörter nicht berücksichtigt werden, lässt sich die Quantität des Wortschatzes auch über die Anzahl der verschiedenen Wörter in einem Text ermitteln, die sogenannten *Types*. Häufig scheint bei der Analyse der Anzahl der Types nicht klar, was die Verschiedenheit der Wörter auszeichnet, wie also z.B. mit Tokens wie *singt, sang, gesungen* umgegangen werden soll. Dafür ist es sinnvoll, die Grundformen, die *Lemmata*, zu verwenden. So geschieht die Speicherung im mentalen Lexikon ebenfalls über die Grundform, bei der Wortverwendung werden die Lemmata dann jeweils um die unflektierbaren Suffixe ergänzt (Aitchison, 1993). Eine Ausnahme bilden allerdings unregelmäßige Formen, die als eigenständige Einheiten gespeichert werden. Bei der Untersuchung der *Wortfamiliarität* werden auch die Derivationen eines Wortes berücksichtigt und zusammengeführt, z. B. *singbar, sang, Gesang*. Da jedoch die Wortbedeutung und Herkunft für viele Derivationen schwer zu bestimmen ist, ist das Konzept der Wortfamiliarität in korpusbasierten Untersuchungen seltener zu finden.

Weiterhin lässt sich ein Text in Bezug auf die Zusammensetzung der in ihm vorkommenden *Wortarten* beschreiben. Die Unterscheidung in *Funktionswörter* und *Inhaltswörter* dient dem Konzept der *lexikalischen Dichte* (englisch: *lexical density*; Ure, 1971), welche durch den Anteil von Inhaltswörtern am gesamten Text bestimmt wird. Sie wurde von Ure (1971) zur Analyse von Registerunterschieden eingeführt. Je höher der Anteil an Inhaltswörtern, als desto bildungssprachlicher gilt ein Text (Read, 2000).

Eine weitere Möglichkeit, den in einem Text gezeigten Wortschatz auf seinen Facettenreichtum zu überprüfen, ist die Berechnung des Verhältnisses zwischen der Gesamtzahl der Wörter und den verschiedenen Wörtern. Dieser Quotient aus Types und Tokens wird auch als *Type Token Ratio* (TTR) bezeichnet und gilt als das klassische Maß für lexikalische Vielfalt. Jedoch wird dieses Maß stark von der Textlänge beeinflusst, da sich in längeren Texten automatisch Wörter wiederholen, was den Quotienten verringert und somit den Text als weniger vielfältig einordnet. In den letzten 30 Jahren sind weitere Maße vorgeschlagen worden, um dieses Problem zu umgehen. Dabei haben verschiedene Arbeitsgruppen unterschiedliche Algorithmen herangezogen, um die Textlänge als konfundierende Variable zu eliminieren (für einen Überblick siehe McCarthy & Jarvis, 2010). Die in der Literatur am häufigsten genannten Maße werden in Tabelle 4 vorgestellt und diskutiert.

Bei der Gegenüberstellung der Verfahren *MTLD*, *voc-D* und *HD-D* konnten McCarthy und Jarvis (2010) herausstellen, dass das MTLD am wenigsten anfällig gegen die Textlänge ist. Seine Berechnung benötigt jedoch ein Mindestmaß an 100 Tokens (Koizumi, 2012). Weiterhin ist seine Anwendung recht aufwendig. Im Gegensatz zum voc-D und HD-D wird der Text in seiner ursprünglichen Struktur beibehalten, und es wird sequentiell vorgegangen. Dagegen bilden die beiden anderen Verfahren zufällige Samples aus Tokens oder Einheiten über mehrere Tokens. Für kurze Texte mit einer Tokenanzahl unter 100 Lemmata eignen sich die Maße *CTTR* und *Guiraud*. Beiden liegt dieselbe Art der Berechnung zugrunde, weshalb sie austauschbar sind. Allerdings ist die Unabhängigkeit von der Textlänge fraglich, so konnte Koizumi (2012) auch für das Maß *Guiraud* einen Einfluss der Anzahl der Tokens auf die Ergebnisse nachweisen; dieser war jedoch nicht so stark ausgeprägt wie für die TTR.

Allen Verfahren gemeinsam ist die Vernachlässigung einer qualitativen Betrachtung der analysierten Tokens. Meara und Miralpeix (2008) veranschaulichen dies an folgendem Beispiel:

The man saw the woman.
The bishop observed the actress.
The prelate glimpsed the wench.

Berechnet man für alle drei Sätze jeweils die TTR, die in diesem Falle nicht durch die Textlänge beeinflusst wird, erhält man jeweils denselben Wert. Allerdings zeigen sich in der Verwendung der Wörter qualitative Unterschiede. So kann der dritte Satz als wesentlich elaborierter beschrieben werden als der erste. Dies zeigt sich nicht nur in der jeweiligen Wortfrequenz der Tokens, sondern auch in den durch die gewählten Wörter ausgedrückten Nuancierungen und Andeutungen. Diese wiederum verstehen und generieren zu können, fordert ein gewisses Maß an kulturellem Wissen. Aus diesem Grund scheint es sinnvoll, sich die in Texten verwendeten Wörter (Tokens) ebenso in ihrem inhaltlichen Verwendungskontext und damit unter Beachtung der angrenzenden Wörter, des Satzes und des Textganzen anzuschauen.

Tabelle 4: Übersicht zu gängigen Maßen der lexikalischen Vielfalt.

Maß	Bedeutung	Vorteil	Nachteil
TTR *type token ratio* Grobe (1981); Richards (1987)	• Anzahl verschiedener Wörter in einem Text (Types) geteilt durch die Gesamtzahl der Wörter (Tokens)	• leicht zu ermitteln	• Textlänge beeinflusst das Ergebnis
CTTR *corrected type token ratio* Carroll (1964); Andolina (1980)	• Anzahl an Types geteilt durch die Wurzel der zweifachen Anzahl an Tokens	• leicht zu ermitteln • angeblich robust gegen die Textlänge	• Unabhängigkeit von Textlänge jedoch unklar (vgl. Koizumi, 2012)
Guiraud Guiraud (1960)	• Anzahl an Types geteilt durch die Wurzel aus Tokens	• leicht zu ermitteln • angeblich robust gegen die Textlänge	• Unabhängigkeit von Textlänge jedoch unklar, dennoch robuster als die TTR (vgl. Koizumi, 2012)
STTR *standardized type token ratio* erstmals: Johnson (1944); siehe auch Perkuhn und Kollegen (2012)	• Einteilung des Textes in Einheiten zwischen 100 und 2000 Tokens • für jede Einheit wird die TTR berechnet und später über alle Einheiten gemittelt	• robust gegen die Textlänge	• Texte mit mehr als 100 Tokens nötig • gewählte Segmentlänge bestimmt die Messempfindlichkeit (je größer, desto besser)
MTLD *measure of textual lexical diversity* Crossley und McNamara (2012); Koizumi (2012)	• nach jedem Token wird die TTR berechnet; sobald sie den Wert $t < 0.71$ erreicht, beginnt ein neues Segment von null an (dieses muss größer als zehn Tokens sein)	• im Gegensatz zu anderen Verfahren am meisten robust gegen Textlänge (vgl. McCarthy & Jarvis, 2010)	• Texte mit mehr als 100 Tokens nötig (vgl. Koizumi, 2012)

	• Zählung aller Segmente < 0,71 und Teilung der Tokens durch die Anzahl der Segmente < 0,71 • erneute Durchführung des Verfahrens, allerdings Beginn beim letzten Token (rückwärts) • Mittelung beider Werte des Quotienten Tokens/Anzahl der Segmente < 0.71	• Software zur Berechnung vorhanden (McCarthy, 2011) • Textstruktur wird bei Analyse beibehalten; sequentielles Vorgehen	
voc-D *vocabulary D statistic* Malvern, Richards, Chipere und Durán (2004); McCarthy und Jarvis (2007); McKee (2000)	• Generierung von 100 Samples von jeweils 35 zufällig gewählten Tokens • Berechnung der TTR jedes Samples • Mittelung der TTR über alle 100 Samples • Wiederholung des Vorgehens für 100 Samples à 36 zufällig gewählten Tokens, danach mit 37, 38 usw. bis zu 50 Tokens • Liste von 16 gemittelten TTRs, deren Mittelwerte eine Kurve ergeben; Vergleich dieser Kurve mit einer theoretischen Kurve aus dem Koeffizienten D • D-Wert, der am besten zur ermittelten Kurve passt, wird Ursprungstext zugeschrieben (kann Werte von null bis 50 einnehmen, wobei 50 die höchste lexikalische Vielfalt anzeigt)	• relativ robust gegen die Textlänge • in der Literatur häufig zitiert und verwendet • Software zur Berechnung vorhanden (McKee, 2000)	• ungeeignet für Texte mit weniger als 100 und mehr als 500 Tokens • misst dasselbe wie HD-D (vgl. McCarthy & Jarvis, 2010)
HD-D *hypergeometric distribution function* McCarthy und Jarvis (2007); Wu (1993)	• für jeden Type wird die Wahrscheinlichkeit für das Auftreten seiner Tokens in einem zufälligen Sample von 42 Wörtern berechnet • die Wahrscheinlichkeiten für alle Types werden addiert, Summe = Index für lexikalische Vielfalt	• robust gegen die Textlänge	• längere Texte nötig • misst dasselbe wie voc-D (vgl. McCarthy & Jarvis, 2010)

Eine weitere gängige Analysemöglichkeit der auf Textebene gezeigten lexikalischen Fähigkeiten ist die Untersuchung von *Kollokationen*. Diese umfassen das gemeinsame Auftreten zweier oder mehrerer lexikalischer Begriffe im Satzkontext oder auf Textebene, wobei ein Wort das andere als Kotext festlegt (z. B. *Haare waschen*). Die Auswahl eines Lexems durch ein anderes ist arbiträr und zugleich in der Einzelsprache über Konventionen bestimmt. Diese Wortverbindungen lassen sich aufgrund der Willkürlichkeit nicht über Regeln ableiten, sondern müssen von den Sprachverwenderinnen und -verwender als Ganzes gelernt werden (Lemnitzer & Zinsmeister, 2006). Aus diesem Grund eignen sich Kollokationen gut, um kontextualisiertes Wortwissen auf Textebene zu überprüfen. Hierbei sollte jedoch nicht nur das Auftreten, sondern vor allem die adäquate Verwendungsweise analysiert werden. So wäre der Ausdruck *Haare putzen* nicht adäquat; die Redewendung *jemandem den Kopf waschen* meint hingegen etwas anderes als *waschen* im Sinne von *Haare waschen*.

Einen weiteren Hinweis auf das Wortwissen bietet die Untersuchung *polysemer Ausdrücke* im Text. Auf Basis dieser lassen sich Aussagen über die Qualität des Wortschatzes treffen, wenn die richtige Verwendung bzw. Bedeutungsspezifizierung dieser Ausdrücke im jeweiligen Kontext analysiert wird. So kann beispielsweise in der Aussage *Heute gehe ich wieder ins Büro. Die Leitung dort ist wirklich schlecht* mit dem Lexem *Leitung* sowohl die Wasser-, Strom- oder Telefonleitung, als auch die Leitung im Sinne der Verwaltung oder des Chefs gemeint sein. Jedoch stellt die Untersuchung solcher Ausdrücke ein recht aufwendiges Verfahren dar, weil letztlich jedes Token im Text zunächst auf Polysemie und anschließend auf seine Angemessenheit und Passung geprüft werden muss.

Besonders ab der Sekundarstufe I ist bei der Erstellung von Texten die Beachtung des *Registers* und der *Textsorte* gefordert, was unter anderem durch die Verwendung *bildungssprachlicher Mittel* realisiert werden kann. Daher eignet sich als weitere Analysemöglichkeit des Wortwissens der Gebrauch von Registermarkierungen im Text beispielsweise in Form von elaborierten, dekontextualisierten Ausdrücken, Fachausdrücken, grammatischen Konstruktionen und syntaktischen Merkmalen. Eine ausführliche Beschreibung und Auflistung möglicher bildungssprachlicher Merkmale folgt in Abschnitt 5.2.2.

Es lässt sich zusammenfassen, dass die Untersuchung des Wortwissens von Probandinnen und Probanden im Schulalter kein einfaches Unterfangen darstellt. Die aus den psycholinguistischen Theorien entstammenden Systematisierungsversuche des Wortschatzes lassen sich bei der Erstellung von Diagnostikinstrumenten nur bedingt umsetzen. Für das Jugendalter sind wenig Testverfahren auffindbar, was sich durch die mit dem Schulalter eintretende Wortschatzprofilierung und dem damit einhergehenden immer stärker werdenden Umfang und seiner Vernetzung erklären lässt. Der Wortschatz ist so komplex, dass ein für die Wortschatzüberprüfung sonst typisches rezeptives und geschlossenes Format nur einen kleinen Ausschnitt der Kompetenz abbilden kann. Aus diesem Grund sind Methoden, die sich am Output der Probandinnen und Probanden orientieren und die dargebotenen Äußerungen auf flexible Art analysieren können, für das Jugendalter geeigneter. Dies fordert jedoch von den Untersucherinnen und Untersuchern viel Vorarbeit: Nicht nur die Art der Schreibaufgabe muss beachtet, sondern auch die für die jeweilige Fragestellung geeigneten Maße müssen herangezogen und die Texte hierfür entsprechend aufbereitet werden.

5.   Wortschatz in der Sekundarstufe I

Ähnlich wie in Kapitel 3 zur Schreibdidaktik wird im Folgenden ein Überblick zur Behandlung des Wortschatzes in der Sekundarstufe I gegeben. Dabei wird in Abschnitt 5.1 zunächst auf die Analyse des lexikalischen Leistungsstandes von Schülerinnen und Schülern in Form von Makrountersuchungen eingegangen. In Abschnitt 5.2 folgt eine nähere Betrachtung des Konzepts der Bildungssprache, welches die Ausführungen zur konzeptionellen Schriftlichkeit und zum Wortschatz in gewisser Weise verbindet und in der bildungspolitischen Debatte zurzeit als notwendige Voraussetzung für schulischen Erfolg diskutiert wird. Die Abschnitte 5.3 und 5.4 werfen einen Blick auf die Berücksichtigung lexikalischer Fähigkeiten in den Bildungsstandards und im Unterrichtsgeschehen.

5.1   Large Scale Assessments zu Wortschatzfähigkeiten

Während es schon zur Lage der Schreibleistungen von Schülerinnen und Schülern der Sekundarstufe I wenig repräsentative und große Untersuchungen gibt, ist der aktuelle Stand für den Wortschatz noch prekärer: Oberhalb der Primarstufe gibt es „überraschenderweise kaum Untersuchungen über die Differenzierung und den Reichtum des Wortschatzes" (Willenberg, 2008, S. 72). Die Literatur bezieht sich bei der Darstellung der Wortschatzfähigkeiten von Jugendlichen im deutschsprachigen Raum stets auf das Modul zum Wortschatz Deutsch der DESI-Studie aus den Jahren 2003 und 2004. Diese stellt zugleich auch die einzige Makrountersuchung zu lexikalischen Fähigkeiten dar (für Allgemeines zur DESI-Studie vgl. Abschnitt 3.2). Die Operationalisierung des DESI-Moduls zum Wortschatz ist jedoch kritisch zu sehen.

Für die Untersuchung wurden zwei Varianten der Wortverwendung in drei Aufgabentypen benutzt. In der ersten Variante sollten die Schülerinnen und Schüler die Zielitems frei produzieren, indem vorgegebene Wortfelder aktiv auszufüllen waren (Aufgabentyp 1). Weiterhin waren bildlich dargestellte Begriffe zu benennen (Aufgabentyp 2). Beide Aufgabentypen beziehen sich somit auf die Überprüfung des Umfangs des produktiven Wortschatzes. In der zweiten Variante sollten die Schülerinnen und Schüler Vorgaben in Text- und Satzzusammenhängen rezeptiv in Bezug auf bestimmte Nuancierungen überprüfen (Aufgabentyp 3). Bei dieser Aufgabenstellung wurden das Verständnis und gleichzeitig die Qualität der lexikalischen Einträge untersucht. Das Modul zielte auf die Einstufung der Schülerinnen und Schüler in drei verschiedene Kompetenzniveaus des Wortschatzes ab, welche in Bezug auf die Wortfrequenz differenziert wurden (Willenberg, 2007, 2008):

1) Niveau A: hochfrequente Basiswörter, gehörend zu den ersten 2000 registrierten Wörtern im Grundwortschatz von Langenscheidt, z.B. *Ofen, meinen*

2) Niveau B: häufigere Konkreta und Abstrakta, die jedoch nicht mehr zum Grundwortschatz zu zählen sind, z. B. *Standuhr, defensiv*

3) Niveau C: seltenere Fach- oder Fremdwörter sowie Redensarten, z. B. *Stellwerk, ein trojanisches Pferd*

Zur Erreichung von Niveau A mussten mindestens 65 % der Aufgaben korrekt bearbeitet werden. Die Ergebnisse der Studie zeigen, dass fast 40 % der Schülerinnen und Schüler mit ihren Wortschatzfähigkeiten noch unter Niveau A liegen. Darunter besuchten 71,4 % die Hauptschule, 31,1 % die Integrierte Gesamtschule und 56,9 % die Realschule (siehe Tabelle 5).

Tabelle 5: Ergebnisse des DESI-Moduls zum Wortschatz Deutsch; aufgeteilt nach Schularten (siehe Willenberg, k.A.).

Kompetenzniveau	Gesamt	Hauptschule	Integrierte Gesamtschule	Realschule	Gymnasium
<A	38,2 %	71,4 %	31,1 %	56,9 %	7,6 %
A	29,4 %	22,3 %	39,2 %	27,4 %	24,4 %
B	14,5 %	4,1 %	16, 9 %	9,0 %	23,7 %
C	17,9 %	2,3 %	12,8 %	6,7 %	44,2 %

Ein Vergleich der Schülerinnen und Schüler in Bezug auf ihre Erstsprache und die von ihnen besuchte Schulart zeigt, dass monolingual Deutsch sprechende Schülerinnen und Schüler in allen vier Schularten bessere Leistungen erzielen als jene, die neben Deutsch eine weitere Sprache zu Hause oder im Elternhaus gar kein Deutsch sprechen. Mehrsprachige Schülerinnen und Schüler am Gymnasium sind durchschnittlich besser als monolingual Deutsch sprechende Schülerinnen und Schüler in den anderen drei Bildungsgängen. Die Familiensprache ist somit nicht das einzige Merkmal, das einen Einfluss auf die Leistungen im Wortschatz hat, sondern auch die Schulart selbst scheint mit den sprachlichen Leistungen assoziiert zu sein.

Insgesamt lässt sich feststellen, dass der Kompetenzbereich zum Wortschatz das schlechteste Ergebnis aller in DESI gemessenen Deutschmodule darstellt. Zu sehen ist, dass dieser in den unteren Bildungsgängen und dort vorrangig bei Schülerinnen und Schüler mit einer nicht deutschen Familiensprache eingeschränkt und kaum differenziert ist. Die Leistungen im Wortschatz korrelieren zudem mit anderen Deutsch-Modulen aus DESI (Lesen: $r = .59$, Sprachbewusstheit: $r = .57$ und Argumentation: $r = .50$), jedoch nicht mit dem Modul zum Schreiben (Willenberg, 2011a). Die stark ausgeprägten Zusammenhangsmuster unterstützen die Diskussion um die tragende Rolle des Wortschatzes für die zentralen Bereiche des Deutschunterrichts. Dennoch haben die Ergebnisse aus DESI in der öffentlichen Diskussion nicht dasselbe Gewicht erlangt wie z. B. die Ergebnisse aus PISA 2000 zum Lesen. In den Bildungsstandards und Lehrplänen fand bisher keine Anpassung der Inhalte zugunsten einer Optimierung der Wortschatzarbeit statt (Polz, 2011). Dies mag einerseits damit zusammenhängen, dass zu den lexikalischen Fähigkeiten weitaus weniger empirische Studien vorliegen als z. B. zur Lesekompetenz, was wiederum auch daran liegt, dass die Operationalisierung des Wortschatzes komplex ist. Andererseits ist die Art der Untersuchung, wie sie im Modul zum Wortschatz durchgeführt wurde, das heißt produktiv auf Wortebene und rezeptiv auf Satz- und Textebene, nicht tiefgehend genug, um den Handlungscharakter des Wortwissens in ausreichendem Maße abzubilden (Steinhoff, 2013). Ein authentischerer Einblick in das Wortwissen und dessen konkrete pragmatische Verwendung ließe sich eher anhand von Aufgabenstellungen auf Textebene in der produktiven Modalität erlangen. Dies setzt jedoch die adäquate Formulierung der Aufgabenstellung voraus, da sonst die tatsächliche Kompetenz der Schülerinnen und Schüler nur schwer herausgefordert werden kann (vgl. hierzu Abschnitt 3.5). Diese Art der Überprüfung geht gleichzeitig mit dem Konzept der Bildungssprache einher, die für das inhaltlichfachliche Lernen unausweichlich ist, jedoch bisher wenig erforscht wurde.

5.2 Wortschatz als Bestandteil der Debatte um Bildungssprache

Die Forschung zu den allgemeinen sprachlichen Fähigkeiten von Schülerinnen und Schülern ist vor allem durch die Ergebnisse von PISA 2000 stark vorangetrieben worden. Die dort ermittelten Befunde zum Zusammenhang von sozialer Herkunft, sprachlichem Kompetenzniveau und Bildungserfolg führten zu zweierlei Schlussfolgerungen: (1) zur Einsicht, dass sprachliches und inhaltlich-fachliches Lernen eng verknüpft sind, und (2) damit zur bereits angesprochenen Notwendigkeit der verstärkten interdisziplinären Zusammenarbeit von Erziehungswissenschaften, Sprachdidaktik und Psychologie. Schulischer Erfolg ist maßgeblich von sprachlichen Fähigkeiten und somit von der Beherrschung der Unterrichtssprache abhängig (Baumert & Schümer, 2001). Jedoch sind hiermit nicht die basalen alltagssprachlichen Fähigkeiten gemeint, sondern das sichere Verfügen über die sogenannte Bildungssprache (Bailey & Butler, 2003; Gogolin & Lange, 2011; Schleppegrell, 2004). Mittlerweile ist dieser Begriff zur „Leitvokabel im aktuellen bildungspolitischen und pädagogischen Diskurs" geworden (Feilke, 2012, S. 4). Er basiert auf der Beobachtung, dass Schülerinnen und Schüler besonders in der Sekundarstufe I meist gut ausgeprägte alltagssprachliche Fähigkeiten aufweisen, sie aber durch die spezifischen sprachlichen Herausforderungen im Unterricht, insbesondere während der Textarbeit, starke Schwierigkeiten zeigen (Riebling, 2013).

5.2.1 Theorien zur Bildungssprache

Die Differenzierung in Bildungs- und Alltagssprache lässt sich aus den Theorien vor allem zweier Forschungsrichtungen ableiten: einer erziehungswissenschaftlichen Perspektive und einer linguistischen Perspektive (für einen Überblick siehe Heppt, 2016; Morek & Heller, 2012). Eine dritte Sichtweise bildet die soziologische bzw. soziolinguistische, die hier nicht weiter ausgeführt wird (siehe hierfür Bernstein, 1962, 1964; Bourdieu, 2005). Im englischsprachigen Raum steht die Untersuchung der Anforderungen und Eigenschaften der Kommunikation in der Schule aufgrund der langen Migrationsgeschichte Großbritanniens und der USA schon seit längerem im Raum. Cummins (2000) unterscheidet zwischen den alltäglichen sprachlichen Fähigkeiten (*basic interpersonal communication skills*; BICS) und dem Konzept der (bildungs-)spezifischen sprachlichen Fähigkeiten (*cognitive academic language proficiency*; CALP) – eben der Bildungssprache. Die Unterscheidung fußt auf der Beobachtung, dass neu zugewanderte Schülerinnen und Schüler sich innerhalb kurzer Zeit gut in Situationen des Alltags verständigen können, in der Schule jedoch vor andere sprachliche Herausforderungen gestellt werden. Die dort benötigte Bildungssprache erfordert einerseits kognitive Fähigkeiten und wird zudem in kontextentbundenen Situationen gebraucht, in denen komplexe Sachverhalte sprachlich anspruchsvoll formuliert werden müssen. Für den sprachlichen Ausdruck und damit die Sprachverarbeitung müssen jedoch kognitive Ressourcen frei sein. Das setzt voraus, dass ab einem gewissen Zeitpunkt bestimmte Strategien oder Schemata als prozedurales Wissen abgespeichert sind.

Die zweite Forschungsrichtung zum Begriff der Bildungssprache entspringt der Theorie der *functional grammar* nach Halliday (1985), die davon ausgeht, dass Äußerungen je nach Kontext unterschiedlich ausfallen. Die Funktion des Sprachgebrauchs im jeweiligen Kontext bestimmt die Regeln, die im jeweiligen Fall dann als adäquat gelten. So ist der sprachliche Ausdruck in einem formellen Kontext, wie z. B. in einer mündlichen Prüfung, ein anderer als vor Freunden. Dabei geht es weniger um eine strukturalistische Beschreibung sprachlicher Regeln, sondern vielmehr um die Verknüpfung grammatischer und lexikalischer Mittel zu Bedeutung und Wirkung in bestimmten Kontexten. Wichtig ist hierbei der Begriff des Registers, der die Formen des Sprachgebrauchs in einem spezifischen sozialfunktionalen Kommunikationsfeld umfasst – hier dem der Bildung und Schule (Feilke, 2012). So zeichnet sich das Register Bildungssprache durch spezifische, für die Schule typische, an der Schriftsprache orientierte Sprachfunktionen aus, wie z. B. das Instruieren oder Berichten, auch wenn Sprache hier ebenso medial mündlich gebraucht wird (Feilke, 2012; Gogolin & Lange, 2011).

5.2.2 Merkmale von Bildungssprache

Schleppegrell (2001, 2004) hat für das Englische die sprachlichen Merkmale von Bildungssprache herausgearbeitet, die sich auf lexikalischer, morphosyntaktischer und textueller Ebene der Alltagssprache unterscheiden. So führen z.B. Nominalisierungen, komplexe Attribute, Passivkonstruktionen, lange Nominalphrasen und Nominalkomposita zu Kontextunabhängigkeit, Abstraktion, einer höheren lexikalischen Dichte und damit zu mehr Informationsgehalt. Weiterhin ist die Syntax durch verstärkte Verwendung von Subordinationen, welche insgesamt auch vielfältiger gebraucht werden, komplexer. Auch die Arbeitsgruppe um Bailey und Butler (Bailey, Butler, Stevens & Lord, 2007; Butler, Lord, Stevens, Borrego & Bailey, 2004) fand in Untersuchungen von Lehrbuchtexten für die Fächer Mathematik, Sozialwissenschaften und Naturwissenschaften einen erhöhten fachspezifischen Wortschatz, vermehrte Passivwendungen und Partizipialkonstruktionen. Das Vorkommen unterschied sich jedoch je nach Fach.

Die für das Englische geltenden Merkmale sind durch die sprachsystematischen Unterschiede und durch ungleiche Schreibtraditionen und -didaktiken nur bedingt auf das Deutsche übertragbar. Hier steht die empirische Absicherung der Charakteristika noch am Anfang und fordert umfangreiche statistische Analysen zur Untermauerung der Theoriebildung (Müller & Dittmann-Domenichini, 2007; Riebling, 2013). Bisherige Untersuchungen beschäftigten sich unter anderem mit bildungssprachlichen Merkmalen in Lehrbüchern (Ahrenholz, 2013; Meurers, Berendes, Vajjala & Bryant, 2015) oder mit der mündlichen Kommunikation im Unterricht (Becker-Mrotzek & Vogt, 2001; Redder, Guckelsberger & Graßer, 2013). Auch durch die vermehrten Projektausschreibungen zum Thema *Deutsch als Zweitsprache* (DaZ) ist die Forschung vorangetrieben worden, z.B. durch das Modellprogramm *FÖRMIG* (Förderung von Kindern und Jugendlichen mit Migrationshintergrund), die *BiSS-Initiative* (Bildung durch Sprache und Schrift) oder durch das *Mercator Institut für Sprachförderung und Deutsch als Zweitsprache* an der Universität zu Köln. Im Rahmen dieser Initiativen sind bereits Maßnahmen zur Förderung der Bildungssprache entwickelt worden, ohne dass eine wirklich fundierte empirische Untersuchung darüber zugrunde liegt, über welche bildungssprachlichen Fähigkeiten die Schülerinnen und Schüler denn tatsächlich verfügen und wie sich diese von der Alltagssprache abgrenzen lassen. Das Projekt *Bildungssprachliche Kompetenzen (BiSpra): Anforderungen, Sprachverarbeitung und Diagnostik* hat sich intensiv mit der Messung bildungssprachlicher Fähigkeiten von Grundschülerinnen und -schülern befasst (siehe hierzu Berendes, Dragon, Weinert, Heppt & Stanat, 2013; Heppt, 2016; Köhne, Kronenwerth, Redder, Schuth & Weinert, 2015; Schuth, Heppt, Köhne, Weinert & Stanat, 2015). So zeigt sich, dass die Leistungen in einem rezeptiv ausgerichteten Test zu bildungssprachlichen Elementen den Schulerfolg vorhersagen können, und das über die basalen Wortschatzfähigkeiten hinaus (Heppt, 2016). Eine weitere Konzeption eines möglichen

Testinstruments bietet Kurtz (2012a), mit welchem die (bildungs-)sprachlichen Kompetenzen ebenfalls von Schülerinnen und Schülern der Klasse 3 und 4 überprüft wurden. Hier ergibt sich eine deutliche Diskrepanz zwischen rezeptiven und produktiven Leistungen.

Es lässt sich feststellen, dass trotz der bisher durchgeführten Untersuchungen zur Bildungssprache bis heute keine empirisch abgesicherte und repräsentative Datenlage zu bildungssprachlichen Merkmalen im Deutschen vorliegt – weder zu Schulbuchanalysen, noch zu den von Schülerinnen und Schülern gezeigten bildungssprachlichen Äußerungen selbst. Auf Basis dessen ist es nicht verwunderlich, dass ein valides Testverfahren zur Überprüfung der bildungssprachlichen Fähigkeiten bisher fehlt und somit ebenso eine Differenzierung der Kompetenzen nach Jahrgangsstufen. Für die Sekundarstufe sind die Erkenntnisse bisher besonders dünn.

Im Folgenden werden aktuelle Vorschläge zur Einteilung bildungssprachlicher Merkmale des Deutschen vorgestellt. Ähnlich wie für das Englische wird auch hier zwischen Eigenschaften im Bereich des Wortschatzes, der Grammatik und des Diskurses unterschieden.

Riebling (2013) teilt den spezifisch bildungssprachlichen Wortschatz in drei Gruppen ein:
1) spezifische Begriffe und Ausdrucksweisen zur Organisation des Schullebens und des Unterrichts, wie z. B. die Operatoren (z. B. *erklären*, *beschreiben*)
2) Fachwörter (z. B. *Photosynthese*)
3) nichtfachliche Fremdwörter (z. B. *Definition*) sowie Form- und Strukturwörter (z. B. *nach oben, während*)

Nach Riebling (2013) spielen besonders die bildungssprachlichen Formwörter im Schulkontext eine wichtige Rolle, weil sie unabhängig vom Inhalt immer wieder gebraucht werden. Häufig wird der Wortschatz auch mit einer fachsprachlichen Lexik verglichen. So unterscheiden Townsend, Filippini, Collins und Biancarosa (2012) zwischen einem allgemeinen und einem fachspezifischen bildungssprachlichen Wortschatz. Jedoch scheinen Schülerinnen und Schüler weniger Schwierigkeiten mit den Fachtermini, wie z. B. *Multiplikation* im Fach Mathematik, als vielmehr mit komplexen Äußerungen auf Textebene zu haben (Ahrenholz, 2010). Aus diesem Grund wurde „die Fixierung auf die Terminologie, welche die Fachsprachenforschung lange prägte, programmatisch zugunsten einer Erweiterung des Blickfeldes um grammatische und textuelle Merkmale aufgegeben" (Riebling, 2013, S. 133). Der bildungssprachliche Wortschatz meint also mehr als nur einzelne Wörter und auch mehr als die Fachtermini der einzelnen Schulfächer. Für Kurtz (2012a) besteht er aus Mehrworteinheiten und lässt sich definieren als ein „domänenunspezifischer, im Alltag niederfrequenter oder nur in Teilaspekten der Bedeutung genutzter, jedoch in schriftnahen Texten frequenter Wortschatz, der nicht die einfachste Art ist, etwas auszudrücken" (S. 244; in Anlehnung an Beck et al., 2002). Die zentrale Funktion des Wortschatzes für die Literalität wurde bereits in Abschnitt 2.2 herausgearbeitet. Im Sinne der Konstruktionen nach Goldberg (2008) unterteilt Kurtz (2012a, S. 244) den Bildungswortschatz folgendermaßen:

1) voll ausgefüllte Konstruktionen
   - Komposita, z. B. *Siedepunkt*, und Mehrworteinheiten, z. B. *Schlussfolgerung ziehen*
   - Redewendungen/Idiome, z. B. *außer sich sein vor Wut*
2) halb ausgefüllte Konstruktionen
   - Mehrworteinheiten, z. B. *sich* + Infinitiv + *lassen*
   - Wortbildung, z. B. *de* + X, X + *bar*
   - Redewendungen, z. B. *jemandem auf* definiter Artikel + Nomen *gehen*
3) syntaktische Muster, z. B. Passiv, *je* Komparativ, *desto* Komparativ

Auch an dieser Einteilung wird deutlich, dass sich der bildungssprachliche Wortschatz besonders durch lexikalisch, grammatisch und textuell gekennzeichnete Konstruktionen charakterisieren und sich nicht über die Beherrschung einzelner Lexeme alleine beschreiben lässt. Da die Verwendung bildungssprachlicher Konstruktionen meist aber eher abstrakten Konzepten sowie bildlichen und metaphorischen Verwendungen zugrunde liegt, fällt die Beherrschung vielen Schülerinnen und Schülern schwer. Die Konstruktionen können häufig nur in spezifischen Kontexten adäquat verwendet werden, z. B. bei Kollokationen.

Einen Überblick über die aktuelle Forschungslage im deutschsprachigen Raum zu lexikalischen und morphosyntaktischen bildungssprachlichen Merkmalen bieten Gogolin und Duarte (2016). Diese beziehen sich wiederum auf Zusammenstellungen von Berendes und Kollegen (2013), Gogolin und Lange (2011), Reich (2008) und Riebling (2013). Sie sind in Tabelle 6 in einigen Teilen verändert und etwas verkürzt dargestellt. Auch werden mit Blick auf die Methodik der vorliegenden Untersuchung die jeweiligen sprachlichen Mittel bereits in umfassenderen linguistischen Kategorien zusammengefasst (Spalte 1 in Tabelle 6). Es ist feststellbar, dass die bisher gefundenen Merkmale in den aufgeführten Studien sich größtenteils mit denen decken, die auch für das Englische spezifisch für die Unterrichtssprache gelten (Schleppegrell, 2001, 2004). Die lexikalischen Mittel tragen auch hier zu einer höheren Dichte bei, indem Ausdrücke durch die Anwendung von Wortbildungen (z. B. Nominalisierungen) komprimiert und gleichzeitig differenziert und spezifisch ausgewählt werden.

Tabelle 6: Übersicht über die Merkmale von Bildungssprache (in Anlehnung an Gogolin & Duarte, 2016, S. 489 f.).

Linguistische Ebene	Bildungssprachliche Mittel	Beispiele	Quellen
1. Lexikalische Merkmale			
Lexikalische Besonderheiten/ Wortfrequenz	Fachwörter	*Photosynthese*	Ahrenholz (2010); Gogolin (2011); Reich (2008)
	Fremdwörter	*Definition*	Ortner (2009)
Wortbildung	Komposita	*Messbecher*	Eckhardt (2008); Gogolin und Roth (2007)
	Präfix-/Suffixverben	*sich enthalten*	Ohm, Funk und Kuhn (2007); Reich (2008)
	Präfix-/Suffixadjektive	*veraltet*	Reich (2008)
	Nominalisierungen	*Kündigung, Heiterkeit*	Gogolin und Roth (2007); Ohm und Kollegen (2007); Reich (2008)
	Abkürzungen	*PKW, m*	Eckhardt (2008); Ohm und Kollegen (2007)
Wortarten/ Wortfrequenz	vermehrte Verwendung von selteneren Strukturwörtern (Artikel, Partikel, Pronomen usw.)	*obgleich, hinab*	Eckhardt (2008); Riebling (2013)
Kohärenz	anaphorische und kataphorische Referenz	*ihre/s/r, hier, dort*	Gogolin und Kollegen (2004)
2. Morphosyntaktische Merkmale			
Syntax/Kohärenz	Satzgefüge (Relativsätze, Subordinationen)	*Der Mann, der gestern noch im Krankenhaus war, arbeitet heute wieder. Der Mann arbeitet heute wieder, obwohl er gestern im Krankenhaus war.*	Maas (2010); Reich (2008)
Morphologie	erweiterte Nominalphrasen	*der sich stark verdichtende Nebel*	Neugebauer und Nodari (1999)
Lexik/Syntax	viele und verschiedene Konnektoren	*während, einerseits … andererseits, obschon*	Reich (2008)
Morphologie/Syntax	Passiv	*Der Mann wird ins Krankenhaus befördert.*	Gogolin (2009); Gogolin und Roth (2007); Reich (2008); Riebling (2013)

Mittel der Kohärenz führen zur Herstellung von Bezügen und somit zur Spezifizierung und Hervorhebung des Gemeinten, Passivkonstruktionen eher zur Distanzierung und Versachlichung. Auch wenn sich die Merkmale sprachsystematisch unterteilen lassen, dienen sie dennoch alle der Abstraktion, der Verdichtung und der Spezifikation von Sachverhalten. Diese Kriterien sind genau jene, die die informierenden Textsorten kennzeichnen und z.B. einen Bericht neutral formuliert und informativ wirken lassen. Aus diesem Grund scheint die Verzahnung der Didaktik des Schreibens mit der des Wortschatzes unter einer bildungssprachlichen Perspektive sinnvoll und vielversprechend.

5.2.3 Aneignung von Bildungssprache und Einfluss soziostruktureller Merkmale

Für das Deutsche konnte gezeigt werden, dass das sprachliche Niveau von Schülerinnen und Schülern mit einer anderen Familiensprache als Deutsch häufig nach vier bis fünf Jahren fossiliert, sich also nicht parallel mit den kognitiven schulischen Ansprüchen weiterentwickelt (Müller & Dittmann-Domenichini, 2007). Studien, welche die Erwerbsdauer bildungssprachlicher Fähigkeiten (CALP) im Englischen analysiert haben, ergaben, dass Schülerinnen und Schüler zwischen fünf und acht Jahre benötigen, um bildungssprachliche Kompetenzen in der Zweitsprache zu beherrschen. Der Erwerb von Alltagssprache (BICS) in der Zweitsprache benötigt hingegen etwa sechs Monate bis zwei Jahre (Cummins, 2000). Die Vorstellung der Ergebnisse der DESI-Studie wies bereits auf die nachteilige Situation für Jugendliche mit einer anderen Familiensprache als Deutsch hin (vgl. Abschnitt 3.2 und 5.1). Auch die Studie von Baumert und Kollegen (2010) zeigt, dass Kinder mit linguistischem Migrationshintergrund weniger hohe Bildungsabschlüsse erlangen als monolingual Deutsch aufgewachsene Kinder.

Besonders aufgrund der Migrationsbewegung, durch die immer mehr Kinder mit nicht deutscher Familiensprache in Deutschland beschult werden (Statistisches Bundesamt, 2014), scheint es wichtig, die Schülerinnen und Schüler, deren Familiensprache nicht (nur) Deutsch darstellt, genauer zu differenzieren. Dabei nimmt Marx (2017) folgende Einteilung der Schülerinnen und Schüler vor:

1) Jugendliche, die vor kurzem zugewandert sind, in einer anderen Erstsprache literalisiert wurden und somit Deutsch als Fremdsprache erlernen (Seiteneinsteigerinnen und -einsteiger)
2) Jugendliche, die in Deutschland aufgewachsen sind und eingeschult wurden, jedoch in der Familie kein Deutsch sprechen (nicht deutsche Familiensprache, ndF)
3) Jugendliche, die in Deutschland aufgewachsen sind und eingeschult wurden und zu Hause sowohl Deutsch als auch eine weitere Familiensprache sprechen (deutsche und nicht deutsche Familiensprache; dFndF oder sogenannte Bilinguale)

Leider fehlt vielen aktuellen empirischen Studien, die sich mit Schülerinnen und Schüler mit anderen Familiensprachen als Deutsch befassen, diese differenzierte Unterscheidung. Dies macht eine Interpretation der Forschungsergebnisse schwierig. Bezogen auf den Erwerb von Bildungssprache lassen sich bisher keine fundierten Erkenntnisse zu den drei Gruppen mit nicht deutscher Familiensprache berichten. Auch wenn es bisher kaum aussagekräftige Studien zum Erwerb von Bildungssprache in Abhängigkeit des familiensprachlichen Hintergrundes gibt, wäre es denkbar, dass Seiteneinsteigerinnen und -einsteiger, die bereits in einer anderen Sprache literalisiert wurden, im Vergleich mit den anderen drei Gruppen den schnellsten Zugang zu bildungssprachlichen Merkmalen entwickeln (Bialystok, 2007). Weiterhin ist zu vermuten, dass bilinguale Schülerinnen und Schüler (dFndF) bessere bildungssprachliche Kompetenzen aufweisen als jene, die zu Hause gar kein Deutsch sprechen (ndF).

Auch wenn die Erforschung des familärsprachlichen Hintergrundes derzeit von großem Interesse ist, darf nicht vergessen werden, dass bildungssprachliche Kompetenz kein exklusives Thema von Schülerinnen und Schülern nicht deutscher Familiensprache darstellt, sondern ebenso monolingual Deutsch aufgewachsene Jugendliche betrifft (Merten & Kuhs, 2012). Die Analysen der PISA-Ergebnisse zeigen, dass schlechte Leistungen neben der Verwendung einer anderen Familiensprache als Deutsch auch mit einem niedrigen formalen Bildungsstand und sozioökonomischen Status der Familie, vor allem aber mit einem Mangel an Schriftorientierung im Elternhaus einhergehen (Eckhardt, 2008; Lesemann et al., 2007; Ramm et al., 2005). Das bedeutet, dass Schülerinnen und Schüler aus bildungsferneren Familien oder nicht deutscher Familiensprache automatisch benachteiligt sind, da Bildungssprache in der Schule nicht explizit vermittelt, sondern als „Verkehrssprache" (Habermas, 1977, S. 40) vorausgesetzt wird. Die Sprachmuster, über die sprachlich schwache Schülerinnen und Schüler verfügen, können also nicht dazu beitragen, den Anforderungen im Unterricht gerecht zu werden (Thürmann, 2011). Häufig werden sprachliche Defizite im Bereich des Bildungswortschatzes lediglich mit der Fehlerkategorie *Ausdruck* in den Schülertexten angemerkt (Kurtz, 2012a). Die benötigten sprachlichen Kompetenzen sollen außerhalb der Schule erworben und das, was noch fehlt, implizit im Unterricht hinzugewonnen werden. Das Paradoxe ist, dass der Bildungswortschatz von oben genannten „Risikokindern" eben nicht beiläufig im Unterricht erworben werden kann, weil den Schülerinnen und Schülern häufig bereits der basale Grundwortschatz und zudem Kategorisierungs- und Semantisierungsprozesse fehlen, um neue Wörter und Konstruktionen bewusst aufnehmen, speichern und nutzen zu können. Während neue Inhaltswörter aus dem im Unterricht behandelten Thema häufig durch die Lehrkraft thematisiert werden, gilt das für die sprachlichen Mittel, die als Gelenkstelle zwischen den neuen Begriffen fungieren, nicht (Kurtz, 2012b) – und das, obwohl alle Schulfächer themenunabhängig von der Verwendung bildungssprachlicher Wörter und Konstruktionen profitieren könnten. Laut dem Programmträger *FÖRMIG* (2009) wird genau durch diesen Missstand die soziale Selektivität des deutschen Bildungssystems hervorgebracht und verstärkt. Die Studie von Müller und Dittmann-Domenichini (2007) konnte zeigen, dass das „schulsprachliche Selbstvertrauen" (S. 76) letztendlich der ausschlaggebende Faktor für den Erfolg in der Schule ist. Dieses Selbstvertrauen wird aber stark davon beeinflusst, ob und wie Bildungssprache in der Schule didaktisiert wird. Genau aus diesem Grund wäre es wichtig, sprachlich-konzeptionelle Fähigkeiten in der Schule explizit zu vermitteln und somit zur Chancengleichheit der Schülerinnen und Schüler auf eine erfolgreiche Bildungskarriere beizutragen. Denn wie dargelegt trägt Bildungswortschatz zum Sozialstatus bei und ist zugleich Gegenstand des sozialen Ausgleichs (Kurtz, 2012b). Genau dies sollte die Schule nutzen.

5.3 Wortschatzarbeit in den Bildungsstandards und Lehrplänen

Im vorherigen Abschnitt wurde herausgearbeitet, dass bildungssprachliche Fähigkeiten, von denen der Wortschatz eine Facette darstellt, und Bildungserfolg zusammenhängen. Daher wird im Folgenden untersucht, inwieweit die Förderung der Wortschatzfähigkeiten in den Bildungsstandards und Curricula des deutschen Schulsystems bisher berücksichtigt wird.

In allen vier sprachlichen Kompetenzbereichen des Faches Deutsch (1. Sprechen und Zuhören, 2. Schreiben, 3. Lesen – mit Texten und Medien umgehen und 4. Sprache und Sprachgebrauch untersuchen) sind Forderungen hinsichtlich der Fähigkeiten im Bereich des Wortschatz zu finden. Diese zeigen sich sogar schulformen- und jahrgangsübergreifend, teilweise sind sie explizit ausformuliert, zum Teil werden sie aber auch nur indirekt aufgeführt (KMK, 2004, 2005a, 2005b).

Für den Mittleren Schulabschluss und damit das Ende der Sekundarstufe I lauten die Forderungen in Bezug auf den Wortschatz folgendermaßen:
1) Kompetenzbereich *Sprechen und Zuhören*:
   - „sich artikuliert, verständlich, sach- und situationsangemessen äußern"
   - „über einen umfangreichen und differenzierten Wortschatz verfügen"
2) Kompetenzbereich *Schreiben*:
   - „strukturiert, verständlich, sprachlich variabel und stilistisch stimmig zur Aussage schreiben"
   - „sprachliche Mittel gezielt einsetzen"
3) Kompetenzbereich *Lesen – mit Texten und Medien umgehen*:
   - „Wortbedeutungen klären"
   - „sprachliche Gestaltungsmittel in ihren Wirkungszusammenhängen und in ihrer historischen Bedingtheit erkennen: z.B. Wort-, Satz- und Gedankenfiguren, Bildsprache (Metaphern)"
4) Kompetenzbereich *Sprache und Sprachgebrauch untersuchen*:
   - „beim Sprachhandeln einen differenzierten Wortschatz gebrauchen einschließlich umgangssprachlicher und idiomatischer Wendungen in Kenntnis des jeweiligen Zusammenhangs"

- „‚Sprachen in der Sprache‘ kennen und in ihrer Funktion unterscheiden: z. B. Standardsprache, Umgangssprache, Dialekt; Gruppensprachen, Fachsprachen; gesprochene und geschriebene Sprache"

Der Kompetenzbereich *Sprache und Sprachgebrauch untersuchen* zielt damit sogar auf die Differenzierung zwischen verschiedenen Registern ab und somit neben der Verwendung bildungssprachlicher Ausdrücke vor allem auch auf metalinguistische Fähigkeiten. Dennoch ergeben sich aus den formulierten Standards ähnlich wie zu denen der Textproduktion einige Schwierigkeiten. Zum einen sind die aufgeführten Anforderungen nicht explizit genug, um Maßnahmen zur Wortschatzförderung ableiten zu können, so z. B. für den Bereich des Schreibens die Formulierung „sprachliche Mittel gezielt einsetzen". Zum anderen ist bis heute unklar, wie die Bildungsstandards überhaupt zu verstehen sind, ob als Mindest-, Regel- oder Maximalstandards. Für den Bereich des Schreibens scheint die Veröffentlichung des IQB (2014) die Anforderungen als Regelstandards zu interpretieren, auch wenn diese selten erreicht werden (vgl. Abschnitt 3.2 und 3.3). Für Schülerinnen und Schüler mit nicht deutscher Familiensprache wirken sowohl die explizit formulierten Standards für den Bereich des Schreibens als auch die oben dargestellten Formulierungen zu den Wortschatzfähigkeiten recht ambitioniert (siehe auch Döll, 2012). Es bleibt weiterhin offen, was unter einem „differenzierten Wortschatz" zu verstehen ist. Diese prekäre Lage mag einerseits an der unspezifischen Formulierung der Bildungsstandards selbst liegen, zum anderen aber auch an der fehlenden Grundlagenforschung im Bereich des Wortschatzes. Kilian und Isermann (2010, S. 34) äußern dazu treffend: „Es existiert keine wissenschaftlich fundierte Modellierung dessen, was je nach Lernalter und Leistungsgruppe als Mindeststandard einer lexikalisch-semantischen Kompetenz gelten könnte".

Auch die Betrachtung der Lehrpläne der verschiedenen Bundesländer legt einige Missstände offen. So zeigen sich große Unterschiede in der Explizitheit. Während in Bayern, Hessen und Sachsen-Anhalt die Angaben relativ spezifisch aufgeschlüsselt sind, ist dies in anderen Bundesländern nicht der Fall (als Übersicht siehe Ulrich, 2011b; Willenberg, 2011b). Nachfolgend wird daher exemplarisch ein Auszug aus dem Curriculum aus Bayern für die Klasse 9 und somit die Mittelstufe aufgeführt (siehe Staatsinstitut für Schulqualität und Bildungserfolg München, k.A.). Dieser Auszug kann im Vergleich zu anderen Lehrplänen als Muster(-lösung) betrachtet werden. Das Lernziel im Bereich *Sprache untersuchen* lautet: „Die Schüler vergrößern ihren aktiven und passiven Wortschatz und gewinnen Sicherheit im korrekten Umgang mit Sprache. Sie verwenden unterschiedliche Sprachformen zunehmend bewusster und angemessener" (S. 348).

Folgende zu diesem Lernziel aufgeführten Lerninhalte weisen Bezüge zum Wortschatz auf (S. 348 f.):

- „den Umgang mit den erlernten Wortarten sichern und festigen; Besonderheiten der Pluralbildung kennen"
- „Klarheit schaffen durch den richtigen Gebrauch der Präpositionen"

- „Möglichkeiten der Wortbildung durch Reduktion, Abkürzungen und Doppelung kennen und ins kreative Schreiben einbringen"
- „die Bedeutung von Wörtern, Fachbegriffen und Fremdwörtern, auch aus dem aktuellen Tagesgeschehen, sichern und so den eigenen Wortschatz erweitern"
- „häufig vorkommende sprachliche Bilder verstehen und angemessen in den eigenen Sprachschatz übernehmen"
- „um die Wirkung und Angemessenheit verschiedener „Sprachen", z. B. Standard-, Fach-, Umgangs-, Jugendsprache, Dialekt, wissen"

Auf Basis der genannten Inhalte wird erneut die tragende Rolle des Wortwissens für die allgemeine Sprachkompetenz deutlich. Die Arbeit am Wortwissen findet sich im Lehrplan indirekt in grammatischen, metalinguistischen und auch textuellen und diskursiven Inhalten des Deutschunterrichts wieder. Steinhoff (2009) sieht den Wortschatz als „Schaltstelle des schulischen Spracherwerbs" (S. 24) und als „Bindeglied" (S. 24) zwischen den vier Kompetenzbereichen des Deutschunterrichts. Somit sollte die Behandlung im Gesamtzusammenhang des Erwerbs von Sprachkompetenz gesehen werden. Dabei ist jedoch zu bedenken, dass die Wortschatzarbeit nicht nur dem Deutschunterricht zugeschrieben sein darf. Auch in den anderen Fächern werden fachspezifische Begriffe und bildungssprachliche Elemente gebraucht. Es scheint zwar verständlich, dass die Arbeit an der Sprache zunächst primär und traditionell gesehen im Fach Deutsch verortet wird, doch sollte aufgrund der mangelnden Leistungen der Schülerinnen und Schüler auch klar sein, dass Deutschlehrkräfte die Arbeit an der Sprache mittlerweile nicht mehr alleine leisten können – zumindest nicht auf Basis der bisher gängigen Konzepte und Einstellungen zur Wortschatzarbeit, die im Folgenden vorgestellt werden.

5.4   Wortschatzarbeit im Unterricht

Die Notwendigkeit der Wortschatzarbeit in der Schule, zu der sich Carroll (1971) vor über 45 Jahren geäußert hat, hat bis heute nicht an Aktualität verloren.

> „Although a considerable amount of vocabulary learning is associated with primary language learning in the early years, the acquisition of most of the vocabulary characteristic of an educated adult occurs during the years of schooling, and in fact one of the primary tasks of the school, as far as language learning is concerned, is to teach vocabulary" (Carroll, 1971, S. 21).

Seit den 1960er Jahren, jedoch spätestens seit der kommunikativen Wende in den 1970er Jahren, gibt es keine einheitliche Theorie zur Vermittlung von Wortwissen in der Schule. Änderungen innerhalb der Disziplin der Sprachwissenschaft und das starke Hervortreten der handlungsorientierten Fächer (z. B. Merkmalsemantik und kognitive Semantik) führten neben der Verlagerung der Interessensschwerpunkte auch zu einer Vernachlässigung des Wortschatzes (vgl. Polz, 2011). So bezeichnet Ulrich (2011b) den Deutschunterricht der letzten Jahrzehnte als wortschatzabgewandt, was auch an den Grundlagenwerken erkennbar ist. Erst seit den 1990er Jahren ist ein vereinzeltes Aufkommen an Veröffentlichungen zu verzeichnen, die jedoch zum größten Teil lediglich eine Dichotomie von Wortschatz und Grammatik postulieren (Polz, 2011). Das 2011 erschienene DTP-Buch *Wortschatzarbeit* von Pohl und Ulrich ist das erste fachdidaktische Handbuch, das sich mit Wortschatz und seiner Behandlung in der Schule innerhalb der Muttersprachendidaktik beschäftigt. Veröffentlichungen im Rahmen deutschdidaktischer Standardwerke zu Deutsch als Fremdsprache sind weitaus zahlreicher (z. B. Ahrenholz et al., 2008; Kühn, 2000). Bis 2008 erschienen jährlich nur ca. drei bis vier Veröffentlichungen zur Wortschatzarbeit in allen drei Schulstufen, von denen sich die meisten mit DaZ und/oder der Primarstufe beschäftigten (Willenberg, 2008). Gängige Argumente gegen eine systematische Wortschatzarbeit im Regelunterricht sind zum einen, dass sich der Wortschatz nicht einfach eingrenzen lässt und ein „Fass ohne Boden" darstellt (Kurtz, 2012b, S. 71). So bleibt für den Unterricht unklar, welche Lexeme in welchem Umfang behandelt werden sollen. Zum anderen wird häufig angeführt, dass fruchtbare Wortschatzarbeit sehr viel Zeit koste, sodass der beiläufige Wortschatzerwerb auch genügen würde (Ulrich, 2010). Eine Umfrage in den USA bestätigt genau diese Haltung: Für einen Großteil der Lehrkräfte läuft die Erweiterung des Wortschatzes im Unterricht eher beiläufig und automatisch beim Lesen ab und bedarf keiner direkten Förderung (Nation, 2001). Dass das implizite Wortlernen beim Lesen nicht so effektiv ist wie die explizite Vermittlung, konnte in Metaanalysen mehrfach gezeigt werden (Marulis & Neuman, 2010; Stahl & Fairbanks, 1986). Beim beiläufigen Wortschatzerwerb können Wörter nur unsystematisch im Sinne von *fast mapping-Prozessen* aufgenommen werden. Eine wirkliche Vernetzung der Begriffe ist auf diese Weise kaum möglich, sodass eine adäquate und sichere Reproduktion der neuen Wörter nicht gewährleistet werden kann. Ähnliche Überzeugungen wie zum impliziten Wortlernen ergab eine Studie mit deutschen Lehrkräften, bei der 40 % die Wortschatzarbeit als eigenen Lernbereich im Deutschunterricht für eher unwichtig hielten (Merten & Kuhs, 2012). Es scheint der Lehrerschaft offenbar noch nicht durchgängig deutlich, „wie wesentlich ein stabiler und differenzierter Wortschatz für alle Leistungen im Deutschunterricht ist" (Willenberg, 2008, S. 79). Dies hängt jedoch auch stark mit den Inhalten der Lehramtsausbildung zusammen, die lange Zeit vorrangig grammatikorientiert geprägt war (Polz, 2011).

Auch die vor gut zehn Jahren von Plewnia (2006) getroffene Aussage zum Stand der Behandlung von Wortschatz im Unterricht hat nicht an Aktualität verloren:

„Der erste Befund ist der, dass dieser Themenbereich insgesamt gesehen *keinen sehr breiten Raum* einnimmt. […] Das zweite Ergebnis, das eng mit dem ersten zusammenhängt, ist, dass der vergleichsweise wenige Platz, der dem Themenbereich Wortschatz/Wortkunde zugestanden wird, nur in *relativer unspezifischer* Weise gefüllt wird.[…] Der dritte Befund schließlich ist der, dass an den Stellen, an denen Wortschatz und Wortkunde vorkommen, eine relativ *konservative Betrachtungs- und Beschreibungsweise* dominiert" (Plewnia, 2006, S. 13; Kursivmarkierung durch M.M.).

Die vorfindlichen Wortschatzübungen lassen sich als meist kontextisolierte sowie wort- oder satzbezogene Einsetzungs- oder Ergänzungsaufgaben beschreiben (Kühn, 2013). Sie beinhalten die Arbeit in Wortfeldern und das Auswendiglernen von Definitionen. Kühn (2013) spricht auch von „Wortschatzdrill" (S. 158), da die Übungen statt kommunikativ und sprachhandelnd eher sprachsystematisch, strukturalistisch und lexikologisch konzipiert sind. Sie gehen statt induktiv eher deduktiv vor und orientieren sich kaum an den Bedürfnissen der Schülerinnen und Schüler. Es handelt sich mehr um ein Vokabellernen als um eine Vermittlung der Gebrauchskontexte der Wörter. Wortschatzarbeit wird häufig als Selbstzweck verstanden, bei dem der Nutzen für die Schülerinnen und Schüler unklar bleibt (Steinhoff, 2009). In den letzten Jahren trat vermehrt die Diskussion um die Vermittlung eines Grundwortschatzes in den Vordergrund (früher: Kühn, 1979; aktuell: Leinbrink, 2015; Schnörch, 2002), weil Befunde wie aus der DESI-Studie offen legen, dass viele Schülerinnen und Schüler bereits die Basiswörter der deutschen Sprache nicht beherrschen und sich so anspruchsvollere Inhalte des Deutschunterrichts, wie z. B. die Literaturarbeit mit bildungssprachlichen Aspekten, kaum vermitteln lassen. Einige Bundesländer haben mittlerweile die Einführung eines Grundwortschatzes in ihren Curricula für die Grundschule verankert. Dieser soll ca. 700 Wörter umfassen (Leinbrink, 2015). Im ursprünglichen Sinne diente die Vermittlung des Grundwortschatzes der sicheren Verwendung der Rechtschreibung und dem Erlernen von Deutsch als Fremdsprache. Welche und wie viele Wörter zum Grundwortschatz, dem (angeblichen) „Garant für das Verstehen und die Verständigung" (Kühn, 2013, S. 154), tatsächlich zu zählen sind, ist jedoch unklar. Laut Oehler und Heupel (1975) machen „die erste(n) 4000 Wörter […] durchschnittlich 95 % des Wortschatzes aller Normaltexte und Alltagssprache aus" (S. 3; vgl. Zipfsches Gesetz). Die aktuelle Einführung eines Grundwortschatzes in die Lehrpläne der Grundschule soll dem Aufbau von basalem Wortwissen und der Unterstützung des Hörverstehens, des Leseverständnisses und der Textproduktion dienen. Obwohl die Forschungslage zum Konzept des Grundwortschatzes weiterhin unsicher ist, lässt sich der Einführung entgegnen, dass der Wortschatz weder statisch ist, noch sich eingrenzen lässt. Daher kann eine Aneignung im Rahmen des regulären Deutschunterrichts nicht zielführend sein, da die Beherrschung noch keine Aussagen über die allgemeine Sprachkompetenz erlauben würde. Grundlegender wäre die Thematisierung des tatsächlichen Verwendungszwecks und der Bedeutungen der Wörter. Kühn (2007, S. 162) formuliert: „Es gilt die Maxime: Wörternetze statt Grundwortschätze".

Trotz der recht ernüchternden Lage der Wortschatzarbeit zeigen die (implizite) Erwähnung des Wortschatzes in den Bildungsstandards und die wachsende Zahl an Forschungsbeiträgen, dass insbesondere in den letzten Jahren eine Sensibilisierung in der Sprachdidaktik und in der Bildungspolitik für den Umgang mit Wortschatz im Unterricht stattgefunden hat. Man ist sich hinsichtlich der Konzeption inzwischen einig, dass in der Sekundarstufe nicht mehr nur die Arbeit am Umfang des mentalen Lexikons im Vordergrund stehen darf, sondern dass es um eine „Sensibilisierung für die Mehrdeutigkeit der Lexeme" und damit um die Vertiefung und Reflexion des Wortgebrauchs sowie um den Aufbau kritischen Sprachbewusstseins gehen muss (Ulrich, 2011a, S. 40). Um Wörter in ihrem Gebrauchszusammenhang und die Bedeutung der verschiedenen Lesarten erfassen zu können, muss Wortschatzarbeit jedoch textorientiert sein. Sie sollte „grundsätzlich in Einheiten oberhalb der Wortebene gelehrt werden" (Siepmann, 2007, S. 70) und damit von den Texten ausgehen (Lesen) und auch wieder zu Texten zurückführen (Schreiben) (Kühn, 2013). Dabei lautet die Prämisse: „Wörter sind [eben] keine Lückenfüller syntaktischer Strukturen, sondern Aktivposten der sprachlichen Kommunikation und Kompetenz" (Steinhoff, 2011, S. 589). Dem Argument des zeitlichen Aufwands ist also zum einen entgegenzusetzen, dass durch systematische textorientierte Wortschatzarbeit eine Vernetzung der Wörter stattfinden und somit auch später ein zielsicherer Abruf gelingen kann. Zum anderen sollte es nie um Vollständigkeit gehen, sondern vielmehr darum, den Schülerinnen und Schülern exemplarisch die Funktion von Wörtern als „Magnete" und Werkzeuge (Feilke, 2009, S. 8) des sprachlichen Handelns und Strategien der Vernetzung näherzubringen.

Im Folgenden werden beispielhaft zwei Konzepte eines Wortschatztrainings vorgestellt, die sich beide an der Textarbeit orientieren.

Die *robust vocabulary instruction* von Beck, McKeown und Kucan (2008) strebt die Vermittlung eines robusten domänenunspezifischen Bildungswortschatzes an (siehe hierzu genauer Kurtz, 2012b). Dieses Konzept wurde in einem Zeitraum von ca. 30 Jahren ursprünglich für Kinder aus Familien mit niedrigem sozioökonomischem Status entwickelt. Es stellt Sprachmaterial in den Fokus, das zum einen „vielfältig vernetzbar" und „konzeptuell reich" (Kurtz, 2012b, S. 78) ist (z. B. polyseme Ausdrücke oder abstrakte Konzepte wie *Eigenschaft*), das zum anderen Idiome und Metaphern enthält und das letztlich für die Arbeit an Texten zentral ist (z. B. Funktionsverbgefüge, Mittel der Wortbildung).

Ein weiteres Konzept bildet der *wortschatzdidaktische Dreischritt* von Kühn (2000, S. 12), der in verschiedenen nachfolgenden Arbeiten nicht nur für den Bereich des Schreibens, sondern auch für das Lesen vorgeschlagen wurde (Feilke, 2009; Gailberger, 2011; Honnef-Becker, 2000; Polz, 2011; Steinhoff, 2011). Im ersten Schritt, der Semantisierung, gilt es, Wörter in Texten zu entdecken und sie über verschiedene Reflexionstechniken zu entschlüsseln. Im nächsten Schritt, der Vernetzung, werden die neuen Wörter nach funktionalen Aspekten gesammelt und geordnet, z. B. in Form von Mindmaps oder Wortfeldern. Der dritte Schritt, die Reaktivierung, stellt die konkrete Anwendung der neuen Elemente in den entsprechenden Kontexten dar. In gewisser Weise bildet dieses Konzept den natürlichen Worterwerb nach, weil es vom Verstehensprozess in den Produktionsprozess übergeht. Zudem bietet es ein geeignetes Raster für die handlungs- und kontextorientierte Wortschatzarbeit (Steinhoff, 2013).

Trotz der zunehmend erkennbaren Sensibilisierung für die Notwendigkeit und den Nutzen textorientierter Wortschatzarbeit ist bisher noch keine konkrete Implementierung der oben genannten konzeptuellen Vorschläge in den Unterricht und in die Lehrbücher zu verzeichnen – so haben sich auch die beiden vorgestellten Konzepte in Deutschland bisher nicht im Unterricht etabliert.

5.5 Fazit zur Berücksichtigung des Wortschatzes im deutschsprachigen Raum

Zusammenfassend lässt sich von vier ungünstige Umständen sprechen, die zur aktuellen, nicht zufriedenstellenden Situation der Behandlung von Wortschatz in der Sekundarstufe I beitragen.

(1) Es gibt bisher wenig Grundlagenforschung zu den tatsächlichen Fähigkeiten von Schülerinnen und Schülern oberhalb der Primarstufe. Die DESI-Studie, bei der die Operationalisierung des Konstrukts *Wortschatz* gegenüber den üblichen Wortschatztests nur in begrenztem Maße fortschrittlich war, konnte eindrücklich zeigen, dass der Grundwortschatz von fast 40 % der Schülerinnen und Schüler nicht sicher beherrscht wird. Dennoch stellt sich die Frage, wie repräsentativ die Items der Testung waren. Zwar wurde die Qualität des Wortwissens auch in Satz- und Textkontexten überprüft, dies geschah jedoch nur in der rezeptiven Modalität. Dass diese nicht ausreichend die tatsächlichen Kompetenzen der Schülerinnen und Schüler abbildet, zeigt beispielsweise der im Rahmen eines Forschungsprojekts von Kurtz (2012b) entwickelte Wortschatztest für Schülerinnen und Schüler der 3. und 4. Klasse. Dort ergab sich eine deutliche Diskrepanz zwischen rezeptiven und produktiven (bildungs-)sprachlichen Fähigkeiten (vgl. hierzu Abschnitt 5.2). Es scheint somit aus verschiedenen bereits dargelegten Gründen unabdingbar, die lexikalischen Fähigkeiten auch in der produktiven Modalität zu überprüfen.

(2) Weiterhin fokussierte die DESI-Studie lediglich Schülerinnen und Schüler am Ende der Sekundarstufe I. Interessant wäre darüber hinaus eine Überprüfung des Leistungsstandes in früheren Klassenstufen, um Aussagen darüber treffen zu können, ob die Defizite im Bereich des Wortschatzes bereits zu Beginn bestehen oder ob sich diese erst im Laufe der weiteren Schulzeit manifestieren. Bis heute ist nicht geklärt, welche konkreten Leistungen im Bereich des Wortschatzes von

Jugendlichen in der Sekundarstufe I erwartet werden können, wie also der lern-altersspezifische Wortschatz aussieht, welche Mindeststandards pro Altersgruppe gelten, wie gut vernetzt die Wörter sind und welche Unterschiede zwischen monolingual Deutsch sprechenden Schülerinnen und Schülern und jenen mit einer anderen Familiensprache bestehen.

(3) Zusätzlich ist der Forschungsstand zu den bildungssprachlichen Merkmalen des Deutschen bisher relativ dünn. Es gibt aktuell noch keine verlässlichen empirischen Daten darüber, was die Bildungssprache genau kennzeichnet und inwiefern ihre Verwendung mit allgemeiner Sprachkompetenz, Textqualität und schulischem Erfolg einhergeht. Einen ersten Forschungsbefund bietet dazu Heppt (2016). Gleichzeitig besteht ein grundlegendes Dilemma in Verbindung mit der Forderung nach bildungssprachlicher Kompetenz: Die aufgezeigte mangelnde Beherrschung des Grundwortschatzes von Schülerinnen und Schülern führt unausweichlich zu der Frage, wie auf dieser Basis dekontextualisierte, kognitiv anspruchsvollere Ausdrücke erwartet werden können. Auch die Tatsache, dass bildungssprachliche Kompetenz im Unterricht nicht vermittelt, sondern vorausgesetzt wird, vergrößert den Missstand um den Anspruch an die Schülerinnen und Schüler. So scheint es vielen Jugendlichen von Vornherein fast unmöglich, den sprachlichen Anforderungen in der Schule gerecht zu werden. Diese Umstände tragen nur begrenzt zu einer Aufhellung des für das Deutsche noch undurchschaubar wirkenden Bildes um das Konzept der Bildungssprache bei.

(4) Durch die Verabschiedung der Bildungsstandards wurde der Versuch unternommen, den Output von Unterricht besser zu steuern und somit das Leistungsniveau am Ende eines Schulabschnittes anzuheben. Da jedoch in den Bildungsstandards die Anforderungen an die lexikalischen Fähigkeiten der Schülerinnen und Schüler nicht spezifisch formuliert wurden, ist es zugegebenermaßen nicht verwunderlich, dass sich die gängigen Konzepte zur Wortschatzarbeit kaum verändert haben und konkrete didaktische Maßnahmen selten zu finden sind. Dennoch muss eingeräumt werden, dass sich in den letzten zehn Jahren vermehrt Wissenschaftlerinnen und Wissenschaftler gefunden haben, die sich mit den Problemen um die Wortschatzarbeit auseinandergesetzt und neue Konzeptvorschläge, unter anderem zu einer textorientierten Wortschatzarbeit, aufgestellt haben (z. B. Kühn, 2000; Steinhoff, 2011).

Es scheint unausweichlich, den tatsächlichen Leistungsstand zur (bildungs-)sprachlichen Kompetenz von Schülerinnen und Schüler zu untersuchen, um auf Basis dessen Konzepte für den Unterricht entwickeln und möglichen Förderbedarf aussprechen zu können. Dafür muss sich die Erhebung jedoch an der produktiven Modalität orientieren und auf Textebene durchgeführt werden. Nur so lassen sich das konkrete Sprachhandeln und der Verwendungskontext berücksichtigen. Der Fokus sollte dabei vorrangig auf den in der Literatur bereits diskutierten und untersuchten bildungssprachlichen Mitteln liegen. Es müssen somit nicht nur rein lexikalische, sondern auch grammatische und diskursive Elemente betrachtet werden.

Mit Blick auf die internationale Forschungslandschaft lassen sich einige Studien finden, die sich bereits der Untersuchung der Wortschatzfähigkeiten auf Basis von Texten gewidmet haben und damit erste Befunde zum Zusammenhang beider Kompetenzbereiche generieren konnten. Diese werden im folgenden Abschnitt vorgestellt.

6. Empirische Studien zum Zusammenhang von Wortschatzfähigkeiten und Textqualität

Während in den Kapiteln 2 bis 5 die Forschungslage zu den jeweiligen Kompetenzen im Schreiben und im Wortschatz unter Berücksichtigung des jeweils anderen Fähigkeitskonstrukts dargelegt wurde, werden nun internationale empirische Studien ausschließlich zum Zusammenhang beider Kompetenzen vorgestellt. Es wird dabei bewusst ein Blick auf die *empirische* Forschung gelegt, da diese zum Thema der vorliegenden Arbeit im deutschsprachigen Raum nicht weit vorangeschritten ist. Die bisherigen Darlegungen vor allem zum Wortschatz bezogen sich vorrangig auf Publikationen und Beschreibungen in den Sammelbänden und Grundlagenwerken der Sprachdidaktik. Über nachgewiesene korrelative Zusammenhänge oder gar Wirksamkeitsstudien wird dort selten berichtet.

Die Suche nach internationalen Studien zum Zusammenhang von Wortschatz- und Schreibfähigkeiten führt zu weitaus weniger Befunden als zum Zusammenhang zwischen Lesefähigkeit und Wortschatz (z. B. Anderson & Freebody, 1979; Beck, Perfetti & McKeown, 1982; Cromley & Azevedo, 2007; Klicpera & Gasteiger-Klicpera, 1998; Klicpera, Schabmann & Gasteiger-Klicpera, 2010; Lenhard & Artelt, 2009; McKeown, Beck, Omanson & Perfetti, 1983). Prominent geworden ist die Verbindung von Lesekompetenz und Wortschatzfähigkeiten vor allem durch das von Cromley und Azevedo (2007) vorgeschlagene *DIME-Modell* (Direct and Inferential Mediation), welches einen direkten stark ausgeprägten Einfluss der Fähigkeiten im Bereich des Wortschatzes auf das Leseverstehen nachweisen konnte. Neben den publizierten bedeutsamen Zusammenhangsmustern beider Fähigkeitsbereiche gibt es weiterhin nachweisliche Trainingseffekte der Förderung des Wortschatzes, die sich sowohl auf den Wortschatz selbst als auch auf das Leseverstehen auswirken (Baumann & Kameenui, 2004; Beck et al., 2002; Hiebert & Kamil, 2005).

Die weitaus seltener durchgeführten Erhebungen zum Zusammenhang von Wortschatzfähigkeiten und Textproduktion lassen sich ebenso in zwei Bereiche einteilen. Es finden sich zum einen Studien zur Vorhersagbarkeit der Textqualität durch die Fähigkeiten im Bereich des Wortschatzes und zum anderen Interventionsstudien zur Förderung des Wortschatzes sowie deren Auswirkung auf die Textqualität. Die Forschungsergebnisse zu beiden Bereichen werden im Folgenden vorgestellt, wobei der Fokus aufgrund der empirischen Ausrichtung der vorliegenden Arbeit auf den Zusammenhangsmustern zwischen beiden Konstrukten liegt.

6.1 Vorhersagbarkeit der Textqualität durch Wortschatzfähigkeiten

Bei der Betrachtung der Studien zum Zusammenhang zwischen den in Texten gezeigten Wortschatzfähigkeiten und der resultierenden Textqualität ergibt sich für die Vergleichbarkeit der Ergebnisse die Notwendigkeit, die Publikationen nach bestimmten Kriterien zu sortieren. Aufgrund der Ausrichtung der vorliegenden Untersuchung werden nur jene Forschungsergebnisse berichtet, die sich auf Probandinnen und Probanden im Schulalter beziehen. Bei fast allen Studien stehen die Operationalisierung der in den Texten gezeigten lexikalischen Fähigkeiten sowie deren jeweiliger Beitrag zur Textqualität im Fokus. Typische aus den Texten generierte und oftmals mit der Textqualität einhergehende Variablen bilden die Anzahl der Types (z. B. Grobe, 1981), spezifische Maße der Wortschatzvielfalt, wie die CTTR (z. B. Olinghouse & Leaird, 2009) oder die MTLD (z. B. Olinghouse & Wilson, 2013), die Wortfrequenz oder die Wortgewandtheit (z. B. Deno et al., 1982; Grobe, 1981; Olinghouse & Leaird, 2009), die Anzahl an Inhaltswörtern (z. B. Olinghouse & Wilson, 2013), die Wortlänge bzw. die durchschnittliche Anzahl der Silben (z. B. Bar-Ilan & Berman, 2007; Deno et al., 1982; Grobe, 1981) und die Anzahl mehrsilbiger Wörter (z. B. Olinghouse & Leaird, 2009). Da die Untersuchungen jedoch fast immer in Abhängigkeit weiterer Kovariaten durchgeführt wurden, deren Berücksichtigung oftmals zu bedeutsamen Unterschieden in den Ergebnismustern führte, werden die relevantesten Designfaktoren im Folgenden diskutiert.

(1) Der Vergleich *verschiedener Klassenstufen* zeigt sich in vielen Studien und hat den Vorteil, mögliche Entwicklungsprozesse nachvollziehen zu können und die Repräsentativität der Ergebnisse gleichzeitig zu erhöhen. In der Studie von Grobe (1981) erwiesen sich für die Klassenstufen 5, 8 und 11 beim Verfassen von narrativen Texten jeweils unterschiedliche Wortschatzmaße als prädiktiv. Die Anzahl der Types zeigte sich als stärkster Prädiktor für die Textqualität in Klasse 11 (59,8 %). In Klasse 5 waren dies hingegen die Wortfrequenz (*rank*), die Wortwiederholungsrate und die Wortlänge (82,4 %). Je niedrigfrequenter und länger die verwendeten Wörter waren und je weniger Wortwiederholungen in den Texten auftauchten, als desto besser wurden die Narrationen der Fünftklässlerinnen und Fünftklässler durch Lehrkräfte eingestuft. Ähnliches ergab sich für die Studie von Deno und Kollegen (1982), bei denen die Narrationen von Schülerinnen und Schülern der Klasse 3 weitaus weniger niedrigfrequente Wörter aufwiesen als jene der Klasse 6. Gleichzeitig schreiben die Schülerinnen und Schüler der höheren Klassenstufe die besseren Texte.

(2) Des Weiteren lassen sich in den Publikationen Unterschiede in der *Wahl der herangezogenen Schreibaufgaben* erkennen. In den meisten Fällen werden von den Forschergruppen eigens entwickelte und zuvor pilotierte Schreibaufgaben verwendet. Die genannte Studie von Deno und Kollegen (1982) nutzte jedoch beispielsweise eine Aufgabe aus dem *Test of Written Language 3* (TOWL-3; Hammill

& Larsen, 1996), bei der die Kinder zu einem visuellen Stimulus eine Narration innerhalb von 15 min verfassen sollten. Dass diese Art der Schreibaufgabe zu anderen Ergebnissen führen kann als von den Forschergruppen selbstständig kreierte Aufgabenstellungen, konnten Olinghouse und Leaird (2009) nachweisen. Sie untersuchten nicht nur den Zusammenhang zwischen verschiedenen Wortschatzmaßen und der Textqualität, sondern zogen als Kovariaten sowohl zwei verschiedene Klassenstufen (Klasse 2 und 4) als auch eben zwei Typen von Schreibaufgaben heran. So zeigte sich, dass die Schülerinnen und Schüler der Klasse 4 in allen vier gewählten Wortschatzmaßen (CTTR, Wortfrequenz, durchschnittliche Silbenzahl und Anzahl an polysilbischen Wörtern) beim Verfassen einer Narration zu einer von den Untersucherinnen und Untersuchern herangezogenen Kinderzeichnung (z. B. zu drei schlittenfahrenden Kindern) bessere Leistungen erzielten als die Schülerinnen und Schüler der Klasse 2. Dieses Muster war für die standardisierte narrative Aufgabe aus dem TOWL-3 nicht erkennbar. Lediglich das Maß der Wortschatzvielfalt (CTTR) blieb über beide Schreibaufgaben derselben Textsorte stabil und wies auf Entwicklungsunterschiede hin. Das Ergebnismuster spricht daher für die Notwendigkeit, die Art der Aufgabenstellung zu berücksichtigen, zu variieren und damit zu kontrollieren.

(3) Ähnliches gilt für die *Wahl der Textsorte*. Häufig ist die Vergleichbarkeit der Studien trotz ähnlicher Altersstufen der Probandinnen und Probanden nicht möglich, da die lexikalischen Maße auf Basis verschiedener Textsorten generiert wurden. Die Arbeitsgruppe um Berman und Kollegen (Bar-Ilan & Berman, 2007; Berman & Verhoeven, 2002; Berman & Nir-Sagiv, 2007) zog in ihren Untersuchungen sowohl narrative als auch expositorische Texte heran. Für die vier untersuchten Altersgruppen (Schülerinnen und Schüler im Alter von zehn, dreizehn und 17 Jahren sowie Schulabgänger) waren Unterschiede zwischen den Textsorten nachweisbar. Die expositorischen Texte ließen sich durch eine höhere Silbenanzahl und mehr Wörter lateinischen Ursprungs kennzeichnen. Diese Merkmale unterstützen die Theorie des Registers (Biber & Kurjian, 2007; Halliday & Hasan, 1976), welches sich in expositorischen Texten durch die Verwendung bildungssprachlich gekennzeichneter Mittel niederschlägt. In narrativen Texten sind diese Merkmale aufgrund einer anderen Sprachhandlungsfunktion eher nicht zu erwarten, was Bearman und Kollegen bestätigen konnten. Die Studie von Olinghouse und Wilson (2013) verglich erzählende, argumentierende und informierende Texte der Klasse 5. Es ließ sich eine Variation der lexikalischen Mittel in Abhängigkeit der Textsorte nachweisen. Dies spricht für die Relevanz verschiedener Facetten des Wortschatzes je nach Textsorte. Während die informierenden Texte vor allem Inhaltswörter forderten, spielte bei argumentierenden Texten auch die Kennzeichnung des Registers eine entscheidende Rolle für die Textqualität. Für narrative Texte war die Wortschatzvielfalt (MLTD) besonders prädiktiv. Dieses Ergebnis deckt sich mit den Befunden früherer Studien (z. B. Grobe, 1981; Leaird, 2005). Über alle drei Textsorten hinweg war zudem ein geringer Anteil bildungs-

sprachlicher Wörter (1,5 Wörter/Textsorte) erkennbar. Aufgrund der Konzeption der Studie ließ sich dieses Resultat jedoch nicht mit anderen Altersgruppen vergleichen, sodass unklar bleibt, ob die Nutzung verschiedener sprachlicher Mittel nur der Textsorte oder auch dem Alter der Schülerinnen und Schüler geschuldet ist. Obwohl der Fokus der Studien der Arbeitsgruppe um Crossley und McNamara (z. B. 2016) primär auf Merkmalen der Kohärenzherstellung liegt und dabei eher Schülerinnen und Schüler am Ende der Schulzeit untersucht werden, werden an dieser Stelle dennoch einige Ergebnisse herangezogen, die sich mit den in den Texten gezeigten bildungssprachlichen Mitteln in Abhängigkeit der Textqualität befassen. So konnte nachgewiesen werden, dass sich gute Schreiberinnen und Schreiber durch einen höheren Anteil an niedrigfrequenten (Crossley, Roscoe & McNamara, 2014; McNamara, Crossley & McCarthy, 2010), abstrakten und ambigen (Crossley, Weston, McLain Sullivan & McNamara, 2011) sowie längeren Wörtern (Haswell, 2000) auszeichnen. Auf Ebene der Syntax verwenden starke Schreiberinnen und Schreiber längere Sätze, weniger Infinitive und mehr Wörter, die vor der Verbalphrase stehen (Haswell, 2000). Diese Merkmale decken sich mit der für das Deutsche erstellten Übersicht von Gogolin und Duarte (2016) zu den Facetten der Bildungssprache (vgl. Abschnitt 5.2.2).

(4) Nicht nur der Vergleich von Schülerinnen und Schülern unterschiedlicher Klassenstufen, sondern auch die Berücksichtigung ihrer *Familiensprache(n)* führt in vielen Studien zu bedeutsamen Unterschieden zwischen den Probandengruppen. Babayiğit (2014) konnte einen deutlichen Vorteil für monolingual Englisch sprechende Schülerinnen und Schüler zwischen neun und elf Jahren gegenüber ihren Mitschülerinnen und Mitschülern mit einer anderen Familiensprache aufdecken. Die Unterschiede bezogen sich dabei sowohl auf die erreichte Textqualität als auch auf die Leistungen in einem Wortschatztest, im verbalen Arbeitsgedächtnis und in der semantischen Wortflüssigkeit. Im Strukturgleichungsmodell zeigte sich darüber hinaus für beide Sprachgruppen ein bedeutsamer Beitrag der Leistungen im Wortschatz zur Textqualität. Dieses Ergebnis geht mit den bereits genannten Ausführungen zum Lesen einher (Cromley & Azevedo, 2007). Auch ältere Studien unterstützen das Bild des weniger vielfältigen und eher basalsprachlichen Wortschatzes von Schülerinnen und Schülern mit einer anderen zu Hause gesprochenen Sprache als der offiziellen Amtssprache (Arnaud, 1984; Linnarud, 1986). Für das Deutsche wurde der Einfluss der Familiensprache auf die Textqualität anhand der DESI-Studie gezeigt (siehe Abschnitt 3.2). Einen dazu konträren Befund fanden Rüßmann, Steinhoff, Marx und Wenk (2016). Sie konnten keine Unterschiede in der Textqualität beschreibender Texte von Schülerinnen und Schülern der Klasse 6 mit deutscher und nicht deutscher Familiensprache nachweisen. Die Einzelfalldarstellungen von Grießhaber (2014) wiederum sprechen für deutliche Nachteile für Drittklässlerinnen und Drittklässler mit einer anderen Familiensprache als Deutsch. Diese Schülerinnen und Schüler verwendeten beim Verfassen einer Bildbeschreibung im Gegensatz zu ihren monolingual

Deutsch sprechenden Mitschülerinnen und Mitschülern eher unspezifische Verben, die häufig semantisch vage und eher umgangssprachlich waren, z. B. *reintun*. Weiterhin zeigten sie deutlich mehr grammatische Abweichungen. Dagegen wiesen Schülerinnen und Schüler mit nur deutscher Familiensprache eine größere Vielfalt und einen größeren Anteil an niedrigfrequenten Verben auf. Diese Befunde sprechen dafür, die bisher aufgeführten Maße zum Wortschatz um die Elaboriertheit und Angemessenheit der Verben zu erweitern.

Die berichteten nicht eindeutigen Ergebnismuster in Bezug auf die Familiensprache sind möglicherweise der unterschiedlichen Operationalisierung der Frage nach den zu Hause gesprochenen Sprachen geschuldet. Daher wäre eine Differenzierung der Schülerinnen und Schüler entlang des Vorschlags von Marx (2017; siehe hierzu Abschnitt 5.2.3) die übersichtlichste und genauste Vorgehensweise. Zusammenfassend lässt sich feststellen, dass sowohl für die Interpretation der genannten Studien als auch für die eigene Konzeption einer Untersuchung zum Zusammenhang von in Texten gezeigten Wortschatzfähigkeiten und Textqualität die Auswahl der sprachlichen Indikatoren zu beachten ist. Es ist von dringender Notwendigkeit, den Blick von rein lexikalischen Merkmalen auf bildungssprachliche Mittel, die Lexik und Grammatik verbinden, zu erweitern. Ebenso relevant ist jedoch die gezielte Berücksichtigung der Kovariaten. Dazu zählt zum einen die Wahl der Schreibaufgabe, anhand derer die Textqualität bestimmt wird. Nicht standardisierte Aufgaben gilt es, gut zu profilieren und vorher zu pilotieren (Bachmann & Becker-Mrotzek, 2010; vgl. Abschnitt 3.5). Standardisierte Schreibaufgaben mögen zum Teil der sicherere Weg sein, jedoch eignen sie sich nicht immer für die Forschungsfrage oder Probandengruppe. Zum anderen spielt die Auswahl der Textsorte eine entscheidende Rolle. Bisher finden sich kaum empirische Befunde zum Vergleich verschiedener Textsorten, was aber im Sinne der Generalisierbarkeit von Maßen der Textqualität zwingend notwendig wäre (vgl. z. B. Schoonen, 2012). Um aussagekräftige Ergebnisse über die Wortschatzfähigkeiten und deren Einfluss auf das Schreiben treffen zu können, sollte stets mehr als eine Textsorte herangezogen werden. Auch gilt es, die Wahl der Klassenstufe und Schulart zu beachten; die zu untersuchenden Schreibaufgaben und Textsorten sollten curricular begründbar und lern-altersspezifisch sein. Eine Variation der Klassenstufen und Schularten ermöglicht es, Entwicklungsprozesse nachzeichnen zu können und zugleich Normvariationen zu erhalten. Ebenso wichtig scheint die Berücksichtigung der zu Hause gesprochenen Sprache, vor allem mit Blick auf die aktuelle bildungspolitische Lage.

6.2 Interventionsstudien zum Wortschatz und die Auswirkung auf die Textqualität

Besonders an den zuvor diskutierten Punkt der ungleichen Fähigkeitsvoraussetzungen in Abhängigkeit der sprachlichen Herkunft schließt sich der Bedarf nach Studien an, die eine Förderung von Wortschatzfähigkeiten mit dem Ziel der Verbesserung der Textqualität evaluiert haben. Die in Abschnitt 5.4 vorgestellten Verfahren der unterrichtlichen Wortschatzarbeit, die *robust vocabulary instruction* und der wortschatzdidaktische Dreischritt, wurden bisher nicht empirisch überprüft und gelten daher nicht als evidenzbasiert.

Trainingsstudien zur Erhöhung der Wortschatzfähigkeiten mit dem Ziel von gesteigerten Lese- und Schreibleistungen zeigen zwar häufig Erfolge in der Dekodierfähigkeit des Lesens und in der Erschließung der Wortbedeutung aus dem Kontext, es ergibt sich aber wenig Wirkung auf das globalere Leseverstehen und die Textqualität (Baumann, Edwards, Boland, Olejnik & Kame'enui, 2003; Elleman, Lindo, Morphy & Compton, 2009; Pearson, Hiebert & Kamil, 2007). Ein Problem liegt sicher in der mangelnden didaktisch aufbereiteten Verbindung der trainierten Wörter mit dem Handlungsziel. Die trainierten Wörter können während des Schreibens häufig (noch) nicht flexibel verwendet werden. Wichtig wäre an dieser Stelle die Vermittlung von Strategien, deren Bedeutsamkeit für eine Erhöhung der Textqualität Graham und Kollegen (2015) in ihrer Metaanalyse aufzeigen konnten (vgl. Abschnitt 3.4).

Wortschatztrainings, die ein Modul innerhalb eines breiteren Interventionskonzepts zum Schreiben bilden, sind bei Graham, Harris und Mason (2005) und bei Harris, Graham und Mason (2006) beschrieben. Es lassen sich jedoch nur zwei ausführlich geschilderte Interventionsstudien explizit zur evidenzbasierten Wortschatzförderung mit Auswirkungen auf die Textqualität finden. Dies sind die Studien von Thibodeau (1964) und Duin und Graves (1987). Beide sind in die Metaanalysen von Graham und Perin (2007) und Graham, Harris und Chamber (2015) mit eingeflossen (siehe Abschnitt 3.4) und zeigen mittlere bis hohe Effektstärken (Thibodeau, 1964: ES = -.41; Duin & Graves, 1987: ES = .90; beide Studien zusammen mit zwei weiteren hier nicht aufgeführten Studien: ES = .78). Aufgrund der geringen Anzahl der Studien lassen sich jedoch keine verallgemeinernden Aussagen zur Wirksamkeit und Konzeption der Förderung treffen.

In der Studie von Thibodeau (1964) erhielten Schülerinnen und Schüler der 6. Klasse über acht Wochen 30 min am Tag ein Training zum elaborierten Denken und zum Wortwissen. Das Wortschatztraining setzte sich unter anderem aus Aufgaben zu Synonymen, Antonymen, Präfixen, Suffixen und zum Finden von Wortpaaren zusammen. Gemessen wurden anschließend eine Veränderung des Wortwissens und der Effekt auf die Textqualität. Beides ließ sich im Vergleich zu einer Kontrollgruppe nachweisen.

Duin und Graves (1987) verwendeten in ihrer Studie drei Trainingsarten, um Schülerinnen und Schülern der Klasse 7 ein Set von dreizehn Wörtern aus dem Themengebiet Weltall näherzubringen. In den drei Trainingsgruppen wurden folgende Vorgehensweisen verwendet:

1) ein intensives Wortschatz- und Schreibtraining mit Anleitung durch die Lehrkraft,
2) ein intensives Wortschatztraining ähnlich dem ersten nur ohne Schreibaufgaben und
3) ein traditionelles Wortschatztraining, bei dem lediglich Arbeitsblätter auszufüllen waren.

Alle Trainingsgruppen zeigten nach einem Interventionszeitraum von sieben Tagen in der Nachuntersuchung eine bedeutsame Verbesserung im Wortschatztest, wobei der Zugewinn für Gruppe 1 und 2 signifikant höher war. Die Qualität der verfassten expositorischen Texte wies nur für die Schülerinnen und Schüler der Trainingsgruppen 1 und 2 signifikant höhere Werte auf, dabei war der Zugewinn für Gruppe 1 am deutlichsten. Auch wenn die Studie Hinweise dafür liefert, dass ein intensives Wortschatztraining zur Verbesserung der Textqualität beitragen kann, gilt es zu beachten, dass lediglich ein stark eingeschränktes Themenfeld gefördert wurde, nicht jedoch übergreifende, bildungssprachliche Elemente, die ggf. textsorten- und themenunabhängig zum Anstieg der Textqualität führen könnten.

Letztlich zeigt sich auf Basis der wenigen Interventionsstudien zum Zusammenhang von Wortschatz und Schreiben eine ähnlich benötigte Herangehensweise wie in der Leseförderung. Ebenso lassen sich in beiden genannten Studien Parallelen zu den Trainingskonzepten von Kühn (2000) und Beck und Kollegen (2002, 2008) nachweisen (siehe auch Abschnitt 5.4). Es scheint sinnvoll, neue Wörter zunächst zu definieren und zu kontextualisieren, sie sich aktiv anzueignen, statt sie auswendigzulernen, und dabei so häufig wie möglich mit den jeweiligen Konzepten in Kontakt zu treten. Ob und wie dies für den Ausbau eines funktionalen Bildungswortschatzes, der sich nicht nur durch einzelne Lexeme und themenspezifische Inhaltswörter auszeichnet, im Unterricht gelingen kann, bleibt weiterhin unklar. Einige Unterrichtskonzepte, die sich unter anderem aus der Gegenüberstellung von BICS und CALP nach Cummins (2000) entwickelt haben, werden mittlerweile in den USA besonders mit Schülerinnen und Schülern mit Englisch als Zweitsprache zur Förderung der akademischen Ausdrucksfähigkeit ange-wandt, z. B. *Cognitive Academic Language Learning Approach* (CALLA, Charmot & O'Malley, 1994), *Word Generation* (Snow, Lawrence & White, 2009) oder *Sheltered Instruction Observation Protocol* (SIOP, Echevarría, Vogt & Short, 2010).

Eine Implementierung derartiger Konzepte in Deutschland fordert jedoch zunächst Grundlagenforschung: Für die verschiedenen Altersklassen der Sekundarstufe I muss der Zusammenhang beider Fähigkeitsaspekte systematisch und hinreichend untersucht werden – dem bildungssprachlichen und zugleich hand-lungsorientierten Wortschatz auf der einen Seite und der Schreibkompetenz auf der anderen Seite. Nur so kann in einem zweiten Schritt eine für das Deutsche entwickelte Konzeption eines bildungssprachlich orientierten Förderprogramms begründet und anschließend evaluiert werden. Die dafür notwendigen und grundlegenden Untersuchungen der in Texten gezeigten bildungssprachlichen lexikalischen Fähigkeiten von Schülerinnen und Schülern der Sekundarstufe I strebt die vorliegende Arbeit an. Das empirische Programm dafür wird im nach-folgenden Kapitel vorgestellt.

7. Schlussfolgerungen für die empirische Untersuchung und Fragestellungen

Die bisherigen Darlegungen dienten dazu, den Begriff des Wortschatzes aus verschiedenen Perspektiven zu beleuchten und ihn mit der Textproduktion in Verbindung zu bringen. Die Ausführungen zeigen, wie schwer das Konstrukt des Wortschatzes zu fassen ist und welche unterschiedlichen Aspekte von den verschiedenen Disziplinen in den Vordergrund gerückt werden.

Unter einer *empirisch bildungswissenschaftlichen Perspektive* oder auch *erziehungswissenschaftlichen Perspektive* wird vorrangig der Zusammenhang zwischen Sprachvermögen und Schulerfolg hervorgehoben. Hier wird zurzeit vor allem die Bildungssprache näher untersucht, deren Gebrauch für funktional zielführende und somit verständliche Texte notwendig scheint. Bildungssprache beinhaltet dabei nicht nur lexikalische Begriffe, sondern auch wortübergreifende Sprachmerkmale. Eine eher *geisteswissenschaftlich-philologische Perspektive* kennzeichnet die Diskussion um die Textprozeduren, deren Erforschung aufgrund nicht eindeutig bestimmbarer linguistischer Kategorien weitaus aufwendiger ist als beispielsweise die Untersuchung der Wortfrequenz einzelner Lexeme. Dennoch scheint die Berücksichtigung der in den Texten auffindbaren Textprozeduren lohnenswert, weil so nicht nur Einblicke in sprachliche Strukturen möglich sind, sondern auch die zugrunde liegenden kognitiven Schemata untersucht werden können. Daraus ließen sich didaktische Implikationen leichter ableiten. Auch kann so die Erfüllung der zu erwartenden und für die Aufgabenstellung relevanten inhaltlichen Aspekte überprüft werden. Eine *linguistische Perspektive* verfolgen vor allem die zuletzt vorgestellten internationalen Arbeitsgruppen, die verschiedene Maße des Wortwissens auf Basis von Schreibprodukten analysieren und dabei vorrangig korpuslinguistisch vorgehen. Interessant an diesen Studien ist die Anbindung linguistischer Merkmale an psychologische und soziostrukturelle Fragestellungen.

Letztendlich ist es nicht entscheidend, inwieweit das methodische Vorgehen dieser Arbeit sich mit einer bestimmten wissenschaftlichen Ausrichtung verknüpfen lässt. Vielmehr soll es darum gehen, den Zusammenhang zwischen Schreibkompetenz und Wortschatzfähigkeiten unter Einbezug aller Betrachtungsweisen zu untersuchen und dabei zugleich Aspekte der *empirischen Schreibforschung*, der *Schreibdidaktik* und auch der *Kognitionspsychologie* zu berücksichtigen.

Wie eingangs bereits angesprochen, könnte die Fragestellung der vorliegenden Arbeit aus zwei Blickwinkeln betrachtet werden: zum einen aus Sicht der empirischen Schreibforschung, die bisher in ihren Untersuchungen die sprachlichen Voraussetzungen und den Formulierungsprozess eher ausgespart hat. Da jedoch die Rolle von Wörtern als Werkzeuge für das sprachliche Handeln kaum zu bestreiten ist, ist es umso dringlicher, sich nun auch dem Zusammenhang von Textproduktion und Wortschatz zu widmen – jedoch von den Texten aus. Der andere Blickwinkel schließt an die Herausforderungen in der Deutschdidaktik an und umfasst zugleich die diagnostischen Dilemmata. Forschungen und Instrumente zur Messung der lexikalischen Fähigkeiten von Schülerinnen und Schülern ab der Sekundarstufe sind, wie bereits dargelegt, nur in geringem Ausmaß auffindbar. Hilfreich wäre hier vor allem die textorientierte Wortschatzanalyse, da sich das Sprachvermögen ab dieser Altersstufe nur noch kontextgebunden über das sprachliche Handeln einschätzen lässt. Somit schließt sich der Kreis in zweifacher Hinsicht und unterstreicht die Relevanz des Themas der vorliegenden Arbeit zum Zusammenhang von Wortschatzfähigkeiten und Schreibkompetenz: Die vorliegende Untersuchung kann möglicherweise Antworten auf die aktuellen Fragestellungen der empirischen Bildungsforschung zum Konstrukt der Bildungssprache und auf Fragestellungen zur textorientierten Wortschatzmessung finden. Weiterhin kann sie Erkenntnisse liefern zu sprachdidaktischen und sprachwissenschaftlichen Themen wie den Textprozeduren sowie letztlich zur konkreten Rolle der Sprache während des Schreibens. Die dargestellten Studien zum Zusammenhang von Wortschatzmaßen und Textqualität in Abschnitt 6.1 unterstützen die Wichtigkeit der Berücksichtigung weiterer Kovariaten, die möglicherweise zur Varianzaufklärung beitragen. So bilden das Alter der Schülerinnen und Schüler, die Schulart, die verwendeten Textsorten, die Profilierung der jeweiligen Schreibaufgabe und die zu Hause gesprochene(n) Familiensprache(n) denkbare Einflussfaktoren auf die Zusammenhangsmuster von Wortschatz und Textqualität, welche es einzubeziehen gilt.

Die mit dieser Arbeit vollzogene empirische Untersuchung fußt auf der Anbindung an das vom Bundesministerium für Bildung und Forschung geförderte Forschungsprojekt *Diagnose und Förderung von Teilkomponenten der Schreibkompetenz*. Das Projekt hatte zum Ziel, mögliche Teilkomponenten zu identifizieren, die textsortenübergreifend für die Textqualität spezifisch wirksam sind. Dazu wurden Schülerinnen und Schüler der 5. und 9. Klasse der Schularten Hauptschule, Realschule und Gymnasium hinsichtlich ihrer sprachlichen und kognitiven Voraussetzungen, ihrer Kompetenz in den vermuteten prädiktiven Teilkomponenten *Kohärenzherstellung* und *Perspektivenübernahme* und in der Qualität der von ihnen verfassten Textsorten *Instruktion* und *Bericht* untersucht. Die in Abschnitt 5.2.2 vorgestellten möglichen Kandidaten für spezifisch bildungssprachliche Mittel werden nun auf ihr Vorkommen in den von den Schülerinnen und Schülern verfassten Textprodukten hin analysiert. Das Auftreten dieser Mittel wird dann wiederum mit der von Raterinnen und Ratern erhobenen globalen Textqualität der beiden Schreibprodukte (Instruktionstext und Berichtstext) in Verbindung gebracht. Die Datenbasis zur Beantwortung der nachfolgend vorgestellten Fragestellungen bilden somit für jeden Schüler und jede Schülerin die beiden Texte mitsamt ihren bildungssprachlichen Merkmalen und der erhobenen Textqualität, die demographischen Daten (unter anderem Klassenstufe, Schulart, Familiensprache) und darüber hinaus die Leistungen in Verfahren zur Messung der sprachlichen Voraussetzungen (zur Leseflüssigkeit und zum Wortschatz).

Für die Untersuchung der Zusammenhänge werden dabei die folgenden Fragestellungen und Hypothesen aufgeworfen (in kursiv kurze Zusammenfassung der jeweiligen Hypothesen):

1) Gibt es Unterschiede im Gebrauch bildungssprachlicher Mittel zwischen der Klassenstufe 5 und 9?
   - Hypothese 1a:
     Schülerinnen und Schüler der Klasse 9 gebrauchen mehr bildungssprachliche Mittel in den Instruktionstexten als die der Klasse 5.
     bildungssprachliche Mittel in Instruktionstexten: Klasse 5 < 9
   - Hypothese 1b:
     Schülerinnen und Schüler der Klasse 9 gebrauchen mehr bildungssprachliche Mittel in den Berichtstexten als die der Klasse 5.
     bildungssprachliche Mittel in Berichtstexten: Klasse 5 < 9

2) Bestehen Unterschiede im Gebrauch der jeweiligen Mittel zwischen den Schularten Gymnasium, Realschule und Hauptschule?
   - Hypothese 2a:
     Schülerinnen und Schüler des Gymnasiums gebrauchen mehr bildungssprachliche Mittel in den Instruktionstexten als die der Realschule und diese wiederum mehr als die der Hauptschule.
     bildungssprachliche Mittel in Instruktionstexten: Hauptschule < Realschule < Gymnasium
   - Hypothese 2b:
     Schülerinnen und Schüler des Gymnasiums gebrauchen mehr bildungssprachliche Mittel in den Berichtstexten als die der Realschule und diese wiederum mehr als die der Hauptschule.
     bildungssprachliche Mittel in Berichtstexten: Hauptschule < Realschule < Gymnasium

3) Bestehen Unterschiede im Gebrauch der jeweiligen Mittel zwischen den Schülerinnen und Schülern, die nur Deutsch in der Familie sprechen, und jenen, die kein Deutsch zu Hause oder zusätzlich zu Deutsch eine weitere Familiensprache sprechen?
   - Hypothese 3a:
     Schülerinnen und Schüler, die nur Deutsch in der Familie sprechen (dF), gebrauchen mehr bildungssprachliche Mittel in den Instruktionstexten als jene, die kein Deutsch zu Hause oder zusätzlich zu Deutsch eine weitere Familiensprache (ndF) sprechen.
     bildungssprachliche Mittel in Instruktionstexten: ndF < dF

- Hypothese 3b:
  Schülerinnen und Schüler, die nur Deutsch in der Familie sprechen (dF), gebrauchen mehr bildungssprachliche Mittel in den Berichtstexten als jene, die kein Deutsch zu Hause oder zusätzlich zu Deutsch eine weitere Familiensprache (ndF) sprechen.
  bildungssprachliche Mittel in Berichtstexten: ndF < dF

4) Bestehen Unterschiede im Gebrauch der jeweiligen Mittel zwischen den Textsorten?
   - Hypothese 4:
     Die Unterschiede im Gebrauch dieser Mittel in Abhängigkeit der Klassenstufe, Schulart und Familiensprache zeigen sich in den Instruktionstexten stärker als in den Berichtstexten.
     bildungssprachliche Mittel in Berichtstexten < bildungssprachliche Mittel in Instruktionstexten

5) Hängt der jeweilige Gebrauch dieser Mittel mit der Textqualität zusammen?
   - Hypothese 5a:
     Bei den Instruktionstexten zeigen sich stärkere Korrelationen der Textqualität mit dem Gebrauch der Mittel für Schülerinnen und Schüler der Klasse 9 als für jene der Klasse 5.
     *Textqualität der Instruktionstexte * bildungssprachliche Mittel der Instruktionstexte: Klasse 5 < Klasse 9*
   - Hypothese 5b:
     Bei den Berichtstexten zeigen sich stärkere Korrelationen der Textqualität mit dem Gebrauch der Mittel für Schülerinnen und Schüler der Klasse 9 als für jene der Klasse 5.
     *Textqualität der Berichtstexte * bildungssprachliche Mittel der Berichtstexte: Klasse 5 < Klasse 9*
   - Hypothese 5c:
     In Klasse 5 zeigen sich stärkere Korrelationen zwischen der Textqualität der Instruktionstexte und dem dortigen Gebrauch der Mittel als zwischen der Textqualität der Berichtstexte und deren Gebrauch der Mittel.
     *Klasse 5: (Textqualität der Berichtstexte * bildungssprachliche Mittel der Berichtstexte) < (Textqualität der Instruktionstexte * bildungssprachliche Mittel Instruktionstexte)*
   - Hypothese 5d:
     In Klasse 9 zeigen sich stärkere Korrelationen zwischen der Textqualität der Instruktionstexte und dem dortigen Gebrauch der Mittel als zwischen der Textqualität der Berichtstexte und deren Gebrauch der Mittel.

Klasse 9: (Textqualität der Berichtstexte * bildungssprachliche Mittel der Berichtstexte) < (Textqualität der Instruktionstexte * bildungssprachliche Mittel Instruktionstexte)

6) Hängt der jeweilige Gebrauch dieser Mittel mit den allgemeinen sprachlichen Voraussetzungen zusammen?

- Hypothese 6a:
  Die sprachlichen Voraussetzungsmaße korrelieren in Klasse 9 stärker mit dem Gebrauch der Mittel der Instruktionstexte als in Klasse 5.
  sprachliche Voraussetzungsmaße * bildungssprachliche Mittel der Instruktionstexte: Klasse 5 < Klasse 9

- Hypothese 6b:
  Die sprachlichen Voraussetzungsmaße korrelieren in Klasse 9 stärker mit dem Gebrauch der Mittel der Berichtstexte als in Klasse 5.
  sprachliche Voraussetzungsmaße * bildungssprachliche Mittel der Berichtstexte: Klasse 5 < Klasse 9

- Hypothese 6c:
  Die sprachlichen Voraussetzungsmaße korrelieren in Klasse 5 stärker mit dem Gebrauch der Mittel der Instruktionstexte als mit dem der Berichtstexte.
  Klasse 5: (sprachliche Voraussetzungsmaße * bildungssprachliche Mittel der Berichtstexte) < (sprachliche Voraussetzungsmaße * bildungssprachliche Mittel Instruktionstexte)

- Hypothese 6d:
  Die sprachlichen Voraussetzungsmaße korrelieren in Klasse 9 stärker mit dem Gebrauch der Mittel der Instruktionstexte als mit dem der Berichtstexte.
  Klasse 9: (sprachliche Voraussetzungsmaße * bildungssprachliche Mittel der Berichtstexte) < (sprachliche Voraussetzungsmaße * bildungssprachliche Mittel Instruktionstexte)

8. Methode

Nachdem die zu prüfenden Hypothesen in Kapitel 7 vorgestellt wurden, wird nun das methodische Vorgehen und damit der gewählte empirische Zugang genauer erläutert. Dafür wird zunächst das Design der vorliegenden Untersuchung und die Art seiner Anbindung an das übergeordnete Forschungsprojekt dargelegt (Abschnitt 8.1). Anschließend folgt eine Beschreibung der Stichprobe und der Erhebungssituation, in der die Schülerinnen und Schüler ihre Textprodukte verfassten (Abschnitte 8.2 und 8.3). Weiterhin wird die Aufbereitung der Texte erläutert, die dazu dient, die in der Literatur als relevant geltenden Variablen generieren zu können (Abschnitte 8.4–8.6).

8.1 Verortung und Design der vorliegenden Untersuchung

Die vorliegende Arbeit ist an das Forschungsprojekt *Diagnose und Förderung von Teilkomponenten der Schreibkompetenz* angelehnt, welches durch das BMBF gefördert wurde. Es handelt sich hierbei um ein Verbundprojekt der Universität zu Köln und der Leibniz Universität Hannover, das in den Jahren 2009 bis 2012 an beiden Standorten parallel durchgeführt wurde. Ziel des Projektes war es, jene Teilfähigkeiten der Schreibkompetenz von Schülerinnen und Schülern zu bestimmen, die unabhängig von der jeweiligen Textsorte zu einer Erhöhung der Textqualität beitragen und dabei keine basalen sprachlichen oder kognitiven Voraussetzungen darstellen. Damit stand die Identifizierung der für das Schreiben *spezifisch* notwendigen Teilfähigkeiten im Fokus. Für dieses Anliegen wurden Schülerinnen und Schüler der Klassenstufen 5 und 9 der Schularten Hauptschule, Realschule und Gymnasium sowohl hinsichtlich ihrer sprachlichen und kognitiven Voraussetzungen als auch in Bezug auf die Fähigkeiten zur Kohärenzherstellung und zur Perspektivenübernahme untersucht. Diese beiden Aspekte galten als geeignete Kandidaten, spezifische Teilfähigkeiten der Schreibkompetenz zu sein. Zur Beurteilung und gleichzeitig zum Vergleich der Textqualität zwischen verschiedenen Textsorten verfassten alle Schülerinnen und Schüler unter anderem einen Instruktions- und einen Berichtstext.

Die Konzeption und die Ergebnisse der Studie sind ausführlich bei Knopp und Kollegen (2013) sowie Becker-Mrotzek und Kollegen (2015) beschrieben. Die vorliegende Untersuchung nutzt in Teilen die im übergeordneten Forschungsprojekt zu den Teilkomponenten der Schreibkompetenz erhobenen Variablen. So werden neben den demographischen Angaben zu den Probandinnen und Probanden auch ihre sprachlichen Voraussetzungsmaße verwendet, wie z. B. die Leistungen im Wortschatztest des CFT 20-R.

Da der Fokus der Untersuchung auf der Rolle des Wortschatzes beim Schreiben liegt, werden zusätzlich zu den aus dem BMBF-Projekt genutzten Daten eigene Variablen auf Basis der Schülertexte generiert. Dabei stehen die sprachlichen Merkmale im Mittelpunkt, die in der Literatur als „übliche Verdächtige" für Indikatoren der lexikalischen und bildungssprachlichen Kompetenz diskutiert werden und im Theorieteil vorgestellt wurden (Abschnitte 5.2.2 und 6.1). Alle in dieser Arbeit genutzten Daten liegen in anonymisierter Form vor. Sie lassen sich jeweils eindeutig einem bestimmten Schülercode zuweisen, der Angaben zum Standort, der Klassenstufe und der Schulart enthält, jedoch keinen Rückschluss auf die spezifische Person erlaubt. Da die Untersuchung darauf abzielt, verschiedene Probandengruppen zu vergleichen, ist ein weiteres Merkmal der aus den Texten generierten Variablen ihre Quantifizierbarkeit. Nur so lassen sich beispielsweise inferenzstatistische Berechnungen durchführen. Die Designvariablen bilden die Klassenstufen (Klasse 5 vs. Klasse 9), die Schulart (Hauptschule vs. Realschule vs. Gymnasium) und die Familiensprache (nur deutsche Familiensprache/dF vs. nicht deutsche Familiensprache ggf. zusätzlich zu deutscher Familiensprache/ndF). Die Geschlechterverteilung wird in den statistischen Verfahren nicht als eigener Designfaktor betrachtet, zum einen, weil nur selten signifikante Unterschiede zwischen Mädchen und Jungen zu verzeichnen sind, und zum anderen, weil der Einfluss des Geschlechts für Fragen der Didaktik nur in begrenztem Maße bedeutsam ist.

8.2 Stichprobe

Die Untersuchung der Probandinnen und Probanden wurde im Jahr 2010 zeitgleich an den Standorten Hannover und Köln durchgeführt. Beide Orte bieten ein vergleichbares urbanes Umfeld in zwei Bundesländern. Die Erhebung in der Hauptschule, Realschule und im Gymnasium ermöglicht es, eine gewisse Repräsentativität und damit Normvariation des Leistungsstandes von Schülerinnen und Schülern deutscher Regelschulen herzustellen, auch wenn die Hauptschule heute weitgehend als Schulart abgeschafft ist. Die gleichzeitige Durchführung in der Klassenstufe 5 und 9 gestattet zudem einen Einblick in die Fähigkeiten von Schülerinnen und Schülern sowohl am Anfang als auch am Ende der Sekundarstufe I. Zwar ist hier kein längsschnittlicher Vergleich möglich, dennoch bietet die Gegenüberstellung zweier Altersstufen einen Hinweis auf den möglichen Entwicklungsverlauf der Schreibkompetenz bzw. deren vermuteter Voraussetzungen und Teilfähigkeiten.

Die Stichprobe besteht aus insgesamt 277 Schülerinnen und Schülern. 146 besuchen die 5. Klasse (82 männlich, 64 weiblich) und 131 die 9. Klasse (72 männlich, 59 weiblich). Das Durchschnittsalter in Klasse 5 beträgt 132,6 Monate, was ungefähr 11;1 Jahren entspricht (SD = 8,7; min = 106; max = 163). Die Schülerinnen und Schüler der Klasse 9 sind im Durchschnitt 188,5 Monate alt und damit 15;7 Jahre (SD = 8,5; min = 174; max = 220). Die Aufteilung der Schülerinnen und Schüler der Klasse 5 und 9 auf die jeweiligen Schularten ist Tabelle 7 zu entnehmen. In beiden Klassenstufen liegt kein signifikanter Unterschied in der Aufteilung auf die Schularten vor ($\chi^2(2, N = 277) = .332, p = .847$).

Tabelle 7:   Aufteilung der Stichprobe nach Schulart und Klassenstufe.

Schulart/Klassenstufe	Hauptschule	Realschule	Gymnasium	Gesamt
Klasse 5	43	49	54	146
Klasse 9	39	40	52	131
Gesamt	82	89	106	277

Die Einteilung der Schülerinnen und Schüler hinsichtlich ihrer familiensprachlichen Gegebenheiten geschieht über zwei Fragen zur Demographie: zum einen, ob zu Hause Deutsch gesprochen wird, und zum anderen, ob zu Hause (auch) eine andere Sprache als Deutsch gesprochen wird. Aus diesem Vorgehen lassen sich drei mögliche Gruppen ableiten:

1) Schülerinnen und Schüler, die zu Hause nur Deutsch sprechen (deutsche Familiensprache; dF; $n = 135$)
2) Schülerinnen und Schüler, die neben Deutsch eine weitere Familiensprache sprechen (deutsche und nicht deutsche Familiensprache; dFndF; $n = 136$)
3) Schülerinnen und Schüler, die zu Hause kein Deutsch, sondern eine andere Familiensprache sprechen (nicht deutsche Familiensprache; ndF; $n = 6$)

Da die dritte Gruppe aus nur sechs Schülerinnen und Schülern besteht, werden diese für die weiteren Analysen der zweiten Gruppen zugeordnet, zumal sich diese sechs Probandinnen und Probanden auf alle Schularten und Klassenstufen aufteilen und nicht gruppiert vorkommen. Die aus den Schülerinnen und Schülern der Gruppen 2 und 3 zusammengelegte Teilstichprobe wird in den weiteren Analysen mit dem Merkmal *andere Familiensprache (und Deutsch)* bzw. *ndF* bezeichnet. Die klassenstufenweise Aufteilung der Schülerinnen und Schüler hinsichtlich ihrer Familiensprache unter Berücksichtigung der Schulart ist Tabelle 8 und Tabelle 9 zu entnehmen. In beiden Klassenstufen besuchen das Gymnasium mehr Schülerinnen und Schüler, die nur Deutsch zu Hause sprechen. In Klasse 5 wird die Realschule zu drei Vierteln von Schülerinnen und Schülern besucht, die zusätzlich zu Deutsch eine andere Sprache zu Hause oder kein Deutsch in der Familie sprechen. Dieses Verhältnis von drei Vierteln zu einem Viertel liegt in den beiden anderen Schularten in Klasse 5 so nicht vor und führt zu einem statistisch signifikanten Unterschied ($\chi^2(2, N = 146) = 9.157, p < .01$). Das Übergewicht an Schülerinnen und Schülern mit einer anderen Familiensprache als Deutsch in Klasse 5 ist möglicherweise durch die aktuelle politische Lage zu erklären. Im Vergleich von Klasse 5 zu 9 zeigt sich in allen Schularten eine deutliche Verringerung des Anteils von Schülerinnen und Schülern mit nicht (nur) deutscher Familiensprache um jeweils 15 bis 20 %. In Klasse 9 liegt kein signifikanter Unterschied in der Verteilung der Schülerinnen und Schüler hinsichtlich ihrer Familiensprache beim Vergleich der drei Schularten vor (χ^2(2, N = 131) = 5.479, p = .065).

Tabelle 8:   Teilstichprobe Klasse 5: Aufteilung nach Familiensprache und Schulart.

Schulart	Hauptschule		Realschule		Gymnasium		Gesamt	
Familiensprache	n	Anteil in %	n	Anteil in %	n	Anteil in %	n	Anteil in %
nur Deutsch	17	39,5	12	24,5	29	53,7	58	39,7
andere (und Deutsch)	26	60,5	37	75,5	25	46,3	88	60,3

Tabelle 9:   Teilstichprobe Klasse 9: Aufteilung nach Familiensprache und Schulart.

Schulart	Hauptschule		Realschule		Gymnasium		Gesamt	
Familiensprache	n	Anteil in %	n	Anteil in %	n	Anteil in %	n	Anteil in %
nur Deutsch	23	59,0	18	45,0	36	69,2	77	58,8
andere (und Deutsch)	16	41,0	22	55,0	16	30,8	54	41,2

Werden beide Klassenstufen in Bezug auf die familiensprachlichen Gegebenheiten gegenübergestellt, so ergibt sich ein signifikanter Unterschied (χ^2(1, N = 277) = 10,032, p < .01). Dieser kommt dadurch zustande, dass die Klasse 5 mehr Schülerinnen und Schüler mit nicht deutscher Familiensprache besuchen (60,3 %), während diese Gruppe in Klasse 9 den kleineren Anteil repräsentiert (41,2 %).

Über alle Klassenstufen und Schularten hinweg ergibt sich ein Verhältnis von 135 Schülerinnen und Schülern mit nur deutscher Familiensprache und 142 mit einer (zusätzlich) anderen Familiensprache. Von den 25 Sprachen, die (neben Deutsch) zu Hause gesprochen werden, sind am häufigsten türkisch (n = 45), russisch (n = 24), polnisch (n = 13), italienisch (n = 8), persisch (n = 7), portugiesisch (n = 6) und albanisch (n = 6) vertreten. Die Zusammensetzung der Klassen hinsichtlich des Merkmals der zu Hause gesprochenen Sprache(n) kann als repräsentativ für Großstädte angesehen werden (Autorengruppe Bildungsberichterstattung, 2016).

8.3   Schreibaufgaben zu den Textsorten Instruktion und Bericht

Die beiden Aufgaben zur Textproduktion wurden zusammen mit weiteren Überprüfungen an jeweils zwei unterschiedlichen Tagen im Klassenverband durchgeführt. Dabei stellten beide Schreibaufgaben jeweils die letzte Testaufgabe innerhalb einer 45-minütigen Schulstunde dar. Zur Bearbeitung erhielten die Schülerinnen und Schüler die abgedruckte Aufgabenstellung mit einem Bildstimulus, welcher der Verdeutlichung und Unterstützung der Anforderung diente, sowie ein liniertes Blatt Papier. Für die Umsetzung beider Textsorten wurde die Aufgabenstellung zunächst von den Testleiterinnen und Testleitern laut vorgelesen, die Schülerinnen und Schüler lasen leise für sich mit. Anschließend hatten sie die Möglichkeit, Verständnisfragen zu stellen, bevor sie mit dem Schreiben begannen. Zur Umsetzung des Instruktionstextes sollten die Lernenden ein Rezept zum Nudelkochen für ein Kochbuch der Klasse anfertigen. Der Bildstimulus und die konkrete Aufgabenstellung zum Verfassen des Instruktionstextes sahen folgendermaßen aus:

> *Stell dir vor, eure Klasse möchte ein Kochbuch mit einfachen Rezepten herstellen. Du hast das Nudelrezept übernommen.*
> *Schreibe anhand der Bilder eine Anleitung, wie Nudeln gekocht werden. Achtung, euer Kochbuch hat keine Bilder.*
> *Benutze das linierte Blatt und schreibe möglichst leserlich. Du hast dazu 12 Minuten Zeit.*

Abbildung 6: Bildstimulus zum Verfassen des Instruktionstextes, Illustration: kikkerbillen (im Original bunt).

Durch die Motivierung und Herleitung der Aufgabe sowie durch die bildlich dargestellte Handlungsabfolge und deren zusätzliche Nummerierung (siehe Abbildung 6) lässt sich von einer gut profilierten Schreibaufgabe im Sinne von Bachmann und Becker-Mrotzek (2010) sprechen. Der Bildstimulus diente der Schaffung einer gemeinsamen Vorwissensbasis und sollte vor allem die Schülerinnen und Schüler unterstützen, die bisher nicht Nudeln gekocht hatten oder sich über den Ablauf unsicher waren.

Dagegen fungierte der visuelle Stimulus für die Umsetzung des Berichtstexts der Schaffung eines Situationsbilds (siehe Abbildung 7). Dies hätte die Aufgabenstellung alleine nicht leisten können:

> *Du siehst hier die Skizze eines Unfalls. Stell dir vor, du stehst dort, wo der rote Punkt ist. Von dort hast du den Unfall beobachtet.*
> *Der Unfall ist passiert, als der Fahrradfahrer mit seinem Fahrrad die Straße von rechts nach links überqueren wollte. Die Straße ist ungefähr 6m breit.*
> *Deine Aufgabe ist es nun, einen Bericht über den Unfall zu schreiben. Schreibe einen Text, aus dem hervorgeht, was passiert ist.*
> *Schreibe möglichst leserlich auf das linierte Papier. Du hast für die Aufgabe 15 Minuten Zeit.*

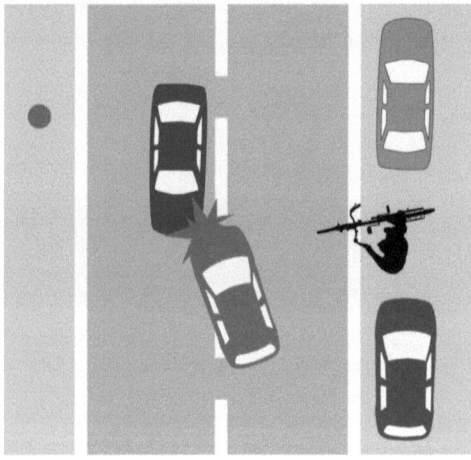

Abbildung 7:   Bildstimulus zum Verfassen des Berichtstextes, Illustration: kikkerbillen (im Original: Auto oben rechts grün, unten rechts gelb, oben links rot und unten links blau dargestellt).

So ist verlangt, die dargestellte Situation bzw. das Standbild in einen Handlungsablauf einzubetten und diesen aus der Perspektive einer Person, die sich an der mit dem Punkt bezeichneten Stelle befindet, zu beschreiben. Mit Blick auf gut profilierte Schreibaufgaben sei bereits an dieser Stelle darauf hingewiesen, dass die Aufgabe zum Nudeln Kochen weitaus mehr Vorstrukturierung bietet und die Schülerinnen und Schüler somit stärker unterstützen kann. Dagegen ist die Aufgabenstellung zum Verfassen des Unfallberichtes wesentlich allgemeiner gehalten. Anspruchsvoll ist es hier, die Merkmale eines Berichtstextes einzuhalten, das heißt fokussiert und neutral die Sachlage, ihr Zustandekommen und mögliche Folgen zu benennen. Da in der Aufgabenstellung keine Adressatinnen und Adressaten benannt werden, kann überprüft werden, inwieweit den Schülerinnen und Schülern das Motiv für das Verfassen von Unfallberichten (bereits) bewusst ist. Aufgrund der Annahme des höheren Anspruchs und der Vermutung, dass die Umsetzung eines Berichtstextes insbesondere Schülerinnen und Schülern der Klasse 5 weitaus weniger geläufig sein mag (bedingt durch curriculare Vorgaben), erhielten alle Schülerinnen und Schüler drei Minuten mehr Zeit für die schriftliche Bearbeitung. Weiterhin spiegelt sich der anzunehmende höhere Schwierigkeitsgrad für das Verfassen des Berichtstextes ebenso in der Formulierung der Hypothesen wider. Es ist von einem geringeren Vorkommen von bildungssprachlichen Mitteln in den Berichtstexten auszugehen, was weniger dem Anspruch der Textsorte selbst, sondern vielmehr der geringeren Profilierung der Aufgabe sowie der weniger ausgeprägten Vertrautheit mit der Textsorte geschuldet ist.

8.4 Transkription der Schülertexte

Zur weiteren, vorrangig digitalen Analyse der Schülertexte und zur Verhinderung eines Einflusses der Handschrift bzw. Leserlichkeit auf die spätere Beurteilung der Textqualität (Graham, Harris & Hebert, 2011), werden die Texte elektronisch transkribiert. Die Notwendigkeit des Abtippens verdeutlicht das Beispiel in Abbildung 8, welches von einem Probanden oder einer Probandin der Klassenstufe 5 der Hauptschule stammt. Sowohl die Rechtschreibfehler als auch das nicht durchgehend präzise Schriftbild tragen zu einer erschwerten Leserlichkeit bei, sodass nicht auszuschließen ist, dass die Bewertung des Textes davon beeinflusst wird.

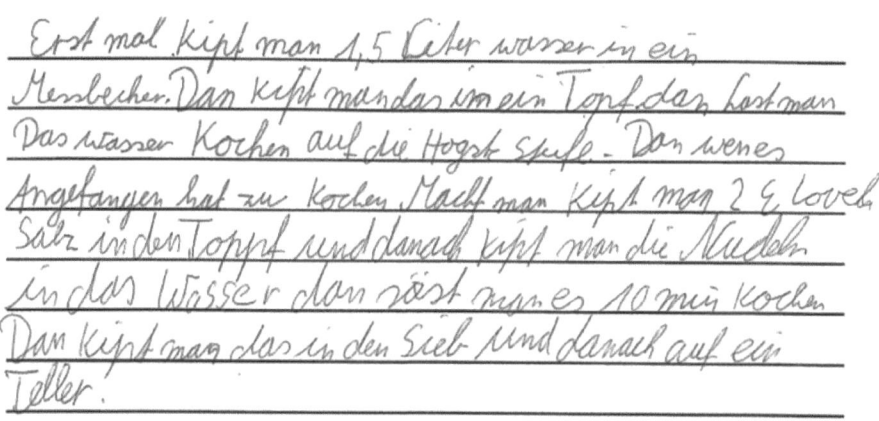

Abbildung 8:   Schülertext zur Umsetzung der Instruktionsaufgabe, Klasse 5, Hauptschule.

Zur Vorbereitung der Transkriptionen werden zunächst alle orthographischen Fehler in den handschriftlichen Texten markiert und gezählt. In das elektronische Transkript im Textverarbeitungsprogramm *MS Word* werden die orthographischen Fehler jedoch nicht überführt, da dieses eine bereinigte Fassung darstellen soll. Neben den orthographischen Unsicherheiten werden auch grammatische

Fehler im Textoriginal markiert. Dabei gilt folgende Regel: Tauchen innerhalb einer grammatischen Konstruktion mehrere morphologische Fehler auf, werden diese als *ein* Fehler gewertet. So ergibt z. B. der Satz *Er hat der schöner Mann geseht* zwei Grammatikfehler, da *der schöner Mann* eine Nominalphrase darstellt. Es findet jedoch keine Bereinigung des elektronischen Transkripts um grammatische Fehler statt, da der individuelle Stil und die Sprachkompetenz der Schülerinnen und Schüler nicht verändert werden sollen und sich so später noch Aussagen über die sprachliche Richtigkeit und Angemessenheit der Ausführungen treffen lassen. Ebenso werden Interpunktionsfehler im Transkript nicht korrigiert. Eine zeilengetreue Übernahme der Texte hat zum Ziel, möglichst nah an der Ursprungsversion der Schülerinnen und Schüler zu bleiben. Anschließend werden alle Originale und deren Transkriptionen auf die korrekte Fehlermarkierung noch einmal überprüft. Jeder elektronische Text verfügt über einen Code, der eindeutig dem spezifischen Probanden bzw. der spezifischen Probandin zugeordnet werden kann und Informationen über den Standort, die Klassenstufe und die Schulart enthält.

8.5 Datenaufbereitung: Kategorisierungsverfahren

8.5.1 Wortebene: Lemmatisierung und Wortartenzuweisung

Um die in den Texten vorfindlichen lexikalischen und bildungssprachlichen Eigenschaften statistisch betrachten zu können, ist die Quantifizierbarkeit dieser Merkmale und damit die Definition zählbarer Einheiten eine grundlegende Voraussetzung. Die Einheit, die in den vorliegenden Analysen am häufigsten herangezogen wird, bildet das Wort. Die Wörter-zählen-Funktion im Textverarbeitungsprogramm *MS Word* ermöglicht dafür die Auszählung der Wörter pro Text. Als ein Wort gilt, was zwischen zwei Spatien steht. Für die Darstellung aller in einem Text vorkommenden Wörter werden die transkribierten und als Textdatei vorliegenden Schülertexte mithilfe des Programms *TreeTagger* in ihre jeweiligen Wörter sowie in deren zugehörige Lemmata (Stammformen) und jeweilige Wortarten umgewandelt (Wortarten via *part-of-speech Tagging*, vgl. Schmid, 1995). So wird z. B. *gegangen* der Stammform *gehen* und der Wortart *Vollverb* zugeordnet. Die zur Lemmatisierung hinzukommende Annotation der Wortart bildet die Grundlage für weitere Analysen, unter anderem der lexikalischen Vielfalt und der Wortbildung. Allerdings bietet das *part-of-speech Tagging* eine sehr spezifische Unterteilung der Wortarten in diverse Unterkategorien, welche für die vorliegende Untersuchung nicht übernommen, sondern in elf Grundwortarten zusammengefasst wird (siehe hierzu Abschnitt 9.1.2). Eine auf Basis der ursprünglichen Wortarteneinteilung des *part-of-speech Tagging* gut umsetzbare funktional-grammatische Betrachtungsweise der Wörter und Wortgruppen könnte Gegenstand weiterführender Analysen sein. Sie bildet jedoch nicht den Fokus der vorliegenden Untersuchung.

Die Auflistung des jeweiligen Lemmas und der jeweiligen Wortart für jedes vorkommende Wort im Text wird in *MS Excel* überführt. Die vorhandenen Wörter mit ihren jeweiligen Zuweisungen liegen so für jeden Probanden bzw. jede Probandin und jede Textsorte vor. So ist es möglich, die Variablen zu sortieren und je nach Fragestellung zu analysieren, sowohl innerhalb einer Person als auch über die gesamte Stichprobe oder bestimmte Teilstichproben hinweg, wie z. B. Klasse 5 vs. Klasse 9. Abbildung 9 stellt einen Auszug der Excel-Tabelle zur Wortauflistung aller Instruktionstexte dar. Dabei ist ein Teil der vorhandenen Wörter (Rohtext) von K5H28 (Köln, Klasse 5, Hauptschule, Nr. 28) abgebildet. Die Wörter liegen zuerst alphabetisch nach Stammformen (Lemmata) und dann nach Wortarten sortiert vor. Die Spalte *countrows* zählt die Wörter des Probanden bzw. der Probandin.

Code	countrow	Rohtext	Wortarten	Stammformen
K5H28	1	1,5	Numeral	1,5
K5H28	2	2	Numeral	2
K5H28	3	10	Numeral	10
K5H28	4	angefangen	Vollverb	anfangen
K5H28	5	auf	Präposition	auf
K5H28	6	auf	Präposition	auf
K5H28	7	danach	Adverb	danach
K5H28	8	danach	Adverb	danach
K5H28	9	Dann	Adverb	dann
K5H28	10	Dann	Adverb	dann
K5H28	11	Dann	Adverb	dann
K5H28	12	dann	Adverb	dann
K5H28	13	dann	Adverb	dann
K5H28	14	das	Artikel	die
K5H28	15	das	Artikel	die
K5H28	16	den	Artikel	die
K5H28	17	den	Artikel	die

Abbildung 9: Aufbereitung in *MS Excel*: Auszug der Lemmatisierung und Zuweisung der Wortarten des Instruktionstextes von Schüler bzw. Schülerin K5H28.

Wie aus Abbildung 9 ersichtlich, kann die Untersuchung bestimmter sprachlicher Phänomene in den Texten objektiv und damit unabhängig von der durchführenden Person in Form von Kategoriezuweisungen erfolgen. So lässt sich z. B. die Häufigkeit des Vorkommens einer Stammform im Text oder die Anzahl an Vollverben generieren. Eine tabellarische Auflistung und detaillierte Beschreibung der auf Wortebene spezifisch untersuchten sprachlichen Mittel finden sich zu Beginn von Kapitel 9 sowie in den Unterabschnitten 9.1.1 bis 9.1.5 im Ergebnisteil.

8.5.2 Phrasen- und Textebene: Paper-Pencil-Verfahren

Ein weitaus aufwendigeres Vorgehen bildet die Untersuchung von bildungssprachlichen bzw. lexikalischen Phänomenen oberhalb der Wortebene. Diese wird
auf Basis der transkribierten Texte vorgenommen, indem die Schülertexte im
Paper-Pencil-Verfahren auf das Vorhandensein bestimmter Merkmale analysiert
werden, z. B. auf Nominalphrasen mit Rechtserweiterung wie Präpositional- oder
Genitivattributen oder auf Kohäsionsmittel mit Funktion des Verweisens wie
Demonstrativpronomen. Ähnlich wie bei der Analyse zu den einzelnen Wörtern lässt sich hier ebenfalls recht objektiv beurteilen, ob und wie häufig eine
bestimmte linguistische Kategorie (z. B erweiterte Nominalphrasen oder Passivkonstruktionen) erfüllt wird. Auch hier folgen die Auflistung der generierten Variablen und deren detaillierte Beschreibung zu Beginn von Kapitel 9 und in den
Unterabschnitten 9.1.6 bis 9.1.8.

8.6   Datenaufbereitung: Einschätzungsverfahren

Während die Zuordnung sprachlicher Merkmale in den Texten zu bereits defi-
nierten linguistischen Kategorien relativ eindeutig und zügig durchzuführen ist,
erfordert die Einschätzung sprachlicher Merkmale in Bezug auf ihre inhaltliche
oder sprachliche Angemessenheit, den Text und die Aufgabenstellung in der
Gesamtheit zu berücksichtigen. Zwar sollten Verfahren zur Beurteilung der Angemessenheit ebenfalls objektiv sein, dennoch liegt die Einschätzung häufig im
Ermessen der bewertenden Person, da es keine klar abgegrenzten Kriterien der
Einordnung gibt. Aus diesem Grund werden für die nachfolgenden Einschätzungsverfahren jeweils mindestens zwei beurteilende Personen herangezogen, um
die Objektivität des entsprechenden Instruments und damit den Grad der Eindeutigkeit der jeweiligen Zuordnung prüfen zu können.

8.6.1   Grad der Bildungssprachlichkeit der verwendeten Vollverben

Die Elaboriertheit der Verben gilt als ein spezifisches Merkmal der Bildungssprache (z. B. Gogolin & Lange, 2011; Reich, 2008). Um die Realisierung dieser Eigenschaft zu untersuchen, werden zunächst alle in den Schülertexten vorkommenden
Vollverben für jede Textsorte zusammengeführt und anschließend insgesamt drei
Raterinnen und Ratern zur Beurteilung zur Verfügung gestellt. Generell gilt für
alle in der vorliegenden Arbeit durchgeführten Beurteilungen, dass diese entweder von wissenschaftlichen Mitarbeiterinnen und Mitarbeitern aus dem Gebiet
der Schreibkompetenz oder aber von studentischen Hilfskräften mit sprachdidak-
tischem bzw. linguitischen Hintergrund durchgeführt werden. Zur Einschätzung

der Bildungssprachlichkeit der Vollverben erhalten die drei Beurteilerinnen und Beurteiler vorher Informationen zur jeweiligen Aufgabenstellung, unter der die Verben verwendet wurden. So ist die Berücksichtigung des Kontexts in gewissem Maße gewährleistet, da unter Kenntnis der Aufgabe eher auf die Kontextadäquatheit und auf die Bedeutungsverwendung des jeweiligen Verbs geschlossen werden kann. So wird z. B. das Vollverb *passieren* im Kontext eines Unfallberichts vermutlich eine andere Bedeutung tragen als bei der Herstellung einer Tomatensoße. Eine wesentlich genauere Einschätzung der Verben im spezifischen Satzkontext jedes einzelnen Schülertextes bietet das Verfahren in Abschnitt 8.6.2. Das im vorliegenden Unterkapitel vorgestellte Rating dient vielmehr einem groben Überblick zur Verbverwendung. Die drei Raterinnen und Rater ordnen das jeweilige Vollverb folgenden Kategorien zu:

1) umgangssprachliche Verben (z. B. *knallen*; hierzu zählen auch die *general all purpose-Verben* wie *machen* und *tun*)
2) alltagssprachliche Verben, inklusive der Modalverben (z. B. *fahren, wollen*)
3) bildungssprachliche Verben (z. B. *kollidieren*)

Für jede Kategorie werden den Raterinnen und Ratern zwei Beispiele genannt, ansonsten liegt die Zuweisung der Verben in ihrem eigenen Ermessen. Sobald mindestens zwei Raterinnen und Rater das Verb in dieselbe Kategorie einordnen und die dritte Person jeweils in der Kategorie darunter oder darüber liegt, gilt das Vollverb der Kategorie der zwei Personen zugehörig. Im Falle stärkerer Abweichungen werden die jeweiligen Verben von allen drei Raterinnen und Ratern erneut beurteilt, und ihre jeweilige Zuordnung wird gemeinsam besprochen. Anschließend kann für jeden Schülertext der jeweilige Anteil seiner vorhandenen Vollverben an den drei Kategorien berechnet werden.

8.6.2 Sprachliche Angemessenheit notwendiger Vollverben

Da den Verben als Handlungsträger funktional gesehen eine grundlegende Bedeutung zukommt und da die sprachliche Angemessenheit und Genauigkeit einer Äußerung häufig mit der Adäquatheit des Verbes einhergeht, werden die Verben der zu erwartenden Handlungsschritte gezielt untersucht. Im Berichtstext sind das die Verben, durch die der Ablauf des Unfalls realisiert wird (insgesamt vier Bewegungsverben). Im Instruktionstext sind es hingegen die Verben, die zur Versprachlichung der konkreten Handlungsschritte beitragen (insgesamt sieben Teilhandlungen). Dieses Verfahren stellt eine Erweiterung und Detaillierung der zuvor vorgestellten, eher gröberen Analyse aller Vollverben dar (Abschnitt 8.6.1). Es geht nun lediglich um die Verben, die für die Umsetzung der Aufgabe als besonders relevant gelten. Dabei steht jedoch außer Frage, dass eine für die Textsorte obligatorische Äußerung (Textbaustein) auch ohne Verb explizit und angemessen realisiert werden kann und somit nicht notwendigerweise an der Nutzung eines

Vollverbs hängt. Die Einschätzung der sprachlichen Angemessenheit der spezifischen Verben erfolgt am Computer mithilfe des Programms *filemaker*. Dabei wird den Raterinnen und Ratern auf dem Bildschirm rechts der jeweils transkribierte Schülertext angezeigt und links die jeweils erwarteten Handlungsschritte bzw. Bewegungen. Für den Berichtstext ist dies beispielhaft in Abbildung 10 dargestellt.

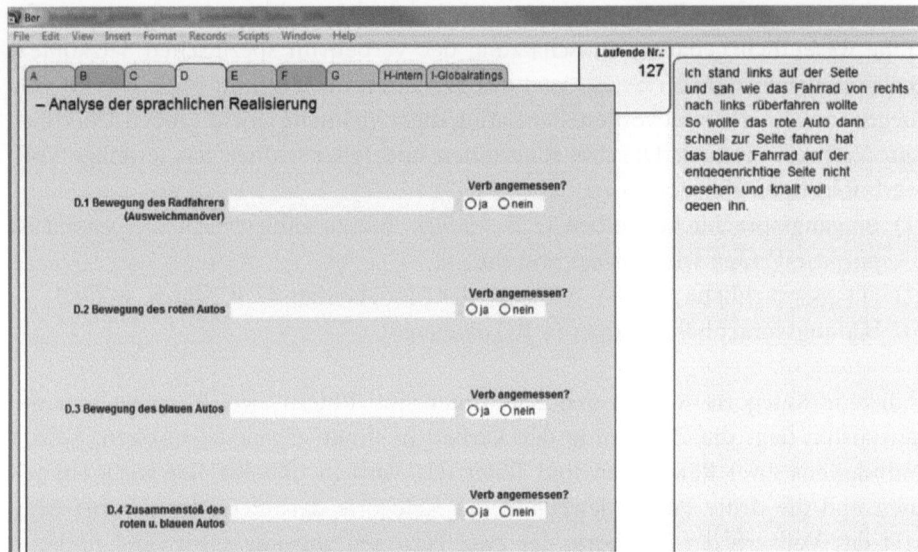

Abbildung 10: Beurteilung der sprachlichen Angemessenheit der notwendigen Verben im Berichtstext anhand des Programms *filemaker*.

Jeweils zwei Raterinnen und Rater tragen das jeweils verwendete Verb in das entsprechende Feld ein und entscheiden nun, ob sie das Verb des jeweiligen Teilschrittes für angemessen oder für unangemessen halten. Falls das Verb nicht vorhanden ist, werden die Felder nicht ausgefüllt. Die Codierung sieht vor, dass ein Verb, das als angemessen eingestuft wird, zwei Punkte erhält, ein unangemessenes Verb einen Punkt und ein nicht vorhandenes null Punkte. Die auf diese Weise mögliche Differenzierung von nicht vorhandenen und unangemessenen Verben lässt eventuell später Rückschlüsse auf die Einschätzung der Textqualität zu, da zu vermuten ist, dass sich inadäquate Verben anders auf die Textqualität auswirken als ihre Auslassung. Eine Auslassung kann dadurch bedingt sein, dass der gesamte Textbaustein nicht versprachlicht oder dass er ohne die Nutzung eines Verbs umgesetzt wurde. Für diesen Fall ist eine weitere Analyse der zu erwartenden Textbausteine, losgelöst von der Untersuchung der Vollverben, nötig, welche im nächsten Abschnitt beschrieben wird.

8.6.3 Beurteilung der obligatorischen Textbausteine

Neben der Beurteilung der für die jeweilige Aufgabenstellung notwendigen Verben wird eine umfassende Analyse aller geforderten Handlungsschemata in den zwei verschiedenen Schreibaufgaben vorgenommen. Um die Auswahl der inhaltlich als relevant geltenden Bausteine (Textbausteine) der beiden Schreibaufgaben begründen zu können, werden im Folgenden die in der Literatur diskutierten Besonderheiten der beiden informierenden Textsorten vorgestellt. Der Fokus wird dabei jedoch nicht auf die traditionelle Rolle als sogenannte Darstellungsfunktion gelegt, sondern auf die jeweilige Funktionalität und den Handlungscharakter der Textsorte.

Zu den prototypischen Realisierungen von *Instruktionstexten* zählen in der Literatur häufig Gebrauchsanweisungen, Spielanleitungen, Wegbeschreibungen oder Rezepte (Becker-Mrotzek, 2004; Brinker, 1992). Dabei liegen allen Realisierungsformen zwei Grundfunktionen zugrunde: Die Leserinnen und Leser werden zu einer Handlung befähigt (Appellfunktion – auch wenn sie die Handlung nicht zwingend ausführen müssen) und gleichzeitig über die jeweiligen Schritte der Handlung informiert (Informationsfunktion). Ob und in welcher Weise jeweils eine der beiden Grundfunktionen vorherrschend (assertiv vs. direktiv) ist, ist nicht geklärt (Bachmann, 2014). Folgende Anforderungen sind von den Schreiberinnen und Schreibern zu erfüllen:

1) Es müssen diejenigen Informationen ausgewählt werden, die für die erfolgreiche Ausführung der Handlung relevant sind.
2) Es müssen die jeweiligen Handlungsschritte selektiert, in die richtige Reihenfolge gebracht, verschriftlicht und dabei wieder sprachlich miteinander verbunden werden.
3) Dabei gilt es, die Handlungsabfolge so anzuleiten, dass sie unabhängig vom Ort und Zeitpunkt der Durchführung ist.

Notwendige sprachliche Mittel sind jene zur Herstellung von Kohärenz, insbesondere der Sequenzierung des Ablaufs, sowie Mittel der Lokalisation und der Leseransprache. Anhand der besonderen Anforderungen wird der für diese Textsorte ganz spezifische funktional-pragmatische Charakter deutlich. Eine Instruktion kann nur funktionieren, wenn die Leserinnen und Leser sich angeleitet fühlen und die Handlung auch erfolgreich ausführen könnten. Dies setzt die Ausbildung bereits erwähnter hierarchiehoher Fähigkeitsaspekte des Schreibens voraus und begünstigt diese zugleich: die Fähigkeit zur Perspektivenübernahme sowie Abstraktions- und Distanzierungskompetenz, welche sich im Begriff der konzeptionellen Schriftlichkeit wiederfinden (Bachmann, 2014; Feilke, 2002). Aus diesem Grund eignet sich das Instruieren gerade für jüngere Schülerinnen und Schüler auch besonders in didaktischer Hinsicht, weil diese Textsorte den pragmatisch-funktionalen Charakter der Textproduktion gut profilieren kann.

Berichtstexte sind dadurch gekennzeichnet, dass die Leserinnen und Leser über etwas informiert und auf den „Stand der Dinge" (Feilke, 2006, S. 6) gebracht werden sollen. Den Schwerpunkt bilden daher die Darstellung der Sachlage des Geschehens und die globalen Folgen. Feilke (2006) postuliert folgende Erwartungen an einen Berichtstext: Dieser muss 1. wahrheitsgemäß, 2. neutral, 3. relevant, 4. aktuell, 5. informativ, 6. exklusiv und 7. authentisch sein. Ähnlich wie beim Instruktionstext wird auch hier der funktional-pragmatische Charakter deutlich, den die Textsorte fordert. Berichte lassen sich also vorrangig durch den referenziellen Bezug auf ein Ereignis charakterisieren, welches „pragmatisch primär assertorisch" versprachlicht wird (Feilke, 2014c, S. 238). Aufgrund der unterschiedlichen Themen und Kommunikationsformen, in denen Berichte auftauchen, schlägt Feilke (2014c) die Unterteilung in drei Formen vor. 1. Erfahrungsbericht (z. B. Reisebericht), 2. Untersuchungsbericht (z. B. Arztbericht) und 3. Ereignisbericht (z. B. Unfallbericht). Letzterer ist für die vorliegende Arbeit besonders relevant. Ein Unfallbericht sollte in unpersönlicher neutraler Weise versprachlicht werden und dabei das Ereignis und dessen Zustandekommen authentisch und fokussiert wiedergeben. Dabei steht die ergebnisorientierte Darstellung, also die Nennung möglicher Folgen im Vordergrund. Ähnlich wie bei der Instruktion muss das Zustandekommen der Sachlage in einer nachvollziehbaren Abfolge verschriftlicht werden. Auch hier sind insbesondere Mittel der Kohäsion, genauer der Sequenzierung, und die Leseranleitung gefordert.

Für die beiden herangezogenen Schreibaufgaben der vorliegenden Untersuchung gilt es, die zu erwartenden inhaltlichen Ausführungen vorrangig durch die spezifische Aufgabenstellung zu begründen. Es steht damit nicht ausschließlich die korrekte Realisierung der Textsorte als solche im Vordergrund, sondern vielmehr die angemessene Umsetzung der konkreten Aufgabenstellung und damit die Versprachlichung des Handlungsablaufes (Instruktion) bzw. des Unfallgeschehens (Bericht). Unterstützend wirken dabei die Bildstimuli, die ebenfalls zur Festsetzung der zu erwartenden Textbausteine beitragen. Letztere sind Tabelle 10 und Tabelle 11 zu entnehmen. Um die Umsetzung der als relevant geltenden Inhalte zu untersuchen, werden die Texte im Paper-Pencil-Verfahren in Bezug auf vier Kriterien beurteilt: Zunächst ist einzuschätzen, ob (1) der jeweils zu erwartende Textbaustein vorhanden ist, und wenn ja, ob (2) er kontextadäquat verwendet wird. Damit ist die Passung zur jeweiligen Textsorte gemeint. So weisen einige Schülertexte im Unfallbericht beispielsweise stark narrative Elemente auf, die als inadäquat zu bewerten sind. Weiterhin ist zu beurteilen, ob (3) die Realisierung des jeweiligen Textbausteines explizit genug ist, sodass sich die Leserinnen und Leser etwas darunter vorstellen können. Dies ist für beide Schreibaufgaben ähnlich bedeutsam, da sie beide auf die Produktion informierender Texte abzielen. Der Instruktionstext kann letztendlich nur dann funktional und damit erfolgreich sein, wenn sich die Rezipientinnen und Rezipienten angeleitet fühlen und in der Lage wären, die Ausführung tatsächlich nachzuahmen. Der Berichtstext muss eine Art

Tabelle 10: Raster zur Analyse der vorhandenen Textbausteine im Instruktionstext.

Textbaustein	Vorhandensein des Textbausteins	Kontextadäquatheit	Explizität	sprachl. Angemessenheit
Betiteln	☐ Titel vorhanden ☐ Titel NICHT vorhanden	☐ angemessen ☐ nicht angemessen	☐ ausreichend explizit formuliert ☐ unzureichend explizit formuliert	☐ angemessen ☐ nicht angemessen
Zutatenliste	☐ Zutatenliste vorhanden ☐ Zutatenliste NICHT vorhanden	☐ angemessen ☐ nicht angemessen	☐ ausreichend explizit formuliert ☐ unzureichend explizit formuliert	☐ angemessen ☐ nicht angemessen
Ablauf	☐ Wasser in Kochtopf füllen ☐ NICHT benannt	☐ angemessen ☐ nicht angemessen	☐ ausreichend explizit formuliert ☐ unzureichend explizit formuliert	☐ angemessen ☐ nicht angemessen
	☐ Wasser salzen ☐ NICHT benannt	☐ angemessen ☐ nicht angemessen	☐ ausreichend explizit formuliert ☐ unzureichend explizit formuliert	☐ angemessen ☐ nicht angemessen
	☐ Herd anstellen ☐ NICHT benannt	☐ angemessen ☐ nicht angemessen	☐ ausreichend explizit formuliert ☐ unzureichend explizit formuliert	☐ angemessen ☐ nicht angemessen
	☐ Wasser zum Kochen bringen ☐ NICHT benannt	☐ angemessen ☐ nicht angemessen	☐ ausreichend explizit formuliert ☐ unzureichend explizit formuliert	☐ angemessen ☐ nicht angemessen
	☐ Spaghetti hinzufügen ☐ NICHT benannt	☐ angemessen ☐ nicht angemessen	☐ ausreichend explizit formuliert ☐ unzureichend explizit formuliert	☐ angemessen ☐ nicht angemessen
	☐ Spaghetti kochen lassen ☐ NICHT benannt	☐ angemessen ☐ nicht angemessen	☐ ausreichend explizit formuliert ☐ unzureichend explizit formuliert	☐ angemessen ☐ nicht angemessen
	☐ Zeitangabe fürs Spaghetti kochen ☐ NICHT benannt	☐ angemessen ☐ nicht angemessen	☐ ausreichend explizit formuliert ☐ unzureichend explizit formuliert	☐ angemessen ☐ nicht angemessen
	☐ Spaghetti abschütten ☐ NICHT benannt	☐ angemessen ☐ nicht angemessen	☐ ausreichend explizit formuliert ☐ unzureichend explizit formuliert	☐ angemessen ☐ nicht angemessen
	☐ Spaghetti essen/servieren ☐ NICHT benannt	☐ angemessen ☐ nicht angemessen	☐ ausreichend explizit formuliert ☐ unzureichend explizit formuliert	☐ angemessen ☐ nicht angemessen
Präzisieren	☐ Nennung weiterer Details (z.B. Pfeffer) ☐ KEINE weiteren Details	☐ angemessen ☐ nicht angemessen	☐ ausreichend explizit formuliert ☐ unzureichend explizit formuliert	☐ angemessen ☐ nicht angemessen

Tabelle 11: Raster zur Analyse der vorhandenen Textbausteine im Berichtstext.

Textbaustein	Vorhandensein des Textbausteins	Kontextadäquatheit	Explizität	sprachl. Angemessenheit
Betiteln	☐ Titel ist vorhanden ☐ Titel NICHT vorhanden	☐ angemessen ☐ nicht angemessen	☐ ausreichend explizit formuliert ☐ unzureichend explizit formuliert	☐ angemessen ☐ nicht angemessen
Orientieren	☐ Orientierung zur Situation ist vorhanden ☐ Orientierung NICHT vorhanden	☐ angemessen ☐ nicht angemessen	☐ ausreichend explizit formuliert ☐ unzureichend explizit formuliert	☐ angemessen ☐ nicht angemessen
Nennung	☐ Radfahrer wird eingeführt ☐ Radfahrer NICHT eingeführt	☐ angemessen ☐ nicht angemessen	☐ ausreichend explizit formuliert ☐ unzureichend explizit formuliert	☐ angemessen ☐ nicht angemessen
	☐ rotes Auto wird eingeführt ☐ rotes Auto NICHT eingeführt	☐ angemessen ☐ nicht angemessen	☐ ausreichend explizit formuliert ☐ unzureichend explizit formuliert	☐ angemessen ☐ nicht angemessen
	☐ blaues Auto wird eingeführt ☐ blaues Auto NICHT eingeführt	☐ angemessen ☐ nicht angemessen	☐ ausreichend explizit formuliert ☐ unzureichend explizit formuliert	☐ angemessen ☐ nicht angemessen
	☐ parkende Autos werden eingeführt ☐ park. Autos NICHT eingeführt	☐ angemessen ☐ nicht angemessen	☐ ausreichend explizit formuliert ☐ unzureichend explizit formuliert	☐ angemessen ☐ nicht angemessen
Ablauf	☐ Radfahrer zw. park. Autos ☐ NICHT vorhanden	☐ angemessen ☐ nicht angemessen	☐ ausreichend explizit formuliert ☐ unzureichend explizit formuliert	☐ angemessen ☐ nicht angemessen
	☐ Radfahrer will Straße überqueren ☐ NICHT vorhanden	☐ angemessen ☐ nicht angemessen	☐ ausreichend explizit formuliert ☐ unzureichend explizit formuliert	☐ angemessen ☐ nicht angemessen
	☐ Rotes Auto weicht auf Gegenfahrbahn aus ☐ NICHT vorhanden	☐ angemessen ☐ nicht angemessen	☐ ausreichend explizit formuliert ☐ unzureichend explizit formuliert	☐ angemessen ☐ nicht angemessen
	☐ Rotes Auto stößt mit blauem Auto zsm. ☐ NICHT vorhanden	☐ angemessen ☐ nicht angemessen	☐ ausreichend explizit formuliert ☐ unzureichend explizit formuliert	☐ angemessen ☐ nicht angemessen
Folgen	☐ Folgen werden genannt ☐ Folgen NICHT genannt	☐ angemessen ☐ nicht angemessen	☐ ausreichend explizit formuliert ☐ unzureichend explizit formuliert	☐ angemessen ☐ nicht angemessen

Situationsbild vermitteln; auch dies kann nur geschehen, wenn die jeweiligen Geschehnisse explizit genug beschrieben werden. Zusätzlich wird eingeschätzt, ob (4) die Nennung des Textbausteins sprachlich angemessen ist. Zwar gehen die inhaltliche Explizität und die sprachliche Angemessenheit häufig miteinander einher, dennoch kann etwas explizit beschrieben, aber sprachlich falsch sein oder unbeholfen wirken. In die Kategorie der sprachlichen Unangemessenheit fallen sowohl lexikalische als auch morphosyntaktische Unsicherheiten. Somit können nicht nur jene sprachlich falschen Textstellen identifiziert werden, die durch geringe Deutschkenntnisse bedingt sind (z.B. bei Schülerinnen und Schülern mit nicht deutscher Familiensprache), sondern auch solche, die stilistisch unpassend umgangssprachlich realisiert werden, so z. B. die Versprachlichung des Bausteins *Rotes Auto stößt mit blauem Auto zusammen* als *dann sind die mega zusammengedonnert.*

Anhand dieses Verfahrens lassen sich nun auch die obligatorischen Textstellen beurteilen, die ohne Verb realisiert werden und somit im bereits vorgestellten Rating zur Angemessenheit spezifischer Verben nicht beachtet werden können (siehe Abschnitt 8.6.2).

Um eine hohe Objektivität in der Beurteilung zu gewährleisten, werden 20 % der Schülertexte jeder Textsorte zufällig ausgewählt und zusätzlich von einer zweiten Person eingeschätzt. Bei einer Interraterreliabilität von > .80 kann von einem hinreichend objektiven Instrument gesprochen werden (Cronbach, 1951). Inhaltlich vergleichbare Studien gehen sogar bei einem Wert für den Intraklassen-Korrelationskoeffizienten (ICC) von > .70 von einer ausreichenden Interraterreliabilität aus (Graham, Milanowski & Miller, 2012; Stemler, 2004). Die zwölf bzw. elf zu erwartenden Textbausteine mit ihren binären Ausprägungen der insgesamt vier Kriterien (Vorhandensein des Bausteins, Einschätzung der Kontextadäquatheit, Explizitheit und sprachliche Angemessenheit) sind Tabelle 10 (Instruktionstext) und Tabelle 11 (Berichtstext) zu entnehmen.

Die Kriterien, die über das Vorhandensein hinausgehen (Kontextadäquatheit, Explizitheit, sprachliche Angemessenheit), können nur eingeschätzt werden, wenn der Baustein als vorhanden markiert wurde. Im Gegensatz zur Idee der Textprozeduren kann anhand dieses Ver-fahrens die tatsächliche sprachliche Umsetzung und damit der verwendete Ausdruck nicht weiter analysiert und somit nicht über die Probandinnen und Probanden hinweg verglichen werden; dies bliebe einer qualitativen Untersuchung mit annotierten Textstellen vorbehalten. Es lassen sich lediglich Aussagen darüber treffen, ob das im Sinne Feilkes (2014a) zu erwartende kognitive Schema (= jeweiliger Textbaustein) umgesetzt wurde, und falls ja, ob es als solches inhaltlich explizit und sprachlich angemessen ist. Aus diesem Grund wird in der vorliegenden Untersuchung bewusst auf den Begriff der Textprozedur verzichtet.

8.6.4 Beurteilung der Textqualität

Das in dieser Arbeit herangezogene Maß der Textqualität der Instruktions- und Berichtstexte stammt aus den Untersuchungen des Forschungsprojekts zu den Teilkomponenten der Schreibkompetenz. Eine ausführliche Beschreibung der dort verwendeten Verfahren ist der Publikation von Grabowski und Kollegen (2014) zu entnehmen. Da in das dort vorgestellte analytische Rating viele Merkmale mit einfließen, die in der vorliegenden Arbeit gesondert untersucht werden, kommt dieses als Maß zur Indikation von Textqualität hier nicht infrage, weil damit eine artifizielle Korrelation zwischen dem sprachlichen Phänomen und dem Maß der Textqualität automatisch evoziert werden würde. So fragt das analytische Rating

z. B. nach der Verwendung von Kohäsionsmitteln (*Wird die Handlungschronologie durch kohäsionsstiftende temporale Mittel umgesetzt?*) oder nach Subordinationen im jeweiligen Schülertext (*Enthält der Text integrierte Konstruktionen?*). Durch die Hinzuziehung der Ergebnisse dieses Ratings würden die sprachlichen Mittel doppelt berücksichtigt werden. Stattdessen wird für die vorliegenden Fragestellungen das sogenannte naive Rating verwendet. Es wird deshalb als naiv bezeichnet, weil die zwei Beurteilerinnen und Beurteiler vorher keine spezifische Raterschulung erhalten. Sie müssen jedoch über fundierte linguistische Kenntnisse verfügen. Das Rating stellt ein globales und holistisches Verfahren dar und folgt sechs Kriterien, die über jeweils zwei Merkmalsausprägungen verfügen:

1) Textqualität hoch vs. niedrig
2) Text erfüllt seine Funktion vollständig vs. eher nicht
3) der Text ist aus sich selbst heraus verständlich vs. braucht inferierte Ergänzungen
4) der Zusammenhang des Textes ist klar vs. schwach
5) der Wortschatz ist angemessen vs. nicht angemessen
6) der Text ist adressatenorientiert vs. nicht adressatenorientiert geschrieben

Zur Erfassung der Qualität eines jeden Schülertextes werden die Beurteilungen beider Raterinnen und Rater gemittelt und zu einem Textqualitätsscore zusammengefasst. Da sich das 5. Kriterium jedoch direkt auf den Wortschatz bezieht, wird es für die geplanten Analysen aus dem Rating ausgeschlossen. Eine Korrelation zwischen dem Textqualitätsaggregat aus der Publikation von Grabowski und Kollegen (2014), welches mehrere Verfahren mit einschließt, und dem naiven Rating ohne die Frage zum Wortschatz (5. Kriterium) ergibt für beide Textsorten jeweils denselben Wert $r = .82$ ($p < .01$). Das für diese Arbeit neu gebildete Maß bildet also die Textqualität in ähnlicher Weise ab, schließt aber eben nicht explizit eine Beurteilung des Wortschatzes mit ein.

Nach der Vorstellung des methodischen Vorgehens wird im nächsten Kapitel auf die Ergebnisse der Untersuchung eingegangen. Dabei wird zu Beginn der Ergebnisdarstellung zunächst eine übersichtsartige Vorstellung der generierten sprachlichen Variablen vorgenommen. Auf diese wurde aus Gründen der Redundanz im zuvor vorgestellten methodologischen Teil verzichtet.

9. Ergebnisse

Zur Prüfung der Hypothesen werden vorrangig varianzanalytische Verfahren (Abschnitt 9.1) und Korrelationsanalysen (Abschnitt 9.2) herangezogen. Die aus den Texten generierten und für die statistischen Betrachtungen verwendeten Variablen sind in Tabelle 12 aufgeführt. Sie sind in Maße unterteilt, die auf Basis von Kategorisierungsverfahren oder durch Einschätzungsverfahren gebildet wurden. Detaillierte Beschreibungen der Generierung der jeweiligen Variablen sowie konkrete Beispiele werden in den jeweiligen Unterabschnitten zu den varianzanalytischen Betrachtungen vorgenommen (Abschnitt 9.1).

Die Vorstellung der Maße, die sich auf die sprachlichen Voraussetzungen der Schülerinnen und Schüler beziehen und für die Zusammenhangsanalysen relevant sind (Leseflüssigkeit, Wortschatzleistung), folgt in Abschnitt 9.2.3. In Abschnitt 9.3 werden abschließend vier Einzelfälle vorgestellt, um das Zusammenspiel zwischen den aus den Texten generierten Variablen, der Textqualität, den basalsprachlichen Voraussetzungen und den demographischen Daten beispielhaft betrachten und diskutieren zu können.

Tabelle 12: Übersicht zu den aus den Instruktions- und Berichtstexten jeweils generierten sprachlichen Variablen auf Basis von Kategorisierungs- und Einschätzungsverfahren.

I. Variablen generiert auf Basis von Kategorisierungsverfahren	
Wortebene: *Treetagger, MS Excel*	
Lexikalische Vielfalt (Abschnitt 9.1.1)	Anzahl an Tokens
	Anzahl an Types
	CTTR (Corrected Type Token Ratio)
Wortarten (Abschnitt 9.1.2)	Anzahl an Adjektiven
	Anzahl an Adverbien
	Anzahl an Artikeln
	Anzahl an Auxiliaren
	Anzahl an Konjunktionen
	Anzahl an Nomen
	Anzahl an Numeralen
	Anzahl an Partikeln
	Anzahl an Präpositionen
	Anzahl an Pronomen
	Anteil der Funktionswörter an der Gesamtzahl aller Tokens
	Anteil der Inhaltswörter an der Gesamtzahl aller Tokens (Lexikalische Dichte)
Wortfrequenz (Abschnitt 9.1.3)	Mittlere Frequenz für alle Types
	Bildung der TOP 120 Inhaltswörter über alle Schülertexte pro Textsorte

		Anzahl an Nomen
Wortbildung (Abschnitt 9.1.4)	Derivationen	Anzahl an Adjektiven
		Anzahl an Verben
		Anzahl an Adverbien
		Anzahl an sonstigen Wortarten
	Komposita	Anzahl Nomen
		Anzahl Adjektiven
		Anzahl Verben
		Anzahl an sonstigen Wortarten
	Abkürzungen	Anzahl an Abkürzungen
lexikalische Besonderheiten (Abschnitt 9.1.5)	Anzahl an Fachbegriffen	
	Anzahl an Fremdwörtern	

Phrasen-/Textebene: *Paper-Pencil-Verfahren*

		Anzahl an Personalpronomen
Kohäsionsmittel (Abschnitt 9.1.6)	Verweismittel	Anzahl an Demonstrativpronomen
		Anzahl an Adverbien
		Anzahl an Pronominaladverbien
		Anzahl an semantisch vollen Wörtern
		Anzahl an Relativpronomen
		Anzahl an bestimmten Artikeln
	Verknüpfungs-mittel	Anzahl der Konjunktion *und*
		Anzahl an subordinierenden Konjunktionen
		Anzahl an disjunktiven Konjunktionen
		Anzahl an weiteren koordinierenden Konjunktionen/ Konjunktionaladverbien
	Textstrukturierende Mittel	Anzahl an Markierungen oder Auszeichnungen
		Anzahl an gliedernden Elementen
		Anzahl an Positionierungen und Hervorhebungen im Fließtext
erweiterte Nominalphrasen (Abschnitt 9.1.7)	Anzahl an linkserweiterten Nominalphrasen (durch Adjektive und Partizipien)	
	Anzahl an rechtserweiterten Nominalphrasen (Genitivattribute)	
	Anzahl an rechtserweiterten Nominalphrasen (Präpositionalphrasen)	
Passivkonstruktionen (Abschnitt 9.1.8)	Anzahl an Passivkonstruktionen	

II. Variablen generiert auf Basis von Einschätzungsverfahren (*Paper-Pencil-Verfahren, filemaker*)

Bildungssprachlichkeit der verwendeten Voll-verben (Abschnitt 9.1.9)	Anzahl an umgangssprachlichen Verben
	Anzahl an alltagssprachlichen Verben
	Anzahl an bildungssprachlichen Verben
Angemessenheit der notwendigen Vollverben (Abschnitt 9.1.10)	Anzahl an angemessenen Verben
	Anzahl an unangemessenen Verben

	Vorhandensein	Anzahl an vorhandenen obligatorischen Textbausteinen
Textbausteine (Abschnitt 9.1.11)	Kontext-adäquatheit	Anzahl an kontextadäquaten Textbausteinen (auf Basis der vorhandenen)
		Anzahl an kontextinadäquaten Textbausteinen (auf Basis der vorhandenen)
	inhaltliche Explizitheit	Anzahl an inhaltlich expliziten Textbausteinen (auf Basis der vorhandenen)
		Anzahl an inhaltlich nicht expliziten Textbausteinen (auf Basis der vorhandenen)
	sprachliche Angemessenheit	Anzahl an sprachlich angemessenen Textbausteinen (auf Basis der vorhandenen)
		Anzahl an sprachlich nicht angemessenen Textbausteinen (auf Basis der vorhandenen)
Textqualität (Abschnitt 9.1.12)	Textqualitätsscore auf Basis des binären Ratings	

9.1 Varianzanalytische Untersuchungen

In den folgenden Unterabschnitten wird jeweils zunächst die Generierung der einzelnen Variable erklärt. Danach werden für jedes Maß die varianzanalytischen Ergebnisse vorgestellt. Diese können Aufschluss über bedeutsame Unterschiede in der Verwendung des jeweiligen Mittels hinsichtlich der Klassenstufe (5 vs. 9), der Schulart (Hauptschule vs. Realschule vs. Gymnasium) und der Familiensprache (deutsche vs. nicht (nur) deutsche Familiensprache) liefern. In Kombination ergeben die Faktoren somit ein dreifaktorielles, unabhängig gemessenes 2 x 3 x 2-Design. Es wird keine Differenzierung in Bezug auf das Geschlecht vorgenommen, weil zum einen wenig bedeutsame Unterschiede zwischen den Jungen und Mädchen bestehen und zum anderen aus möglichen Effekten wenige Folgerungen für die Didaktik zu ziehen sind.

Für jede Variable werden stets zuerst die Ergebnisse für den Instruktionstext und anschließend die für den Berichtstext dargestellt. Aufgrund der Vielzahl an durchzuführenden Analysen werden nur signifikante Effekte berichtet. Anschließend an die Darstellung beider Textsorten folgt ein kurzes Zwischenfazit mit einem Vergleich beider Schreibaufgaben. Der letzte Abschnitt (9.1.13) liefert eine Zusammenfassung der varianzanalytischen Ergebnisse sowie eine Rückbindung der Befunde an die zuvor aufgestellten Hypothesen.

9.1.1 Maße der lexikalischen Vielfalt

Anzahl an Tokens (Textlänge)

Die Anzahl aller vorhandenen Wörter in einem Text stellt die Anzahl der Tokens dar. Diese wiederum ist gleichzusetzen mit der Textlänge. Bestimmt wird die Textlänge durch die *Wörter-Zählen-Funktion* in *MS Word*.

Bei deskriptiver Betrachtung der Textlänge über alle Schülertexte hinweg ist eine hohe Spannbreite erkennbar. In den Instruktionstexte schreiben die Schülerinnen und Schülern zwischen 22 und 179 Wörtern (M = 72,6; SD = 23,3). Die Berichtstexte sind insgesamt etwas kürzer, wobei auch hier eine hohe Varianz mit Werten zwischen 15 und 138 Wörtern (M = 61,5; SD = 26,0) zu verzeichnen ist.

2Die varianzanalytischen Untersuchungen zeigen für die *Instruktionstexte* einen Effekt der Klassenstufe: Schülerinnen und Schüler der 9. Klasse schreiben längere Texte als die der 5. Klasse (F(1, 265) = 37,507, p < .001, η^2 = .124). Weiterhin ergeben sich erwartbare Unterschiede in Bezug auf die Schulart: Klassenstufenübergreifend schreiben die Probandinnen und Probanden des Gymnasiums längere Texte als die der Realschule und diese wiederum längere als die der Hauptschule (F(2, 265) = 15,717, p < .001, η^2 = .106). Beide Effekte sind in Abbildung 11 erkennbar. Der Einfluss der Familiensprache erweist sich als nicht bedeutsam, allerdings zeigt sich eine Wechselwirkung zwischen der Familiensprache und Schulart (F(2, 265) = 3,064, p < .05, η^2 = .023). Nur in der Hauptschule, nicht aber in den beiden anderen Schularten sind die Texte der Schülerinnen und Schüler mit einer anderen Familiensprache als Deutsch kürzer als die der monolingual Deutsch sprechenden Schülerinnen und Schüler. Weiterhin ergibt sich eine Wechselwirkung zwischen der Klassenstufe und der Schulart (F(2, 265) = 11,092, p < .001, η^2 = .077): Während sich die Texte an der Realschule und im Gymnasium in ihrer Länge jeweils zwischen den Klassenstufen 5 und 9 unterscheiden, schreiben Schülerinnen und Schüler in der Hauptschule unabhängig von der Klassenstufe etwa gleich lange Texte. Dies ist dargestellt in Abbildung 11.

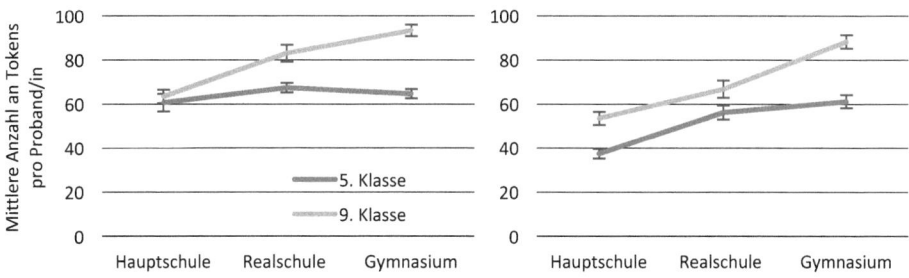

Abbildung 11: Mittlere Anzahl an Tokens pro Proband/in in den Textsorten *Instruktion* (links) und *Bericht* (rechts) in Abhängigkeit der Klassenstufe und Schulart (n = 277).

Für die *Berichtstexte* ergibt sich ein ähnliches Bild wie für die Instruktionstexte. Schülerinnen und Schüler der Klasse 9 schreiben längere Texte als jene der Klasse 5 ($F(1, 265) = 45{,}194$, $p < .001$, $\eta^2 = .146$). Auch erweist sich hier der Einfluss der Schulart als bedeutsam und zugleich erwartungskonform ($F(2, 265) = 41{,}193$, $p < .001$, $\eta^2 = .237$; siehe Abbildung 11). Die Familiensprache hat wie in den Instruktionstexten keinen Einfluss auf die Textlänge. Darüber hinaus kommt es zu keinen Wechselwirkungen zwischen den Designfaktoren der Klassenstufe, Schulart und Familiensprache.

Anzahl an Types

Durch die Bestimmung aller in einem Text vorhandenen Wörter und deren Umwandlung in die Stammformen (Lemmata) ist es möglich, die Anzahl an *verschiedenen* Lemmata für jeden Text zu generieren. Diese Angabe stellt die Anzahl der Types dar. So lässt sich für jeden Type analysieren, wie häufig er innerhalb des Textes vorkommt. Dabei werden homographe Wörter, die jeweils unterschiedlichen Wortarten zugehörig sind, z. B. *da* in Funktion eines Adverbs und *da* in Funktion einer Konjunktion, als verschiedene Types betrachtet. Es ist davon auszugehen, dass für ein kürzeren Text die Wahrscheinlichkeit groß ist, dass die jeweiligen Summen aus Tokens und Types sehr nah beieinander liegen. Je länger ein Text wird, desto stärker verringert sich die Anzahl der Types, da sich die Wörter zunehmend wiederholen – dennoch weist ein langer Text meist eine höhere Anzahl an Types auf als ein sehr kurzer.

Bei deskriptiver Betrachtung der Types zeigt sich über alle Schülertexte hinweg eine hohe Spannbreite: In den Instruktionstexte verwenden die Schülerinnen und Schülern jeweils zwischen 18 und 89 verschiedene Wörter ($M = 44{,}2$; $SD = 12{,}4$). Die Anzahl der Types in den Berichtstexte ist – ähnlich wie für die Tokens – insgesamt etwas geringer, wobei auch hier eine hohe Varianz mit Werten zwischen 13 und 85 verschiedenen Lemmata pro Text ($M = 40{,}0$; $SD = 15{,}3$) zu verzeichnen ist. Interessanterweise treten in den Instruktionstexten 943 unterschiedliche Types in der Gesamtstichprobe auf, in den Berichtstexten ist die Anzahl der insgesamt verwendeten verschiedenen Lemmata mit 1339 deutlich höher.

Für die *Instruktionstexte* ist der Einfluss der Klassenstufe bedeutsam ($F(1, 265) = 64{,}019$, $p < .001$, $\eta^2 = .195$). Schülerinnen und Schüler der Klasse 9 verwenden somit nicht nur mehr Wörter (Tokens), sondern auch eine höhere Anzahl an verschiedenen Wörtern (Types). Weiterhin produzieren Schülerinnen und Schüler der Hauptschule eine geringere Anzahl an Types als die der Realschule und diese wiederum eine geringere als die des Gymnasiums ($F(2, 265) = 33{,}924$, $p < .001$, $\eta^2 = .204$). Zugleich ist der Unterschied in der Hauptschule zwischen Klasse 5 und 9 in der Verwendung verschiedener Lemmata deutlich geringer als in den beiden anderen Schularten ($F(2, 265) = 6{,}287$, $p < .01$, $\eta^2 = .045$). Diese Wechselwirkung ist dargestellt in Abbildung 12.

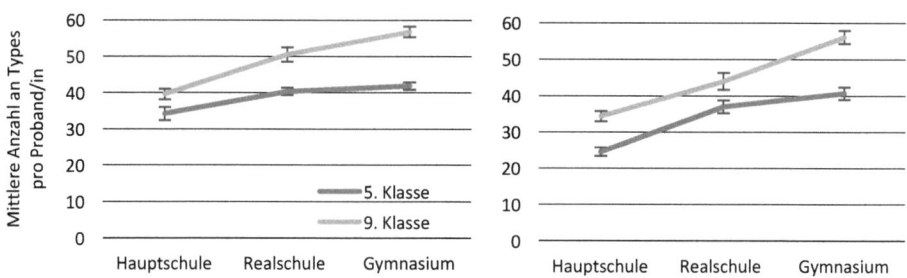

Abbildung 12: Mittlere Anzahl an Types pro Proband/in in den Textsorten *Instruktion* (links) und *Bericht* (rechts) in Abhängigkeit der Klassenstufe und Schulart (*n* = 277).

In der 5. Klasse zeigt sich nur in der Hauptschule ein bedeutsamer Einfluss der Familiensprache, in den anderen Schularten nicht ($F(2, 140) = 4,338$, $p < .05$, $\eta^2 = .058$). So gebrauchen Schülerinnen und Schüler mit ausschließlich deutscher Familiensprache in der Hauptschule deutlich mehr Types als jene mit einer anderen Familiensprache. Diese Wechselwirkung von Familiensprache und Schulart ist für Klasse 9 nicht nachweisbar (siehe Abbildung 13).

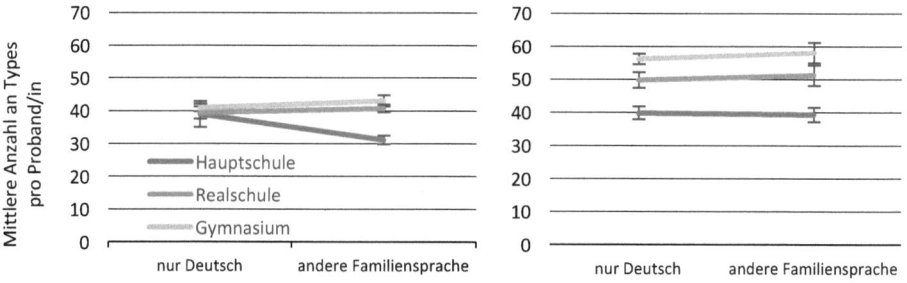

Abbildung 13: Mittlere Anzahl an Types pro Proband/in in der Textsorte *Instruktion* in Klasse 5 (links) und in Klasse 9 (rechts) in Abhängigkeit der Familiensprache und Schulart.

Für die *Berichtstexte* kommt es zu ähnlichen Effekten wie für die Instruktionstexte. Schülerinnen und Schüler der Klasse 9 unterscheiden sich von denen der Klasse 5 erwartungskonform in der Anzahl der Verwendung verschiedener Lemmata ($F(1, 265) = 48,688$, $p < .001$, $\eta^2 = .155$). Auch hier kommt es zu einem erwartbaren Einfluss der Schulart ($F(2, 265) = 52,828$, $p < .001$, $\eta^2 = .285$): Die Texte des Gymnasiums enthalten auch hier eine höhere Anzahl verschiedener Lemmata als die Texte der Schülerinnen und Schüler der anderen Schulformen. Es ergibt sich jedoch keine Wechselwirkung der Schulart und Klassenstufe (siehe Abbildung 12) und auch kein Einfluss der Familiensprache.

Es lässt sich zusammenfassen, dass die aufgezeigten Effekte der Schulart und der Klassenstufe erwartungskonform sind und sich zwischen beiden Textsorten kaum unterscheiden. Die Familiensprache wirkt sich weder auf die Textlänge noch auf die Verwendung verschiedener Wörter aus. Lediglich in der Hauptschule ist ein Nachtteil für Schülerinnen und Schüler mit einer anderen Familiensprache als Deutsch zu erkennen. Die Stärke des Effekts ist jedoch als schwach ausgeprägt zu bezeichnen. Generell ist anzumerken, dass die beiden generierten Maße nicht voneinander unabhängig sind, was sich im direkten Vergleich von Abbildung 11 und Abbildung 12 zeigt. Wird ein langer Text verfasst, werden zugleich auch mehr Types produziert. Werden nur wenige Wörter im Text verwendet, ist auch die Anzahl an verschiedenen Wörtern geringer. Die hohe Varianz in der Anzahl der Tokens und die gezeigten Effekte der Klassenstufe und Schulart sprechen dafür, die Textlänge in den weiteren varianzanalytischen Betrachtungen als Kovariate zu behandeln. So lassen sich Einflüsse, die lediglich der Textlänge geschuldet sind und nicht mit der jeweils zu berechnenden abhängigen Variable zusammenhängen, minimieren.

Korrigierte Type Token Ratio (CTTR)

Um das zuvor beschriebene Abhängigkeitsverhältnis von Types und Tokens zu kontrollieren und um gleichzeitig Aussagen über die lexikalische Vielfalt in den Texten treffen zu können, wird die CTTR (*corrected type token ratio*) hinzugezogen. Mit Blick auf die verschiedenen in der Literatur vorgeschlagenen Alternativen zur „traditionellen" TTR ist die CTTR zusammen mit dem Maß *Guiraud* das einzige, welches die Berücksichtigung von Texten mit einer Länge von unter 100 Wörtern erlaubt (siehe hierfür Tabelle 4). Die Unabhängigkeit von der Textlänge wird in der Forschung zwar als nicht eindeutig gesichert angesehen (vgl. z. B. Koizumi, 2012), dennoch bietet die korrigierte TTR (CTTR) einen deutlichen Vorteil zur klassischen TTR. Die CTTR berechnet sich aus dem Quotient aus der Anzahl an Types und der Wurzel der zweifachen Anzahl an Tokens [Types/ SQRT(2*Tokens)].

Für die *Instruktionstexte* ergibt sich ein bedeutsamer Einfluss der Klassenstufe ($F(1, 265) = 67{,}863$, $p < .001$, $\eta^2 = .204$). Die Texte der Klassenstufe 9 weisen eine höhere lexikalische Vielfalt auf als die der Klassenstufe 5. Auch in Bezug auf die Schulart zeigen sich die erwartbaren Unterschiede ($F(2, 265) = 46{,}870$, $p < .001$, $\eta^2 = .261$). Die Texte des Gymnasiums sind lexikalisch vielfältiger als die der Realschule und diese wiederum vielfältiger als die der Hauptschule. Beide Effekte sind in Abbildung 14 dargestellt.

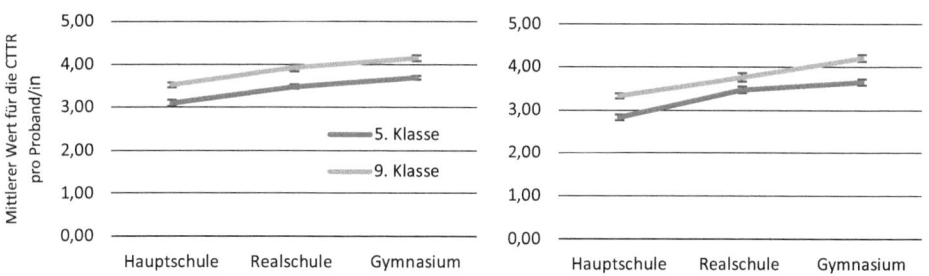

Abbildung 14: Mittlerer Wert für die CTTR pro Proband/in in den Textsorten *Instruktion* (links) und *Bericht* (rechts) in Abhängigkeit der Klassenstufe und Schulart (*n* = 277).

Ähnliches gilt für die *Berichtstexte*: Die Texte der Neuntklässlerinnen und Neuntklässler weisen eine höhere lexikalische Vielfalt auf als die der Fünftklässlerinnen und Fünftklässler ($F(1, 265) = 43,394$, $p < .001$, $\eta^2 = .141$). Genauso ist der Einfluss der Schulart bedeutsam: Die Gymnasiasten bilden die stärkste Gruppe, die Schülerinnen und Schüler der Hauptschule die schwächste ($F(2, 265) = 55,427$, $p < .001$, $\eta^2 = .295$; siehe Abbildung 14).

Für beide Textsorten sind keine Unterschiede in Bezug auf die Familiensprache nachweisbar.

Zwischenfazit

Die bisher aufgezeigten Ergebnisse sprechen für entwicklungsbedingte Unterschiede sowohl in der Textlänge als auch in der Anzahl verschiedener Lemmata. Schülerinnen und Schüler der Klasse 5 schreiben kürzere Texte und verwenden in diesen weniger unterschiedliche Wörter als Neuntklässlerinnen und Neuntklässler. Schülerinnen und Schüler des Gymnasiums schreiben längere Texte und verwenden in diesen mehr verschiedene Wörter als die der Realschule und diese wiederum mehr als die der Hauptschule. Die Unterschiede zwischen den Klassenstufen und Schularten bleiben im Maß der lexikalischen Vielfalt, welches die Textlänge berücksichtigt, bestehen. Das bedeutet, dass Schülerinnen und Schüler, die das Gymnasium besuchen, unabhängig von der Anzahl an Wörtern, die sie schreiben, sowohl in Klasse 5 als auch in Klasse 9 eine höhere lexikalische Vielfalt erkennen lassen als die Schülerinnen und Schüler der Realschule und diese wiederum eine höhere als die der Hauptschule. Die zu Hause gesprochene Sprache hat im Allgemeinen weder einen Einfluss auf die Textlänge noch auf die lexikalische Vielfalt in den Texten. Die einzigen Unterschiede hinsichtlich der zu Hause gesprochenen Sprache zeigen sich in der Textlänge der Hauptschule in Klasse 5 beim Verfassen des Instruktionstexts zugunsten der Schülerinnen und Schüler, die nur Deutsch sprechen.

9.1.2 Wortarten

Verteilung der Wortarten (deskriptiv)

Die Lemmatisierung der in einem Text verwendeten Wörter und die Zuweisung der zugehörigen Wortarten über *TreeTagger* und das *part-of-speech Tagging* (vgl. Schmid, 1995) ermöglichen es, das Vorkommen der verschiedenen Wortarten und ihre Verteilung innerhalb des jeweiligen Textes zu untersuchen.

Innerhalb der Instruktions- und Berichtstexte ergeben sich die in der Abbildung 15 dargestellten Verteilungen der Wortarten. Dabei sind für jede Wortart die jeweiligen Mittelwerte des Vorkommens pro Proband bzw. Probandin sowie das dazugehörige Konfidenzintervall (+/– 0.95) angegeben. Die hellgraue Schraffierung markiert Funktionswörter, die dunkelgraue Inhaltswörter. Die Zuordnung der Numerale zu Inhalts- und Funktionswörtern ist in der Literatur nicht eindeutig geklärt. Da sie jedoch im Sinne einer informierenden Textsorte als eine endliche Kategorie verstanden wird, ist diese Wortart den Funktionswörtern zugeordnet.

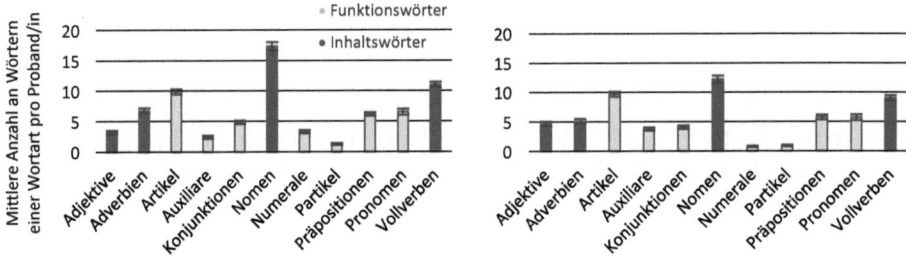

Abbildung 15: Mittlere Anzahl an Wörtern einer Wortart pro Proband/in in den Textsorten *Instruktion* (links) und *Bericht* (rechts) (*n* = 277).

In beiden Textsorten werden am häufigsten Nomen, Artikel und Vollverben verwendet. Im Vergleich beider Textsorten ist die Anzahl an Nomen, Vollverben und Numeralen in den Instruktionstexten höher, während in den Berichtstexten mehr Adjektive und Auxiliare (Hilfsverben) auftreten

An den in Tabelle 13 dargestellten statistischen Kennwerten für die Wortartenverteilung ist erkennbar, wie hoch die Varianz in der Verwendung der Wortarten ist. Die Werte beziehen sich auf die mittlere Häufigkeit des Vorkommens (*M*) der jeweiligen Wortarten pro Proband bzw. Probandin. Einen Einfluss auf die Kennwerte für die verschiedenen Wortarten hat die jeweilige Textlänge; die hohe Spannbreite der Anzahl der Tokens wurde bereits vorgestellt. Dies führt zu einer eingeschränkten Sinnhaftigkeit, die Verteilung der Wortarten auf Basis der Mittelwerte zu interpretieren. Vielmehr sind die Berücksichtigung der Textlänge und die Betrachtung der Unterschiede hinsichtlich der Designvariablen (Klassenstufe, Schulart und Familiensprache) gefordert.

Tabelle 13: Statistische Kennwerte für die Wortartenverteilung in den Textsorten *Instruktion* und *Bericht* pro Proband/in (*n* = 277).

Wortart	Textsorte	M	SD	Minimum	Maximum
Adjektive	Instruktion	3,21	2,57	0	18
	Bericht	4,68	3,09	0	17
Adverbien	Instruktion	6,76	3,41	0	23
	Bericht	5,06	3,51	0	19
Artikel	Instruktion	9,85	3,65	1	22
	Bericht	9,67	3,70	2	20
Auxiliare	Instruktion	2,37	2,21	0	11
	Bericht	3,74	2,29	0	11
Konjunktionen	Instruktion	4,82	2,54	0	20
	Bericht	4,05	2,37	0	13
Nomen	Instruktion	17,34	5,81	5	37
	Bericht	12,25	5,37	2	32
Numerale	Instruktion	3,28	2,20	0	19
	Bericht	0,76	0,99	0	4
Partikel	Instruktion	1,21	1,33	0	6
	Bericht	0,89	1,13	0	6
Präpositionen	Instruktion	6,16	2,49	0	18
	Bericht	5,73	3,48	0	17
Pronomen	Instruktion	6,52	4,18	0	25
	Bericht	5,70	3,98	0	20
Vollverben	Instruktion	11,00	3,53	2	26
	Bericht	9,00	3,97	1	23

Anteil an Inhaltswörtern (Lexikalische Dichte)

Um den Einfluss der Textlänge zu kontrollieren, wird der Anteil der Nomen, Adjektive, Adverbien und Vollverben an der Gesamtzahl der Wörter pro Text berechnet (Summe aller Inhaltswörter/Anzahl der Tokens*100). Je höher dieser Anteil ist, desto elaborierter und bildungssprachlicher gilt ein Text (Read, 2000). Eine separate Analyse der jeweils einzelnen Wortarten bzw. deren jeweiligen Anteils an der Gesamtzahl der Wörter führt zu keinen bedeutsamen Unterschieden in Bezug auf die Klassenstufe, Schulart oder Familiensprache.

Jedoch ergibt auch die Betrachtung des Anteils der Inhaltswörter (Nomen, Adjektive, Adverbien, Vollverben) an der Textlänge für die *Instruktionstexte* keine bedeutsamen Effekte für die drei Designfaktoren. So beträgt z. B. der Anteil an Inhaltswörtern in der 5. Klasse 53,5 %, in der 9. Klasse ist 53,3 % ein vergleichbar hoher Anteil. Dafür zeigt sich aber, dass der Anteil an Inhaltswörtern in der Hauptschule von Klasse 5 zu 9 (von 52,5 % zu 56,2 %) ansteigt, während er in den beiden anderen Schularten jeweils um ca. 2 % abnimmt ($F(2, 265) = 10,491$, $p < .001$, $\eta^2 = .073$). Diese Wechselwirkung zwischen der Schulart und Klassenstufe ist dargestellt in Abbildung 16. Sie ist als nicht erwartungskonform einzuordnen. Auch ergeben sich zwei weitere Wechselwirkungen (Schulart und Familiensprache: $F(2, 265) = 4,091$, $p < .05$, $\eta^2 = .030$; Klassenstufe und Familiensprache: $F(1, 265) = 4,584$, $p < .05$, $\eta^2 = .017$), die jedoch aufgrund eines sehr uneinheitlichen Bildes in den Klassenstufen und Schularten kaum interpretierbar sind. Da sich zudem der Anteil an Inhaltswörtern in allen Teilstichproben nur wenig unterscheidet (zwischen ca. 51,2 % und 58,3 %), scheint generell fraglich, in welcher Weise die Unterschiede gedeutet werden können. Die beiden zuvor genannten Wechselwirkungen werden daher nicht weiter ausgeführt, zumal sie über eine geringe Effektstärke und damit über wenig praktische Relevanz verfügen.

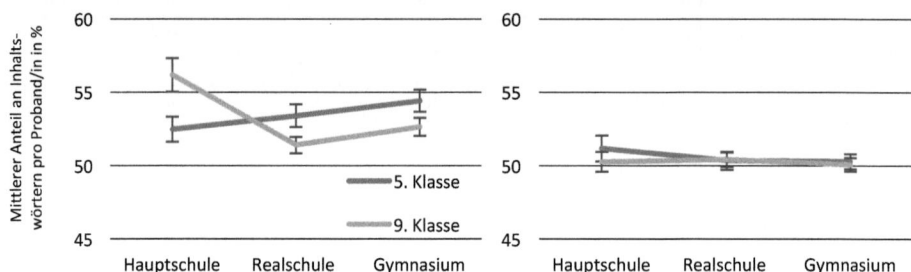

Abbildung 16: Mittlerer Anteil an Inhaltswörtern pro Proband/in in Prozent in den Textsorten *Instruktion* (links) und *Bericht* (rechts) in Abhängigkeit der Klassenstufe und Schulart ($n = 277$).

Die aufgezeigten Unterschiede für die Instruktionstexte sind in den *Berichtstexten* so nicht zu finden (siehe Abbildung 16); es liegen keine Effekte für die Klassenstufe oder Schulart vor. Dafür erweist sich die Familiensprache als bedeutsam ($F(1, 265) = 5,247$, $p < .05$, $\eta^2 = .019$). Schülerinnen und Schüler, die nur Deutsch zu Hause sprechen, verwenden in ihren Berichtstexten einen geringeren Anteil an Inhaltswörtern als Schülerinnen und Schüler mit einer anderen Familiensprache (49,8 % vs. 51,0 %). Dieser Effekt ist zwar nicht erwartungskonform, ist jedoch gleichzeitig als schwach ausgeprägt zu bezeichnen.

Zwischenfazit

Für beide Textsorten ergibt die Betrachtung der Wortarten wenig Varianz innerhalb der Teilstichproben, sofern die Textlänge mit berücksichtigt wird. Das Verhältnis von Inhalts- zu Funktionswörtern liegt ungefähr bei jeweils der Hälfte. Die Annahme, dass ein Text als elaborierter gilt, desto mehr Inhaltswörter er trägt (Read, 2000), kann für die vorliegenden Daten nicht bestätigt werden. Gymnasiasten zeigen keinen signifikant höheren Anteil an Inhaltswörtern und Neuntklässlerinnen und Neuntklässler ebenso nicht. Auch ein weiterer hier nicht aufgeführter Vergleich der Summe an Inhaltswörtern unter Berücksichtigung der Textlänge als Kovariate ergibt keine über die bisherigen Darstellungen hinausgehenden Einblicke in die Wortartenzusammensetzung der Texte. Eventuell können Korrelationsanalysen Hinweise auf den Zusammenhang von Wortartenverteilung und Textqualität geben und damit auch die Theorie der erhöhten Bildungssprachlichkeit bei vermehrter Verwendung von Inhaltswörtern stützen. Weiterhin ist zu vermuten, dass sich die Betrachtung eher auf die domänenspezifischen Inhaltswörter richten müsste und somit auf solche, die für die spezifische Aufgabenbearbeitung relevant sind. Dies fordert jedoch eine vorangestellte Festsetzung jener Wörter, die für die Aufgabe als obligatorisch und kennzeichnend anzusehen sind. Hilfreich wäre zudem eine Analyse der Wortarten nach funktionsgrammatischen Fragestellungen. Damit würde nicht nur die Betrachtung der Wörter in Bezug auf ihre inhaltliche Passung zur Aufgabe berücksichtigt werden, sondern auch auf ihre Funktion im Sinne des Sprachhandelns (vgl. Hoffmann, 2013). Ein solches Vorgehen steht jedoch in der vorliegenden Untersuchung nicht im Fokus, könnte aber zu anderen, eventuell auch erwartungskonformeren Ergebnissen führen als die hier angewandte eher schulgrammatische Perspektive.

9.1.3 Wortfrequenz

Als ein weiteres lexikalisches Indiz für die Qualität eines Textes wird die Frequenz der im Text vorkommenden Wörter angesehen (z.B. Grobe, 1981). Hiermit ist die Häufigkeit des Vorkommens eines Lemmas im allgemeinen Sprachgebrauch gemeint und nicht die Verwendungshäufigkeit bei einer einzelnen Person. Je niedrigfrequenter ein Wort in einer Sprache vorkommt, als desto elaborierter gilt es. Fraglich ist dabei jedoch, was als Referenz für die Häufigkeit des Gebrauchs herangezogen wird. So führt z.B. das Auftreten des Wortes *zumal* in Zeitungsartikeln vermutlich zu anderen Häufigkeitswerten als im spontansprachlichen Gebrauch von Jugendlichen. Die meisten Datenbanken zur Wortfrequenz beziehen sich auf erwachsene Sprecherinnen und Sprecher oder auf junge Kinder. Beide Referenzgruppen sind für die hier geplanten Analysen als unpassend zu betrachten. Aus diesem Grund wird die untersuchte Stichprobe als direkte Referenz für die Wortfrequenz herangezogen. So lassen sich auch die spezielle Aufgabenstellung und damit der Verwendungskontext stärker berücksichtigen. Zugleich haben alle Probandinnen und Probanden durch die Profilierung der Aufgabe und die bereits in der Aufgabenstellung verwendeten Wörter eine ähnliche Ausgangssituation.

Mittlere Wortfrequenz
Die Berechnung der Frequenz eines jeden Tokens im Text wird durch die Bildung des Quotienten aus der Anzahl des Vorkommens des Tokens innerhalb des Textes selbst und der Anzahl des Vorkommens innerhalb der Gesamtstichprobe vollzogen. Tritt also z.B. das Lemma *Fahrradfahrer* innerhalb eines Textes dreimal auf und innerhalb der Gesamtstichprobe 1000 Mal, ergibt das einen Quotienten von 3/1000. Theoretisch kann dieser Quotient maximal eins betragen. Die Frequenzen aller Tokens eines Schülertextes werden kumuliert und durch die Anzahl der

Types des Textes geteilt. Dies ergibt die mittlere Frequenz pro Text und somit pro Proband bzw. Probandin. Je höher der Wert ist, desto niedrigfrequenter sind durchschnittlich die Wörter im Text. Die mittlere Frequenz kann ebenso maximal eins ergeben. Es gilt jedoch zu beachten, dass ein höherer Wert in der mittleren Wortfrequenz nicht zwingend mit einer stärkeren Elaboriertheit der Lemmata einhergeht. Der Wert kann vielmehr auch durch eine umgangssprachliche Verwendungsweise bestimmter Lemmata bedingt sein, die für die jeweilige Person ein Alleinstellungsmerkmal darstellen, sodass sie dadurch automatisch einen höheren Wert erhält. Dies wäre beispielsweise der Fall, wenn nur eine Person innerhalb der Stichprobe das Wort *reinhauen* verwendet und dies auch nur einmal innerhalb ihres Textes. Aufgrund dieser möglichen Verzerrung werden alle Texte, deren Wert der mittleren Frequenz > 0,75 beträgt, noch einmal auf eine umgangssprachliche und normabweichende Verwendungsweise der Lemmata überprüft. Nur so ist eine Interpretation der Angabe zur Wortfrequenz sinnvoll.

Für die *Instruktionstexte* erweist sich der Einfluss der Klassenstufe als bedeutsam ($F(1, 265) = 36,829$, $p < .001$, $\eta^2 = .122$). Neuntklässlerinnen und Neuntklässler verfügen über einen höheren Wert in der Wortfrequenz, was für eine vermehrte Verwendung von niedrigfrequenten Wörtern spricht. Auch die Schulart führt zu den erwartbaren dreistufigen Unter-schieden in der Wortfrequenz ($F(2, 265) = 9,558$, $p < .001$, $\eta^2 = .067$). Darüber hinaus zeigen sich am Gymnasium und in der Realschule im Vergleich von Klasse 5 zu 9 stärkere Unterschiede in der mittleren Wortfrequenz als in der Hauptschule ($F(2, 265) = 8,574$, $p < .001$, $\eta^2 = .061$). Diese Interaktion der Schulart und Klassenstufe ist in Abbildung 17 dargestellt. Die Familiensprache hat keinen Einfluss auf die mittlere Frequenz der verwendeten Wörter.

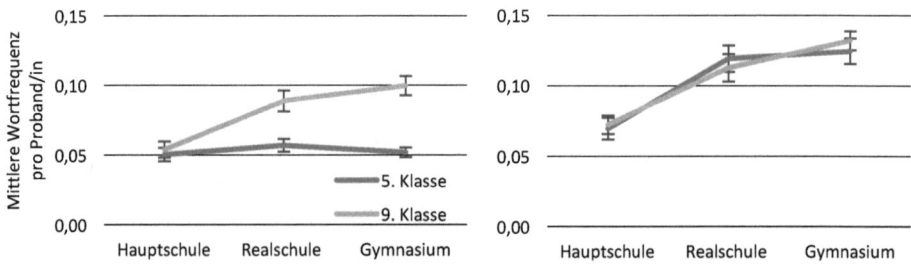

Abbildung 17: Mittlere Wortfrequenz pro Proband/in in den Textsorten *Instruktion* (links) und *Bericht* (rechts) in Abhängigkeit der Klassenstufe und Schulart (*n* = 277).

Für die *Berichtstexte* erweist sich die Schulart ebenfalls als bedeutsam ($F(2, 265) = 22,651$, $p < .001$, $\eta^2 = .146$). Schülerinnen und Schüler am Gymnasium verwenden in den Texten im Mittel mehr niedrigfrequente Wörter als die Schülerinnen und Schüler der Realschule und diese wiederum mehr als die der Hauptschule (siehe Abbildung 17). Es zeigt sich jedoch kein Effekt für die Klassenstufe, und auch die Familiensprache scheint keine Rolle für die Auswahl niedrig- bzw. hochfrequenter Wörter zu spielen.

Zwischenfazit

Beim Vergleich beider Textsorten ergibt sich sowohl für die Instruktions- als auch für die Berichtstexte ein bedeutsamer und erwartungskonformer Einfluss der Schulart auf die mittlere Wortfrequenz. Dieser Effekt fällt für die Berichtstexte größer aus. Die Klassenstufen unterscheiden sich in den Berichtstexten in ihrer mittleren Wortfrequenz hingegen nicht. Schülerinnen und Schüler der Klasse 5 und 9 verwenden demnach Lemmata, deren Frequenz in der Gesamtstichprobe ähnlich ausgeprägt ist. Dies trifft jedoch für die Instruktionstexte nicht zu, hier ist ein bedeutsamer und erwartungskonformer Unterschied zwischen den beiden Klassenstufen erkennbar. Somit scheint die Textsorte einen Einfluss auf die Wahl der Lemmata zu haben: Je älter die Schülerinnen und Schüler sind, desto mehr niedrigfrequente Wörter werden in den Instruktionstexten verwendet. Je höher der Bildungsgrad der Schülerinnen und Schüler ausfällt, desto eher formulieren diese ihre Berichtstexte mit niedrigfrequenten Wörtern. Es ist zu vermuten, dass dieses Muster vorrangig durch die Anforderungen der Aufgabenstellung bedingt ist und weniger durch die Textsorte an sich.

TOP 120 der Inhaltswörter (deskriptiv)

Für jede Textsorte werden die in der Gesamtstichprobe am häufigsten vorkommenden Inhaltswörter ermittelt und nach ihren Maxima absteigend sortiert (siehe Tabelle 14 und Tabelle 15). Um die Maximalwerte beider Textsorten vergleichen zu können, stellt Abbildung 18 einen direkten Vergleich dieser graphisch da. Es ist zu erkennen, dass die Verteilung der Maxima innerhalb dieser ersten 120 Wörter für beide Textsorten ähnlich verläuft, wobei sich für die Instruktionstexte insbesondere unter den TOP 60 höhere Häufigkeiten der Verwendung ergeben. *Nudel, Wasser* und *Topf* bilden die drei meist verwendeten Nomen, im Bericht sind es *Auto, Straße* und *Fahrradfahrer*. Diese Wörter bezeichnen letztlich die für die Aufgaben relevanten Hauptakteure. Weiterhin sind unter den ersten 60 Platzierungen die Lemmata zu finden, die aus der Aufgabenstellung direkt hervorgehen. In den Instruktionstexten sind es vorrangig die Gebrauchsgegenstände und Zutaten, die auf den sechs Bildern dargestellt sind, z. B. *Messbecher, Teller* und *Teelöffel*. In den Berichtstexten sind es die Wörter, die in der Aufgabenstellung explizit benannt werden und/oder unterstützend im visuellen Stimulus auftauchen, z. B. *Straße, ausweichen, überqueren, Fahrrad* und *Spur*. Auf die in den TOP 120 auftauchenden Verben wird in Abschnitt 9.1.9 bei der Analyse der Bildungssprachlichkeit der Vollverben noch einmal gesondert eingegangen.

Tabelle 14: Die 120 häufigsten Inhaltswörter in der Textsorte *Instruktion* und ihre jeweiligen Maxima (*n* = 277).

Platz	Lemma	Max	Platz	Lemma	Max	Platz	Lemma	Max	Platz	Lemma	Max
1	Wasser	799	31	sein	82	61	6.	34	91	da	19
2	Nudel	482	32	erste	74	62	anschlie-ßend	32	92	genießen	19
3	dann	464	33	essen	74	63	brauchen	31	93	stehen	19
4	Topf	391	34	Kochtopf	74	64	Pfeffer	31	94	nicht	18
5	Spaghetti	378	35	jetzt	72	65	auch	30	95	packen	18
6	kochen	339	36	Appetit	71	66	legen	29	96	Spüle	18
7	Salz	321	37	Löffel	69	67	Herdplatte	28	97	Schüssel	17
8	lassen	240	38	Schritt	69	68	hinzufügen	28	98	Soße	17
9	Mess-becher	221	39	ca.	68	69	schütteln	28	99	Grad	16
10	Minute	189	40	reintun	65	70	abgießen	27	100	Schluss	16
11	Sieb	189	41	zuerst	65	71	ablaufen	27	101	nächste	15
12	füllen	169	42	gießen	63	72	Kochen	27	102	Packung	15
13	tun	156	43	3.	58	73	anfangen	26	103	spät	15
14	geben	151	44	Esslöffel	57	74	abtropfen	25	104	blubbern	14
15	danach	146	45	servieren	57	75	erhitzen	25	105	etwa	14
16	Teller	144	46	ml	55	76	kalt	25	106	halb	14
17	fertig	140	47	kommen	54	77	schon	25	107	lecker	14
18	nehmen	135	48	Nudelsieb	49	78	nur	24	108	zunächst	14
19	Min.	127	49	hoch	45	79	reinmachen	24	109	darauf	13
20	stellen	122	50	kippen	42	80	dazugeben	23	110	hineinfüllen	13
21	Herd	109	51	1.	41	81	erst	23	111	Nudel-rezept	13
22	Teelöffel	97	52	2.	40	82	damit	22	112	reingießen	13
23	Liter	96	53	4.	40	83	warm	22	113	ungefähr	13
24	warten	95	54	rein	40	84	lang	21	114	abmessen	12
25	gut	91	55	5.	39	85	so	21	115	dente	12
26	Stufe	91	56	l	39	86	ganz	20	116	drauf	12
27	schütten	89	57	hinzuge-ben	37	87	holen	20	117	einstellen	12
28	noch	85	58	machen	37	88	kochend	20	118	erstmal	12
29	nun	85	59	groß	35	89	voll	20	119	hineinge-ben	12
30	dazu	83	60	heiß	35	90	bringen	19	120	schmecken	12

Tabelle 15: Die 120 häufigsten Inhaltswörter in der Textsorte *Bericht* und ihre jeweiligen Maxima ($n = 277$).

Platz	Lemma	Max	Platz	Lemma	Max	Platz	Lemma	Max	Platz	Lemma	Max
1	Auto	809	31	plötzlich	44	61	krachen	21	91	doch	13
2	Straße	346	32	machen	36	62	Moment	21	92	somit	13
3	Fahrrad-fahrer	342	33	schnell	36	63	nur	21	93	überfahren	13
4	rot	319	34	beobach-ten	34	64	schwer	20	94	zusammen-stoßen	13
5	kommen	223	35	noch	33	65	6m	19	95	achten	12
6	blau	220	36	Uhr	33	66	also	19	96	entgegen-kommend	12
7	fahren	208	37	verletzen	33	67	gelb	19	97	Fahrzeug	12
8	Unfall	184	38	schieben	32	68	Polizei	19	98	Gegenver-kehr	12
9	sehen	178	39	knallen	31	69	abbiegen	18	99	hinten	12
10	sein	166	40	reinfahren	31	70	breit	18	100	treffen	12
11	überqueren	154	41	aber	30	71	wechseln	18	101	zusammen-knallen	12
12	nicht	148	42	Richtung	30	72	entgegen-gesetzt	17	102	einfach	11
13	links	141	43	nach	29	73	gegenüber-liegend	17	103	gut	11
14	ausweichen	125	44	gerade	28	74	gestern	17	104	mehr	11
15	Fahrrad	118	45	haben	27	75	anfahren	15	105	schauen	11
16	dann	117	46	auch	26	76	Bürgersteig	15	106	zusammen-krachen	11
17	rechts	113	47	wollen	26	77	entgegen-kommen	15	107	Autobahn	10
18	Radfahrer	108	48	parkend	25	78	erschrecken	15	108	Autounfall	10
19	passieren	103	49	grün	24	79	Glück	15	109	Ferrari	10
20	gehen	89	50	Pkw	24	80	jedoch	15	110	ganz	10
21	Seite	89	51	einmal	23	81	rüber	15	111	gegenein-ander	10
22	Autofahrer	79	52	geschehen	23	82	stoßen	15	112	immer	10
23	stehen	74	53	gucken	23	83	versuchen	15	113	jetzt	10
24	Straßen-seite	72	54	Mann	23	84	bleiben	14	114	letzt	10
25	da	71	55	heute	22	85	bremsen	14	115	Schuld	10
26	so	69	56	rammen	22	86	schon	14	116	kommen	9
27	Fahrer	59	57	sehr	22	87	spät	14	117	prallen	9
28	Spur	59	58	Wagen	22	88	warten	14	118	rasen	9
29	dabei	58	59	Fahrbahn	21	89	bemerken	13	119	übersehen	9
30	links	58	60	geben	21	90	direkt	13	120	verursachen	9

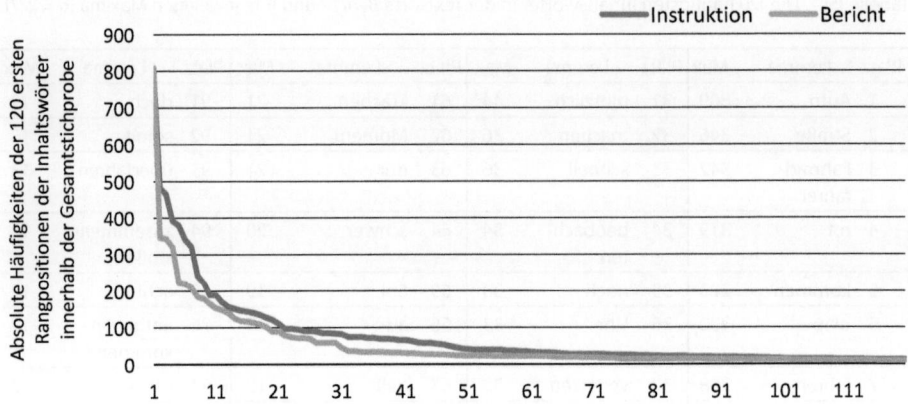

Abbildung 18: Absolute Häufigkeiten für die 120 ersten Rangpositionen der Inhaltswörter in den Textsorten *Instruktion* (dunkelgrau) und *Bericht* (hellgrau) (*n* = 277).

Zwischenfazit

Beim varianzanalytischen Vergleich beider Textsorten – dargestellt in Abbildung 17 – zeigt sich, dass für die Berichtstexte die Werte der mittleren Wortfrequenz in den Teilstichproben insgesamt höher sind, was für einen durchschnittlich höheren Anteil an niedrigfrequenten Wörtern spricht. Obwohl die Berichtstexte im Mittel kürzer sind, ergibt sich ein stärkerer Variantenreichtum bei den eingesetzten Wörtern, was den Wert pro Proband bzw. pro Probandin im Berichtstext ansteigen lässt. Dies zeigt sich auch anhand der Maxima der TOP 120 (siehe Abbildung 18). Innerhalb der ersten 60 Platzierungen sind die Häufigkeiten für die Berichtstexte insgesamt niedriger als für die Instruktionstexte. Danach verlaufen die Maxima ungefähr gleich. In den Berichtstexten kommen insgesamt 1339 Types vor, von denen 1085 Inhaltswörter darstellen. In den Instruktionstexten treten hingegen 943 unterschiedliche Types in der Gesamtstichprobe auf, davon sind 770 Inhaltswörter. Dieses Verhältnis führt für die Instruktionstexte zu einer niedrigeren mittleren Wortfrequenz und damit zu mehr hochfrequenten Wörtern bezogen auf die Gesamtstichprobe. Es muss jedoch auch beachtet werden, dass dieses Ergebnis stark durch die Aufgabenstellung bedingt sein kann. Der Spielraum der Wortverwendung mag für die Instruktionstexte eingeschränkter sein, da die zu erwartenden Items bereits alle visuell dargestellt sind. Die Aufgabe ist so stark vorstrukturiert, dass bestimmte Lemmata unausweichlich immer wieder auftauchen müssen.

9.1.4 Wortbildung

In der Literatur gilt – ebenso wie die Wortfrequenz – die morphologische Komplexität der Wörter als ein bildungssprachliches Merkmal (Butler et al., 2004; Eckhardt, 2008). Je komplexer ein Wort zusammengesetzt ist, desto schwieriger ist seine Bildung und als desto elaborierter kann es angesehen werden. Zur Analyse der in den Schülertexten verwendeten Mittel der Wortbildung werden diese in drei Kategorien unterteilt: die Derivation (z.B. *Vergewisserung*), die Komposition (z.B. *Fahrradfahrer*) und die Abkürzung (z.B. *l* statt *Liter*). Bei der Zuordnung der Lemmata zu den jeweiligen Kategorien werden die Wörter dahingehend betrachtet, welche Wortart durch die Wortbildung (neu) entsteht. So ergibt z.B. die Ableitung des Adjektivs *blind* durch die Suffigierung mit *lings* das Adverb *blindlings*. Die Konversion, bei der der Wortstamm oder ein flektiertes Wort in eine neue Wortart überführt wird, ohne dass sich das Lemma selbst verändert, wird in der vorgestellten Untersuchung zu den Derivationen gezählt. Dies ist z.B. der Fall, wenn das Verb *kochen* als Substantiv *das Kochen* verwendet wird. Wörter, die durch die Derivation eines Wortteiles (z.B. *messen* zu *Mess-*) mit einem anderen Lemma (z.B. *Becher*) gemeinsam ein Kompositum (*Messbecher*) ergeben, werden als Kompositum betrachtet. Die Derivation des einzelnen Wortteils wird dabei nicht berücksichtigt. Partikelverben, wie z.B. *vorkochen* oder *wegfahren*, gehören zu den Komposita.

Um den Einfluss der Textlänge zu kontrollieren und mehrfach verwendete morphologisch komplexe Lemmata zu berücksichtigen, werden nur die Types und nicht die Tokens auf ihre grammatischen Veränderungen untersucht. Wenn also ein Text fünfmal die Abkürzung *PKW* aufweist, wird diese nur einmal der Kategorie Abkürzung zugeordnet.

Verteilung der Mittel der Wortbildung (deskriptiv)
Für die Untersuchung der Mittel der Wortbildung werden die Derivationen in fünf verschiedene Kategorien unterteilt:
1) Derivationen, die ein Nomen ergeben (z.B. *Zubereitung*)
2) Derivationen, die ein Adjektiv ergeben (z.B. *kochend*)
3) Derivationen, die ein Verb ergeben (z.B. *befüllen*)
4) Derivationen, die ein Adverb ergeben (z.B. *übrigens*)
5) Derivationen, die eine andere Wortart ergeben (z.B. das Pronomen *meinige*)

Die Komposita werden in vier Kategorien unterschieden:
1) Nomen (z.B. *Straßenseite*)
2) Adjektive (z.B. *hellgrün*)
3) Verben (z.B. *austropfen*)
4) jede weitere Wortart (z.B. Adverbien oder Konjunktionen, wie *währenddessen*)

Abbildung 19 stellt dar, wie sich die Mittel der Wortbildung über die beiden
Textsorten verteilen. Angegeben sind die mittleren Häufigkeiten pro Proband
bzw. pro Probandin sowie das dazugehörige Konfidenzintervall (+/– 0.95). Die
jeweils stärker umrandeten Balken markieren für die jeweilige Textsorte die Summenwerte für die drei Wortbildungskategorien (Derivationen, Komposita und
Abkürzungen). Die beiden rechts dargestellten umrandeten Balken stellen die
mittlere Summe aller Mittel der Wortbildung pro Proband bzw. Probandin dar.
Derivationen, die ein Verb ergeben, und Nominalkomposita sind die morphologischen Kategorien, die am häufigsten vorkommen. Die fünfte Kategorie der Derivationen (sonstige) tritt am seltensten auf und ist in keinem der Instruktionstexte
zu finden.

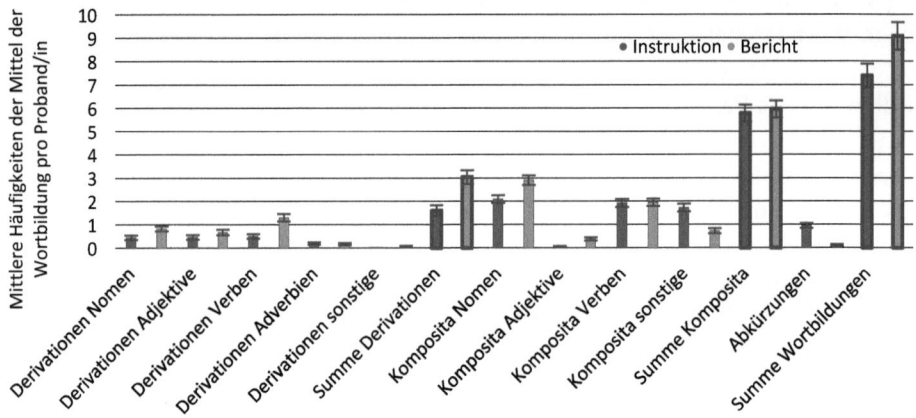

Abbildung 19: Mittlere Häufigkeiten der Mittel der Wortbildung pro Proband/in, berechnet auf Basis der
Types in den Textsorten *Instruktion* (dunkelgrau) und *Bericht* (hellgrau) (n = 277).

Tabelle 16 liefert Aufschluss über die Minima und Maxima und zeigt, dass die
Verwendung der Mittel der Wortbildung in der Gesamtstichprobe sehr heterogen
ist. So werden beispielsweise in den Berichtstexten zwischen null und 17 Derivationen pro Text verwendet, über die Gesamtstichprobe ergibt sich ein Mittelwert von 3,03 abgeleiteten Wörtern pro Text. Daher sind die varianzanalytischen
Betrachtungen grundlegend, um mögliche bedeutsame Unterschiede in Bezug
auf die Designfaktoren (Schulart, Klassenstufe, Familiensprache) aufdecken zu
können. Ähnlich wie bei der Analyse der Wortfrequenz zeigt sich auch bei der
Wortbildung, dass die Schülerinnen und Schüler in den Berichtstexten insgesamt
mehr morphologisch anspruchsvolle Wörter verwenden als in den Instruktionstexten. Dies hängt wiederum mit der Gesamtzahl der in der Stichprobe vorkommenden Types zusammen. In den Berichtstexten werden mehr unterschiedliche
Wörter verwendet als in den Instruktionstexten. Dies bewirkt, dass somit auch
die Wahrscheinlichkeit, dass die Types eher morphologisch verändert sind, für
die Berichtstexte höher ist.

Tabelle 16: Statistische Kennwerte für die Mittel der Wortbildung in den Textsorten *Instruktion* und *Bericht* pro Proband/in (*n* = 277).

Art der Wortbildung	Textsorte	*M*	*SD*	Minimum	Maximum
Derivationen: Nomen	Instruktion	0,45	0,81	0	5
	Bericht	0,82	0,85	0	4
Derivationen: Adjektive	Instruktion	0,46	0,85	0	7
	Bericht	0,67	0,95	0	5
Derivationen: Verben	Instruktion	0,50	0,78	0	4
	Bericht	1,30	1,30	0	8
Derivationen: Adverbien	Instruktion	0,19	0,41	0	2
	Bericht	0,17	0,41	0	2
Derivationen: sonstige Wortarten	Instruktion	0	0	0	0
	Bericht	0,06	0,28	0	2
Summe aller Derivationen	Instruktion	1,60	1,98	0	13
	Bericht	3,03	2,53	0	17
Komposita: Nomen	Instruktion	2,09	1,37	0	11
	Bericht	2,90	1,77	0	10
Komposita: Adjektive	Instruktion	0,05	0,23	0	1
	Bericht	0,38	0,62	0	3
Komposita: Verben	Instruktion	1,92	1,41	0	6
	Bericht	1,95	1,32	0	7
Komposita: sonstige Wortartigen	Instruktion	1,72	1,42	0	8
	Bericht	0,72	0,89	0	5
Summe aller Komposita	Instruktion	5,78	3,03	0	20
	Bericht	5,95	3,06	1	15
Abkürzungen	Instruktion	0,95	0,85	0	4
	Bericht	0,10	0,36	0	3
Summe aller Wortbildungen	Instruktion	7,38	4,26	0	24
	Bericht	9,08	5,00	1	29

Summe der Mittel der Wortbildung

Da die Untersuchung der Wortbildung auf Basis der Types und nicht auf Basis aller Tokens in gewissem Maße die Unterschiedlichkeit der Textlänge bereits berücksichtigt, wird die Textlänge nicht in die varianzanalytischen Berechnungen eingebunden. Die im Folgenden berichteten Effekte bleiben allerdings auch bestehen, wenn die Textlänge als Kovariate behandelt wird.

Es zeigt sich, dass Schülerinnen und Schüler der Klasse 9 beim Verfassen des *Instruktionstextes* mehr morphologisch veränderte und damit komplexere Wörter verwenden als die der Klasse 5 ($F(1, 265) = 113{,}015$, $p < .001$, $\eta^2 = .299$). Ebenso ist der Einfluss der Schulart bedeutsam und zugleich erwartungskonform ($F(2, 265) = 26{,}764$, $p < .001$, $\eta^2 = .168$). Darüber hinaus zeigt sich eine Wechselwirkung beider Faktoren, welche in Abbildung 20 dargestellt ist: Schülerinnen und Schüler von Klasse 5 zu 9 der Hauptschule unterscheiden sich deutlich weniger in der Verwendung von morphologisch veränderten Wörtern als Probandinnen und Probanden der beiden anderen Schularten ($F(1, 265) = 6,769$, $p < .001$, $\eta^2 = .049$). Hier ist die Differenz zwischen den Klassenstufen größer. Die Familiensprache hat keinen Einfluss auf die in den Instruktionstexten verwendeten Wortbildungskategorien (siehe hierzu Abbildung 21).

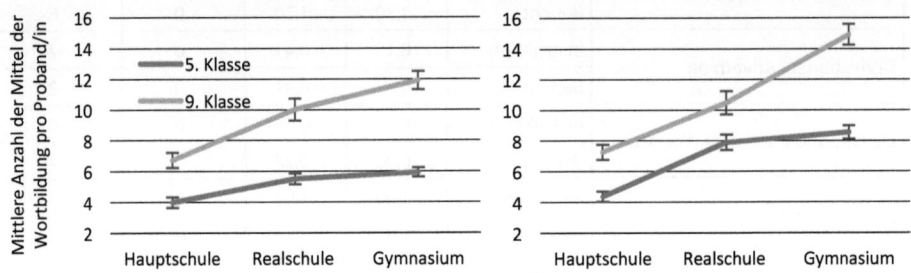

Abbildung 20: Mittlere Anzahl an Mitteln der Wortbildung pro Proband/in, berechnet auf Basis der Types in den Textsorten *Instruktion* (links) und *Bericht* (rechts) in Abhängigkeit der Klassenstufe und Schulart ($n = 277$).

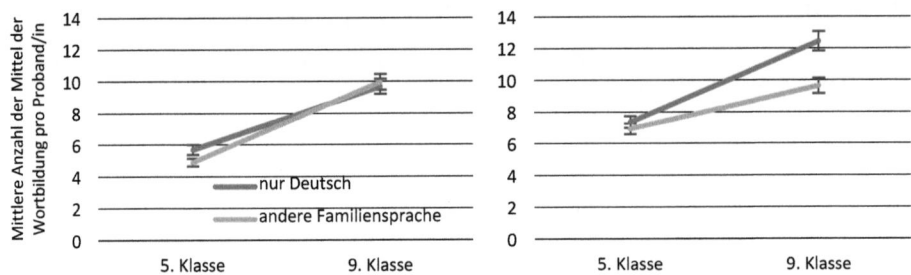

Abbildung 21: Mittlere Anzahl an Mitteln der Wortbildung pro Proband/in, berechnet auf Basis der Types in den Textsorten *Instruktion* (links) und *Bericht* (rechts) in Abhängigkeit der Familiensprache und Klassenstufe ($n = 277$).

Für die *Berichtstexte* ergeben sich ebenfalls erwartungskonforme Unterschiede in der Verwendung der Mittel der Wortbildung sowohl zwischen Schülerinnen und Schülern der Klasse 5 und 9 ($F(1, 265) = 65,102$, $p < .001$, $\eta^2 = .197$) als auch zwischen den drei Schularten ($F(2, 265) = 51,803$, $p < .001$, $\eta^2 = .281$). Ebenso wie für die Instruktionstexten ist der Unterschied zwischen Klasse 5 und 9 am Gymnasium am stärksten ausgeprägt ($F(2, 265) = 5,299$, $p < .01$, $\eta^2 = .038$). Diese Wechselwirkung ist dargestellt in Abbildung 20. Weiterhin kommt es zu einem bedeutsamen Effekt der Familiensprache ($F(1, 265) = 6,094$, $p < .05$, $\eta^2 = .022$), der sich dahingehend äußert, dass Schülerinnen und Schüler, die nur Deutsch zu Hause sprechen, mehr morphologisch komplexe Wörter in ihren Texte verwenden als jene mit einer (zusätzlich) anderen Familiensprache. Gleichzeitig ergibt sich eine Wechselwirkung mit der Klassenstufe: In Klasse 9 zeigt sich ein starker Unterschied zwischen den Schülerinnen und Schülern beider Sprachgruppen, in Klasse 5 ist dieser nicht nachweisbar. ($F(1, 265) = 4{,}194$, $p < .05$, $\eta^2 = .016$; siehe Abbildung 21).

Zwischenfazit

Ähnlich wie für die bereits vorgestellten linguistischen Kategorien ergibt sich auch für die morphologische Komplexität der Wörter ein bedeutsamer Zuwachs zwischen Klasse 5 und 9 sowie ein erwartungskonformer Schularteneffekt. Die Familiensprache spielt lediglich für die Berichtstexte eine Rolle und hier auch nur in der Klassenstufe 9. Insgesamt werden in den Instruktionstexten weniger morphologisch komplexe Wörter gebraucht, obwohl die Texte der Schülerinnen und Schüler länger sind. Da jedoch die Zahl aller vorkommenden Types kleiner ist als in den Berichtstexten, ist auch die Chance geringer, morphologisch veränderte Lemmata zu finden. Dieser zwischen den Textsorten erkennbare Unterschied, welcher durch den Umfang der Types bedingt ist, deckt sich mit dem Befund zur Wortfrequenz.

9.1.5 Fachbegriffe und Fremdwörter

Die Verwendung von spezifischen Fachbegriffen, die für die Umsetzung der Aufgabenstellung und für die jeweilige Domäne grundlegend sind, ist als ein Merkmal von Bildungssprachlichkeit anzusehen (Neugebauer & Nodari, 1999). Dasselbe gilt für den Gebrauch von Fremdwörtern. Um die beiden Textsorten auf das Vorkommen dieser beiden lexikalischen Besonderheiten zu untersuchen, ist zunächst festzulegen, welche Wörter als Fachbegriff oder Fremdwort angesehen werden können. In den Instruktionstexten sind es Lemmata, wie z. B. *Schöpfkelle*, und in den Berichtstexten Begriffe, wie z. B. *Kaskoversicherung* oder *Unfallfahrzeug*. Wörter, die bereits aus der Formulierung der Aufgabenstellung hervorgehen, werden nicht als Fachbegriff oder Fremdwort deklariert. Es ist somit die eigenständige Einführung spezifischer Begriffe gefordert. Anhand der genannten Beispiele ist der enge Zusammenhang zum Mittel der Wortbildung erkennbar: Häufig geht die Spezifizierung eines Begriffs mit der Komposition zweier Lemmata einher.

    Die Summe aus Fachbegriffen und Fremdwörtern wird für jeden Text auf Basis der Types bestimmt, analog zum Vorgehen zur Untersuchung der morphologischen Komplexität. Dabei zeigt sich, dass durchschnittlich weniger als ein Fachbegriff oder Fremdwort pro Schülertext auftritt. Für die Instruktionstexte ergibt sich ein Mittelwert von 0,86 ($SD = 0{,}73$; min = 0; max = 5), für die Berichtstexte beträgt der Mittelwert nur 0,40 ($SD = 0{,}79$; min = 0; max = 4).

Die varianzanalytischen Betrachtungen ergeben für die *Instruktionstexte* keine bedeutsamen Unterschiede in der Verwendung von Fachbegriffen und Fremdwörtern weder in Bezug auf die Klassenstufe, noch auf die Schulart (siehe Abbildung 22). Auch zeigt sich kein bedeutsamer Einfluss der Familiensprache.

Für die *Berichtstexte* erweist sich die Schulart als bedeutsam: Schülerinnen und Schüler des Gymnasiums verwenden mehr Fachbegriffe und Fremdwörter in ihren Texten als die Schülerinnen und Schüler der Realschule und diese wiederum mehr als die der Hauptschule ($F(2, 265) = 4{,}893$, $p < .01$, $\eta^2 = .036$). Dieser Effekt ist dargestellt in Abbildung 22. Es lässt sich jedoch kein Einfluss der Klassenstufe und auch keiner der Familiensprache nachweisen.

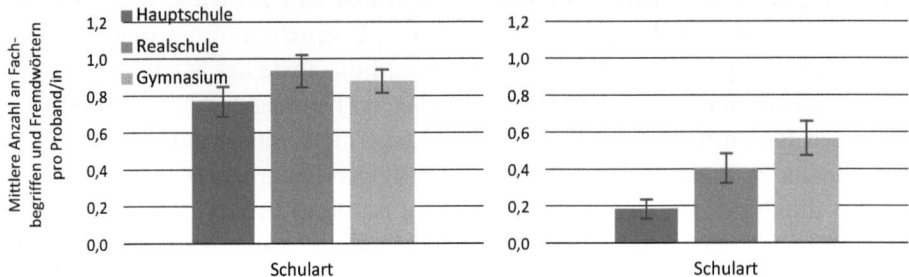

Abbildung 22:   Mittlere Anzahl an Fachbegriffen und Fremdwörtern pro Proband/in, berechnet auf Basis der Types in den Textsorten *Instruktion* (links) und *Bericht* (rechts) in Abhängigkeit der Schulart ($n = 277$).

Es sei an dieser Stelle bereits darauf hingewiesen, dass die korrekte Bearbeitung der Aufgabe nicht zwingend die Verwendung sehr spezifischer Begriffe fordert. Das Setting ist vielmehr bewusst so gewählt, dass es von einer großen Bandbreite an Schülerinnen und Schülern bzw. von beiden Altersstufen adäquat bearbeitet werden kann. Dies gilt vor allem für die stark strukturierte Aufgabenstellung der Instruktionstexte. So zeigt sich, dass die Begriffe, die in den Texten auftauchen, insgesamt homogener sind und gleichzeitig in ähnlicher Häufigkeit verwendet werden.

Weiterhin gilt es zu beachten, dass die hier vorgesehene bloße Quantifizierung der Fremdwörter und Fachbegriffe keine Aussagen über die inhaltliche und sprachliche Angemessenheit erlaubt. Die Begriffe werden lediglich isoliert analysiert und nicht im Satzkontext betrachtet. Ein vermehrter Einsatz von Fachbegriffen muss daher nicht automatisch mit einer höheren Textqualität einhergehen.

9.1.6   Kohäsionsmittel

Der Einsatz sprachlicher Mittel zur „Signalisierung" von Kohärenz (Bachmann, 2002, S. 106) gilt als ein weiteres Anzeichen von Textqualität und Bildungssprachlichkeit, da Kohäsionsmittel textstrukturierend und textverknüpfend wirken und somit die einzelnen Teile zu einem Textganzem verbinden können (Crossley & McNamara, 2010; Gogolin & Lange, 2011). Die hier vorgenommenen Analysen der Kohäsionsmittel orientieren sich an der Kategorisierung nach Bachmann (2002) und dienen der Überprüfung auf Unterschiede in der Verwendung zwischen den Klassenstufen und Schularten sowie in Bezug auf den familiensprachlichen Hintergrund. Die herangezogenen Kategorien sind:

1) Verweismittel, die sich auf andere Ausdrücke oder Begriffe im Text beziehen bzw. diese wiederaufnehmen (z. B. Demonstrativpronomen, wie *Das Auto...*, *dieses*)
2) Verknüpfungsmittel, die Textteile und Sätze miteinander verbinden und die Art des Zusammenhanges darstellen (z. B. Konjunktionen, wie *als* oder *weil*)
3) textstrukturierende Mittel, die vorrangig durch visuelle Textmerkmale die Leserinnen und Leser im Verstehensprozess unterstützen sollen (z. B. durch Absätze, Aufzählungen, aber auch durch konkrete Leseransprache, wie *als nächstes müssen Sie...*)

Etwas abgeändert zur Vorgehensweise von Bachmann (2002) erfolgt die Bestimmung der Verknüpfungsmittel, die für die vorliegende Untersuchung unterteilt werden in:

1) die Konjunktion *und*
2) subordinierende Konjunktionen (z. B. *damit*, *weil*)
3) disjunktive Konjunktionen (z. B. *oder*)
4) weitere koordinierende Konjunktionen und Konjunktionaladverbien (z. B. *denn*, *außerdem*)
5) komplexere Formen (z. B. *In der Annahme, dass...*)

Ziel dieser veränderten Unterteilung ist es, die vermehrte Verwendung des Lemmas *und* unter Beachtung der Erkenntnisse der Schreibentwicklungsforschung (Bachmann, 2002; Becker-Mrotzek, 2004) überprüfen zu können und diese nicht mit anderen koordinierenden Konjunktionen wie *denn* oder *jedoch* über dieselbe Kategorie zu analysieren.

Im Gegensatz zu den bisher analysierten sprachlichen Merkmalen (Abschnitte 9.1.1 bis 9.1.5) erfolgt die Bestimmung der Kohäsionsmittel nun nicht mehr auf Einzelwortebene und somit nicht mehr durch Zuweisungen in *MS Excel*, sondern im Paper-Pencil-Verfahren. Die Schülertexte liegen transkribiert vor und werden entlang der in Tabelle 17 dargestellten Mittel markiert. Die Markierungen werden anschließend für die jeweiligen Kategorien addiert. Aufgrund der Eindeutigkeit der linguistischen Kategorien und der zugrunde liegenden Darstellung von Bachmann (2002) ist auch hier lediglich ein Untersucher bzw. eine Untersucherin für eine objektive Zuordnung notwendig.

Anzahl an Kohäsionsmitteln (deskriptiv)

In Abbildung 23 werden die mittleren Häufigkeiten des Vorkommens der Kohäsionsmittel in den jeweiligen Kategorien pro Proband bzw. Probandin sowie das dazugehörige Konfidenzintervall (+/– 0.95) für den Instruktions- und den Berichtstext dargestellt.

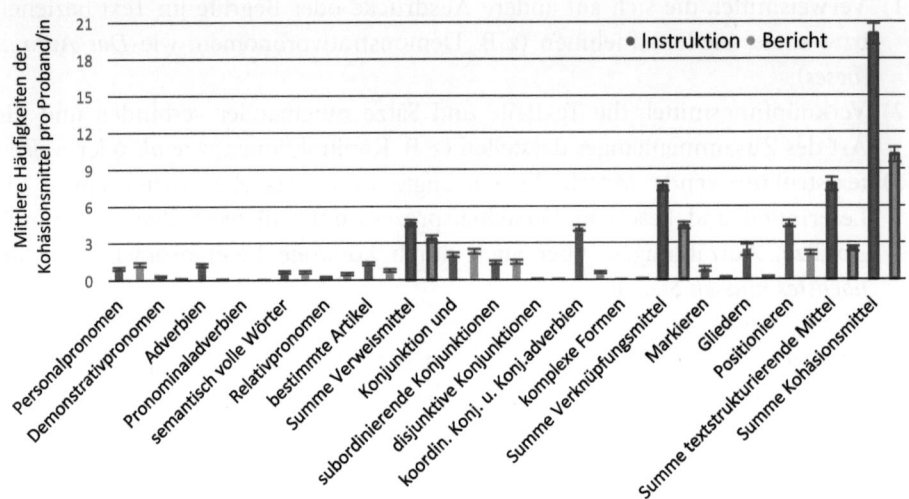

Abbildung 23: Mittlere Häufigkeiten der Kohäsionsmittel pro Proband/in in den Textsorten *Instruktion* (dunkelgrau) und *Bericht* (hellgrau) (*n* = 277); koordin. = koordinierend, Konj. = Konjunktion bzw. Konjunktional(-adverbien).

Die zwei rechts abgebildeten schwarz umrandeten Balken geben pro Proband bzw. Probandin die durchschnittlichen Summen für alle Kohäsionsmittel an, die sechs weiteren schwarz umrandeten Balken die durchschnittlichen Summen der Mittel in den jeweiligen Kategorien (Verweismittel, Verknüpfungsmittel und textstrukturierende Mittel). Ähnlich wie bei der Verteilung der Wortarten und der Mittel der Wortbildung gilt es, die Varianz zu beachten, die auch in diesem Fall für beide Textsorten groß ist und für eine hohe Heterogenität in der Verwendung der Kohäsionsmittel innerhalb der Stichprobe spricht. Die statistischen Kennwerte für die Kohäsionsmittel sind in Tabelle 17 dargestellt. Sie beziehen sich auf das über alle Schülerinnen und Schüler hinweg gemittelte Vorkommen der Kohäsionsmaße und stellen die Werte pro Proband bzw. Probandin dar.

Tabelle 17: Statistische Kennwerte für die Kohäsionsmittel in den Textsorten *Instruktion* und *Bericht* pro Proband/in (*n* = 277).

Kohäsionsmittel	Textsorte	M	SD	Minimum	Maximum
Verweismittel: Personalpronomen	Instruktion	0,94	1,02	0	8
	Bericht	1,26	1,35	0	6
Verweismittel: Demonstrativpronomen	Instruktion	0,29	0,58	0	3
	Bericht	0,09	0,29	0	1
Verweismittel: Adverbien	Instruktion	1,22	1,04	0	7
	Bericht	0,05	0,22	0	1
Verweismittel: Pronominaladverbien	Instruktion	0	0	0	0
	Bericht	0,01	0,10	0	1
Verweismittel: semantisch volle Wörter	Instruktion	0,65	0,87	0	4
	Bericht	0,64	0,95	0	4
Verweismittel: Relativpronomen	Instruktion	0,21	0,52	0	4
	Bericht	0,49	0,82	0	4
Verweismittel: bestimmter Artikel	Instruktion	1,31	1,01	0	5
	Bericht	0,76	0,95	0	7
Summe aller Verweismittel	Instruktion	4,61	2,22	0	15
	Bericht	3,30	2,52	0	18
Verknüpfungsmittel: Konjunktion *und*	Instruktion	2,01	1,54	0	9
	Bericht	2,30	1,62	0	9
Verknüpfungsmittel: subordinierende Konjunktionen	Instruktion	1,39	1,34	0	7
	Bericht	1,44	1,42	0	7
Verknüpfungsmittel: disjunktive Konjunktionen	Instruktion	0,03	0,31	0	5
	Bericht	0,03	0,16	0	1
Verknüpfungsmittel: koordinierende Konjunktionen und Konjunktionaladverbien	Instruktion	4,19	2,14	0	10
	Bericht	0,57	0,80	0	3
Verknüpfungsmittel: komplexe Formen	Instruktion	0,01	0,10	0	1
	Bericht	0,04	0,28	0	4
Summer aller Verknüpfungsmittel	Instruktion	7,62	3,26	0	19
	Bericht	4,38	2,43	0	14
Textstrukturierende Mittel: Markieren	Instruktion	0,84	1,72	0	10
	Bericht	0,13	0,50	0	5
Textstrukturierende Mittel: Gliedern	Instruktion	2,39	4,02	0	14
	Bericht	0,18	0,47	0	3
Textstrukturierende Mittel: Positionieren	Instruktion	4,52	2,21	0	12
	Bericht	2,14	1,51	0	8
Summe aller textstrukturierende Mittel	Instruktion	7,75	4,68	0	24
	Bericht	2,46	1,71	0	11
Summe aller Kohäsionsmittel	Instruktion	19,99	7,12	4	47
	Bericht	10,14	5,08	1	30

In den *Instruktionstexten* werden am häufigsten Mittel des Positionierens genutzt. Diese bieten den Rezipientinnen und Rezipienten eine Art Leserführung und strukturieren das angeleitete Vorgehen. Es treten zudem viele Konjunktionaladverbien auf, wobei sich diese mit den Mitteln des Positionierens in vielen Fällen überschneiden. So fungiert z. B. das Adverb *dann* zum einen als Verknüpfungsmittel und markiert zum anderen im Text einen neuen Handlungsschritt. Die Doppelcodierung müsste bei einer weiteren Analyse von vornherein umgegangen werden. Als übergeordnete Kategorie kommen am häufigsten textstrukturierende Mittel vor, jedoch ist die Spannbreite mit null bis 24 Mitteln hier auch besonders groß. Die Schülerinnen und Schüler scheinen Mittel der Textstruktur in den Instruktionstexten in sehr unterschiedlichem Ausmaß zu verwenden. Am zweithäufigsten werden Verknüpfungsmittel genutzt, danach folgen Verweismittel. Die Mittelwerte für die drei Kategorien sind jeweils höher als die für die Berichtstexte.

Beim Vergleich aller Unterkategorien wird in den *Berichtstexten* am häufigsten die Konjunktion *und* genutzt. Besonders für dieses Auftreten sind Mittelwertvergleiche zwischen beiden Klassenstufen hilfreich, da die meisten Studien zur Schreibentwicklung eine Abnahme in der Verwendung von *und* im Verlauf feststellen, während subordinierende Konjunktionen mit fortschreitendem Schreibalter eher zunehmen (z. B. Bachmann, 2002; Becker-Mrotzek, 2004). Letztere tauchen am zweithäufigsten auf, gefolgt von Personalpronomen. Beim Vergleich der drei übergeordneten Kohäsionskategorien kommen in den Berichtstexten am häufigsten verknüpfende Mittel vor, danach folgen Verweismittel. Diese weisen jedoch mit Werten zwischen null bis 18 Mitteln eine hohe Spannbreite auf. Textstrukturierende Mittel werden im Berichtstext weitaus weniger verwendet als im Instruktionstext, was durch die Aufgabenstellung bedingt sein mag. Eine Handlungsanweisung wie hier im Rezept zum Nudeln Kochen fordert vermutlich von sich aus mehr Mittel der Textstruktur als ein Unfallbericht. Zudem sind die Texte der Instruktionsaufgabe insgesamt länger, sodass sich die Anzahl der Mittel automatisch erhöht.

Da die deskriptiven Darstellungen nur die aus den absoluten Werten eines jeden Schülertextes berechneten Mittelwerte pro Textsorte und Probandin bzw. Proband berücksichtigen und es somit zu Verzerrungen kommen kann, wird die Textlänge in den folgenden varianzanalytischen Betrachtungen als Kovariate eingeschlossen. Dabei werden die Ergebnisse für die Summe an Verweismittel und die Summe an Mitteln der Textstruktur vorgestellt. Um die Nutzung von Verknüpfungsmitteln unter entwicklungsbedingten Aspekten betrachten zu können, werden die Werte für die Konjunktion *und* getrennt von allen weiteren und damit qualifizierenden Verknüpfungsmittel untersucht.

Anzahl an Verweismitteln

Unter Berücksichtigung der jeweiligen Textlänge ergaben sich für die *Instruktionstexte* keine bedeutsamen Unterschiede. Weder die Klassenstufe noch die Schulart oder die Familiensprache scheinen einen Einfluss auf die Verwendung von Verweismitteln zu haben (siehe Abbildung 24).

Für die *Unfallberichte* ergibt sich ein Unterschied zwischen Schülerinnen und Schülern der Klasse 5 und 9 ($F(1, 264) = 4{,}302$, $p < .05$, $\eta^2 = .016$). Weiterhin zeigt sich ein bedeutsamer Einfluss der Schulart auf die Verwendung von Verweismitteln ($F(2, 264) = 6{,}126$, $p < .01$, $\eta^2 = .044$). Beide Effekte – dargestellt in Abbildung 24 – sind erwartungskonform und decken sich mit den bisherigen Ergebnissen. Sie sind jedoch als eher klein zu betrachten. Die Familiensprache hat keinen Einfluss auf die Anzahl der Mittel des Verweisens.

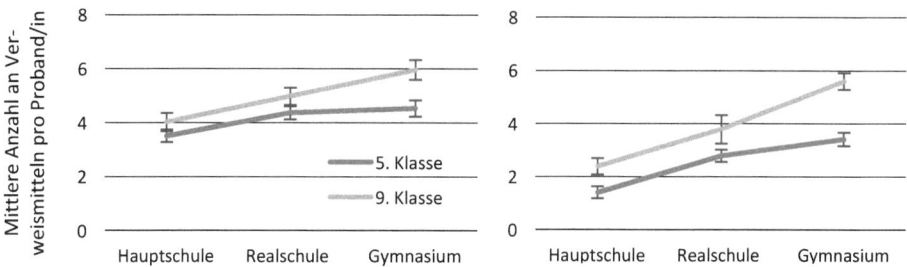

Abbildung 24: Mittlere Anzahl an Verweismitteln pro Proband/in in den Textsorten *Instruktion* (links) und *Bericht* (rechts) in Abhängigkeit der Klassenstufe und Schulart *(n = 277)*.

Anzahl des Gebrauchs der Konjunktion *und*

Für die *Instruktionstexte* zeigt sich ähnlich wie für die Verwendung von Verweismitteln kein Einfluss der Klassenstufe, Schulart oder Familiensprache auf die Nutzung der Konjunktion *und*.

In den *Berichtstexten* bildet die Konjunktion das häufigste Verknüpfungsmittel (siehe Abbildung 23 und Tabelle 17). Dabei ist der Einfluss der Klassenstufe und auch der Schulart für den Gebrauch der Konjunktion bedeutsam: Fünftklässlerinnen und Fünftklässler verwenden die Konjunktion *und* häufiger als Schülerinnen und Schüler der Klasse 9 ($F(1, 264) = 22{,}272$, $p < .001$, $\eta^2 = .078$), während Realschülerinnen und -schüler diese Konjunktion häufiger in ihren Texten nutzen als Probandinnen und Probanden der Hauptschule und des Gymnasiums ($F(2, 264) = 15{,}213$, $p < .001$, $\eta^2 = .103$). Dieses Ergebnis ist in Bezug auf die Schulart als nicht eindeutig hypothesenkonform einzustufen.

Anzahl an qualifizierenden Verknüpfungsmitteln

Im Folgenden werden disjunktive und subordinierende Konjunktionen sowie weitere nebenordnende Konjunktionen, Konjunktionaladverbien und komplexere Formen als qualifizierende Verknüpfungsmittel zusammengefasst. Die Nebenordnung durch die Konjunktion *und* stellt in der Schreibentwicklungsforschung eher ein Phänomen des frühen Lernens dar und trägt nicht unbedingt zur Textqualität bei. Aus diesem Grund wurde sie im vorherigen Abschnitt gesondert analysiert.

Beim Verfassen der *Instruktionstexte* unterscheiden sich die Schülerinnen und Schüler nicht in der Verwendung qualifizierender Verknüpfungsmittel – weder in Abhängigkeit von ihrer Klassenstufe oder Schulart, noch von ihrer Familiensprache. Es kommt zu keinen bedeutsamen Effekten oder Wechselwirkungen.

Für die *Berichtstexte* ergibt sich ein Unterschied hinsichtlich der Schulart ($F(2, 264) = 16,689$, $p < .001$, $\eta^2 = .112$) und auch der Klassenstufe ($F(1, 264) = 26,148$, $p < .001$, $\eta^2 = .090$). Beide Effekte fallen entgegengesetzt zu denen der Verwendung der Konjunktion *und* aus, was als erwartungskonform einzustufen ist. So nutzen Neuntklässlerinnen und Neuntklässler mehr qualifizierende Konjunktionen als Schülerinnen und Schüler der Klasse 5 und Gymnasiasten mehr als Probandinnen und Probanden der beiden anderen Schularten. Auch auf die Verwendung qualifizierender Verknüpfungsmittel in den Berichtstexten hat die Familiensprache keinen bedeutsamen Einfluss.

Anzahl an textstrukturierenden Mitteln

Die Analyse der Summe aller Mittel, die die *Instruktionstexte* strukturieren, ergibt eine Wechselwirkung des Einflusses der Schulart und der Klassenstufe, die durch einen Wechsel im Gebrauch von Klasse 5 zu 9 der Realschule zustande kommt (siehe Abbildung 25): Während die Schülerinnen und Schüler in Klasse 5 mehr textstrukturierende Mittel gebrauchen als die in den anderen beiden Schularten, ist dies in Klasse 9 umgekehrt. Dort ist die Verwendung in der Realschule am geringsten ($F(2, 264) = 9,372$, $p < .001$, $\eta^2 = .066$).

Für die *Berichtstexte* ergibt sich ein bedeutsamer, wenn auch kleiner Effekt der Klassenstufe ($F(1, 264) = 11,923$, $p < .01$, $\eta^2 = .043$): Schülerinnen und Schüler der Klasse 9 verwenden weniger textstrukturierenden Mittel als die der Klasse 5 (siehe Abbildung 25). Weiterhin kommt es auch hier zu einer Wechselwirkung der Schulart und Klassenstufe: Nur in der Hauptschule zeigt sich eine Zunahme von textstrukturierenden Mitteln von Klasse 5 zu 9 ($F(2, 264) = 4,386$, $p < .05$, $\eta^2 = .032$). Jedoch ist zu beachten, dass die Effektstärke dieser Wechselwirkung als gering zu bezeichnen ist und somit von wenig praktischer Relevanz zeugt.

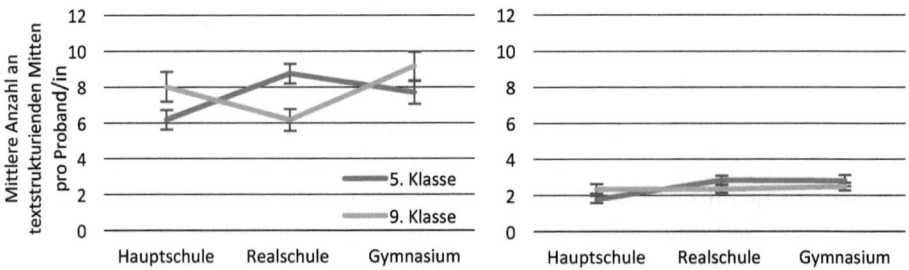

Abbildung 25: Mittlere Anzahl an textstrukturierenden Mitteln pro Proband/in in den Textsorten *Instruktion* (links) und *Bericht* (rechts) in Abhängigkeit der Klassenstufe und Schulart ($n = 277$).

Zwischenfazit

Die Untersuchung der Verwendung der Kohäsionsmittel ergibt für beide Text-sorten sehr unterschiedliche Ergebnisse. In den Instruktionstexten ist weder die Klassenstufe noch die Schulart oder die Familiensprache bedeutsam. Dies ist möglicherweise darauf zurückzuführen, dass die Aufgabenstellung als solche so stark vorstrukturiert, dass die Schülerinnen und Schüler in Bezug auf die Nut-zung von Kohäsionsmitteln recht homogen reagieren. Die Nummerierung der Handlungsschritte bewirkt vermutlich, dass viele Schülerinnen und Schüler die-se in Form von textstrukturierenden Mitteln in ihre Texte aufnehmen. Unklar bleibt, ob dies auch ohne den bildlichen Stimulus der Fall wäre. Gleichzeitig ist anzunehmen, dass die Beschreibung eines Handlungsablaufes den Schülerinnen und Schülern eher geläufig ist als das Verfassen eines Berichtstextes, sodass die Anwendung von Mitteln der Kohäsion hier müheloser gelingt, unabhängig von der Profilierung der Aufgabe. In den Berichtstexten zeigen sich Unterschiede so-wohl in Bezug auf die Klassenstufe als auch auf die Schulart. Diese sind bis auf die Verwendung von textstrukturierenden Mitteln erwartungskonform. Im Ver-gleich zu den Instruktionstexten werden in den Berichtstexten weitaus weniger Mittel der Textstruktur verwendet, was durch die Aufgabenstellung und Textsorte bedingt sein mag. Zum einen fordert ein Unfallbericht von sich heraus weniger textstrukturelle Mittel als ein Rezept, zum anderen ist die Aufgabe weniger pro-filiert, sodass die Schülerinnen und Schüler weniger Hilfestellung erhalten, die sie „abarbeiten" könnten. Gleichzeitig sind die in den Berichtstexten ermittelten Effekte jedoch nur schwach ausgeprägt, sodass sie nur bedingt Interpretationen ermöglichen. Die zu Hause gesprochene Sprache zeigt in beiden Textsorten im Prinzip keinen Einfluss auf die Verwendung von Kohäsionsmitteln. Aufgrund des sehr uneinheitlichen Bildes zwischen den drei Kategorien und auch zwischen den Textsorten wird auf die Analyse der Summe aller Kohäsionsmittel pro Textsorte verzichtet.

9.1.7 Erweiterte Nominalphrasen

Die Verwendung von erweiterten Nominalphrasen und damit von komplexeren grammatischen Konstruktionen gilt als besonderes Merkmal von entwickelten Schreibfähigkeiten und Bildungssprachlichkeit (Butler et al., 2004; Schleppegrell, 2001, 2004). Je verdichteter die Sprache durch Verwendung weniger morpholo-gisch komplex verbundener Lemmata ist, desto mehr Inhalt kann „auf kleinem Raum" ausgedrückt werden. Erweiterte Nominalphrasen können daher als ein linguistisches Phänomen betrachtet werden, welches Aspekte der Lexik und der Grammatik vereint. Analog zum Vorgehen bei den Kohäsionsmitteln werden auch die Nominalphrasen in den Schülertexten auf Paper-Pencil-Basis markiert und für jeden Text addiert.

Dabei werden drei verschiedene Kategorien beachtet:

1) linkserweiterte Nominalphrasen durch Adjektive oder Partizipien (z. B. *das blaue Auto*)

2) rechtserweiterte Nominalphrasen durch Präpositionalattribute (z. B. *der Mann auf dem Fahrrad*)

3) rechtserweiterte Nominalphrasen durch Genitivattribute (z. B. *der Fahrer des roten Autos*)

In allen drei Fällen werden die jeweilige Komplexität der Phrase und die Länge der Erweiterung nicht weiter differenziert. Bei der Markierung der entsprechenden Textstellen zeigt sich jedoch, dass sich die Nominalphrasen mit Linkserweiterung häufig lediglich durch die Hinzuziehung eines Adjektivs kennzeichnen lassen und eben nicht stärker ausgebaut werden. Aus Erkenntnissen der Sprachentwicklungsforschung können sie in der Form als weitaus weniger anspruchsvoll verstanden werden als Nominalphrasen mit Genitiv- oder Präpositionalattributen (z. B. Grießhaber, 2010). Gleichzeitig muss bedacht werden, dass insbesondere die Aufgabenstellung für den Berichtstext die Verwendung von einfachen linkserweiterten Nominalphrasen durch die farbliche Unterscheidung der Autos geradezu hervorruft, z. B. *das rote Auto*. Aus diesem Grund wurde in den varianzanalytischen Betrachtungen zunächst eine Differenzierung zwischen beiden Phrasentypen (linkserweitert vs. rechtserweitert) vorgenommen, um so mögliche Unterschiede in der Verwendung besser aufdecken zu können. Allerdings zeigen sich für die beiden Phrasentypen jeweils keine Effekte in Bezug auf die Designfaktoren. In der weiteren Darstellung werden die Nominalphrasen deshalb als Gesamtkategorie berücksichtigt.

Anzahl an rechts- und linkserweiterter Nominalphrasen

Es kann deskriptiv festgestellt werden, dass der Mittelwert für alle Nominalphrasen für die *Instruktionstexte* bei 1,47 liegt ($SD = 1,52$; min = 0; max = 9). Für die *Berichtstexte* ergibt sich ein Mittelwert von 3,32 Nominalphrasen pro Schülertext ($SD = 2,12$; min = 0; max = 10). Es werden im Schnitt mehr als doppelt so viele Nominalphrasen im Unfallbericht wie im Instruktionstext gebraucht, was mit der Aufgabenstellung zusammenhängen kann.

Für die *Instruktionstexte* zeigt sich unter Berücksichtigung der Textlänge ein erwartungsgemäßer Unterschied zwischen den Klassenstufen ($F(1, 264) = 10,968$, $p < .001$, $\eta^2 = .040$). Auch der Einfluss der Schulart ist bedeutsam: Schülerinnen und Schüler des Gymnasiums verwenden mehr erweiterte Nominalphrasen als die der Realschule und diese wieder mehr als die der Hauptschule ($F(2, 264) = 12,023$, $p < .001$, $\eta^2 = .083$). Beide Effekte sind in Abbildung 26 dargestellt. Die Familiensprache hat keinen Einfluss auf die Verwendung der Nominalphrasen.

Für die *Berichtstexte* zeigt sich ein bedeutsamer Einfluss der Klassenstufe (siehe Abbildung 26). Auch hier verwenden Schülerinnen und Schüler der Klasse 9 mehr Nominalphrasen in ihren Texten als Fünftklässlerinnen und Fünftklässler, das gilt auch unter Berücksichtigung der Textlänge ($F(1, 264) = 26{,}552$, $p < .001$, $\eta^2 = .091$). Es liegen jedoch keine Unterschiede hinsichtlich der Schularten und der familiensprachlichen Gegebenheiten vor.

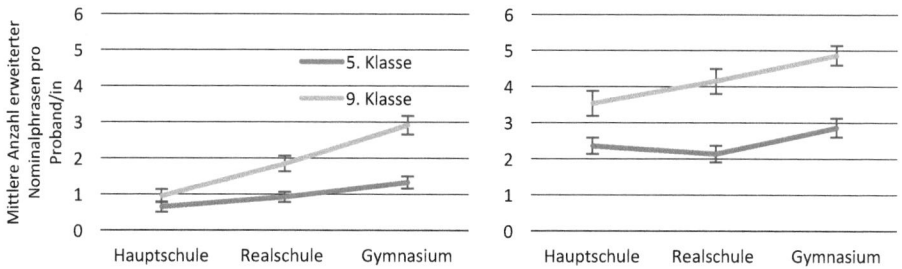

Abbildung 26: Mittlere Anzahl an erweiterten Nominalphrasen pro Proband/in in den Textsorten *Instruktion* (links) und *Bericht* (rechts) in Abhängigkeit der Klassenstufe und Schulart ($n = 277$).

Zwischenfazit

Im direkten Vergleich beider Textsorten ist erkennbar, dass im Berichtstext in allen drei Schularten und in beiden Klassenstufen weitaus mehr Nominalphrasen verwendet werden als im Instruktionstext. Der Einfluss der Klassenstufe ist darüber hinaus für den Berichtstext stärker ausgeprägt. Zugleich liegt hier aber kein Unterschied zwischen den Schularten vor. Anders als vermutet, scheint die Familiensprache insgesamt keinen Einfluss auf die Verwendung erweiterter Nominalphrasen in den beiden Textsorten zu haben.

9.1.8 Passivkonstruktionen

Auch die Verwendung des Passivs gehört zu den höheren (schrift-)sprachlichen Fähigkeiten und trägt zu einem sachlichen und informativen Stil bei (Bärenfänger, Lange & Möhring, 2015). Steht ein Sachverhalt anstatt einer Person als Akteur im Vordergrund, zeugen die Äußerungen von einer stärkeren allgemeinen Aussagekraft (Graefen & Moll, 2011).

Die in den analysierten Schülertexten verwendeten Passivkonstruktionen werden wie die Kohäsionsmittel und Nominalphrasen auf Paper-Pencil-Basis in jedem Text markiert und jeweils aufsummiert.

Die deskriptiven Ergebnisse liefern für die *Instruktionstexte* einen Mittelwert von 0,34 Passivkonstruktionen pro Schülertext ($SD = 0{,}95$; min = 0; max = 9). Über die gesamte Stichprobe hinweg zeigen sich 93 Konstruktionen. Für die *Berichtstexte* liegt der Mittelwert bei 0,11 Konstruktionen pro Text ($SD = 0{,}40$;

min = 0; max = 3). Über alle Berichtstexte hinweg kommen nur 30 Passivkonstruktionen vor. Es wird also in den Instruktionstexten mehr Passiv verwendet, was durch die Aufgabenstellung bedingt sein könnte. Insgesamt ist der Gebrauch von Passivkonstruktionen in beiden Textsorten allerdings als gering anzusehen.

Die varianzanalytischen Ergebnisse zeigen unter Berücksichtigung der jeweiligen Textlänge für die *Instruktionstexte*, dass Neuntklässlerinnen und Neuntklässler bedeutend mehr Passiv verwenden als Schülerinnen und Schüler der Klassenstufe 5 ($F(1, 264) = 21,102$, $p < .001$, $\eta^2 = .075$; siehe Abbildung 27). Auch der Einfluss der Schulart erweist sich als relevant. In der Hauptschule wird das Passiv in den Instruktionstexten am wenigsten verwendet, im Gymnasium am häufigsten ($F(2, 264) = 3,885$, $p < .05$, $\eta^2 = .029$). Die Familiensprache hat keinen Effekt auf die Nutzung von Passivkonstruktionen.

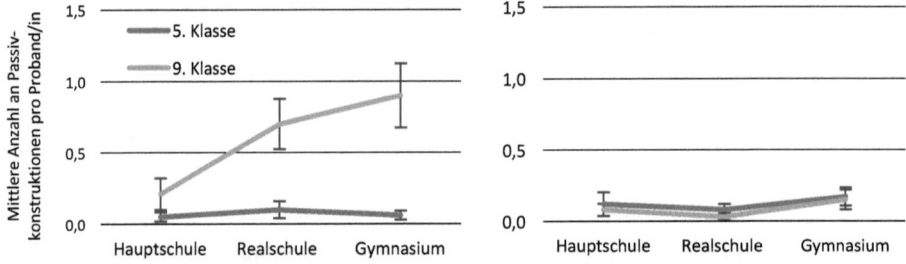

Abbildung 27: Mittlere Anzahl an Passivkonstruktionen pro Proband/in in den Textsorten *Instruktion* (links) und *Bericht* (rechts) in Abhängigkeit der Klassenstufe und Schulart (*n* = 277).

In den *Berichtstexten* kommt es zu keinen Unterschieden in der Verwendung, weder in Bezug auf die Klassenstufe noch auf die Schulart oder Familiensprache. Dies hängt vermutlich mit dem insgesamt sehr geringem Vorkommen an Passivkonstruktionen zusammen.

9.1.9 Bildungssprachlichkeit der verwendeten Vollverben

Im Gegensatz zu den bisherigen Darstellungen der Ergebnisse handelt es sich bei den folgenden generierten Variablen nicht mehr um an bestimmten Kriterien objektiv abgeleitete Kategorisierungen von sprachlichen Phänomenen, sondern um Einschätzungen, die von mehr als einer Person vorgenommen wurden. Zur Beurteilung der Elaboriertheit der Verben werden alle in den Texten einer Textsorte vorkommenden Vollverben (Types) von insgesamt drei Raterinnen und Ratern in die folgenden drei Verbkategorien eingestuft. Beispiele zu den jeweiligen Kategorien finden sich in Abschnitt 8.6.1.

1) umgangssprachliche Verben
2) alltagssprachliche Verben
3) bildungssprachliche Verben

Die Raterinnen und Rater vollziehen die Einschätzung unter Kenntnis der Aufgabenstellung, jedoch ohne spezifisches Wissen zum Vorkommen des Verbs im jeweiligen Satzkontext. Die Verben liegen also isoliert vor. Sobald mindestens zwei der drei Raterinnen und Rater ein Verb ein und derselben Kategorie zuordnen, und die dritte Person jeweils in der Kategorie darunter oder darüber liegt, gilt die Kategorie der beiden ersten Beurteilerinnen und Beurteiler als gesetzt. Für die *Instruktionstexte* sind insgesamt 278 Verben (Types) zu kategorisieren. Der Intraklassen-Korrelationskoeffizient für die absolute Übereinstimmung aller drei Raterinnen und Rater liegt bei .733. Die interne Konsistenz ist mit $\alpha = .75$ als mittelmäßig zu bezeichnen. Bei allen der 278 einzustufenden Verben der Instruktionstexte stimmen stets zwei Raterinnen und Rater in ihrer Zuordnung des jeweiligen Verbs überein. Davon liegt für 158 der 278 Verben eine absolute Übereinstimmung vor. Es gibt damit kein Verb, das alle drei Beurteilerinnen und Beurteiler jeweils verschieden kategorisieren. Ähnliches gilt für die *Berichtstexte*: Alle 311 Verben werden jeweils von mindestens zwei Raterinnen und Ratern in dieselbe Kategorie eingeordnet. Der Intraklassen-Korrelationskoeffizient (ICC) für die absolute Übereinstimmung liegt für die 311 Verben bei .799, was verglichen mit Angaben zu ähnlichen Fragestellungen zufriedenstellend ist (vgl. Graham et al., 2012; Stemler, 2004). Auch die interne Konsistenz kann mit $\alpha = .81$ als gut eingestuft werden. Bei 198 der 311 Verben stimmen alle drei Beurteilerinnen und Beurteiler absolut überein, bei den restlichen 113 Verben liegt eine Übereinstimmung von jeweils zwei Beurteilenden vor.

Einordnung der Vollverben (deskriptiv)

Tabelle 18 stellt die Zuordnung der Verben in die drei Niveaustufen für beide Textsorten dar – aufgeführt sind für die *Instruktionstexte* von den insgesamt 278 Types nur jene Vollverben, die auch in den TOP 120 aller Types der Inhaltswörter vorkommen (siehe hierzu Abschnitt 9.1.3). Die Verben sind für jede Kategorie absteigend nach Häufigkeit ihres Auftretens sortiert. So kommen in den TOP 120 Inhaltswörter insgesamt 41 Vollverben vor, von denen von den Raterinnen und Ratern sieben als umgangssprachlich, 33 als alltagssprachlich und eins als bildungssprachlich eingestuft werden.

Von den insgesamt 311 Vollverben der *Berichtstexte* kommen in den TOP 120 aller Types der Inhaltswörter insgesamt 44 Vollverben vor. Davon werden acht als umgangssprachlich, 34 als alltagssprachlich und zwei als bildungssprachlich eingestuft. Für beide Textsorten ist somit nicht nur die Anzahl an Vollverben in den TOP 120 ähnlich, sondern auch das Verhältnis zwischen den drei Kategorien.

Wird die Verteilung aller Vollverben auf die drei Kategorien verglichen und nicht nur die Verteilung innerhalb der TOP 120 Inhaltswörter, so ist auch hier das Verhältnis zwischen den drei Kategorien ähnlich gewichtet: 40 der 278 Verben der *Instruktionstexte* gelten als umgangssprachlich (14,4 %), 208 als alltagssprachlich (74,8 %) und 30 als bildungssprachlich (10,8 %). 50 der 311 Verben der *Berichtstexte* werden als umgangssprachlich (16,1 %), 228 als alltagssprachlich (73,3 %) und 33 als bildungssprachlich (10,6 %) eingestuft. Das ausgewogene Verhältnis zwischen den Textsorten wurde nicht durch Anweisung der Raterinnen und Rater evoziert. So wurden die Beurteilenden nicht gebeten, eine ähnliche Verteilung der Verben auf die drei Kategorien vorzunehmen. Vielmehr ist diese unwillkürlich auf der Datenbasis entstanden.

Tabelle 18:   Einschätzung der Bildungssprachlichkeit der Vollverben in den Textsorten *Instruktion* und *Bericht*; maximale Häufigkeit des Vorkommens der Verben innerhalb der Gesamtstichprobe (*n* = 277); dargestellt werden nur die Vollverben innerhalb der TOP 120 aller Inhaltswörter.

Instruktion		Bericht		Instruktion		Bericht	
Vollverb	Max	Vollverb	Max	Vollverb	Max	Vollverb	Max
I. Umgangssprachliche Verben				II. Alltagssprachliche Verben			
tun	156	machen	36	brauchen	31	wollen	26
reintun	65	knallen	31	legen	29	gucken	23
machen	37	rammen	22	hinzufügen	28	geben	21
reinmachen	24	krachen	21	schütteln	28	abbiegen	18
packen	18	zusammenknallen	12	abgießen	27	wechseln	18
blubbern	14	zusammenkrachen	11	ablaufen	27	anfahren	15
reingießen	13	prallen	9	anfangen	26	entgegenkommen	15
		rasen	9	abtropfen	25	erschrecken	15
II. Alltagssprachliche Verben				erhitzen	25	stoßen	15
kochen	339	kommen	223	dazugeben	23	versuchen	15
lassen	240	fahren	208	holen	20	bleiben	14
füllen	169	sehen	178	bringen	19	bremsen	14
geben	151	sein	166	genießen	19	warten	14
nehmen	135	überqueren	154	stehen	19	bemerken	13
stellen	122	ausweichen	125	hineinfüllen	13	überfahren	13
warten	95	passieren	103	abmessen	12	zusammenstoßen	13
schütten	89	gehen	89	einstellen	12	achten	12
sein	82	stehen	74	hineingeben	12	treffen	12
essen	74	beobachten	34	schmecken	12	schauen	11
gießen	63	verletzen	33			übersehen	9
kommen	54	schieben	32	III. Bildungssprachliche Verben			
kippen	42	reinfahren	31	servieren	57	geschehen	23
hinzugeben	37	haben	27			verursachen	9

Anteil an umgangssprachlichen Verben

Im Folgenden wird jeweils der Anteil an umgangs- und an bildungssprachlichen Verben in Bezug auf die Gesamtanzahl aller Verben dargestellt. Der Anteil an alltagssprachlichen Verben scheint unter bildungssprachlichen Fragestellungen nicht vordergründig relevant. Er ergibt sich aus dem Restanteil beider hier erwähnter Kategorien.

Zur Ermittlung des Anteils an umgangssprachlichen Verben werden für jeden Text die Vollverben addiert, die von den drei Raterinnen und Ratern als umgangssprachlich eingestuft wurden. Die Anzahl dieser Verben wird an der Gesamtanzahl der Verben eines Textes relativiert. Werden also in einem Text insgesamt zwölf Vollverben verwendet, von denen sechs der Kategorie umgangssprachlicher Verben zuzuordnen sind, ergibt das einen Anteil von 0,5. Eine weitere Vorgehensweise wäre die absolute Anzahl an Verben pro Kategorie unter Berücksichtigung der Textlänge als Kovariate zu vergleichen. Auch so ließen sich Unterschiede in Bezug auf die Designfaktoren untersuchen. Da sich die Ergebnisse größtenteils decken, wird im Folgenden jeweils der Anteil berichtet.

Für die *Instruktionstexte* zeigt sich der Einfluss der Klassenstufe als bedeutsam: Schülerinnen und Schüler der Klasse 5 verwenden relativiert an der Gesamtzahl ihrer Verben einen höheren Anteil an umgangssprachlichen Verben als Neuntklässlerinnen und Neuntklässler ($F(1, 265) = 39,908$, $p < .001$, $\eta^2 = .131$; siehe Abbildung 28). Auch liegt ein erwartungskonformer Unterschied in Bezug auf die Schulart vor, denn für Schülerinnen und Schüler am Gymnasium ist der Anteil an umgangssprachlichen Verben am kleinsten, für jene der Hauptschule am größten ($F(2, 265) = 7,547$, $p < .001$, $\eta^2 = .054$; siehe Abbildung 28).

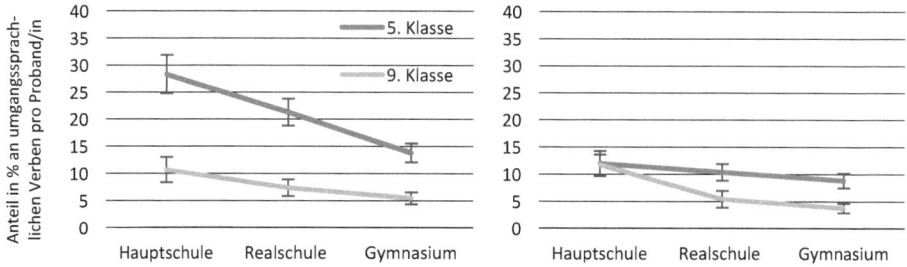

Abbildung 28: Anteil in Prozent an umgangssprachlichen Verben an der Gesamtzahl aller Verben pro Proband/in in den Textsorten *Instruktion* (links) und *Bericht* (rechts) in Abhängigkeit der Klassenstufe und Schulart ($n = 277$).

Weiterhin weisen Schülerinnen und Schüler, die nur Deutsch zu Hause sprechen, einen geringeren Anteil an umgangssprachlichen Verben auf als die, die neben Deutsch eine andere Familiensprache oder gar kein Deutsch zu Hause sprechen ($F(1, 265) = 11,127$, $p < .001$, $\eta^2 = .040$). Dieser Effekt der Familiensprache ist dargestellt in Abbildung 29.

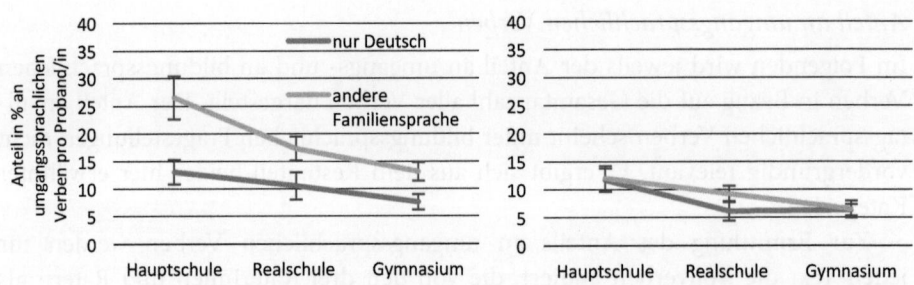

Abbildung 29: Anteil in Prozent an umgangssprachlichen Verben an der Gesamtzahl aller Verben pro Proband/in in den Textsorten *Instruktion* (links) und *Bericht* (rechts) in Abhängigkeit der Familiensprache und Schulart ($n = 277$).

Für die *Berichtstexte* zeigt sich ein bedeutsamer Einfluss der Schulart, der auch hier erwartungskonform ist, jedoch wesentlich geringer ausfällt und vorrangig durch die Unterschiede in der Klasse 9 bedingt ist ($F(2, 265) = 4,021$, $p < .05$, $\eta^2 = .029$; siehe Abbildung 28). Im Gegensatz zu den Instruktionstexten führt jedoch weder die Differenzierung der Klassenstufe (siehe Abbildung 28) noch die der Familiensprache (siehe Abbildung 29) zu Unterschieden in der Verwendung umgangssprachlicher Verben zwischen den Schülerinnen und Schülern.

Anteil an bildungssprachlichen Verben

Der Anteil an bildungssprachlichen Verben wird analog zum Anteil an umgangssprachlichen Verben berechnet.

Für der *Instruktionstexte* erweist sich der Einfluss der Klassenstufe als bedeutsam ($F(1, 265) = 38,319$, $p < .001$, $\eta^2 = .126$). Neuntklässlerinnen und Neuntklässler verwenden einen höheren Anteil an bildungssprachlichen Verben als Schülerinnen und Schüler der Klassenstufe 5 (siehe Abbildung 30). Dabei ist zu beachten, dass der Effekt zwischen den Klassenstufen auf einem Unterschied von ungefähr 3 % basiert. Die Schulart und die Familiensprache spielen bei der Wahl bildungssprachlicher Verben keine statistisch bedeutsame Rolle.

Der Vergleich des Anteils an bildungssprachlichen Verben ergibt für die *Berichtstexte* einen bedeutsamen und erwartungsgemäßen Einfluss der Schulart ($F(2, 265) = 4,941$, $p < .01$, $\eta^2 = .036$). Dieser ist dargestellt in Abbildung 30. Es liegt darüber hinaus jedoch weder ein Unterschied in der Verwendung elaborierter Verben in Bezug auf die Klassenstufe noch auf die Familiensprache vor.

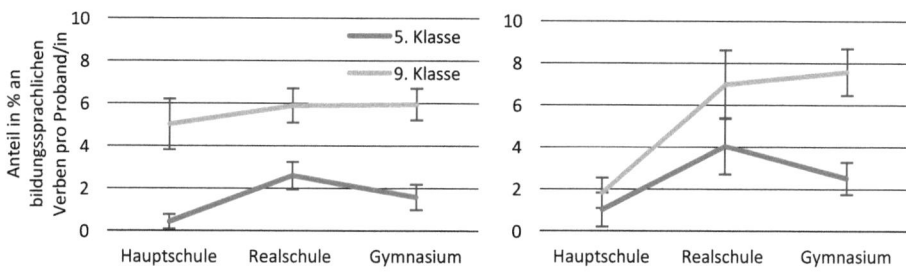

Abbildung 30: Anteil in Prozent an bildungssprachlichen Verben an der Gesamtzahl aller Verben pro Proband/in in den Textsorten *Instruktion* (links) und *Bericht* (rechts) in Abhängigkeit der Klassenstufe und Schulart ($n = 277$).

Zwischenfazit

Beim Vergleich beider Textsorten ist zu erkennen, dass für die Instruktionstexte die Klassenstufe für die Verwendung von umgangssprachlichen und bildungssprachlichen Verben relevant scheint. Dies ist für die Berichtstexte nicht der Fall. Auch die Familiensprache spielt bei der Auswahl umgangssprachlicher Verben in den Instruktionstexten eine Rolle, in den Berichtstexten nicht. In letzterer Textsorte zeigt sich für beide Verbkategorien eher ein Einfluss der Schulart, die Effektstärken sind insgesamt für beide Textsorten jeweils als klein zu bezeichnen. Nur der Einfluss der Klassenstufe in den Instruktionstexten weist für den Anteil an umgangssprachlichen Verben eine mittelstarke Effektstärke und damit eine stärkere praktische Relevanz auf.

Aufgrund der sehr geringen Verbanteile, insbesondere für die Kategorie der bildungssprachlichen Verben, scheint fraglich, wie interpretierbar die Befunde sind. Obwohl eine varianzanalytische Berechnung mit der jeweils absoluten Anzahl an vorkommenden Verben in den beiden Kategorien zu ähnlichen Ergebnissen führt wie die Analyse mit den Verbanteilen, scheint dennoch unklar, inwieweit die Berücksichtigung des Anteils vergleichbare Ergebnisse innerhalb der Stichprobe erzeugen kann. Wenn ein Text beispielsweise 20 Vollverben aufweist, von denen 10 umgangssprachliche Verben darstellen und damit einen Anteil von 50 % ausmachen, ergibt sich daraus möglicherweise ein anderes Bild, als wenn nur zwei Vollverben im Text verwendet werden, von denen eines umgangssprachlich ist und damit ebenfalls ein Anteil von 50 % erreicht wird. Für den Vergleich der bildungssprachlichen Verben ist anzumerken, dass die Anzahl der Verben, welche dieser Kategorie von den Raterinnen und Rater zugeordnet wurden, von vornherein gering war (siehe Tabelle 18). Somit scheinen die geringen Effekte in den Varianzanalysen nicht unbedingt verwunderlich. Einerseits stellt sich die Frage, ob eine von den jeweiligen Texten losgelöste Einschätzung der Verben tatsächlich ihre Angemessenheit wiedergeben kann, andererseits lässt sich darüber diskutieren, inwiefern elaborierte Verben für das Verfassen eines Kochrezepts und eines Unfallberichts tatsächlich relevant und notwendig sind. Vielleicht sind bildungssprachliche Verben vielmehr in anspruchsvolleren Texten zum Argumentieren oder zum wissenschaftlichen Schreiben von Nöten, sodass sich dort Unterschiede in der Verwendung stärker nachweisen ließen als in den beiden hier herangezogenen Textsorten. Ein weiterer zu diskutierender Aspekt ist der des Alters der Probandinnen und Probanden: Möglicherweise zeigen sich größere Effekte, wenn die Schülerinnen und Schüler beispielsweise mit Studierenden verglichen würden, da von ihnen eine (noch) stärkere Wortschatzprofilierung erwartet werden dürfte als von Neuntklässlerinnen und Neuntklässlern.

9.1.10 Angemessenheit der notwendigen Vollverben

Während die vorangegangene Untersuchung sich auf alle in einem Text verwendeten Vollverben bezog, werden nun die Vollverben betrachtet, welche die für die Textsorte wichtigsten Handlungsschritte und Vorgänge wiedergeben. Die Verben beziehen sich somit auf die Inhalte (Textbausteine), die für die jeweilige Aufgabenstellung als obligatorisch gelten. Für die *Instruktionstexte* sind dies sieben zu erwartende Tätigkeiten:
1) Wasser in den Kochtopf füllen
2) Wasser salzen
3) Herd auf eine bestimmte Stufe stellen
4) Wasser zum Kochen bringen
5) Spaghetti hinzufügen
6) Spaghetti kochen lassen
7) Spaghetti abgießen

Für die *Berichtstexte* werden vier Bewegungsverben erwartet:
1) Bewegung des Radfahrers
2) Bewegung des roten Autos
3) Bewegung des blauen Autos
4) Zusammenstoß des roten und blauen Autos

Im Gegensatz zur vorangegangenen Analyse werden die Vollverben nun nicht isoliert betrachtet, sondern auf Basis des jeweiligen Schülertextes und somit im tatsächlichen Kontext. Ähnlich wie die Untersuchung der Bildungssprachlichkeit der Vollverben lässt sich die Einschätzung der Angemessenheit nicht auf Grundlage von zuvor fest gesetzten Kriterien algorithmisch und quasi automatisiert durchführen, sondern basiert auf der Einschätzung von Beurteilerinnen und Beurteilern. Es werden daher zwei Raterinnen und Rater herangezogen, die einschätzen, ob das für den Textbaustein bzw. Handlungsschritt verwendete Verb angemessen oder nicht angemessen ist (siehe hierfür auch Abschnitt 8.6.2). Um die Anzahl angemessener Verben für jeden Text zu bestimmen, wird über beide Raterinnen und Rater die Anzahl an als angemessen bewerteten Verben kumuliert und durch zwei geteilt, um einen Mittelwert zu erhalten. Diese kann für den Instruktionstext maximal sieben betragen, für den Berichtstext maximal vier.

Die Interraterreliabilität wird auch hier durch die interne Konsistenz beider Raterinnen und Rater festgestellt. Sie liegt für die Instruktions- und Berichtstexte jeweils bei α = .72. Die absolute Übereinstimmung (ICC) beträgt für die Instruktionstexte .72 und für die Berichtstexte .73. Verglichen mit vorliegenden Maßstäben zu ähnlichen Fragestellungen kann der Intraklassen-Korrelationskoeffizient mit einem Wert von .70 als ausreichend aufgefasst werden (Graham et al., 2012; Stemler, 2004).

Anzahl an angemessenen Verben

Für die *Instruktionstexte* ergibt sich unter Berücksichtigung der Textlänge, dass Schülerinnen und Schüler der Klasse 9 mehr angemessene Verben verwenden als Fünftklässlerinnen und Fünftklässler ($F(1, 264) = 59,065$, $p < .001$, $\eta^2 = .183$). Weiterhin erweist sich der Einfluss der Schulart als bedeutsam. Schülerinnen und Schüler am Gymnasium setzen mehr angemessene Verben bei den zu erwartenden Teilhandlungen ein als die der Realschule und diese wiederum mehr als die der Hauptschule ($F(2, 264) = 13,906$, $p < .001$, $\eta^2 = .095$). Beide Effekte sind in Abbildung 31 dargestellt. Ebenso zeigt sich, dass die Schülerinnen und Schüler, die nur Deutsch zu Hause sprechen, eine höhere Anzahl an adäquaten Verben innerhalb der notwendigen sieben Teilhandlungen produzieren ($F(1, 264) = 14,084$, $p < .001$, $\eta^2 = .051$). Eine bedeutsame Wechselwirkung mit der Klassenstufe weist nach, dass sich die beiden Sprachgruppen nur in Klasse 5, nicht aber in Klasse 9 in der Produktion angemessener Verben unterscheiden ($F(1, 264) = 4,448$, $p < .05$, $\eta^2 = .017$; siehe Abbildung 32).

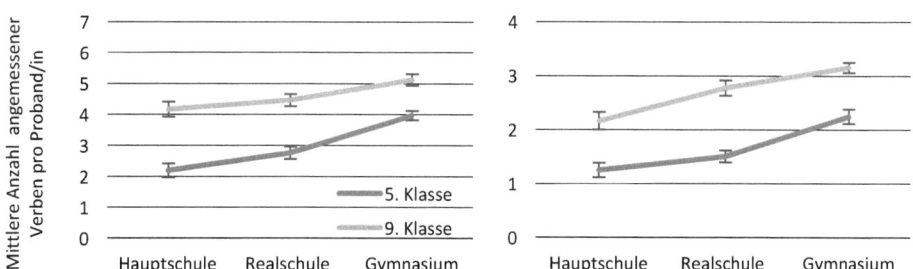

Abbildung 31: Mittlere Anzahl an angemessenen Verben innerhalb der zu versprachlichenden Teilhandlungen pro Proband/in in den Textsorten *Instruktion* (links; max = 7) und *Bericht* (rechts; max = 4) in Abhängigkeit der Klassenstufe und Schulart ($n = 277$).

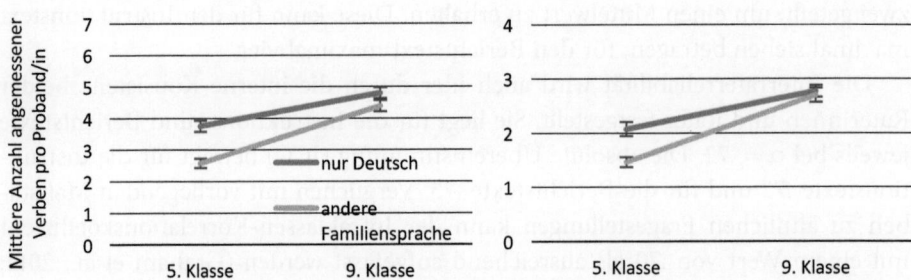

Abbildung 32: Mittlere Anzahl an angemessenen Verben innerhalb der zu versprachlichenden Teilhandlungen pro Proband/in in den Textsorten *Instruktion* (links; max = 7) und *Bericht* (rechts;
max = 4) in Abhängigkeit der Klassenstufe und Familiensprache (n = 277).

Ebenso ergibt sich eine Interaktion zwischen der Schulart und der Familiensprache, die dadurch zustande kommt, dass sich die beiden Sprachgruppen in der
Realschule hinsichtlich der mittleren Anzahl an angemessenen Verben weniger
unterschieden als in den zwei anderen Schularten ($F(2, 264)$ = 4,295, p < .05,
η^2 = .032).

Für die *Berichtstexte* zeigen sich ähnliche Unterschiede (siehe Abbildung 31
und Abbildung 32): Schülerinnen und Schüler der Klasse 9 verwenden mehr angemessene Verben zur Versprachlichung der vier Teilhandlungen bzw. Bewegungen der Aktanten ($F(1, 264)$ = 61,164, p < .001, η^2 = .188). Darüber hinaus kommt
es zu einem bedeutsamen und erwartungsgemäßen Unterschied hinsichtlich der
Schulart ($F(2, 264)$ = 16,615, p < .001, η^2 = .112). Der Einfluss der zu Hause gesprochenen Sprache ist zwar wesentlich, jedoch ist dieser schwächer ausgeprägt als für
die Instruktionstexte ($F(1, 264)$ = 4,515, p < .05, η^2 = .017; siehe Abbildung 32).
Auch hier zeigt sich der Unterschied zwischen Schülerinnen und Schülern, die
nur Deutsch zu Hause sprechen, und jenen mit einer anderen (zusätzlichen)
Familiensprache nur in der Klasse 5 und nicht in Klasse 9 ($F(1, 264)$ = 5,007,
p < .05, η^2 = .019).

Zwischenfazit

Für beide Textsorten zeigt sich ein ähnlicher Einfluss der Klassenstufe, Schulart
und Familiensprache auf die Anzahl an angemessenen Verben. Diese beinahe ver-
gleichbaren Befunde der Textsorten treten in der Form bisher nur in den Maßen
zur Wortschatzvielfalt auf. Interessant ist darüber hinaus der bedeutsame Einfluss
der Familiensprache, der für viele der bisher vorgestellten Variablen weniger vorhanden war. Die gleichzeitige Wechselwirkung mit der Klassenstufe weist darauf
hin, dass sich die Wahl angemessener Verben von Klasse 5 zu 9 in Abhängigkeit
der Familiensprache zu verändern scheint. Somit sind die beiden Sprachgruppen
nur am Ende der Sekundarstufe I vergleichbar, wo sie ähnlich viele angemessene
Verben verwenden. In Klasse 5 ist dies noch nicht der Fall.

9.1.11 Textbausteine

Um eine detailliertere Analyse der umgesetzten inhaltlichen Aspekte vornehmen zu können und sich dabei nicht nur auf die anhand der Verben realisierten und vorgestellten sieben bzw. vier Teilhandlungen zu fokussieren, werden die zwei Textsorten auf das Vorhandensein weiterer als obligatorisch anzusehender Textbausteine untersucht. Dabei stehen die versprachlichten Teilhandlungen in ihrer Gesamtheit im Mittelpunkt und nicht nur die verwendeten Verben. Die Analyse wird ebenfalls per Paper-Pencil-Verfahren vorgenommen. Die Textbausteine werden nach ihrem Vorhandensein, ihrer Passung in den Kontext der Textsorte bzw. Aufgabenstellung, ihrer inhaltlichen Explizitheit und ihrer sprachlichen Angemessenheit analysiert. Eine genauere Beschreibung der vier Ebenen sowie die von den Raterinnen und Ratern auszufüllenden Einschätzungstabellen finden sich in Abschnitt 8.6.3.

Um das Vorgehen als ein objektives Verfahren deklarieren zu können, werden für jede Textsorte 20 % der Schülertexte (56 Texte pro Textsorte) von einer zweiten Person untersucht. Dabei ergibt sich eine Interraterreliabilität für die Instruktionstexte von $\alpha = .86$, der ICC für die absolute Übereinstimmung beträgt .79. Für die Berichtstexte ist die Reliabilität mit $\alpha = .92$ und ICC = .86 höher. Da die Werte dafür sprechen, dass es sich um ein vom Beurteilenden unabhängiges Untersuchungsinstrument handelt, wird auf die Zweitbeurteilung der restlichen 80 % der Texte verzichtet. Die im Folgenden vorgestellten Ergebnisse beziehen sich daher nur auf die Angaben einer Raterin bzw. eines Raters.

Anzahl vorhandener obligatorischer Textbausteine
Um mögliche Effekte der Designfaktoren auf die Beurteilung der Kontextadäquatheit, der inhaltlichen Explizitheit und der sprachlichen Angemessenheit besser einschätzen zu können, wird zunächst untersucht, wie sich die Anzahl an vorhandenen Textbausteine zwischen den Teilstichproben unterscheidet. Dabei wird die Textlänge als Kovariate einbezogen, da die Wortanzahl einen Einfluss auf die Realisierung der zu erwartenden Textbausteine haben kann.

Für die *Instruktionstexte* zeigt sich, dass Schülerinnen und Schüler der Klasse 9 eine höhere Anzahl der relevanten Textbausteine umsetzen als die der Klasse 5 ($F(1, 264) = 19{,}345$, $p < .001$, $\eta^2 = .068$). Weiterhin kommt es zu einem bedeutsamen und erwartungskonformen Unterschied in Bezug auf die Familiensprache ($F(1, 264) = 7{,}892$, $p < .01$, $\eta^2 = .029$). In den Texten der Schülerinnen und Schüler, die ausschließlich Deutsch zu Hause zu sprechen, werden mehr der obligatorischen Textbausteine umgesetzt als in den Texten von Probandinnen und Probanden mit einer anderen Familiensprache. Eine Wechselwirkung der Klassenstufe und Familiensprache ergibt, dass sich die Unterschiede in der Anzahl relevanter umgesetzter Inhalte nur in Klasse 5, nicht aber in Klasse 9 zeigen ($F(1, 264) = 8{,}442$, $p < .01$, $\eta^2 = .031$; siehe Abbildung 33). In Klasse 9 verwenden die Schülerinnen und Schüler unabhängig von der zu Hause gesprochenen Sprache ähnlich viele Textbausteine. Die Schulart hat keinen Einfluss auf die Anzahl der realisierten relevanten Textbausteine.

Für die *Berichtstexte* ergeben sich bedeutsame Effekte für alle drei Designfaktoren. Schülerinnen und Schüler der Klasse 5 verwenden hier ebenso eine geringere Anzahl an relevanten Textbausteinen als die der Klasse 9 ($F(1, 264) = 19{,}079$, $p < .001$, $\eta^2 = .067$). Auch erweist sich die Familiensprache als entscheidend und führt zu einem erwartungskonformen Unterschied in der Anzahl der verwendeten obligatorischen Textbausteine ($F(1, 264) = 13{,}064$, $p < .001$, $\eta^2 = .047$). Eine Wechselwirkung der Klassenstufe und Familiensprache liegt jedoch nicht vor (siehe Abbildung 33). Im Gegensatz zu den Instruktionstexten ergeben sich für die Berichtstexte auch Unterschiede in Bezug auf die Schulart: Texte des Gymnasiums beinhalten mehr relevante Bausteine als die der Realschule und diese wiederum mehr als die der Hauptschule ($F(2, 264) = 9{,}081$, $p < .001$, $\eta^2 = .064$).

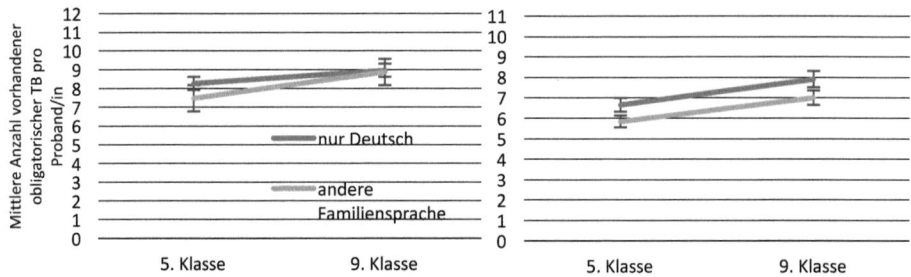

Abbildung 33: Mittlere Anzahl an vorhandenen obligatorischen Textbausteinen (TB) pro Proband/in in den Textsorten *Instruktion* (links; max = 12) und *Bericht* (rechts; max = 11) in Abhängigkeit der Familiensprache und Klassenstufe (n = 277).

Interessant ist schon an dieser Stelle zu erwähnen, dass sich die familiensprachlichen Gegebenheiten zwar nicht auf die Textlänge, jedoch auf die inhaltlichen Aspekte auswirken. Die Schülerinnen und Schüler mit einer (zusätzlich) anderen Familiensprache als Deutsch scheinen also unabhängig davon, wieviel sie schreiben, seltener die relevanten Textbausteine umzusetzen als die, die zu Hause nur Deutsch sprechen. Ansonsten zeigen sich ähnliche Effekte für beide Textsorten, die Schulart spielt allerdings nur bei den Berichtstexten eine bedeutsame Rolle.

Beurteilung der Kontextadäquatheit

Fast alle Texte weisen eine Passung der jeweils verwendeten Textbausteine zum Kontext der Textsorte auf. Das Kriterium der Kontextadäquatheit wurde ursprünglich hinzugezogen, weil bei einer ersten Durchsicht einige Schülertexte stark narrative Elemente aufwiesen. Dies ließ vermuten, dass das Verfehlen der Textsorte einen Einfluss auf die Textqualität haben und eventuell klassenstufen- und schulartenspezifisch auftreten könnte. Jedoch zeigt sich bei der Durchführung des Ratings zu den Textbausteinen, dass diese narrativen Äußerungen häufig zusätzlich zu den obligatorischen Bausteinen oder anstelle dieser zu erwartenden Inhalte auftreten. Die narrativen Elemente selbst können somit anhand des hier vorgestellten Vorgehens in den meisten Fällen nicht erfasst und beurteilt werden.

Bei den varianzanalytischen Betrachtungen ergeben sich somit keine bedeutsamen Unterschiede in Bezug auf die Klassenstufe, Schulart und Familiensprache. Dies gilt sowohl für die Instruktions- als auch für die Berichtstexte. Prinzipiell müsste eine Untersuchung der funktionalen und kontextuellen Passung zur Textsorte mit einem anderen Verfahren durchgeführt werden, welches den gesamten Text betrachtet und somit auf jede formulierte Aussage eingeht.

Beurteilung der inhaltlichen Explizitheit

Die Beurteilung der inhaltlichen Explizitheit geht der Frage nach, ob sich die Leserinnen und Leser auf Basis der verwendeten Äußerungen ein genaues Bild der Handlung (Instruktion) und des Geschehens (Bericht) machen können oder ob eigenständig Informationen hingezogen werden müssen und es Interpretationsspielraum gibt. Für jeden Schülertext wird anhand der vorhandenen obligatorischen Textbausteine die Summe jener gebildet, die davon als explizit beurteilt wurden. Die Textlänge wird wieder als Kovariate berücksichtigt. Eine andere Variante der Berechnung des Einflusses der inhaltlichen Detailliertheit wäre, auf Basis der vorhandenen Textbausteine den Anteil derer zu ermitteln, die als ausreichend explizit bewertet wurden. Werden z. B. im Instruktionstext sechs der zwölf zu erwartenden Textbausteine versprachlicht, von denen drei als inhaltlich ausreichend explizit gelten, dann entspräche das einem Anteil von 50 %. Beide Varianten führen zu ähnlichen Ergebnisse, die erstere lässt jedoch eine genauere Analyse des Zusammenhanges mit der Textqualität zu, weshalb im Folgenden jeweils immer die an der Textlänge relativierte Summe berücksichtigt wird und nicht der Anteil.

Die Beurteilung der Zeitangabe für das Nudeln Kochen (Item 9; siehe auch Abschnitt 8.6.3) ist ein Versuch, den Vorgang des Kochen Lassens der Nudeln von der Zeitangabe zu trennen. In einigen Texten wird keine Zeit angegeben oder aber eine inadäquate Zeitangabe getroffen, wohingegen der Prozess des Nudeln Kochens selbst korrekt beschrieben ist. Somit könnte vermutet werden, dass die inadäquate oder fehlende Zeitangabe Auswirkungen auf die Textqualität hat. Jedoch erweist sich dieses Item in fast allen Fällen, falls vorhanden, als explizit und zugleich sprachlich angemessen. Es wird aus Gründen der Vollständigkeit dennoch in die varianzanalytischen Berechnungen miteinbezogen, obwohl sich die Mittelwerte aus der Konzeption des Items selbst heraus nicht unterscheiden.

In den *Instruktionstexten* verwenden Schülerinnen und Schüler der Klasse 9 mehr inhaltlich explizite Äußerungen als die der Klasse 5 ($F(1, 264) = 56{,}733$, $p < .001$, $\eta^2 = .177$; siehe Abbildung 34). Die Schulart hat ebenso einen Einfluss auf die Summe der inhaltlich detailliert beschriebenen Bausteine: Schülerinnen und Schüler des Gymnasiums verwenden die meisten ausreichend expli-

ziten Äußerungen, Hauptschülerinnen und -schüler hingegen die wenigsten
($F(2, 264) = 12{,}414$, $p < .001$, $\eta^2 = .086$; siehe Abbildung 35). Auch der Einfluss der Familiensprache erweist sich als bedeutsam und erwartungskonform
($F(1, 264) = 18{,}331$, $p < .001$, $\eta^2 = .065$; siehe Abbildung 35).

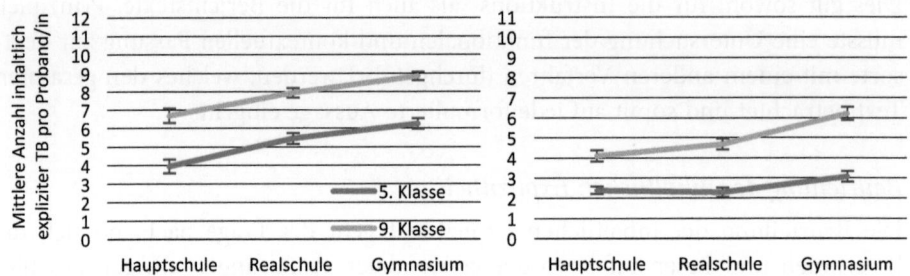

Abbildung 34: Mittlere Anzahl an inhaltlich expliziten Textbausteinen (TB) pro Proband/in in den Textsorten *Instruktion* (links; max = 12) und *Bericht* (rechts; max = 11) in Abhängigkeit der Klassenstufe und Schulart ($n = 277$).

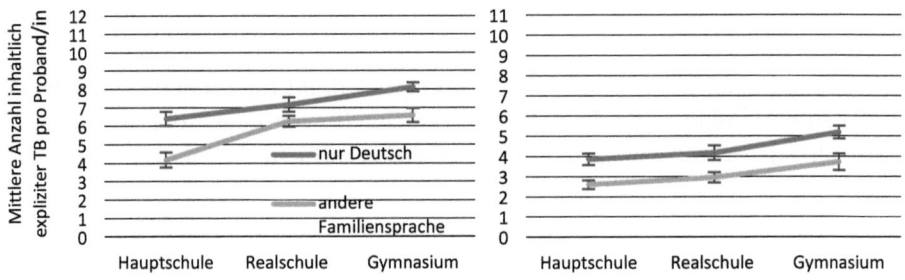

Abbildung 35: Mittlere Anzahl an inhaltlich expliziten Textbausteinen (TB) pro Proband/in in den Textsorten *Instruktion* (links; max = 12) und *Bericht* (rechts; max = 11) in Abhängigkeit der Familiensprache und Schulart ($n = 277$).

Für die *Berichtstexte* lässt sich ein Unterschied zwischen den Klassenstufen
nachweisen ($F(1, 264) = 63{,}376$, $p < .001$, $\eta^2 = .194$). Dieser ist dargestellt in
Abbildung 34. Er weist dieselbe erwartungskonforme Richtung wie für die Instruktionstexte auf. Es zeigt sich jedoch, dass in den Berichtstexten insgesamt
weniger inhaltlich ausreichend explizite Bausteine verwendet werden als in den
Instruktionstexten. Auch die Familiensprache ist relevant für die Verwendung
inhaltlich expliziter Äußerungen, sodass Schülerinnen und Schüler, die nur
Deutsch zu Hause sprechen, mehr explizit formulierte Bausteine verfassen als die
der anderen Gruppe ($F(1, 264) = 16{,}205$, $p < .001$, $\eta^2 = .058$; siehe Abbildung 35).
Ebenso ist der Einfluss der Schulart bedeutsam, der erwartungskonforme Unterschied ist jedoch weitaus schwächer ausgeprägt als für die Instruktionstexte
($F(2, 264) = 3{,}999$, $p < .05$, $\eta^2 = .029$; siehe Abbildung 35).

Beurteilung der sprachlichen Angemessenheit

Neben der Beurteilung der inhaltlichen Genauigkeit werden alle vorhandenen obligatorischen Textbausteine auch auf ihre sprachliche Realisierung hin überprüft. Als sprachlich unangemessen werden die Bausteine eingeordnet, die grammatisch falsch sind oder die umgangssprachlich oder sprachlich unbeholfen wirken.

Für die *Instruktionstexte* ergibt sich ein deutlicher Vorteil für Schülerinnen und Schüler des Gymnasiums, welche die meisten sprachlich angemessenen Äußerungen hervorbringen, wohingegen jene in den Texten der Hauptschule am seltensten angemessen sind ($F(2, 264) = 23{,}828$, $p < .001$, $\eta^2 = .153$). Ebenso zeigt sich ein bedeutsamer Einfluss der Klassenstufe, der erwartungskonform ist ($F(1, 264) = 53{,}174$, $p < .001$, $\eta^2 = .168$). Beide Effekte sind dargestellt in Abbildung 36. Die familiensprachlichen Gegebenheiten differenzieren stark ($F(1, 264) = 56{,}627$, $p < .001$, $\eta^2 = .177$): Schülerinnen und Schüler, die ausschließlich Deutsch zu Hause sprechen, gebrauchen in beiden Klassenstufen eine bedeutend höhere Summe an sprachlich angemessenen obligatorischen Textbausteinen als die, die kein Deutsch oder zusätzlich eine andere Sprache zu Hause sprechen (siehe Abbildung 37).

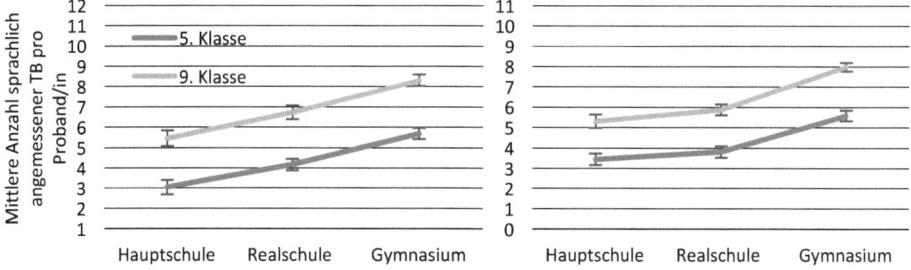

Abbildung 36: Mittlere Anzahl an sprachlich angemessenen Textbausteinen (TB) pro Proband/in in den Textsorten *Instruktion* (links; max = 12) und *Bericht* (rechts; max = 11) in Abhängigkeit der Klassenstufe und Schulart (*n* = 277).

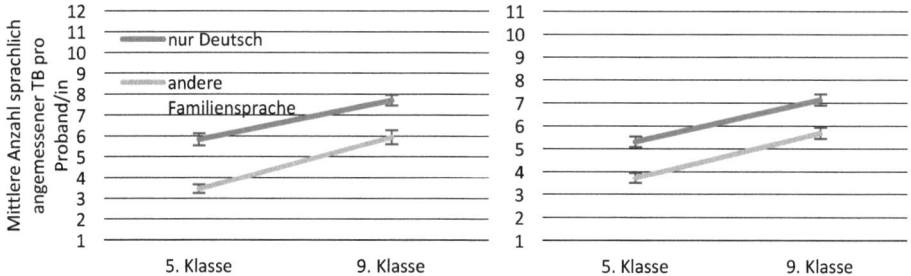

Abbildung 37: Mittlere Anzahl an sprachlich angemessenen Textbausteinen (TB) pro Proband/in in den Textsorten *Instruktion* (links; max = 12) und *Bericht* (rechts; max = 11) in Abhängigkeit der Familiensprache und Klassenstufe (*n* = 277).

Für die *Berichtstexte* sind dieselben Unterschiede zu finden wie für die Instruktionstexte. Der erwartbare Einfluss der Familiensprache ist insgesamt etwas geringer, jedoch immer noch stark ausgeprägt ($F(1, 264) = 30,072$, $p < .001$, $\eta^2 = .102$; siehe Abbildung 37). Auch in den Berichtstexten verwenden Gymnasiasten mehr sprachlich angemessene Textbausteine als Realschülerinnen und -schüler und diese wiederum mehr als Probandinnen und Probanden der Hauptschule ($F(2, 264) = 25,733$, $p < .001$, $\eta^2 = .163$; siehe Abbildung 36). Ebenso sind die vorhandenen obligatorischen Bausteine der Neuntklässlerinnen und Neuntklässler häufiger sprachlich adäquat als die der Klasse 5 ($F(1, 264) = 49,037$, $p < .001$, $\eta^2 = .157$; siehe Abbildung 36).

Insgesamt kann angemerkt werden, dass die Analyse der sprachlichen Angemessenheit die bisher größten Effekte erzielt und zugleich einen deutlichen Einfluss der Familiensprache der Schülerinnen und Schüler aufweist.

Zwischenfazit

Der Vergleich des Vorhandenseins, der inhaltlichen Explizitheit und der sprachlichen Angemessenheit der Textbausteine unterstützt die Vermutung der Notwendigkeit, die versprachlichten Inhalte nicht nur auf ihre bloße Realisierung, sondern vor allem auf die *Art* der Umsetzung zu analysieren. Die Untersuchung der vorhandenen obligatorischen Textbausteine ergibt zwar bedeutsame Differenzen hinsichtlich der Klassenstufe, Schulart und Familiensprache, jedoch sind die Effektstärken insgesamt eher als klein einzustufen. Die Analyse der inhaltlichen Explizitheit zeigt hingegen große Effekte für die Klassenstufe in beiden Textsorten und kleine für die Familiensprache. Die Schulart spielt für die Berichtstexte eine kleinere Rolle als für die Instruktionstexte. Bei der Beurteilung der sprachlichen Angemessenheit ergeben sich bedeutsame Unterschiede für alle drei Designfaktoren und dies in beiden Textsorten in ähnlicher Weise. Besonders die Familiensprache ist für die sprachliche Angemessenheit relevant, und dies gilt in beiden Klassenstufen und in allen drei Schularten in vergleichbarer Art und Weise.

Bevor die Texte elektronisch transkribiert wurden, fand nicht nur eine Markierung der orthographischen, sondern auch der morphologischen Fehler statt, auch wenn diese in den Transkripten beibehalten wurden. Eine Korrelation zwischen der Anzahl der grammatischen Fehler pro Text und der Anzahl an sprachlich angemessenen Textbausteinen ergibt für die Instruktionstexte $r = -.514$ ($p < .01$) und für die Berichtstexte $r = -.459$ ($p < .01$). Es kann somit von einem mittelstarken negativen Zusammenhang gesprochen werden: Je mehr grammatische Fehler im Text vorkommen, desto geringer ist die Anzahl an sprachlich angemessenen Textbausteinen. Jedoch ist zu beachten, dass dieses Zusammenhangsmuster nicht die Propositionen berücksichtigt, die über die obligatorischen Textbausteine hinausgehen. Auch werden weitere sprachliche Auffälligkeiten, die nicht auf Fehler in der Grammatik zurückzuführen sind und dennoch im Rating die Beurteilung *unangemessen* bewirkt haben, in dieser Zusammenhangsanalyse nicht berücksichtigt.

Weitere allgemeine Auffälligkeiten

Obwohl das Rating erwartungskonforme Unterschiede in der inhaltlichen Explizitheit und sprachlichen Angemessenheit abbildet und zugleich als objektiv einzustufen ist, ist es dennoch an vielen Stellen sehr grob und nicht geeignet, um spezifische Auffälligkeiten in den Texten darzustellen. Dies liegt jedoch in der Natur globaler Beurteilungsverfahren. So treten insbesondere in der Hauptschule in Klasse 9 Texte auf, die zwar die sechs Bilder in sprachlich angemessener Form beschreiben, diese jedoch nur reihend abarbeiten und wenig „individuellen Stil" tragen. Es stellt sich hier die Frage, inwieweit dies erwünscht ist und sich in der Textqualität niederschlägt. Häufig fehlen in der Rezeptbeschreibung die genauen Mengenangaben der Zutaten, die mit dem Rating nicht abgefragt werden, den Text aber unspezifisch wirken lassen. Auch kommt es vor allem in Klasse 5 innerhalb der Instruktionstexte oft zu einem Perspektivenwechsel des Adressaten von *man* zu *Sie*, der mit dem Rating nicht abgebildet werden, jedoch letztlich Auswirkungen auf die beurteilte Qualität des Textes haben kann. Insbesondere bei den Texten der Klasse 5 in der Hauptschule fällt auf, dass zwar häufig die notwendigen Textbausteine versprachlicht werden, das Verb jedoch unangemessen ist, was den Baustein sowohl inhaltlich uneindeutig als auch sprachlich unangemessen wirken lässt. Aus diesem Grund ist die zusätzliche Bewertung der als obligatorisch angesehenen Verben sinnvoll, wie sie in Abschnitt 9.1.10 beschrieben wurde. Interessant ist, dass die Texte, die aufgabenkonform bearbeitet wurden, häufig die sind, die sprachlich beinahe „langweilig" wirken. Derartige Texte sind anhand des vorgestellten Kriterienrasters zu den Textbausteinen nicht von sprachlich elaborierten Texten zu unterscheiden. Hier wäre eine qualitative Analyse der sprachlichen Mittel weiterführend. Ein Textbaustein, der von fast allen Schülerinnen und Schülern der Klasse 5 zwar umgesetzt, sprachlich jedoch meistens als unangemessen eingestuft wurde, ist das Abtropfen Lassen der Nudeln. Sowohl das Handlungsverb als auch der Begriff des Siebs ist den meisten Schülerinnen und Schülern nicht geläufig, sodass Äußerungen wie *Dann legt man sie in einer Siebel rein und wartet, bis das Wasser weg ist* oder *in einen äußerst lüftenden Topf tun* zustande kommen. An letzterer Formulierung wird die Wichtigkeit der Untersuchung weiterer bildungssprachlicher Merkmale deutlich: Der Satzteil stellt eine verdichtete Nominalphrase dar, die relativ explizit ist, sodass erahnt werden kann, was gemeint ist. Dennoch ist die Äußerung sprachlich unpassend. Für derartige Auffälligkeiten innerhalb der umgesetzten Textbausteine wäre eine weitere qualitative Analyse lohnenswert.

In den Berichtstexten stellt sich häufig die Frage, ob die Schülerinnen und Schüler die Situation zum Unfallhergang tatsächlich verstanden haben, da viele Texte meist zwar die Aktanten aufgreifen, das Unfallgeschehen jedoch anders darstellen als mit der Aufgabenstellung und dem bildlichen Stimulus evoziert. Hier wäre eine Zusammenhangsanalyse zwischen den ausreichend expliziten Bausteinen und weiteren kognitiven Voraussetzungsmaßen sowie den Maßen der Perspektivenübernahme eventuell gewinnbringend.

9.1.12 Textqualität

Die Einschätzung der Textqualität beruht auf einem globalen holistischen Rating, das von der Arbeitsgruppe um das Forschungsprojekt zu den Teilkomponenten selbst entwickelt wurde (z.B. Grabowski et al., 2014). Es lässt sich als ein robustes und im Vergleich zu anderen Indikatoren der Textqualität als ein gutes Maß für die zugrunde liegende Schreibkompetenz bezeichnen. Ursprünglich umfasst das Rating sechs globale Fragen an den Text mit jeweils dichotomen Ausprägungen. Für die vorliegende Untersuchung werden fünf der Fragen angewendet, die sechste bezieht sich auf den Wortschatz und würde bei späteren Zusammenhangsanalysen womöglich artifiziell angehobene Korrelationen mit den aus den Texten generierten Variablen zum Wortschatz hervorbringen (siehe hierzu auch Abschnitt 8.6.4).

Für die *Instruktionstexte* zeigt sich ein bedeutsamer Einfluss der Klassenstufe: Schülerinnen und Schüler der 9. Klasse schreiben bessere Instruktionstexte als die der 5. Klasse ($F(1, 265) = 47{,}120$, $p < .001$, $\eta^2 = .151$). Auch liegen erwartungskonforme Unterschiede in der Textqualität zwischen den Schularten vor: Schülerinnen und Schüler des Gymnasiums schreiben die besten, Hauptschülerinnen und -schüler die weniger guten Instruktionstexte ($F(2, 265) = 36{,}511$, $p < .001$, $\eta^2 = .216$). Beide Effekte sind dargestellt in Abbildung 38. Die Familiensprache hat ebenso einen Einfluss auf die Textqualität. So schreiben Schülerinnen und Schüler, die nur zu Hause Deutsch sprechen, die besseren Texte als Schülerinnen und Schüler mit einer (zusätzlich) anderen Familiensprache ($F(1, 265) = 18{,}320$, $p < .001$, $\eta^2 = .065$; siehe Abbildung 39).

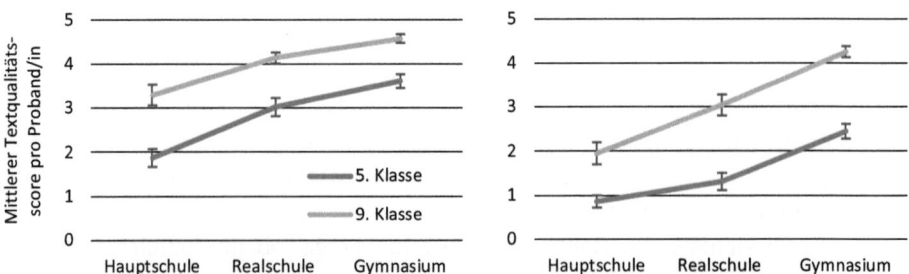

Abbildung 38: Mittlerer Textqualitätsscore pro Proband/in in den Textsorten *Instruktion* (links; max = 5) und *Bericht* (rechts; max = 5) in Abhängigkeit der Klassenstufe und Schulart (*n* = 277).

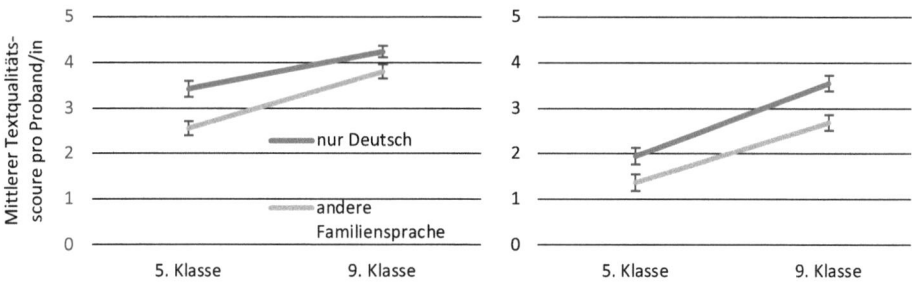

Abbildung 39: Mittlerer Textqualitätsscore pro Proband/in in den Textsorten *Instruktion* (links; max = 5) und *Bericht* (rechts; max = 5) in Abhängigkeit der Familiensprache und Klassenstufe (*n* = 277).

Für die *Berichtstexte* erweist sich ebenso die Klassenstufe als bedeutsamer Einflussfaktor ($F(1, 265) = 83,131$, $p < .001$, $\eta^2 = .239$; siehe Abbildung 38). Weiterhin liegen erwartungskonforme Unterschiede in der Textqualität zwischen den Schularten vor ($F(2, 265) = 52,520$, $p < .001$, $\eta^2 = .284$). Diese Unterschiede sind stärker ausgeprägt als für die Instruktionstexte (siehe Abbildung 38). Auch hier zeigt sich, dass Schülerinnen und Schüler, die nur Deutsch zu Hause sprechen, gegenüber den anderen Sprachgruppen die besseren Berichtstexte schreiben ($F(1, 265) = 11,843$, $p < .001$, $\eta^2 = .043$; siehe Abbildung 39).

Zwischenfazit

Beim Vergleich der Textqualität beider Textsorten ist erkennbar, dass alle Schülerinnen und Schüler in der Instruktionstexten ein höheres Maß an Qualität erreichen als in den Berichtstexten. Für beide Textsorten zeigen sich die zu erwartenden Effekte in Bezug auf die Designvariablen. Dabei erweist sich der Einfluss der Schulart als besonders bedeutsam und ist dabei für die Berichtstexte stärker ausgeprägt als für die Instruktionen. Anders als bei vielen aus den Texten generierten sprachlichen Variablen ist auch die Familiensprache für die erzielte Textqualität bedeutsam.

9.1.13 Fazit zu den varianzanalytischen Untersuchungen

Bevor die Zusammenhangsanalysen zwischen den einzelnen aus den Texten generierten Variablen und der globalen Textqualität vorgestellt werden, wird im Folgenden zusammenfassend auf die varianzanalytischen Befunde eingegangen. Diese sind komprimiert in Tabelle 19 dargestellt, welche gleichzeitig eine Rückbindung an die zuvor aufgestellten Hypothesen aus Abschnitt 7 beabsichtigt. Soweit es nicht anders in Tabelle 19 vermerkt ist, sind die aufgezeigten Richtungen der Effekte erwartungskonform. Das bedeutet, Schülerinnen und Schüler der Klasse 9 sind sprachlich stärker als die der Klasse 5 (Klassenstufe), Gymnasiasten zeigen höhere Leistungen als Realschülerinnen und -schüler und diese wiederum höhere als Hauptschülerinnen und -schüler (Schulart). Diejenigen, die zu Hause nur Deutsch sprechen, verwenden mehr elaborierte Mittel und Inhalte als Schülerinnen und Schüler, bei denen zu Hause kein Deutsch oder zusätzlich zu Deutsch eine andere Sprache gesprochen wird (Familiensprache). Erwartungskonforme und damit hypothesenbestätigende Unterschiede sind in der Tabelle 19 mit einem Häkchen dargestellt. Signifikante Unterschiede, die entgegengesetzt zur erwarteten Richtung verlaufen, werden mit Angabe der ermittelten Richtung aufgeführt. So bedeutet z. B. B > I, dass die Effekte für die Berichtstexte insgesamt stärker sind als für die Instruktionstexte, was nicht erwartungskonform ist. Ergeben sich keine bedeutsamen Unterschiede für die Designfaktoren, dann ist dies mit *n. s.* (nicht signifikant) vermerkt. Die Angabe *n. e.* steht für *nicht eindeutig* und kennzeichnet die Ergebnisse, die weder zu einer Bestätigung noch einer Ablehnung der Hypothesen führen. Weiterhin sind in Tabelle 19 alle Effekte, die durch die Differenzierung der Schülerinnen und Schüler hinsichtlich des Merkmals der Familiensprache zustande kommen, grau markiert. Bedeutsame Unterschiede, die über eine hohe Effektstärke ($\eta^2 > .140$) und damit eine hohe praktische Relevanz verfügen, sind in der Tabelle fett gekennzeichnet.

Die Ergebnisse werden nun entlang der nachfolgenden drei Fragen diskutiert:

1) Welche Ergebnisse erlauben eine Bestätigung der Hypothesen?

Alle mit einem Häkchen versehenden Zellen stehen für einen erwartungskonformen bedeutsamen Einfluss des jeweiligen Designfaktors. Es sind also für fast alle Variablen bestätigende Ergebnisse festzustellen, wenn auch nicht für jede Hypothese eines jeden sprachlichen Merkmals. Die Analyse der *Wortarten* führt zu keinen bedeutsamen Unterschieden zwischen den Klassenstufen oder Schularten, was jedoch auf die eher schulgrammatische und wenig funktional orientierte Perspektive der Unterteilung der Wortarten zurückgeführt werden könnte.

Fachbegriffe und Fremdwörter kommen in den Texten so selten vor, dass sich außer für die Schulart in den Berichtstexten keine bedeutsamen Effekte für die Designfaktoren nachweisen lassen. Auf die Schwierigkeiten der Ermittlung *textstrukturierender Mittel* wurde in Abschnitt 9.1.6 detailliert eingegangen. Die Analyse der *Kontextadäquatheit* führt ebenso zu keinen Unterschieden, da in fast allen beurteilten Texten die relevanten Textbausteine als kontextadäquat verwendet wurden.

Tabelle 19: Zusammenfassende Darstellung der varianzanalytischen Untersuchungen und Rückbindung an die Hypothesen; Hs = Hauptschule; Rs = Realschule; Gym = Gymnasium; ndF = nicht deutsche Familiensprache; dF = deutsche Familiensprache; B = Bericht; I = Instruktion; H = Hypothese; n. s. = nicht signifikant; n. e. = nicht eindeutig.

Designfaktor: Erwartete Richtung:		Klassenstufe: 5 < 9		Schulart: Hs < Rs < Gym		Familiensprache: ndF < dF		Textsorte: B < I
Textsorte: Hypothese/Nr.:		I H 1a	B H 1b	I H 2a	B H 2b	I H 3a	B H 3b	H 4
I. Variablen generiert auf Basis von Kategorisierungsverfahren								
Wortebene								
lexikalische Vielfalt	Tokens	✓	✓	✓	✓	n. s.	n. s.	B > I
	Types	✓	✓	✓	✓	n. s.	n. s.	n. e.
	CTTR	✓	✓	✓	✓	n. s.	n. s.	n. e.
Wortarten	Anteil an Inhaltswörtern	n. s.	n. s.	n. s.	n. s.	n. s.	ndF > dF	n. e.
Wortfrequenz	mittlere Wortfrequenz	✓	n. s.	✓	✓	n. s.	n. s.	n. e.
Wortbildung	Mittel der Wortbildung	✓	✓	✓	✓	n. s.	✓	n. e.
lexikalische Besonderheiten	Fachbegriffe u. Fremdwörter	n. s.	n. s.	n. s.	✓	n. s.	n. s.	B > I
Phrasen- und Textebene								
Kohäsionsmittel	Verweismittel	n. s.	✓	n. s.	✓	n. s.	n. s.	B > I
	Konjunktion *und*	n. s.	✓ 5 > 9	n. s.	R < H < G	n. s.	n. s.	n. e.
	Qualifizierende Verknüpfungsmittel	n. s.	✓	n. s.	✓	n. s.	n. s.	B > I
	Textstrukturierende Mittel	n. s.	5 > 9	n. s.	n. s.	n. s.	n. s.	B > I
Nominalphrasen	links- und rechtserweiterte Nominalphrasen	✓	✓	✓	n. s.	n. s.	n. s.	n. e.
Passiv	Passivkonstruktionen	✓	n. s.	✓	n. s.	n. s.	n. s.	✓
II. Variablen generiert auf Basis von Einschätzungsverfahren								
Bildungssprachlichkeit vorhandener Vollverben	Anteil umgangssprachlicher Verben	✓ 5 > 9	n. s.	✓ H > R > G	✓ H > R > G	✓ ndF > dF	n. s.	✓
	Anteil bildungssprachlicher Verben	✓	n. s.	n. s.	✓	n. s.	n. s.	n. e.
Angemessenheit notwendiger Vollverben	angemessene Verben	✓	✓	✓	✓	✓	✓	n. e.

Designfaktor: Erwartete Richtung:		Klassenstufe: 5 < 9		Schulart: Hs < Rs < Gym		Familiensprache: ndF < dF		Textsorte: B < I
Textsorte: Hypothese/Nr.:		I H 1a	B H 1b	I H 2a	B H 2b	I H 3a	B H 3b	H 4
Textbausteine (TB)	vorhandene obligatorische TB, davon:	✓	✓	n. s.	✓	✓	✓	B > I
	kontextadäquat	n. s.	n. s.	n. s.	n. s.	n. s.	n. s.	-
	inhaltlich explizit	✓	✓	✓	✓	✓	✓	n. e.
	sprachlich angemessen	✓	✓	✓	✓	✓	✓	n. e.
Textqualität	globale Textqualität	✓	✓	✓	✓	✓	✓	n. e.

2) Für welche Variablen zeigt sich ein Einfluss der Familiensprache?

Werden alle in der Tabelle 19 in grau gekennzeichneten Effekte betrachtet, kann zusammengefasst werden, dass die Familiensprache eher bei den Variablen eine Rolle spielt, die auf Basis von Einschätzungsverfahren erhoben wurden und bei denen die Angemessenheit bzw. das Niveau eines sprachlichen Merkmals betrachtet wird. Die rein auf linguistischen Kategorisierungen beruhenden Variablen zeigen außer für die Wortbildung und den Anteil an Inhaltswörtern in den Berichtstexten keinen Unterschied zwischen den Schülerinnen und Schülern mit deutscher und denen mit nicht deutscher Familiensprache. Die Tatsache, dass sich der Einfluss der Familiensprache besonders in der Beurteilung der sprachlichen Angemessenheit der obligatorischen Textteile zeigt, unterstützt die Annahme der Schwierigkeit, auf Basis isolierter linguistischer Kategorien bedeutsame Effekte zu finden. Das, was die Texte sprachlich unterscheidet, ist vermutlich das Auftreten von fehlerhaften lexikalischen und morphosyntaktischen Konstruktionen, die nur über die ganzheitliche Betrachtung der Kombinationen der Wörter und nicht durch die Analyse einzelner Lemmata auffallen. Eine solche Untersuchung von Konstruktionen lässt sich jedoch nur anhand qualitativer Maßnahmen durchführen.

In Tabelle 19 werden keine Wechselwirkungen abgebildet. Insgesamt kann jedoch festgestellt werden, dass für die generierten Variablen nur wenige Interaktionen zwischen den Designfaktoren auftreten, die zudem meist nur geringe Effektstärken aufweisen. Anders als die Stichprobenverteilung es vermuten lässt, kommt es nur in seltenen Fällen zu Interaktionen zwischen der Familiensprache und der Klassenstufe. Die ungleiche und als Voraussetzung ungünstig zu bezeichnende Verteilung von Schülerinnen und Schülern mit nicht deutscher Familiensprache zwischen Klassenstufe 5 (ca. 60 %) und 9 (ca. 40 %) scheint sich in den Ergebnissen kaum widerzuspiegeln. Auch kommt es zu keinen Wechselwirkungen zwischen der Klassenstufe, der Familiensprache und der Schulart. Die Tatsache, dass in Klasse 5 in der Realschule fast 75 % der Schülerinnen und Schüler zusätzlich zu Deutsch eine andere Familiensprache sprechen, hat somit keine Auswirkungen auf die Ergebnisse und bewirkt keine Verzerrung.

3) Welche Effekte sind am stärksten und weisen eine hohe praktische Relevanz auf?

Die ermittelten bedeutsamen Unterschiede, die eine Effektstärke $\eta^2 > .140$ aufweisen, sind in Tabelle 19 fett dargestellt. Es kann festgestellt werden, dass die stärksten Effekte sich unter anderem für die Anzahl an verschiedenen Wörtern, die CTTR, die Mittel der Wortbildung und die Beurteilung der sprachlichen Angemessenheit der Textbausteine zeigen und dies in beiden Textsorten sowohl für die Klassenstufe als auch für die Schulart gilt. Der familiensprachliche Hintergrund ist besonders bei der Analyse der sprachlichen Angemessenheit relevant. Für die auf Phrasen- oder Textebene generierten Variablen, die keiner Beurteilung durch Raterinnen und Rater unterzogen wurden (z. B. Kohäsionsmittel oder Nominalphrasen), ergeben sich wenige Unterschiede zwischen den Teilstichproben.

Weiterhin zeigen die varianzanalytischen Betrachtungen, dass sich der Einfluss der Schulart, Klassenstufe und Familiensprache teilweise zwischen den Textsorten unterscheidet. So ergeben sich für manche Variablen Klassenstufeneffekte nur auf Basis der Instruktionstexte (beispielsweise für die mittlere Wortfrequenz oder den Anteil an umgangssprachlichen Verben), für andere erweist sich der Einfluss der Familiensprache nur anhand der Berichtstexte als bedeutsam (beispielsweise für die Mittel der Wortbildung). Dies hängt zum einen an der Aufgabenstellung, die in unterschiedlichem Ausmaß spezifische sprachliche Mittel evoziert (z. B. linkserweiterte Nominalphrasen eher in den Berichtstexten, Passivkonstruktionen eher in den Instruktionstexten). Zum anderen mag dies aber auch curricular bedingt sein. So fällt den Schülerinnen und Schülern der Klasse 5 das Verfassen der Instruktionstexte leichter als das der Berichtstexte, was sich ebenso in der Textqualität widerspiegelt. Weiterhin muss der Grad der Spezifizierung der Aufgabenstellung bedacht werde. Die Erwartungen an den zu entstehenden Berichtstext sind weitaus weniger konkret formuliert. Eventuell tragen die drei genannten Gegebenheiten (Aufgabenstellung/Textsorte, Bezug zum Curriculum und Aufgabenprofilierung) dazu bei, dass sich die Hypothese 4 (B < I) für so wenige der Variablen bestätigen lässt.

So lässt sich zusammenfassen, dass die Verwendung der sprachlichen Mittel zwischen beiden Textsorten aufgrund der Aufgabenstellung im Grunde genommen nicht zu vergleichen ist, ganz unabhängig von den zu erwartenden entwicklungsbezogenen und curricularbedingten Effekten. Es ist denkbar, dass die Umsetzung des Berichtstextes klassenstufenübergreifend allen Schülerinnen und Schülern schwer(er) fällt, was dazu führt, dass sich Schularteneffekte hier eher abbilden lassen als in den Instruktionstexten, in denen die Schülerinnen und Schüler einer Klassenstufe eher konformere Texte schreiben.

Um die Unterschiede in der Umsetzung der einzelnen sprachlichen Mittel aus einer weiteren Perspektive zu beleuchten, werden im Folgenden die Zusammenhänge dieser untereinander berichtet und diskutiert.

9.2 Zusammenhangsanalysen

Nachdem die Unterschiede in der Verwendung spezifischer bildungssprachlicher Mittel und inhaltlich relevanter Textbausteine für die Instruktions- und Berichtstexte hinsichtlich der Klassenstufe, Schulart und Familiensprache der Schülerinnen und Schüler aufgezeigt wurden, wird nachfolgend der Frage nachgegangen, inwieweit die generierten Variablen miteinander zusammenhängen (Abschnitt 9.2.1). Weiterhin wird der Zusammenhang der jeweiligen Maße mit der globalen Textqualität analysiert (Abschnitt 9.2.2). Anschließend folgt die Betrachtung der allgemeinen sprachlichen Voraussetzungsmaße der Probandinnen und Probanden, die im Rahmen des übergeordneten Forschungsprojekts zu den Teilkomponenten der Schreibkompetenz erhoben wurden. Es werden die Korrelationen dieser Voraussetzungsmaße mit den aus den Texten generierten sprachlichen Fähigkeitsaspekten untersucht (Abschnitt 9.2.3).

9.2.1 Zusammenhangsmuster der aus den Texten generierten Variablen

Um überprüfen zu können, inwieweit die einzelnen Variablen ein und dasselbe Merkmal messen, wird die interne Konsistenz anhand von Cronbachs a bestimmt. Es ergibt sich für die in Tabelle 20 dargestellten Variablen für die Instruktionstexte der 5. Klasse α = .57 und für die der 9. Klasse α = .61. Für die Berichtstexte ist die interne Konsistenz geringer mit α = .55 für Klasse 9 und α = .17 für Klasse 5. So sprechen die Werte nicht dafür, dass die generierten Variablen gemeinsam als Indikatoren eines einzigen Konstrukts gelten können, wie z. B. dem der bildungssprachlichen Kompetenz. Es lässt sich somit keine Skalenbildung ableiten. Zudem sind die Variablen metrisch nicht in jedem Fall voneinander unabhängig, da beispielsweise die Anzahl der Wortbildungen durch die Textlänge beeinflusst wird. Jedoch führt auch die Aussparung der Anzahl der Tokens bei der Bestimmung der internen Konsistenz zu keiner bedeutsamen jeweiligen Anhebung von Cronbachs α.

Aus den Befunden zur internen Konsistenz ergibt sich die Frage, ob sich die verschiedenen sprachlichen Variablen eher auf unterschiedlichen Faktoren abbilden lassen, welche wiederum inhaltlich klar voneinander abgegrenzt werden können. So wird mit dem Ziel einer Dimensionsreduktion und unter Berücksichtigung der Abhängigkeit der Variablen untereinander für beide Klassenstufen und beide Textsorte jeweils eine oblique Maximum-Likelihood-Faktorenanalyse durchgeführt (Oblimin mit Kaiser-Normalisierung). In die Faktorenanalyse fließen alle in Tabelle 20 vorgestellten Variablen bis auf die Anzahl der Tokens ein. Es werden dabei jedoch jeweils die Summenwerte und nicht die Anteile der sprachlichen Mittel herangezogen. Zur Interpretation der Faktoren werden nur Ladungen berücksichtigt, die betragsmäßig > .30 sind. Für die Instruktionstexte der Klasse 9 ergibt sich eine gute Faktorenstruktur mit zwei Faktoren, deren Eigenwert > 1 ist. Die erklärte Varianz beträgt dabei für Faktor 1 48,5 % und für Faktor 2 zusätzliche 17,1 %. Auf Faktor 1 laden folgende Variablen: CTTR (λ = .84), mittlere Frequenz (λ = .84), Wortbildungen (λ = .80), Inhaltswörter (λ = .75), Nominalphrasen (λ = .68), qualifizierende Konjunktionen (λ = .55) sowie Fachbegriffe und Fremdwörter (λ = .35). Faktor 2 umfasst hingegen die inhaltlich expliziten (λ = -.81) und die sprachlich angemessenen Textbausteine (λ = -.80) sowie die angemessenen Verben (λ = -.69). So ließe sich Faktor 1 als Fähigkeitsfacette beschreiben, bildungssprachlich relevante Merkmale in den Instruktionstexten anzuwenden. Faktor 2 hingegen spiegelt die Angemessenheit des Gebrauchs dieser Mittel wieder. Dieses klare Bild lässt sich für die Schülerinnen und Schüler der Klasse 5 weder in den Instruktions- noch in den Berichtstexten faktorenanalytisch abbilden. Auch für die Variablen der Berichtstexte der Klasse 9 gelingt dieser Versuch der Dimensionsreduktion nicht auf so klare und interpretierbare Art und Weise. Stattdessen zeigen sich jeweils zwischen vier und sechs Faktorenlösungen, deren Ladungen auf den unterschiedlichen Faktoren zudem kaum übereinstimmen. Es scheint, als wenn in den Berichtstexten zu viele sprachliche Eigenheiten stecken, die sich nicht auf einen „Nenner" bringen lassen. Zudem scheint die Verwendung bildungssprachlicher Mittel bei den jüngeren Schülerinnen und Schülern noch so heterogen, dass ihre gezeigten Fähigkeitsaspekte nicht als eindeutige und gut interpretierbare Faktorlösungen dargestellt werden können.

Die in Tabelle 20 abgebildeten Interkorrelationen der aus den Texten generierten Variablen weisen dennoch auf gewisse Korrelationsmuster unter Berücksichtigung der zwei Textsorten und zwei Klassenstufen hin. Da nicht alle hinzugezogenen Variablen Anteile, sondern manche auch Summenscores (z. B. Mittel der Wortbildung, Fachbegriffe und Fremdwörter) darstellen, gilt es, für jede Variable auch den Zusammenhang zur Textlänge (Tokens) zu beachten. Nur so lässt sich einschätzen, inwieweit die weiteren Zusammenhänge mit anderen Fähigkeitsaspekten möglicherweise von der Anzahl der Tokens moderiert werden.

Der schwarze Wert in Tabelle 20 zeigt jeweils den Korrelationskoeffizienten für die Instruktionstexte an, der graue den für die Berichtstexte. Nicht signifikante Korrelationen sind mit einem Strich gekennzeichnet, die Werte werden hier nicht angegeben. Fett markierte Werte geben eine Ausprägung r > .50 an und stellen somit hohe Korrelationen dar. Während in Abschnitt 9.1.9 die mittleren Anteile an umgangssprachlichen und bildungssprachlichen Verben pro Text betrachtet wurden, umfasst die Variable *Anteil nicht unangemessener Verben* die Verben eines Textes, die als alltagssprachlich oder bildungssprachlich eingestuft wurden.

Tabelle 20: Interkorrelationen der aus den Texten generierten Variablen; für Klassenstufe 9 ($n = 131$) und Klassenstufe 5 ($n = 146$); schwarz dargestellte Werte für die Instruktionstexte; grau dargestellte Werte für die Berichtstexte; aufgeführt sind nur die statistisch bedeutsamen Zusammenhänge, $p < .05$.

	1	2	3	4	5	6	7	8	9	10	11	12	13
							Klasse 9						
1 Tokens		**.51**	-.38	**.61**	**.71**	.28	**.61**	-	-	**.58**	.27	.48	.31
		.59	-	.58	.73	.34	.49	-	.58	.29	.40	.27	.21
2 CTTR	.27		-	.46	**.59**	.18	.47	.15	-	.30	-	.24	.16
	.59		-	.49	**.61**	.26	.18	-	.42	.30	.26	.18	.18
3 Anteil an Inhaltswörtern	-.31	-		-	-.23	-	-	-.19	-.29	-.32	-.18	-.31	-.29
	-	-		-	-	-	.22	-	-.23	-.19	-	-	-
4 mittlere Frequenz der Types	.39	.18	-		**.67**	.31	**.56**	-	-	.44	-	.19	-
	.51	.47	-		.65	.47	.26	-	.20	-	-	.18	-
5 Mittel der Wortbildung (Summe)	.40	.34	-	.26		.20	**.62**	-	.20	**.56**	.19	.40	.37
	.74	.63	-	**.62**		.46	.25	-	.42	.27	.35	.27	.26
6 Fachbegriffe und Fremdwörter (Summe)	.33	-	-	.22	.22		-	-	-	-	-	-	-
	-	-	-	.45	.17		.24	-	-	-	-	-	-
7 erweiterte Nominalphrasen (Summe)	.35	.29	-	.18	.24	-		.19	-	.30	-	.29	.32
	.32	-	.20	-	-	-		-	-	-	.27	.34	-
8 Passivkonstruktionen (Summe)	-	-	-	-	-	-	-		-	-	-	-	-
	-	-	-	-	-	.23	-		-	-	-	-	-
9 Anteil nicht unangemessener Vollverben	-	-31	.17	-	.28	-	.27	-		-	.44	.31	**.50**
	-	-	-	-	-	-	-	-		.26	.27	-	.33
10 qualifizierende Verknüpfungsmittel (Summe)	.47	-	-.22	-	.18	-	-	-	-		-	.25	-
	.53	.21	-	-	.27	-	.24	-	-		.18	.21	.37
11 angemessene der zu erwartenden Verben (Summe)	.17	.32	-	-	.35	-	.27	-	.44	-		**.50**	**.50**
	-	-	-	-	-	-	.23	-	-	.19		.21	.29
12 Anteil inhaltlich expliziter Textbausteine	-	.18	-	-.20	.19	-	.27	.17	.33	-	**.52**		**.64**
	-	-	-.23	-	-	-	.40	-	-	-	-		.19
13 Anteil sprachlich angemessener Textbausteine	-	.30	.19	-	.34	-	.39	.21	**.58**	-	**.60**	**.54**	
	-	-	-.23	-	-	-	-	-	-	.18	.43	-	
							Klasse 5						

Die in Tabelle 20 dargestellten Interkorrelationen werden entlang der drei nachfolgenden Fragen diskutiert:

1) Liegt ein Unterschied in den Zusammenhangsmustern zwischen den Instruktions- und Berichtstexten vor?

Für die Instruktionstexte zeigen sich weitaus mehr signifikante Interkorrelationen als für die Berichtstexte, dies betrifft insbesondere die Klasse 5. Zudem sind die Korrelationen zwischen den Variablen meist für die Instruktionstexte stärker ausgeprägt, was vor allem für die Muster zwischen den Variablen gilt, die sich auf die Angemessenheit der Mittel beziehen (z. B. Anteil sprachlich angemessener Textbausteine * Summe angemessener Verben der zu erwartenden Verben). Dahingegen ergaben sich für die Berichtstexte in beiden Klassenstufen stärkere Korrelationsmuster zwischen der CTTR und den Mitteln der Wortbildung sowie der Wortfrequenz. Die starken Interkorrelationen können jedoch durch die

Textlänge bedingt sein. Hierfür sprechen die hohen Korrelationskoeffizienten der Zusammenhänge zwischen der Textlänge und den Mitteln der Wortbildung (z. B. Klasse 5: $r = .74$) bzw. der mittleren Wortfrequenz (z. B. Klasse 5: $r = .51$). Durch Kontrolle der Textlänge in Form einer Partialkorrelation ergibt sich für den Zusammenhang der Mittel der Wortbildung und der CTTR für die Instruktionstexte der 5. Klasse $r = .37$ und der 9. Klasse $r = .56$. Für die Berichtstexte ergibt sich ein Zusammenhang von $r = .54$ für die Klasse 5 und von $r = .54$ für die Klasse 9. Die Stärke des Zusammenhangs wird durch die Kontrolle der Textlänge demnach deutlich reduziert, dennoch sind die Korrelationen weiterhin überwiegend stark ausgeprägt, sodass auch unabhängig von der variierenden Textlänge deutliche Zusammenhangsmuster bestehen.

2) Liegt ein Unterschied in den Zusammenhangsmustern zwischen Klasse 5 und 9 vor?

Für die Klasse 9 ergeben sich insgesamt mehr Interkorrelationen, die bedeutsam sind. Zugleich sind deren Zusammenhänge stärker ausgeprägt als für die Klasse 5. So zeigt sich zwischen der Textlänge auf der einen und der Angemessenheit der Verben, der inhaltlichen Explizitheit und der sprachlichen Angemessenheit der Textbausteine jeweils auf der anderen Seite so gut wie kein Zusammenhang in Klasse 5. Dahingegen ergeben sich für Klasse 9 hier kleine bis mittelstarke Korrelationsmuster. Das spricht dafür, dass Schülerinnen und Schüler, die in Klasse 9 längere Texte schreiben, in beiden Textsorten auch adäquater formulieren. Dieser Zusammenhang zwischen der Angemessenheit der Mittel und der Textlänge ist für Klasse 5 für keine der beiden Textsorten nicht nachweisbar. Weiterhin zeigt sich für die Instruktionstexte in beiden Klassenstufen ein starker Zusammenhang zwischen dem Anteil nicht unangemessener Verben (also Verben, die als alltags- oder bildungssprachlich eingestuft wurden) und der Anzahl sprachlich angemessener Verben, die als obligatorisch gelten. Dieser ist für die Berichtstexte auch für die Klasse 9 nachweisbar, nicht aber für die der Klasse 5. Ähnlich wie bei den varianzanalytischen Betrachtungen scheint sich auch hier der Entwicklungsprozess von Klasse 5 zu 9 nachzeichnen zu lassen und damit ein Klassenstufeneffekt in Abhängigkeit der Textsorte. Weiterhin fallen in den Instruktionstexten der Klasse 9 die hohen Korrelationskoeffizienten des Zusammenhangs zwischen den Mitteln der Wortbildung auf der einen Seite und der Anzahl erweiterter Nominalphrasen ($r = .62$) sowie der Anzahl an qualifizierenden Verknüpfungsmitteln ($r = .56$) jeweils auf der anderen Seite auf. Auch hier erweist sich die Textlänge als bedeutsame Drittvariable. Wird diese aus den Berechnungen ausgeschlossen, ergeben sich nur noch mittelstarke (Mittel der Wortbildung und Anzahl an Nominalphrasen: $r = .34$) bzw. kleine Korrelationen (Mittel der Wortbildung und Anzahl an qualifizierenden Verknüpfungsmitteln: $r = .26$).

3) Welche Zusammenhangsmuster erweisen sich als besonders stark?

Über die bereits berichteten hohen Korrelationskoeffizienten hinaus, die zum Teil durch die Textlänge bedingt sind, zeigen sich für die Instruktionstexte in beiden Klassenstufen starke Zusammenhänge zwischen dem Anteil an angemessenen Verben und dem Anteil an sprachlich angemessenen Textbausteinen (Klasse 5: $r = .60$, Klasse 9: $r = 50$). Je höher der Anteil an adäquaten Verben innerhalb der sieben zu erwartenden Teilhandlungen ausfällt, desto höher ist auch der Anteil an sprachlich angemessenen Textbausteinen. Ebenso ergibt sich ein Zusammenhang zur inhaltlichen Explizitheit: Je höher der Anteil angemessener Verben ist, desto expliziter scheinen die Textbausteine auch für die Leserinnen und Leser formuliert zu sein (Klasse 5: $r = .52$, Klasse 9: $r = 50$). Gleichzeitig zeigen sich starke Zusammenhänge zwischen der sprachlichen Angemessenheit und der inhaltlichen Explizitheit. Je expliziter etwas formuliert ist, desto eher ist es auch sprachlich angemessen (Klasse 5: $r = .64$, Klasse 9: $r = 54$). Die aufgeführten Koeffizienten deuten aber auch darauf hin, dass die Variablen nicht ein und dasselbe Merkmal messen. Für die Berichtstexte sind die Zusammenhänge hinsichtlich der Angemessenheit in beiden Klassenstufen in dieser Stärke nicht nachweisbar.

Auffällig sind die negativen Korrelationen, die sich ausschließlich im Zusammenhang mit dem Anteil an Inhaltswörtern ergeben. In Klasse 5 sind die Interkorrelationen des Anteils der Inhaltswörter insgesamt klein und zum Teil negativ ausgeprägt, in Klasse 9 sind sie fast durchgehend negativ. Dieses Ergebnismuster widerspricht der Hypothese, dass ein hoher Anteil an Inhaltswörtern mit Bildungssprachlichkeit einhergeht (vgl. Read, 2000). Gleichzeitig zeigen die Betrachtungen der Mittelwertunterschiede in Abhängigkeit der Klassenstufe, Schulart und Familiensprache in Abschnitt 9.1.2, wie wenig Varianz sich in der Verwendung von Inhaltswörtern nachweisen lässt. Eine Interpretation dieses Musters scheint kaum möglich.

Nullkorrelationen ergeben sich in beiden Textsorten und Klassenstufen für die Passivkonstruktionen. Dies mag dadurch bedingt sein, dass in den Texten insgesamt wenige Passivkonstruktionen vorkommen und somit auch die Varianz in der Stichprobe gering ist. Ähnliches gilt für die Anzahl an Fachbegriffen und Fremdwörtern.

Es lässt sich zusammenfassen, dass sich für die Instruktionstexte mehr signifikante Interkorrelationen nachweisen lassen und diese meist stärker ausgeprägt sind als für die Berichtstexte. Die Textsorte scheint also die Untersuchung der Bildungssprachlichkeit zu beeinflussen oder anders formuliert, zeigt sich Bildungssprachlichkeit in verschiedenen Textsorten in unterschiedlichem Ausprägungsgrad. Gleichzeitig ergeben sich für die Variablen der Neuntklässlerinnen und Neuntklässler mehr Zusammenhangsmuster, die zudem meist über höhere Korrelationskoeffizienten verfügen. Dieses Ergebnis spricht für entwicklungsbezogene Prozesse vom Beginn der Sekundarstufe bis zum Ende. Insgesamt lässt sich trotz des nicht zufriedenstellenden Ergebnisses der explorativen Faktorenanalyse auf Basis der Interkorrelationen grob von zwei möglichen Clustern sprechen. Das eine Cluster bezieht sich auf die Angemessenheit und Elaboriertheit sprachlicher Merkmale, das andere hingegen umfasst Eigenschaften der lexikalischen Vielfalt, der Wortbildung und gleichzeitig der Wortfrequenz der Lemmata in den Texten.

9.2.2 Zusammenhangsmuster mit der Textqualität

Nach Betrachtung der Zusammenhänge der Variablen untereinander und in Abhängigkeit der Textsorte und Klassenstufe wird nachfolgend der Zusammenhang mit der globalen Textqualität dargestellt (siehe Tabelle 21).

Tabelle 21: Zusammenhangsmuster zwischen den aus den Texten generierten Variablen und der Textqualität; für Klassenstufe 9 (n = 131) und Klassenstufe 5 (n = 146); schwarz dargestellte Werte für die Instruktionstexte; grau dargestellte Werte für die Berichtstexte; grau hinterlegte Variablen: Berechnung durch bivariate Korrelationen; weiß hinterlegte Variablen: Berechnung durch Partialkorrelationen; aufgeführt sind nur die statistisch bedeutsamen Zusammenhänge; $p < .05$.

	Klasse 5	Klasse 9
Tokens	.26 / .40	**.56** / .46
CTTR	.26 / .31	.33 / .37
Anteil an Inhaltswörtern	- / -	-.44 / -.23
mittlere Frequenz der Types	- / -	- / -
Mittel der Wortbildung (Summe)	.25 / .23	- / .39
Fachbegriffe und Fremdwörter (Summe)	- / -	- / -
erweiterte Nominalphrasen (Summe)	.28 / .21	- / -
Passivkonstruktionen (Summe)	- / -	- / -
Anteil nicht unangemessener Vollverben	.35 / -	.33 / .31
qualifizierende Verknüpfungsmittel (Summe)	- / -	- / -
angemessene Verben von zu erwartenden (Summe)	**.59** / .38	.26 / .42
Anteil inhaltlich expliziter Textbausteine	**.50** / .19	**.54** / .32
Anteil sprachlich angemessener Textbausteine	**.51** / .30	**.54** / .42

Die Berücksichtigung des Einflusses der Textlänge erfolgt durch die Berechnung der Zusammenhänge auf Basis von Partialkorrelationen. Die davon betroffenen Variablen sind in Tabelle 21 weiß hinterlegt. Für die Variablen, die sich auf Anteile sprachlicher Mittel beziehen und somit nicht von der Textlänge beeinflusst werden, wird die Anzahl der Tokens nicht als Drittvariable hinzugezogen (in Tabelle 21 grau hinterlegt). Es zeigt sich für beide Textsorten und auch beide Klassenstufen, dass die Textlänge mit der Textqualität einhergeht. Der Effekt ist für die Instruktionstexte der Klasse 9 besonders ausgeprägt. Je länger ein Text ausfällt, desto höher ist auch seine Textqualität. Ein ähnliches Muster ergibt sich für den Zusammenhang mit der lexikalischen Vielfalt (CTTR). Je vielfältiger die Lemmata eines Textes sind, desto besser wird der Text bewertet. Wie auf Grundlage der bisherigen Ergebnisse zu vermuten ist, zeigen sich keine Zusammenhänge für die Anzahl an Fachbegriffen und Fremdwörtern und auch keine für die Passivkonstruktionen. Dies hängt wahrscheinlich mit der geringen Varianz in der Verwendung dieser Mittel innerhalb einer Klassenstufe zusammen. Ebenso ergibt sich weder ein Zusammenhang zwischen der Textqualität und der mittleren Wortfrequenz noch einer für die qualifizierenden Verknüpfungsmittel. Stark ausgeprägte Korrelationsmuster finden sich für die Anzahl an angemessenen Verben innerhalb der zu erwartenden Teilhandlungen der jeweils zwei Textsorten. Dieses Muster ist besonders deutlich in den Instruktionstexten der Klasse 5 vorzufinden, bei denen die Texte, die eine hohe Anzahl an adäquaten Verben aufweisen, auch die besseren Schreibprodukte darstellen ($r = .59$). Auch für die inhaltliche Explizitheit und die sprachliche Angemessenheit ergeben sich stark ausgeprägte Korrelationsmuster mit der Textqualität, die insgesamt für die Instruktionstexte und gleichzeitig für die 9. Klasse höher sind. Je größer der Anteil an sprachlich angemessenen und inhaltlich expliziten Textbausteinen, desto höher ist auch die Qualität des jeweiligen Instruktionstextes. Ebenso ergeben sich für den Anteil der Verben, die als nicht unangemessen eingestuft und unabhängig von den zu erwartenden Textbausteinen untersucht wurden, mittelstarke Zusammenhänge mit der Textqualität sowohl in Klasse 5 ($r = .35$) als auch in Klasse 9 ($r = .33$). Die Wahl der Verben scheint sich also auf die globale Einschätzung der Qualität des Textproduktes auszuwirken.

Zusammenfassend kann festgestellt werden, dass sich die vorgestellten Korrelationsmuster mit den Interkorrelationen der Variablen (siehe Tabelle 20) in gewisser Weise decken: Es zeigen sich höhere Zusammenhangsmuster für die Klasse 9 und in Teilen auch für die Instruktionstexte. Die Analyse der Angemessenheit der Mittel führt zu höheren Zusammenhangsmustern als die rein linguistische Kategorisierung. Eine Rückbindung der Ergebnisse an die in Abschnitt 7 formulierten Hypothesen bietet Tabelle 22.

Tabelle 22: Zusammenfassende Darstellung der Korrelationsmuster mit der Textqualität und Rückbindung an die Hypothesen (B = Bericht; I = Instruktion; H = Hypothese; n. s. = nicht signifikant).

	Korrelation mit der Textqualität			
Textsorte/Klassenstufe: erwartete Richtung: Hypothese/Nr.:	I 5 < 9 5a	B 5 < 9 5b	5 I > B 5c	9 I > B 5d
Tokens	✓	✓	I < B	✓
CTTR	✓	✓	I < B	I < B
Anteil an Inhaltswörtern	✓	✓	n. s.	✓
mittlere Frequenz der Types	n.s.	n. s.	n. s.	n. s.
Mittel der Wortbildung (Summe)	5 > 9	✓	✓	I < B
Fachbegriffe und Fremdwörter (Summe)	n. s.	n. s.	n.s.	n. s.
erweiterte Nominalphrasen (Summe)	5 > 9	5 > 9	✓	n. s.
Passivkonstruktionen (Summe)	n. s.	n. s.	n.s.	n. s.
Anteil nicht unangemessener Vollverben	5 > 9	✓	✓	✓
qualifizierende Verknüpfungsmittel (Summe)	n. s.	n. s.	n.s.	n. s.
angemessene der zu erwartenden Verben (Summe)	5 > 9	✓	✓	I < B
Anteil inhaltlich expliziter Textbausteine	✓	✓	✓	✓
Anteil sprachlich angemessener Textbausteine	✓	✓	✓	✓

Es ergaben sich in beiden Textsorten häufig mehr und gleichzeitig höhere Zusammenhänge für die Klasse 9. Jedoch ist dieses Muster für die Berichtstexte noch stärker ausgeprägt. Die Hypothesen 5a (*Textqualität der Instruktionstexte * bildungssprachliche Mittel der Instruktionstexte: Klasse 5 < Klasse 9*) und 5b (*Textqualität der Berichtstexte * bildungssprachliche Mittel der Berichtstexte: Klasse 5 < Klasse 9*) können somit für einen Teil der Variablen bestätigt werden. Die Vermutung, dass die Korrelationsmuster für die Variablen der Instruktionstexte in beiden Klassenstufen jeweils stärker ausgeprägt sind als für die der Berichtstexte, trifft vorrangig auf die Variablen zu, die sich auf die Angemessenheit der Mittel beziehen. Jedoch erweist sich der Zusammenhang zwischen der Textlänge und der Textqualität und zwischen der CTTR und der Textqualität für die Berichtstexte als bedeutsamer.

Insofern können auch die Hypothesen 5c [*Klasse 5: (Textqualität der Berichtstexte * bildungssprachliche Mittel der Berichtstexte) < (Textqualität der Instruktionstexte * bildungssprachliche Mittel Instruktionstexte)*] und 5d [*Klasse 9: (Textqualität der Berichtstexte * bildungssprachliche Mittel der Berichtstexte) < (Textqualität der Instruktionstexte * bildungssprachliche Mittel Instruktionstexte)*] nur bedingt bestätigt werden. Insgesamt zeigt sich, dass die Variablen zur Angemessenheit bestimmter Merkmale am deutlichsten mit der globalen Textqualität zusammen, was die These unterstützt, dass die reine Quantifizierung linguistischer Phänomene nicht direkt mit einer hohen Qualität einhergeht, sondern dass die Beurteilung des Einsatzes spezifischer Mittel die bedeutendere Rolle spielt.

9.2.3 Zusammenhangsmuster mit allgemeinen sprachlichen Voraussetzungsmaßen

Nachdem zum Teil deutliche Zusammenhänge zwischen denen aus den Texten generierten bildungssprachlichen Variablen und der Textqualität nachgewiesen werden konnten, wird nun der Zusammenhang dieser Fähigkeitsaspekte mit der allgemeinen sprachlichen Kompetenz der Schülerinnen und Schüler untersucht.

Tabelle 23: Übersicht zu den aus dem übergeordneten Forschungsprojekt herangezogenen sprachlichen Voraussetzungsmaßen der Schülerinnen und Schüler.

Fähigkeitsbereich	Verfahren	Beschreibung
Leseflüssigkeit	Salzburger Lesescreening 5–8 (Auer, Gruber, Mayringer & Wimmer, 2011)	Anzahl korrekt eingestufter Sätze hinsichtlich deren Wahrheitsgehalt innerhalb von 3 min (z. B. *Markus ist ein bekannter Mädchenname*); Rohwert: max = 70
Wortschatz	Wortschatztest aus dem CFT 20-R Intelligenztest (Weiß, 2006)	Anzahl korrekt gefundener Synonyme zu einem Zielitem aus einer Auswahl von fünf möglichen Items innerhalb von max. 12 min (z. B. *Acker: a. Pferd, b. Traktor, c. Landwirt, d. Feld, e. Kartoffel*); Rohwert: max = 30

Dafür werden in Tabelle 23 zwei der im übergeordneten Forschungsprojekt zu den Teilkomponenten der Schreibkompetenz erhobenen sprachlichen Voraussetzungsmaße bzw. Prädiktoren vorgestellt. Als sprachliche Prädiktoren sind jene Maße zu betrachten, von denen ein Einfluss auf die in den Texten gezeigten Fähigkeiten in Form einer bedeutsamen Korrelation mit der Textqualität erwartet wird, die jedoch nicht als spezifisch für die Schreibkompetenz angesehen werden (vgl. hierzu auch Becker-Mrotzek et al., 2015).

Die Leistungen im Salzburger Lesescreening (SLS) und im Wortschatztest des CFT 20-R wurden ebenso wie die zwei Schreibaufgaben im Klassenverband unter Anleitung der Testleiterinnen und -leiter erhoben. Der CFT 20-R wurde aus dem Grund herangezogen, weil er sich für die Überprüfung des Wortschatzes in der Gruppe eignet und er im Vergleich zu weiteren für die Altersstufe passenden Tests als aktuell betrachtet werden kann. Für die in beiden Testverfahren erreichten Maße ergaben sich die zu erwartenden Unterschiede zwischen den Probandinnen und Probanden in Bezug auf Klassenstufe, Schulart und Familiensprache (vgl. hierzu Grabowski, Becker-Mrotzek & Knopp, 2013; Schmitt & Knopp, 2017).

Beide Fähigkeitsbereiche korrelieren sowohl in der Klasse 5 ($r = .59$) als auch in der Klasse 9 ($r = .53$) hoch: Wer gute Leistungen im Wortschatztest zeigt, weist auch eine höhere Leseflüssigkeit gemessen am Salzburger Lesescreening auf.

Die in Tabelle 24 dargestellten Korrelationsmuster mit den aus den Texten generierten Variablen ergeben für beide Testverfahren ähnliche Befunde. Auffällig sind jedoch höheren Zusammenhänge zwischen der CTTR bzw. der Textlänge und der Leseflüssigkeit im Vergleich zum Wortschatztest: Wer zügig und sicher

Tabelle 24: Zusammenhangsmuster zwischen den aus den Texten generierten Variablen und der Leistung im Salzburger Lesescreening (SLS) sowie im Wortschatztest des CFT 20-R; für Klassenstufe 9 ($n = 131$) und Klassenstufe 5 ($n = 146$); schwarz dargestellte Werte für die Instruktionstexte; grau dargestellte Werte für die Berichtstexte; grau hinterlegte Variablen: Berechnung durch bivariate Korrelationen; weiß hinterlegte Variablen: Berechnung durch Partialkorrelationen; aufgeführt sind nur die statistisch bedeutsamen Zusammenhänge; $p < .05$.

	Leseflüssigkeit (SLS)		Wortschatz (CFT 20-R)	
	Klasse 5	Klasse 9	Klasse 5	Klasse 9
Tokens	-	.32	-	.29
	.25	.26	-	.17
CTTR	.26	.24	.21	.23
	.29	.24	.15	.23
Anteil an Inhaltswörtern	-.20	-.24	-	-.20
	-	-	-.17	-
mittlere Frequenz der Types	-	-	-	-
	.19	-	-	-
Mittel der Wortbildung (Summe)	.42	.19	.39	-
	.28	.32	.26	.30
Fachbegriffe und Fremdwörter (Summe)	-	-	-	-
	-	-	-	-
erweiterte Nominalphrasen (Summe)	-	.28	-	.23
	-	-	-	-
Passivkonstruktionen (Summe)	-	-	-	-
	-	-	-	-
Anteil nicht unangemessener Vollverben	.30	.28	.41	.46
	-	-	-	-
qualifizierende Verknüpfungsmittel (Summe)	-	-	-	-
	-	-	-	.23
angemessene der zu erwartenden Verben (Summe)	.40	-	.44	.40
	.26	.28	.41	.32
Anteil inhaltlich expliziter Textbausteine	.28	.35	.35	.41
	-	.27	-	.19
Anteil sprachlich angemessener Textbausteine	.46	.47	**.50**	**.54**
	.30	.37	.42	.60

liest, verfügt auch eher über eine höhere lexikalische Vielfalt und verfasst längere Texte. Aufgrund der inhaltlichen Ausrichtung der vorliegenden Arbeit auf die in den Texten gezeigten lexikalischen bildungssprachlichen Fähigkeiten wird in den nachfolgenden Ausführungen lediglich auf die Muster in Verbindung mit dem Wortschatztest eingegangen. Es zeigen sich überwiegend stärkere Zusammenhänge für die Variablen der Instruktionstexte als für die der Berichtstexte. Dies bedeutet, dass sich ein Zusammenhang zwischen der Leistung im Wortschatztest und der Verwendung bildungssprachlicher Mittel eher auf Basis der Instruktionstexte nachweisen lässt. Jedoch ergeben sich keine Korrelationsmuster für die mittlere Frequenz der Types, die Fachbegriffe und Fremdwörter und die Passivkonstruktionen. Der Einsatz dieser Mittel geht unabhängig von der Textlänge somit nicht mit besseren Leistungen im Wortschatztest einher. Ähnlich wie für die Textqualität ist auch hier das Muster zwischen der Leistung im Wortschatztest und dem Anteil sprachlich angemessener Textbausteine stark. Je höher der Anteil, desto besser sind die allgemeinen Wortschatzleistungen. Ebenso scheint die adäquate Auswahl der Verben mit allgemeinen lexikalischen Fähigkeiten zusammenzuhängen. Die Verwendung alltags- und bildungssprachlicher Verben sowie deren adäquater Einsatz führt daher nicht nur zu einer höheren Textqualität, sondern hängt auch mit der Leistung im Wortschatztest zusammen. Dieses Muster gilt in beiden Klassenstufen insbesondere für die Instruktionstexte.

Zusammenfassend lässt sich mit Blick auf die zuvor formulierten Hypothesen aus Abschnitt 7 feststellen, dass die sprachlichen Mittel der Klassenstufe 9 aus beiden Textsorten nur zum Teil stärker mit der Wortschatzleistung des CFT 20-R korrelieren als die der Klasse 5 (siehe Tabelle 25). Häufig findet sich jedoch kein bedeutsames Zusammenhangsmuster. Die Hypothesen 6a (*sprachliche Voraussetzungsmaße * bildungssprachliche Mittel der Instruktionstexte: Klasse 5 < Klasse 9*) und 6b (*sprachliche Voraussetzungsmaße * bildungssprachliche Mittel der Berichtstexte: Klasse 5 < Klasse 9*) können zwar nur für wenige der Variablen bestätigt werden, jedoch in jedem Fall für den Anteil inhaltlich expliziter und für den Anteil sprachlich angemessener Textbausteine.

Tabelle 25:   Zusammenfassende Darstellung der Korrelationsmuster mit dem Wortschatztest aus dem CFT 20-R und Rückbindung an die Hypothesen (B = Bericht; I = Instruktion; H = Hypothese; n. s. = nicht signifikant).

	Korrelation mit dem Wortschatztest (CFT 20-R)			
Textsorte/Klassenstufe: Erwartete Richtung: Hypothese/Nr.:	I 5 < 9 6a	B 5 < 9 6b	5 I > B 6c	9 I > B 6d
Tokens	✓	✓	n. s.	✓
CTTR	✓	✓	✓	I = B
Anteil an Inhaltswörtern	✓	5 > 9	✓	✓
mittlere Frequenz der Types	n. s.	n. s.	n. s.	n. s.
Mittel der Wortbildung (Summe)	5 > 9	✓	✓	I < B
Fachbegriffe und Fremdwörter (Summe)	n. s.	n. s.	n. s.	n. s.
erweiterte Nominalphrasen (Summe)	✓	n. s.	n. s.	✓
Passivkonstruktionen (Summe)	n. s.	n. s.	n. s.	n. s.
Anteil nicht unangemessener Vollverben	✓	n. s.	✓	✓
qualifizierende Verknüpfungsmittel (Summe)	n. s.	✓	n. s.	I < B
angemessene der zu erwartenden Verben (Summe)	5 > 9	5 > 9	✓	✓
Anteil inhaltlich expliziter Textbausteine	✓	✓	✓	✓
Anteil sprachlich angemessener Textbausteine	✓	✓	✓	I < B

Dass die sprachlichen Variablen der Instruktionstexte stärker mit den allgemeinen Wortschatzleistungen korrelieren als die der Berichtstexte, kann ebenso nur
zum Teil bestätigt werden, so z. B. für den Anteil nicht unangemessener Verben.
Somit können auch die Hypothesen 6c [*Klasse 5: (sprachliche Voraussetzungsmaße * bildungssprachliche Mittel der Berichtstexte) < (sprachliche Voraussetzungsmaße * bildungssprachliche Mittel Instruktionstexte)*] und 6d [*Klasse 9: (sprachliche
Voraussetzungsmaße * bildungssprachliche Mittel der Berichtstexte) < (sprachliche
Voraussetzungsmaße * bildungssprachliche Mittel Instruktionstexte)*] nur in Teilen
angenommen werden. Generell ist die erwartete Richtung stärkerer Zusammenhänge für die Instruktionstexte als für die Berichtstexte (I > B) eher in Klasse 9
erkennbar, wobei sich hier ebenso Variablen zeigen, auf die die entgegengesetzte
Richtung zutrifft (I < B), so z. B. für die Summe der Wortbildungen oder die Anzahl an qualifizierenden Verknüpfungsmitteln.

Ein eindeutiges und hypothesenkonformes Muster lässt sich lediglich für den
Anteil an inhaltlich expliziten Textbausteinen feststellen sowie in Teilen für die
Textlänge, den Anteil der sprachlich angemessenen Textbausteine und den Anteil
nicht unangemessener Verben. Diese Variablen korrelieren jeweils mit der Wortschatzleistung im CFT 20-R und dies sowohl stärker in Klasse 9 als auch stärker
für die Instruktionstexte. Das Muster für den Anteil an Inhaltswörtern wird an
dieser Stelle aus bereits genannten Gründen nicht mehr aufgegriffen.

Um das Zusammenwirken der generierten Variablen besser nachvollziehen
und an konkreten Beispielen diskutieren zu können, werden im nächsten Abschnitt vier Einzelfälle ausführlich vorgestellt.

9.3 Einzelfälle: Betrachtung der sprachlichen Angemessenheit

Die bisher dargestellten Befunde zeigen, dass es in der Verwendung der Verben
und bei der inhaltlichen und sprachlichen Nutzung der obligatorischen Textbausteine zu bedeutsamen Unterschieden zwischen den verschiedenen Klassenstufen,
Schularten und Sprachgruppen kommt und dass diese Maße gleichzeitig mit der
Textqualität und der Leistung im Wortschatztest des CFT 20-R einhergehen. Insbesondere mit der Variable der sprachlichen Angemessenheit der Textbausteine
lassen sich hohe Effekte sowohl in den varianzanalytischen Betrachtungen als
auch in den Korrelationsanalysen erzielen. Aus der Einschätzung eines jeden
vorhandenen Textbausteines in *sprachlich angemessen* vs. *sprachlich nicht angemessen* geht jedoch nicht hervor, auf Basis welcher Kriterien und Auffälligkeiten
diese Beurteilungen von den Raterinnen und Rater jeweils getroffen wurden. Die
vorliegende Untersuchung sieht keine Annotation der jeweils vorhandenen Textbausteine vor, wodurch auch keine Kategorisierung der sprachlichen Realisierung
möglich ist. Die Gründe für das gewählte Vorgehen sind auf das Fehlen eindeuti-
ger Theorien und Ideen zur Kategorisierung von Textstellen zurückzuführen, die
sich auf mehrere inhaltliche Aspekte gleichzeitig beziehen. Zum anderen liegt der

Fokus der Untersuchung auch aufgrund der Stichprobengröße auf quantitativen Fragestellungen. Dennoch werden im Folgenden beispielhaft für jede Textsorte zwei Einzelfälle vorgestellt, um einerseits möglichen Anhaltspunkten der Beurteilung der sprachlichen Angemessenheit nachzugehen und um andererseits das Zusammenwirken der bisher eher einzeln betrachteten Variablen besser einschätzen und diskutieren zu können. Die zwei Raster, auf deren Grundlage die Einschätzungen zu den Textbausteinen durch die Raterinnen und Rater vollzogen wurden, wurden bereits in Abschnitt 8.6.3 vorgestellt.

Bei der Gegenüberstellung von jeweils zwei Beispielen werden die Variablen herangezogen, die auch in den Korrelationsanalysen betrachtet wurden. Eine weitere, bisher nicht verwendete Variable bildet die Summe der Grammatikfehler pro Text. Diese kann Aufschluss über das Zustandekommen der Einschätzung der sprachlichen Angemessenheit geben. Kommen mehrere Grammatikfehler innerhalb einer grammatischen Konstruktion vor, werden sie einfach und nicht mehrfach gezählt (siehe hierzu auch Abschnitt 8.4).

Bei den in Tabelle 26 für den *Instruktionstext herangezogenen Fallbeispielen* handelt es sich um zwei Schülerinnen und Schüler der Klasse 5. Sie können jeweils als Prototypen für das untere und obere Leistungsniveau dieser Klassenstufe betrachtet werden.

K5G24 besucht das Gymnasium und spricht Deutsch zu Hause, H5H01 ist auf der Hauptschule und spricht in der Familie Deutsch und Albanisch. Die sprachlichen Voraussetzungsmaße beider Schülerinnen und Schüler unterscheiden sich erheblich, so erreicht K5G24 fast die dreifache Punktzahl im Wortschatztest wie H5H01. Die Anzahl der Grammatikfehler ist in beiden Texten ähnlich, der Text von K5G24 ist jedoch dreimal länger als der von H5H01. Dies verdeutlicht die Notwendigkeit, die aus den Texten generierten Maße an der Anzahl der Wörter zu relativieren, um keine Verzerrungen zu erhalten. K5G24 erreicht sowohl eine höheren Wert in der lexikalischen Vielfalt (CTTR) als auch in der mittleren Wortfrequenz, was für die Verwendung eher niedrigfrequenter Lemmata spricht. Dahingegen zeigt der Text von H5H01 einen höheren Anteil an Inhaltswörtern. Dieses Ergebnis widerspricht bei Berücksichtigung der anderen Maße dieses Schülers bzw. dieser Schülerin der Theorie, dass eine größere lexikalische Dichte zur Bildungssprachlichkeit eines Textes beträgt.

Interessant ist der Vergleich des Anteils der nicht unangemessenen Verben an der Gesamtzahl aller im Text vorkommenden Verben. Dieser beträgt für K5G24 93,3 % (14 von 15) und für H5H01 57,1 % (4 von 7). Das im Text von K5G24 als unangemessen eingestufte Verb lautet *anmachen*, die drei von H5H01 stellen *reinmachen*, *reinmachen* und *reinpacken* dar. So lässt sich anhand der beiden herangezogenen Fallbeispiele ein für die Gesamtstichprobe typisches Muster nachzeichnen: Häufig sind die längeren Texte nicht nur die besseren, weil sie aufgrund des Umfangs mehr Inhalt transportieren können, sondern weil sie zumeist auch sprachlich adäquater und inhaltlich expliziter umgesetzt werden. Die Textquali-

Tabelle 26: Darstellung zweier Einzelfälle zur Umsetzung des Instruktionstextes (Klasse 5).

Aufgabenstellung und visueller Stimulus zum Verfassen des Instruktionstextes	
	Stell dir vor, eure Klasse möchte ein Kochbuch mit einfachen Rezepten herstellen. Du hast das Nudelrezept übernommen. Schreibe anhand der Bilder eine Anleitung, wie Nudeln gekocht werden. Achtung, euer Kochbuch hat keine Bilder. Benutze das linierte Blatt und schreibe möglichst leserlich. Du hast dazu 12 Minuten Zeit.
Fallbeispiel 1: K5G24	**Fallbeispiel 2: H5H01**
1. Muss man Wasser in einen Messbecher gießen. *2. Stelle einen Topf auf den Herd und machen ihn an, stelle den Herd auf Stufe 3, schütte das Wasser hinein und gebe zwei TL Salz hinzu.* *3. Wenn das Wasser kocht musst du die Spaghetti in den Topf geben* *4. Lasse die Spaghetti 10 Min. kochen* *5. Fülle sie in ein großes Sieb warte bis das ganze Wasser durchgelaufen ist.* *6. Gebe die Nudeln auf ein Teller. Fertig, guten Appetit*	*Ein Topf Wasser reinmachen* *ein Topf Salz reinmachen kochen lassen danach Nudeln reinpacken 10 Min. warten danach ins Nudelsieb und auf ein Teller und essen*

Probandenbezogene Maße		K5G24	H5H01
demographische Daten	Klassenstufe	5	5
	Schulart	Gymnasium	Hauptschule
	Familiensprache (Gruppe)	Deutsch (dF)	Deutsch u. Albanisch (ndF)
	Deutschnote	2	3
sprachliche Voraussetzungsmaße	Salzburger Lesescreening (max = 70)	39	29
	Wortschatztest aus dem CFT 20-R (max = 30)	22	8
textbezogene Maße	Tokens	79	25
	CTTR	4,2	2,7
	Anteil an Inhaltswörtern	55,7%	68,0%
	mittlere Frequenz der Types	0,042	0,038
	Mittel der Wortbildung	5	5
	Fachbegriffe und Fremdwörter	1	1
	erweiterte Nominalphrasen	3	0
	Passivkonstruktionen	0	0
	Anteil nicht unangemessener Vollverben	93,3% (14 von 15)	57,1% (4 von 7)
	qualifizierende Verknüpfungsmittel	2	0
	angemessene der zu erwartenden Verben (max = 7)	4,5	1,5
	vorhandene Textbausteine (max = 12)	9	7
	davon Anteil inhaltlich expliziter TB	100% (9)	0% (0)
	davon Anteil sprachlich angemessener TB	100% (9)	14,3% (1)
	Grammatikfehler	4	3
	Textqualitätsscore	5	0,5

tät wird also nicht nur durch die Länge bestimmt, sondern vor allem durch die Angemessenheit des Inhalts und insbesondere durch die adäquate Wahl der Verben. Dies zeigt sich ebenso bei der Betrachtung der Textbausteine. K5G24 setzt neun der zwölf zu erwartenden Bausteine um, unter anderem fehlen die Überschrift und die Zutatenliste. Alle neun umgesetzten Aspekte werden trotz der vier Grammatikfehler sowohl als inhaltlich explizit als auch als sprachlich angemessen eingestuft. Dem Text wird der maximale Textqualitätsscore zugewiesen, woran erkennbar ist, dass die Überschrift und Zutatenliste für diesen Text nicht zwingend als funktional und notwendig empfunden werden. H5H01 realisiert sieben der zwölf Textbausteine, was unter Berücksichtigung der Textlänge ein relativ hoher Anteil ist. Jedoch wird keiner der vorhandenen Textbausteine als inhaltlich explizit eingeschätzt und nur einer als sprachlich angemessen (*10 min warten*). Dies mag zum einen mit der Wahl der Verben zusammenhängen, die umgangssprachlich und wenig spezifisch sind. Zum anderen kann die Satzstruktur als reduziert beschrieben werden, da sie lediglich aus *Subjekt + Infinitivkonstruktionen* bzw. *unflektiertem Objekt + Infinitivkonstruktionen* besteht, die den Leserinnen und Lesern viel Interpretationsspielraum lassen. Durch den vereinfachten Satzbau, vor allem aber aufgrund der Infinitivkonstruktionen erhält der Text nur drei Grammatikfehler, obwohl er weitaus fehlerhafter wirkt. Auffällig ist ebenso die koordinierende Aneinanderreihung der Propositionen. H5H01 erreicht ein Textqualitätsmaß von 0,5, was bei Berücksichtigung der Anzahl an vorhandenen Textbausteinen zunächst wenig scheinen mag. Da die Versprachlichung der Textbausteine jedoch in recht unangemessener Weise geschieht und dazu führt, dass der Inhalt wenig nachvollziehbar ist, ist der erreichte Textqualitätsscore wiederum gut erklärbar.

Die *zwei für die Berichtstexte herangezogenen Einzelfälle* – dargestellt in Tabelle 27 – gehören nicht zu den prototypischen Umsetzungsarten dieser Schreibaufgabe und zeigen darüber hinaus weniger eindeutige Ergebnismuster und Zusammenhänge zwischen den Variablen wie die beiden Beispiele zuvor. Insbesondere die Korrelation zwischen der Textqualität und der sprachlichen Angemessenheit der vorhandenen Textbausteine verläuft hier entgegengesetzt zur erwarteten Richtung. Die beiden Schülerinnen und Schüler H9R11 und H9R13 besuchen die 9. Klasse der Realschule. Sie verfügen über beinahe vergleichbare sprachliche Voraussetzungsmaße sowohl im Wortschatz- als auch im Leseflüssigkeitstest und unterscheiden sich auch in der Deutschnote nicht erheblich. Beide sprechen zu Hause sowohl Deutsch als auch eine weitere Familiensprache. Die Ausgangsvoraussetzungen können daher als ähnlich beschreiben werden. Auffällig scheint die unterschiedliche Textlänge. Der Text von H9R11 besteht aus lediglich 30 Wörtern, wodurch dieser weitaus weniger Wortbildungen und Nominalphrasen enthält als der von H9R13.

Alle Verben, die H9R11 verwendet, wurden als bildungs- bzw. alltagssprachlich eingestuft (überqueren, *wollen, kommen, entweichen*). Aufgrund der Kürze des

Tabelle 27: Darstellung zweier Einzelfälle zur Umsetzung des Berichtstextes (Klasse 9).

Aufgabenstellung und visueller Stimulus zum Verfassen des Berichtstextes	
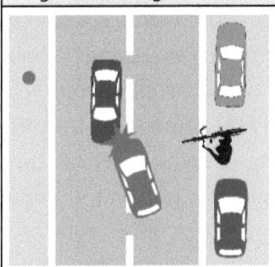	Du siehst hier die Skizze eines Unfalls. Stell dir vor, du stehst dort, wo der rote Punkt ist. Von dort hast du den Unfall beobachtet. Der Unfall ist passiert, als der Fahrradfahrer mit seinem Fahrrad die Straße von rechts nach links überqueren wollte. Die Straße ist ungefähr 6m breit. Deine Aufgabe ist es nun, einen Bericht über den Unfall zu schreiben. Schreibe einen Text, aus dem hervorgeht, was passiert ist. Schreibe möglichst leserlich auf das linierte Papier. Du hast für die Aufgabe 15 Minuten Zeit.

Fallbeispiel 1: H9R11	Fallbeispiel 2: H9R13
Als ein Fahrradfahrer die Straße überqueren wollte kam von der Seite ein rotes Auto. Das rote Auto ist dann nach links, auf die andere Spur in ein entgegenkommendes Auto entwichen.	*Ich war auf dem linken Spur, der Mann der sein Fahrrad schob kam von rechts. Er wollte auf die andere Seite. Doch wo er langrannte gab es kein Ampel oder Zebrastreifen, als er grad es geschafft hat zwischen den gelben Auto und den grünen Auto durchzuquetschen, kam schon der rote Auto der nichts gesehen hat, er versuchte den Fahrradfahrer auszuweichen. Er fuhr in den linken Spur hinein also in den Gegenverkehr. Das blaue Auto konnte nicht mehr reagieren und prallte mit dem roten Auto.*

Probandenbezogene Maße		H9R11	H9R13
demographische Daten	Klassenstufe	9	9
	Schulart	Realschule	Realschule
	Familiensprache (Gruppe)	Deutsch u. Urdu (ndF)	Deutsch u. Türkisch (ndF)
	Deutschnote	3	4
sprachliche Voraussetzungsmaße	Salzburger Lesescreening (max = 70)	45	42
	Wortschatztest aus dem CFT 20-R (max = 30)	25	23
textbezogene Maße	Tokens	30	84
	CTTR	3,0	4,4
	Anteil an Inhaltswörtern	53,3 %	48,8 %
	mittlere Frequenz der Types	0,053	0,090
	Mittel der Wortbildung	4	11
	Fachbegriffe und Fremdwörter	0	1
	erweiterte Nominalphrasen	4	8
	Passivkonstruktionen	0	0
	Anteil nicht unangemessener Vollverben	100 % (4 von 4)	78,6 % (11 von 14)
	qualifizierende Verknüpfungsmittel	1	2
	angemessene der zu erwartenden Verben (max = 4)	1,5	4
	vorhandene Textbausteine (TB; max = 11)	6	9
	davon Anteil inhaltlich expliziter TB	50 % (3)	55,6 % (5)
	davon Anteil sprachlich angemessener TB	100 % (6)	44,4 % (4)
	Grammatikfehler	0	8
	Textqualitätsscore	0	4,5

Textes werden jedoch nicht alle notwendigen Bewegungsverben umgesetzt, sodass die Anzahl an angemessenen obligatorischen Verben nur 1,5 beträgt. Dieser
ungerade Wert stellt das gemittelte Urteil der beiden Raterinnen und Rater dar.
Im Gegensatz dazu setzt H9R13 alle vier der zu erwartenden Bewegungsverben
um und dies laut der Raterinnen und Rater in adäquater Weise (*wollen, kommen,
ausweichen, prallen*). Im Verfahren, bei dem alle im Text vorkommenden Vollverben eingeschätzt werden, werden drei von 14 als umgangssprachlich eingestuft:
durchquetschen, langrennen und *prallen*. An dieser Stelle kann angemerkt werden,
dass der unterschiedliche Umgang mit dem Verb *prallen* in den zwei verschiedenen Beurteilungsverfahren die Schwierigkeit unterstreicht, sprachliche Mittel
tatsächlich objektiv einzuschätzen. Die elf als alltags- oder bildungssprachlich ein-
geordneten Vollverben von H9R13 lauten *sein, schieben, kommen, wollen, schaffen,
kommen, sehen, versuchen, ausweichen, fahren* und *reagieren*.

Obwohl im Text neun der elf zu erwartenden Textbausteine umgesetzt werden, werden weniger als die Hälfte davon als sprachlich angemessen eingestuft.
Fast genauso viele sind inhaltlich nicht explizit formuliert. Es fällt auf, dass H9R13
deutliche Probleme mit der Genus- und Kasusmarkierung sowie mit der Satzstel-
lung hat. Auch der Gebrauch der Präpositionen scheint unsicher. Es ergibt sich
ein Wert von insgesamt acht Grammatikfehlern. Gleichzeitig zeigen sich korrekt
verwendete Subordinationen und Relativsätze. Trotz der sprachlichen Unsicherheiten erreicht H9R13 einen Textqualitätsscore von 4,5, was dafür spricht, dass
in diesem Text nicht nur die sprachliche Angemessenheit der vorhandenen Textbausteine ausschlaggebend für die Textqualität ist. Denn während H9R11 100 %
der vorhandenen Textbausteine sprachlich angemessen verwendet, wird die globale Textqualität mit null bewertet. Aufgrund der Kürze des Textes von H9R11
scheint er trotz der Bildungssprachlichkeit der Verben und der geringen Anzahl
an Grammatikfehlern zu wenig Inhalt transportieren zu können. Die Bausteine
sind somit nicht ausreichend explizit formuliert, was dazu führt, dass sich die Leserinnen und Leser kein genaues Bild des Geschehens machen können.

Es lässt sich auf Basis der zwei vorgestellten Berichtstexte zeigen, dass die
sprachliche Angemessenheit nicht zwingend direkt mit der Textqualität zusammenhängen muss. Häufig wird dieser Zusammenhang von der Textlänge moderiert. So zeigen die Ergebnisse der Korrelationsanalysen für Klasse 9, dass ein
längerer Text häufig auch eher sprachlich angemessen ist (siehe Tabelle 20). Hierbei scheint die allgemeine Sprachkompetenz eine Rolle zu spielen. Je stärker eine
Person sprachlich versiert ist, desto mehr traut sie sich auch zu formulieren. Aufgrund der hohen allgemeinen Sprachkompetenz ist das Geschriebene dann wiederum auch eher sprachlich adäquat. Gegen diese Annahme sprechen jedoch die
Ergebnisse von H9R13. Für jenen Einzelfall ist vielmehr der Zusammenhang zwischen der Textlänge und der inhaltlichen Explizitheit ausschlaggebend. Je länger
ein Text, desto besser ist er nachvollziehbar, weil aufgrund der Länge mehr Inhalt
vermittelt werden kann. Die Korrelationsanalysen unterstützen dieses Muster für

die Klasse 9. So ist der Korrelationskoeffizient für beide Textsorten und Klassenstufen größer als für den Zusammenhang zwischen sprachlicher Angemessenheit und Textlänge (siehe Tabelle 20). Fraglich ist an dieser Stelle, warum H9R11 trotz der guten Leistungen im Wortschatztest und Leseflüssigkeitstest sowie der sicheren sprachlichen Formulierungen im Text dennoch so wenig geschrieben hat. Wahrscheinlich spielen hier auch motivationale Faktoren oder das eigene Selbstkonzept eine Rolle.

Zusammenfassend kann festgestellt werden, dass die in den Texten gezeigten sprachlichen Phänomene, die zu einer negativen Beurteilung der sprachlichen Angemessenheit geführt haben, sich unter anderem auf falsche Kasus- und Genusmarkierungen, einen falschen und reduzierten Satzbau, Unsicherheiten in der Verwendung von Präpositionen sowie auf die inadäquate Auswahl der Lemmata insbesondere bei den Verben beziehen. Aufgrund der Betrachtung zweier Klassenstufen, dreier Schularten, zweier Textsorten und verschiedener familiensprachlicher Gegebenheiten lassen sich jedoch keine eindeutigen kausalen und für alle Fälle gültigen Zusammenhänge zwischen den Variablen der sprachlichen Angemessenheit, der inhaltlichen Explizitheit, der Textlänge und der Textqualität ableiten. Mittelstarke bis hohe Korrelationen zeigen sich für beide Klassenstufen und beide Textsorten zwischen der Textqualität und der sprachlichen Angemessenheit der obligatorischen Textbausteine (siehe auch Tabelle 21). Interessant ist hierbei auch der Zusammenhang mit den im Wortschatztest gezeigten Leistungen, die jeweils noch stärker mit der in den Texten gezeigten sprachlichen Angemessenheit korrelieren als das Textqualitätsmaß (siehe Tabelle 24).

Gemeinsam mit den varianzanalytischen Betrachtungen zeigt sich, dass die Unterscheidung in die Maße, die auf Basis von linguistischer Kategorien generiert wurden, und solche Maße, die durch Einschätzungen von Raterinnen und Ratern erhoben wurden, zu verschieden starken Effekten führt. Diese Effekte unterschieden sich wiederum nicht nur in Abhängigkeit der Klassenstufe, Schulart und Familiensprache, sondern vor allem auch unter Berücksichtigung der Textsorte. Diese steuert daher eindeutig, welche Arten von sprachlichen Variablen sich in den Texten zeigen und wie sich diese zwischen den Designfaktoren unterscheiden. In der nun abschließenden Diskussion wird der Frage der Bedeutung dieser Ergebnismuster nachgegangen sowie eine Einordnung dieser in die Theorien und Forschungsergebnisse der am Wortschatz forschenden Disziplinen vorgenommen.

10. Allgemeine Diskussion

Ziel der vorliegenden Arbeit war es, den Zusammenhang zwischen den Wortschatzfähigkeiten und der Schreibkompetenz von Schülerinnen und Schülern der Sekundarstufe I zu erforschen. Theoretisch wird zwar der Wortschatz als elementare Voraussetzung für den Schulerfolg diskutiert, dennoch liegen bislang nur wenige empirische Studien zu den tatsächlichen lexikalischen Fähigkeiten von Schülerinnen und Schülern oberhalb der Primarstufe vor. Auch in den Forschungszweigen zur Textproduktion werden die Stimmen zunehmend lauter, nun auch die Rolle der Sprache während des Schreibens zu untersuchen. Denn obwohl Wörter die Basis von Texten darstellen, lag das Forschungsinteresse bisher vorrangig auf kognitionspsychologischen Fragestellungen, wie z.B dem Einfluss des Arbeitsgedächtnisses auf den Schreibprozess.

Der Mangel an bestehenden Studien zum Wortschatz und auch zur Schreibkompetenz liegt in der Komplexität der Phänomenbereiche begründet. Daraus lässt sich auch ein weiteres Forschungsdesiderat ableiten: die Untersuchung nach dem Zusammenwirken beider Kompetenzbereiche, da sich nur so Aussagen über das konkrete Sprachhandeln treffen lassen. Das aktuell vielfach diskutierte Konzept der Bildungssprache nimmt eine verbindende Position zwischen Wortschatzfähigkeiten und Textproduktion ein. Im Gegensatz zur mündlichen Sprache konstituieren sich Texte durch ein gewisses Maß an Abstraktheit, Distanziertheit und Versachlichung. Die genannten Merkmale von Bildungssprache sind für das Englische bereits erforscht. Sie werden durch die Verwendung spezifischer grammatischer, lexikalischer und diskursiver Mittel realisiert. Da für das Deutsche die empirische Fundierung des Konstrukts von Bildungssprache noch aussteht, gleichzeitig aber anzunehmen ist, dass der Einsatz dieser spezifischen Mittel einen Beitrag zur Textqualität, dem Indikator für Schreibkompetenz, leistet, wurde der Wortschatzbegriff für die vorliegende Untersuchung um eine bildungssprachliche Perspektive erweitert.

So wurde in den von Schülerinnen und Schülern verfassten Instruktions- und Berichtstexten nach denjenigen Indikatoren gesucht, die in der Literatur als typische Merkmale von Bildungssprache diskutiert werden. Weiterhin wurden diejenigen inhaltlichen Elemente analysiert, die für die jeweilige Aufgabenstellung relevant waren. Dieses Vorgehen knüpft damit gewissermaßen an die Idee der Textprozeduren an, sah dabei jedoch eher die Anschlussfähigkeit an empirisch-quantitative Zugänge vor.

Für die vorliegende Untersuchung wurden zwei Klassenstufen (Klasse 5 und 9) und drei Schularten (Hauptschule, Realschule und Gymnasium) herangezogen. Zudem wurde die zu Hause gesprochene Sprache der Schülerinnen und Schüler berücksichtigt (nur deutsche Familiensprache vs. (zusätzlich) andere Familiensprache). Der gewählte empirische Zugang zielte damit auf die Kombination verschiedener Einflussfaktoren ab (Klassenstufe, Schulart, Familiensprache, Textsorte), die in bisherigen Studien nur isoliert untersucht wurden (z. B. Babayiğit, 2014; Olinghouse & Wilson, 2013). Auch der Umfang der untersuchten bildungssprachlichen Mittel, die Einschätzung ihrer Angemessenheit sowie die inhaltliche Überprüfung der Textelemente ist mit Blick auf die bisherigen Veröffentlichungen neuartig.

Im Folgenden wird die empirische Ergebnislage der Untersuchung noch einmal zusammenfassend dargelegt und erörtert. Dabei wird zum einen die gewählte Methodologie kritisch diskutiert (Abschnitt 10.1); zum anderen werden die vorliegenden Ergebnisse im Kontext der bereits bestehenden Theorien und Befunde interpretiert sowie Forschungsdesiderata neu formuliert (Abschnitt 10.2).

10.1 Zur Methodologie des gewählten empirischen Zugangs

Um Unterschiede in der Verwendung bildungssprachlicher Mittel zwischen den Klassenstufen, Schularten und familiensprachlichen Gegebenheiten aufzeigen zu können, wurden die Textprodukte je nach Art des sprachlichen Merkmals entweder auf Basis ihrer jeweiligen Lemmata häufigkeitsstatistisch (z. B. Mittel der Wortbildung) oder im Textganzen im Paper-Pencil-Verfahren analysiert (z. B. Nominalphrasen und Passivkonstruktionen). Das Vorkommen der jeweiligen sprachlichen Mittel wurde für jeden Text quantifiziert und in den statistischen Analysen entweder an der Textlänge relativiert oder anteilig betrachtet, so z. B. für die Einschätzung der Umsetzung relevanter Textbausteine. Nachfolgend werden einzelne Aspekte dieses Vorgehens sowie die daraus resultierenden Befunde noch einmal genauer diskutiert.

Effekte der Klassenstufe, Schulart und Familiensprache

Für viele der sprachlichen Variablen, die aus den Texten generiert wurden, lassen sich unter Kontrolle der Textlänge *Klassenstufeneffekte* nachweisen. Die Variablen können demnach als Indikatoren zugrunde liegender Fähigkeitsaspekte verstanden werden, weil sie Entwicklungsprozesse abbilden.

Auch die Zusammenhangsanalysen belegen den Einfluss des Entwicklungsalters auf die Verwendung bildungssprachlicher Mittel. In Klasse 9 sind die Interkorrelationen der sprachlichen Variablen häufiger bedeutsam und meist stärker ausgeprägt als in Klassenstufe 5. Ebenso entsprechen die *Effekte für die Schulart* den Erwartungen und erlauben die Schlussfolgerung, dass die untersuchten sprachlichen Mittel tatsächlich als Merkmale lexikalischer Kompetenz gelten können, die mit Normvariationen einhergehen.

Für viele der generierten sprachlichen Maße ergeben sich Zusammenhänge mit der globalen Textqualität. Dies lässt wiederum erkennen, dass die Variablen ebenso als Indikatoren der allgemeinen sprachlichen Versiertheit gewertet werden können. Die stärksten Zusammenhänge mit der Textqualität zeigen die Textlänge und die Beurteilung der sprachlichen Angemessenheit der Textbausteine. Ähnliches gilt für den Zusammenhang mit der Leistung in einem Wortschatztest. Die sprachlich starken Schülerinnen und Schüler sind demnach diejenigen, die auch die längeren Texte verfassen. Dabei sind die längeren Texte nicht nur die besseren, weil sie viel Inhalt transportieren können, sondern weil dort die bildungssprachlichen Mittel gezielt und adäquat eingesetzt werden. Dieser Zusammenhang ist in Klasse 9 stärker ausgeprägt als in Klasse 5, was erneut auf den Entwicklungsprozess von Schreibkompetenz und lexikalisch-bildungssprachlicher Kompetenz hinweist. Je älter die Schülerinnen und Schüler sind, desto stärker weitet sich die Schere zwischen guten und schlechten Texten und desto ausgeprägter werden die Zusammenhänge zwischen den verschiedenen sprachlichen Variablen. Interessant wäre an dieser Stelle der Vergleich mit weiteren Altersgruppen, beispielsweise Schülerinnen und Schüler der Sekundarstufe II oder der Primarstufe, um weitere Entwicklungsstufen in der Ausdrucksfähigkeit und der Schreibkompetenz nachvollziehen zu können.

Entgegen der eingangs formulierten Hypothesen ergibt sich ein Einfluss der *Familiensprache* auf die verwendeten bildungssprachlichen Mittel meist nur, wenn die Mittel auf ihre Angemessenheit beurteilt werden, wie z. B. bei der Einschätzung der sprachlichen Realisierung der erwarteten Verben oder der umgesetzten obligatorischen Inhalte (Textbausteine). Die zu Hause gesprochene Sprache wirkt sich weder auf die Länge der Texte, die Wortschatzvielfalt, die Wortfrequenz noch auf den Gebrauch von Mitteln wie erweiterten Nominalphrasen oder Passivkonstruktionen aus. Die Ergebnisse weisen demnach darauf hin, dass es nicht ausreicht, die herangezogenen Merkmale der Bildungssprache für jeden Text lediglich zu quantifizieren, um Unterschiede in ihrer Verwendung in Abhängigkeit der Familiensprache zu ermitteln. Vielmehr müssen die gezeigten sprachlichen Merkmale auch in Bezug auf ihre Angemessenheit eingeschätzt werden.

Trotz einer ungleichen Verteilung der Schülerinnen und Schüler in Klasse 5 hinsichtlich ihrer zu Hause gesprochenen Sprache (Hauptschule: 40 % mit nur deutscher Familiensprache, Realschule: 25 %, Gymnasium: 54 %) spiegelt sich diese ungünstige Ausgangslage der Verteilung nicht in den Ergebnissen wider. Es liegen keine Wechselwirkungen zwischen der Klassenstufe, Schulart und Familiensprache vor, stattdessen bleiben die zu erwartenden Haupteffekte für die Designfaktoren stabil. Um die aktuell erkennbaren Herausforderungen im Bildungsbereich noch besser identifizieren zu können, wäre für zukünftige Untersuchungen und deren Interpretationen allerdings eine feingliedrigere Operationalisierung des linguistischen Migrationshintergrunds sinnvoll. Dafür würde sich beispielsweise die von Marx (2017) vorgeschlagene Einteilung der Schülerinnen und Schüler in solche mit deutscher (dF), nicht deutscher (ndF), deutscher und nicht deutscher Familiensprache (dFndF) und in Seiteneinsteigerinnen und -einsteiger eignen. Für eine derartige Aufteilung müssten die Schülerinnen und Schüler jedoch schon vorab hinsichtlich ihrer zu Hause gesprochenen Sprache(n) selektiert werden, was bei der Untersuchung ganzer Klassen schwer umsetzbar scheint. Lohnenswert wäre zudem eine Differenzierung der Schülerinnen und Schüler hinsichtlich ihrer

Herkunftssprachen. Dies setzt jedoch entsprechend große Teilstichproben voraus, welche für die vorliegende Untersuchung nicht gegeben waren.

Der Einfluss der Art der Variablengenerierung

Obwohl sich für viele aus den Texten generierten bildungssprachlichen Variablen Klassenstufen- und Schularteneffekte zeigten, lassen sich die verschiedenen sprachlichen Mittel getrennt nach Textsorte und Klassenstufe jeweils nicht auf einer Skala abbilden. Auch die explorative Faktorenanalyse lässt keine eindeutige Faktorlösung zu, was darauf hindeutet, dass die sprachlichen Variablen nicht ein und dasselbe Merkmal messen, sondern für jede Textsorte und jede Klassenstufe sehr verschiedene Facetten von Bildungssprachlichkeit erfassen. Um dennoch mögliche Zusammenhänge zwischen den in den Texten gezeigten sprachlichen Merkmalen zu ermitteln, wurden die Interkorrelationen der verschiedenen sprachlichen Variablen für beide Textsorten und beide Klassenstufen getrennt analysiert. Es lassen sich daraus grob zwei Variablencluster ableiten, die sich mit der für die Klasse 9 gefundenen Faktorlösung in den Instruktionstexten decken: einem eher linguistisch kategorialen Cluster und einem eher qualitativem Cluster, welches die Angemessenheit der sprachlichen Mittel umfasst. Dabei weisen die Variablen des ersten Clusters, die anhand von vordefinierten linguistischen Kategorien generiert wurden (z. B. Mittel der Wortbildung, Kohäsionsmittel), über beide Textsorten und Klassenstufen hinweg niedrigere Korrelationsmuster mit der Textqualität und der Leistung im Wortschatztest auf als jene, die sich auf die Angemessenheit der sprachlichen Mittel (Cluster 2) beziehen.

Darüber hinaus scheint, wie zuvor bereits diskutiert, die zu Hause gesprochene Sprache nur dann zwischen den Schülerinnen und Schülern zu unterscheiden, wenn auch die Art der Umsetzung der sprachlichen Mittel untersucht wird. So könnte es als sinnvoll erachtet werden, alle in den Texten auftauchenden bildungssprachlichen Mittel nicht nur zu markieren, sondern sie jeweils auf ihre Angemessenheit hin zu analysieren. Ein solches Vorgehen könnte möglicherweise zu stärkeren und hypothesenkonformeren Ergebnissen führen als die in der vorliegenden Arbeit gewählte Kombination aus Quantifizierung und Überprüfung der Angemessenheit.

Bei einigen Variablen sind weder Unterschiede zwischen den Teilstichproben noch Zusammenhangsmuster mit der Textqualität festzustellen, wie z. B. beim Anteil der Inhaltswörter oder bei den Passivkonstruktionen. Dies liegt möglicherweise an der wenig funktional orientierten Art der Variablengenerierung. Der Anteil an Inhaltswörtern hat möglicherweise mehr Aussagekraft für die Textqualität, wenn nur die für die Aufgabenstellung relevanten Lemmata betrachtet werden und damit im Vorfeld eine Auswahl der als adäquat geltenden Wörter durchgeführt wird. In der vorliegenden Untersuchung wurden stattdessen alle Lemmata der offenen Klasse für jeden Text aufsummiert und ihr Anteil an der Textlänge berechnet. Das Vorgehen lehnt sich an das Konzept der lexikalischen Dichte (Ure,

1971) und die damit einhergehende Theorie an: Je elaborierter der Text ist, desto höher ist der Anteil an Inhaltswörtern (Read, 2000). Diese Annahme konnte anhand der vorliegenden Daten nicht bestätigt werden. Auch für viele der Kohäsionsmittel ergaben sich häufig nicht die zu erwartenden Effekte, sodass selten Unterschiede in der Verwendungshäufigkeit kohäsiver Mittel zwischen den Klassenstufen und Schularten zu verzeichnen waren. Die Nutzung textstruktureller Mittel verlief in Bezug auf die Klassenstufen sogar entgegengesetzt zur erwarteten Richtung (Klasse 5 > Klasse 9). Dabei gestaltete sich dieser vermehrte Gebrauch in den Berichtstexten der Klasse 5 jedoch als wenig funktional und zielführend. Die Mittel leisteten somit keinen Mehrwert für die Qualität des Inhalts. Folgt man nun dem zuvor postulierten Vorschlag und quantifiziert die Kohäsionsmittel nicht nur, sondern beurteilt diese auch hinsichtlich ihrer Angemessenheit, dann gilt es nicht nur jedes Lexem und jeden Ausdruck isoliert einzuschätzen. Vielmehr müssten diese auch in Kombination mit den umgebenden Wörtern betrachtet werden. Dabei müsste sowohl die sprachliche Umsetzung als auch die kontextuelle Passung zur Aufgabenstellung beachtet werden. Abgesehen von der Tatsache, dass die Einschätzung der Angemessenheit einzelner Lemmata, wie beispielsweise der Verweismittel, kaum objektiv und niemals ohne den Satzkontext vollzogen werden kann, bestünde dann das Problem des Umgangs mit mehrfach codierten Textstellen. Diese führen häufig zu einer Verzerrung der Ergebnisse, weil die markierten sprachlichen Mittel mehrfach in die statistischen Analysen einfließen und so unter anderem artifiziell angehobene Korrelationsmuster bewirken können.

Um Verzerrungen dieser Art vorzubeugen, wurde in der vorliegenden Untersuchung für viele Variablen die bloße Quantifizierung der Beurteilung vorgezogen, auch wenn dies offensichtlich Einbußen in der Erzeugung signifikanter Befunde und hoher Effektstärken nach sich zieht. Einem primär häufigkeitsstatistischen Vorgehen sind damit Grenzen in der Interpretation gesetzt, da sich sprachliche Eigenheiten und Nuancierungen nicht in demselben Komplexitätsgrad erfassen lassen, wie die sprachliche Realität es vorgibt. Um die Verwendung der bildungssprachlichen Merkmale noch detaillierter beschreiben zu können, müsste ein qualitativ orientierter Zugang gewählt werden. Jedoch wären dabei Stichproben der hier untersuchten Größenordnung kaum zu bewältigen. Geringere Probandenzahlen reduzieren hingegen die Effekte und haben eine eingeschränkte Verallgemeinerbarkeit der Befunde aufgrund fehlender Repräsentativität der Daten zur Folge. Die für das Deutsche noch ausstehende empirische Fundierung des Konstrukts der Bildungssprache wäre über eine rein qualitative Vorgehensweise nicht umsetzbar. Insofern scheint die hier gewählte Methodenkombination, bei der verschieden große sprachliche Einheiten (Wörter, Phrasen, Text) betrachtet, quantifiziert oder aber auch auf ihre Umsetzung hin analysiert werden, eine sinnvolle erste und zugleich weiterführende Herangehensweise zu sein.

Der Einfluss der Aufgabenstellung

Obwohl für eine Vielzahl der Variablen die eingangs formulierten Hypothesen bestätigt werden können und damit die vermuteten Effekte in Bezug auf die drei Designfaktoren (Klassenstufe, Schulart und Familiensprache) empirisch nachweisbar sind, liegen für einige sprachliche Mittel so gut wie keine Effekte vor, so z. B. für den Anteil an Inhaltswörtern oder die Anzahl an Fachbegriffen und Fremdwörtern. Die nicht funktional orientierte Generierung der Variablen wurde bereits als ein möglicher Grund angesprochen. Weiterhin mögen die nicht vorhandenen Unterschiede durch die Tatsache begründet sein, dass die untersuchten sprachlichen Mittel für die Textqualität und Bildungssprachlichkeit nicht ausschlaggebend sind. Deshalb zeigt sich auch kaum Variation in der Verwendung zwischen den Teilstichproben. Es ist jedoch ebenso plausibel, dass die nicht nachweisbaren Effekte mit der Aufgabenstellung und der Textsorte zusammenhängen. Für diese Vermutung spricht, dass die Hypothese eines stärkeren Gebrauchs bildungssprachlicher Mittel in den Instruktionstexten als in den Berichtstexten oftmals nicht bestätigt werden kann. Einleitend wurde diese Annahme mit der stärkeren Profilierung des Instruktionstextes sowie curricularen Vorgaben begründet. Jedoch werden in den Instruktionstexten nicht immer mehr bildungssprachliche Mittel verwendet als in den Berichtstexten. Vielmehr scheinen die beiden verschiedenen Aufgaben jeweils unterschiedliche sprachliche Mittel zu evozieren, wodurch sich die zugrunde liegende Kompetenz aufgrund der Aufgabenstellung in unterschiedlichem Ausmaß zeigt. Einerseits stützt dies die Forderung von Schoonen (2012), stets mehrere Texte von den Schülerinnen und Schülern zu untersuchen, um generalisierbare Aussagen über die zugrunde liegende Schreibkompetenz treffen zu können. Andererseits scheint der Vergleich von Textsorten irreführend und unangebracht. Im Prinzip muss jede Aufgabenstellung als Abbild einer jeweils unterschiedlichen Kompetenzfacette betrachtet werden.

Eine weitere Herausforderung ergibt sich durch die verschiedenartige Profilierung der beiden untersuchten Schreibaufgaben. Um wirklich aussagekräftige Ergebnisse gewinnen zu können, müssten zwei Textsorten mit jeweils zwei verschiedenen Aufgabenstellungen herangezogen werden, einer jeweils vorstrukturierten und einer weniger strukturierten. Bei den beiden hier gegenübergestellten Textsorten liegt eine Art Konfundierung aufgrund der verschieden starken Profilierung vor. Es bleibt unklar, ob die Unterschiede in der Verwendung der sprachlichen Mittel der Textsorte oder eher der Profilierung der Aufgabenstellung geschuldet sind. Für Letzteres spricht der Befund, dass in den Berichtstexten weitaus mehr verschiedene Lemmata (Types) über alle Probandinnen und Probanden hinweg gebildet werden als in den Instruktionstexten. Die Aufgabenstellung der Berichtstexte scheint den Schreibenden mehr Formulierungsfreiheit zu lassen, auch wenn diese bei Berücksichtigung der Textqualität nicht zwangsläufig zu besseren Texten führt. Dagegen bewirkt die klar formulierte Aufgabenstellung für den Instruktionstext mit ihrem visuell dargebotenen Handlungsplan eher konformere Texte und einen homogeneren Wortgebrauch bei den Schreibenden. Diese Normorientierung hat sowohl einen Einfluss auf die Werte der mittleren Wortfrequenz als auch auf die Anzahl der Mittel der Wortbildung: So kommt es in den Berichtstexten zu mehr niedrigfrequenten Wörtern und zu einem höheren Gebrauch von morphologisch komplexen Wörtern.

Die in der Aufgabenstellung formulierten Erwartungen steuern jedoch nicht nur den Einsatz spezifischer Lexeme, sondern wirken sich auch auf die Verwendung grammatischer Konstruktionen aus, wie beispielsweise den Gebrauch erweiterter Nominalphrasen oder von Passivkonstruktionen. Auch die Textstrukturierung wird maßgeblich von der Aufgabe bestimmt. Für einen tiefergehenden Einblick in die Nutzung grammatischer Mittel zur Vermittlung inhaltlich semantischer Aspekte wäre eine feinere Untergliederung der Phrasen hilfreich. So ließen sich beispielsweise die Wörter pro Phrase zählen und die sprachliche Realisierungen einschätzen. Für eine erweiterte Analyse des Passivs bietet sich ebenso die Berücksichtigung des Zustandspassivs an (z. B. *Der Fahrradfahrer war verletzt* gebildet durch sein + Partizip II), welches häufiger in den Texten verwendet wurde als das untersuchte Vorgangspassiv.

Somit könnte die Ausweitung der zu kategorisierenden sprachlichen Merkmalen zu stärkeren Unterschieden sowohl zwischen den Teilstichproben als auch zwischen den Textsorten führen. Das oftmals geringe Auftreten bestimmter sprachlicher Mittel muss demnach nicht ausschließlich durch die Aufgabenstellung bedingt sein, sondern kann ebenso mit der Detaillierungstiefe der Kategorien zusammenhängen. Eine größere Bandbreite an Untersuchungskategorien würde hier das Bild verfeinern.

Obwohl die Aufgabenstellung und die Art der Variablengenerierung erkennbare Effekte zeigen, bleiben die Einflüsse der Klassenstufe, Schulart und auch der familiensprachlichen Gegebenheiten für eine Vielzahl der Variablen über beide Textsorten stabil, wie z. B. für die CTTR oder die Angemessenheit der Verben. Damit erweist sich die Auswahl der zu untersuchenden Merkmale und die Vorgehensweise zur Variablengenerierung grundsätzlich als gegenstandsangemessen, die Befunde müssen aber eben vor dem Hintergrund der jeweiligen Aufgabe und der gewählten Art der Datenaufbereitung umsichtig interpretiert werden.

Die Beurteilung der verwendeten Verben

Eines der beurteilten sprachlichen Mittel stellte die *Bildungssprachlichkeit der Vollverben* dar. Obwohl das Vorgehen auf den ersten Blick recht unspezifisch scheinen mag, weil alle vorkommenden Verben ohne Berücksichtigung des jeweiligen Satz- und Textkontextes in drei Kategorien (umgangs-, alltags- und bildungssprachlich) eingeordnet wurden, spiegeln sich die zu erwartenden Effekte der drei Designfaktoren (Schulart, Klassenstufe, Familiensprache) in den varianzanalytischen Ergebnissen wider. Auch die Reliabilität zwischen den drei Raterinnen und Ratern ist als ausreichend einzustufen, was dafür spricht, dass das Verfahren sich zur ersten Orientierung für die sprachliche Realisierung der Aufgabe eignet.

Der Anteil an alltags- und bildungssprachlichen Verben geht darüber hinaus mit der globalen Textqualität und auch mit der Leistung im Wortschatztest einher. Dennoch kann und sollte dieses Vorgehen nicht die probandenspezifische Beurteilung der Angemessenheit der zu erwartenden Verben ersetzen, welche den Text als Ganzes hinzuzieht. Die Einzelfalldarstellung in Abschnitt 9.3 verdeutlicht, wie verschieden die Urteile in beiden Verfahren für ein und dasselbe Verb (in dem Fall *prallen*) ausfallen können. So schätzten die Raterinnen und Rater, die die Verben ohne den jeweiligen Satz- und Textkontext zu beurteilen hatten, dieses spezifische Verb als umgangssprachlich ein. Für die Beurteilerinnen und Beurteiler, die das Verb auf Basis des Textganzen zu analysieren hatten, galt es als angemessen. Es mag daher Fälle geben, für die die stichprobenübergreifende Einstufung der Verben in die drei Niveaustufen nicht zutreffend ist, weil beispielsweise andere, nicht normkonforme Nuancierungen mit dem verwendeten Verb ausgedrückt werden sollten.

Aufgrund der Befunde der Zusammenhangsanalysen und der deutlichen Effekte für die Designfaktoren kann dennoch von einem validen Verfahren zur allgemeinen Beurteilung der Bildungssprachlichkeit der Verben gesprochen werden.

Betrachtet man die Zuordnung aller in den Texten vorkommenden Verben in die drei Kategorien, so fällt auf, dass nur ein geringer Anteil aller Verben (ca. 11 %) von den Raterinnen und Ratern als spezifisch bildungssprachlich eingestuft wurde. Dieses Verhältnis trifft sowohl auf die Instruktions- als auch auf die Berichtstexte zu. Unklar ist, ob der jeweils geringe Prozentsatz dadurch bedingt ist, dass das gewählte Vorgehen die Elaboriertheit der Verben nicht erfassen kann, da diese kontextfrei zu analysieren sind und somit Phänomene der Polysemie und eher abstraktere Lesarten der Verben nicht berücksichtigt werden können. Beispiele hierfür wären Verben wie *angeben* oder *verfolgen*. Möglicherweise sind für die Textsorten und Aufgabenstellungen aber auch keine niedrigfrequenten und bildungssprachlichen Verben erforderlich. Darüber hinaus existiert kein Kriterienkatalog, der festlegt, wann ein sprachliches Mittel als bildungssprachlich gilt und wann nicht. Um die Ursache für die geringe Anzahl an Verben, die als bildungssprachlich eingestuft wurden, zu erforschen, könnten ältere Probandengruppen hinzugezogen werden. Eventuell ließe dies eine stärkere Vielfalt innerhalb der drei Kategorien erkennen. Somit hängt die Frage, ob die Textsorten bildungssprachliche Verben hervorrufen können, möglicherweise eher von der untersuchten Schreibergeneration ab.

Die Beurteilung der relevanten Textbausteine

Die Beurteilung der Inhalte eines Textes, die für die Aufgabenstellung als relevant gelten, steht mit der Idee der Bildungssprache nicht unmittelbar in Zusammenhang. Allerdings ist davon auszugehen, dass die Umsetzung der zu erwartenden Inhalte eine höhere Textqualität nach sich zieht. Um den Zusammenhang zwischen Wortschatzfähigkeiten und Schreibkompetenz nicht nur auf der linguistisch-formalen Ebene zu analysieren, sondern auch die Funktion der eingesetzten Mittel als Werkzeug des Sprachhandelns berücksichtigen zu können, wurde die Analyse der sogenannten Textbausteine vorgenommen. Dabei stand nicht nur die Realisierung der Inhalte im Fokus, sondern vielmehr die Art ihrer Umsetzung und damit ihre Explizitheit und ihre sprachliche Angemessenheit. Zu diesem Zweck hatten jeweils zwei Raterinnen und Ratern zu beurteilen, ob ein zu erwartender Inhalt umgesetzt wurde und wenn ja, ob dieser kontextadäquat, inhaltlich explizit und angemessen versprachlicht wurde.

Der Mehrwert dieses recht aufwendigen Verfahrens zeigt sich in den starken Effekten für alle drei Designfaktoren über beide Textsorten hinweg. Insbesondere der Einfluss der Familiensprache spiegelt sich in der Beurteilung der inhaltlichen Detailliertheit und der sprachlichen Angemessenheit wider. Weiterhin ist für die Instruktionstexte ein starker Zusammenhang zwischen der Beurteilung der Angemessenheit der als besonders relevant geltenden Verben (sieben Handlungsschritte) und der sprachlichen Realisierung der Textbausteine erkennbar. Dieses Muster unterstützt die Relevanz eines spezifischen Verbgebrauchs: Je passender und adäquater das Verb eingestuft wird, desto angemessener ist auch der zu verbalisierende Inhaltsaspekt (Teilschritt) als solcher. Dieser Zusammenhang ist interessanterweise für die Berichtstexte nicht nachweisbar. Dies mag daran liegen, dass den Verben bei Texten mit instruktiven Inhalten mehr Bedeutung zukommt, da sie funktionale Handlungsträger sind. Für Berichtstexte sind hingegen andere sprachliche Mittel mit beispielsweise Funktionen des Linearisierens oder Lokalisierens, wie z. B. Adverbien und Präpositionen, charakteristisch.

Jedoch weist das gewählte Vorgehen zur Beurteilung der Textbausteine auch Limitationen auf. Diese äußern sich darin, dass durch die Dichotomie *angemessen* vs. *nicht angemessen* keine Hinweise zu den von den Raterinnen und Ratern herangezogenen Kriterien für die jeweilige Entscheidungsfindung vorliegen. Dafür wäre die Annotation der entsprechenden Textstellen und damit ein eher qualitativer Zugang nötig gewesen. Weiterhin wurden bei dem gewählten Verfahren nur diejenigen Textstellen betrachtet, die aufgrund der Aufgabenstellung zu erwarten waren. Es ist jedoch denkbar, dass in einigen Texten insbesondere jene Stellen für die Textqualität ausschlaggebend waren, die bei der Analyse unberücksichtigt geblieben sind. Dies lässt sich auch anhand der Untersuchung der Kontextadäquatheit ablesen, denn stark narrative Elemente, die sich in einigen Texten gehäuft zeigten, traten dort meist an den Textstellen auf, die nicht in das entwickelte Raster zu den Bausteinen fielen. Es bleiben daher einige Textmerkmale offen, die mit den hier angewandten Verfahren nicht erfasst wurden, jedoch vermutlich einen Beitrag zur Varianzaufklärung der Textqualität leisten. Gleichzeitig scheinen insbesondere die Kriterien der sprachlichen Angemessenheit und der inhaltlich detaillierten Umsetzung sowohl für die Textqualität als auch für die Wortschatztestleistung so prädiktiv, dass die weiteren nicht analysierten Textstellen vorerst zu vernachlässigen sind. In einem weiteren Schritt könnte eine Regressionsanalyse unter Einbezug aller generierten Variablen und unter gleichzeitigem Ausschluss weiterer Einflussfaktoren klären, wieviel die hier untersuchten sprachlichen Mittel tatsächlich zur durch die Textqualität indizierten Schreibkompetenz beitragen.

Motivationale Faktoren

Ein Faktor, der sich kaum kontrollieren lässt, ist die Motivation der Schülerinnen und Schüler. Insbesondere für die Berichtstexte, der zweiten Schreibaufgabe, ist es nur schwer nachvollziehbar, warum einige Schülerinnen und Schüler trotz ausreichend sprachlicher Voraussetzungen und meist guten Deutschnoten dennoch so kurze und damit oftmals qualitativ schlechte Texte verfassten. Schreiben stellt für viele Schülerinnen und Schüler eine eher unliebsame und zum Teil anstrengende Aufgabe dar, was auch in den Testungssituationen trotz der hohen Standardisierung der Durchführung teilweise erkennbar war. In einem Einzelsetting ließe sich die Motivation im Sinne der *compliance* möglicherweise stärker steuern, womit die zugrunde liegende Kompetenz besser abzubilden wäre. Da jedoch ein Zusammenhang zwischen der Textqualität der Berichtstexte und der Deutschnote für beide Klassenstufen besteht (Klasse 5: $r = -.36$, Klasse 9: $r = -.49$), ist dem motivationalen Anteil dennoch nicht allzu viel Bedeutung beizumessen, zumal dieser in vielen ähnlichen wissenschaftlichen Untersuchungen als Störvariable infrage kommt.

Zusammenfassend lassen sich aus dem gewählten empirischen Zugang folgende Schlussfolgerungen ableiten:
1) Die untersuchten sprachlichen Mittel können als Indikatoren für Fähigkeitsfacetten der zugrunde liegenden Kompetenz im Wortschatz bzw. der Bildungssprache verstanden werden.
2) Die Aufgabenstellung steuert, welche bildungssprachlichen Mittel bei den Schreiberinnen und Schreibern evoziert werden und in welchem Ausmaß sich die zugrunde liegende Kompetenz untersuchen lässt.
3) Wie die sprachlichen Mittel generiert werden, bestimmt die Stärke des Effekts der Klassenstufe, Schulart und Familiensprache. Dabei führt die Beurteilung der Umsetzung der sprachlichen Merkmale zu stärkeren Unterschieden zwischen den Designvariablen als die bloße Quantifizierung der sprachlichen Mittel. Ein Einfluss der Familiensprache zeigt sich fast ausschließlich nur bei den sprachlichen Variablen, deren Verwendung auch eingeschätzt wird.

4) Die Generierung folgender bildungssprachlicher Variablen scheint für die Ergründung der Zusammenhangsmuster besonders lohnenswert und kann zugleich für weitere tiefergehende Analysen als Minimalstandard angesehen werden: die Textlänge, die Anzahl an Wortbildungen, die Einteilung der Verben in die drei Kategorien der Bildungssprachlichkeit, die sprachliche Angemessenheit der Textbausteine und die globale Textqualität.

5) Die Textqualität und die Leistung im Wortschatztest stehen in Zusammenhang mit dem Einsatz der jeweiligen bildungssprachlichen Mittel. Der Wortschatztest kann somit sowohl als Prädiktor für die in den Texten gezeigte Bildungssprachlichkeit als auch für die globale Textqualität angesehen werden.

Der Beitrag, den diese Arbeit mit den aufgezeigten Befunden zum Forschungsstand leistet, wird im nächsten Abschnitt diskutiert.

10.2 Theoretische Rückbindung und Implikationen der Befunde

Der Untersuchungsgegenstand der vorliegenden Arbeit steht im Spannungsfeld von drei wissenschaftlichen Disziplinen: der Psychologie, der Linguistik und der Sprachdidaktik. Aufgrund ihrer Ausrichtung ist sie als interdisziplinäre Forschungsstudie zu verstehen. Die *psychologische Perspektive* zeigt sich in der Gestaltung des Untersuchungsdesigns, der kontrollierten Datenerhebung als auch in der Hinzuziehung weiterer Probandenmerkmale. Ebenso stellen die Berücksichtigung von Kovariaten und die inferenzstatistischen Analysen gängige Vorgehensweisen psychologischer Untersuchungen dar. Auch der Versuch, den Wortschatz auf Basis der Texte quantitativ messbar zu machen und ihn somit als latente Variable zu modellieren, ist ein typisch empirischer Ansatz der Psychologie. Ebenso knüpft die Forschungsfrage, welchen Beitrag die sprachlichen Mittel beim Schreiben leisten, an die Modelle zum Schreibprozess an, die aus der Kognitionspsychologie stammen (z. B. Bereiter & Scardamalia, 1987; Hayes & Flower, 1980). Die *linguistische Perspektive* ist in der Art reflektiert, wie die bildungssprachlichen Merkmale aus den Texten gewonnen bzw. deren Kategorisierungen ermittelt wurden. Die Vorgehensweise orientiert sich dabei an Veröffentlichungen, bei denen für Texte typische linguistische Merkmale herausgearbeitet wurden. Vorrangig ist die vorgestellte Studie jedoch *sprachdidaktisch* motiviert, denn die Befunde von aktuellen Schulleistungsstudien verdeutlichen die Dringlichkeit der Entwicklung und Implementierung von Unterrichtskonzepten, die sowohl den aufgedeckten Defiziten der Schülerinnen und Schülern entgegenwirken als auch die in den Bildungsstandards verankerten Methoden zur Schreib- und Wortschatzförderung konkretisieren. So versucht die vorliegende Untersuchung mit ihren Ergebnissen, einen Beitrag zu den aktuellen Diskussionen im Bildungsbereich um die mangelnden Textkompetenzen und lexikalischen Fähigkeiten beizusteuern. Dabei gilt es nicht nur die Zusammenhänge zwischen den einzelnen Kompetenzbereichen genauer zu erforschen, sondern vor allem erste Implikationen für die schulische Praxis abzuleiten.

Diskutiert wird im Folgenden der Beitrag der vorliegenden Untersuchung zu den Theorien und Forderungen der jeweiligen Disziplinen, wobei der Erkenntnisgewinn für die Fähigkeitsbereiche des Wortschatzes und des Schreibens herausgearbeitet wird.

Einordnung in die Modelle der empirischen Schreibforschung

Primär hat sich die Arbeit mit zwei Komponenten des Modells zum Schreibprozess von Hayes und Flower (1980) auseinandergesetzt: der Schreibaufgabe (*writing assignment*) und dem Formulierungsprozess (*translating*). Dabei ist jedoch zu beachten, dass das Modell von Hayes und Flower (1980) den Prozess des Schreibens verallgemeinernd abbildet. Es sieht nicht vor, dass retrospektiv vom Schreibprodukt ausgehend Rückschlüsse zu den zugrunde liegenden Prozessen vorgenommen werden. Daher kann die vorliegende Untersuchung auch keine Aussagen zur Gültigkeit oder Spezifizierung der aufgeführten Module (Formulierungsprozess, Schreibaufgabe) leisten, weil sie nicht den synchronen Entstehungsprozess der Texte analysiert, sondern vielmehr die aus den Prozessen resultierende Gesamtkompetenz in den Blick nimmt – eben die an der globalen Textqualität gemessene Schreibkompetenz. Aufgrund der vorliegenden Befunde ist jedoch davon auszugehen, dass die Schreibaufgabe den Formulierungsprozess maßgeblich beeinflusst. Dabei spielt, wie im Modell abgebildet, nicht nur die Art der Strukturierung und Formulierung der Aufgabenstellung eine Rolle, sondern ebenso die Spezifizierung der Leserschaft (*audience*) und des Themas (*topic*). Für weiterführende Analysen ist es angebracht, auch die lernerspezifischen kognitiven Maße und damit ebenso die im Langzeitgedächtnis gespeicherten Aspekte zu berücksichtigen, wie beispielsweise das Vorwissen zum Thema (*knowledge of the topic*) oder die gespeicherten Schreibpläne (*stored writing plan*). Dadurch ließe sich der Einfluss der Schreibaufgabe möglicherweise relativieren. Aus didaktischer Sicht anzustreben wäre es, wenn die bei den Schülerinnen und Schülern gespeicherten Schreibpläne (Textsortenwissen) in Form von Problemlösewissen vorliegen und keine starren Textsortenspezifika hervorrufen. Vielmehr ist die Verbindung der beiden im Modell von Bereiter und Scardamalia (1987) postulierten Problemräume notwendig: zum einen das Wissen um das, was ausgedrückt werden soll (thematisch-inhaltlich), z. B. die notwendige Lokalisierung der Aktanten im Unfallbericht, und zum anderen das Wissen, wie die Inhalte versprachlicht werden können (sprachlichdiskursiver Problemraum). Durch die Analyse der Umsetzung von Textbausteinen liefert die vorliegende Arbeit erste Erkenntnisse darüber, welche Inhalte die Schülerinnen und Schüler heranziehen, die für die Textsorten relevant sind. Es fehlen dabei jedoch sowohl prozessbegleitende Vorgehensweisen als auch qualitative Auswertungsstrategien der gezeigten sprachlichen Mittel. Als methodisch hilfreich erweist sich dazu die Verschriftlichung der Schreibaufgaben am Computer, bei denen mit Programmen wie *inputlog* (vgl. Leijten & van Waes, 2013) auch synchrone Datenaufzeichnungen möglich werden (für einen Überblick zu Methoden der Schreibprozessforschung siehe Linnemann, 2017; Weinzierl & Wrobel, 2017).

Beitrag zur Erforschung des Konstrukts der Schreibkompetenz

Die wissenschaftliche Feststellung, dass sich die Untersuchung des Konstrukts der Schreibkompetenz als sehr komplex gestaltet (z. B. Baurmann & Pohl, 2009; Becker-Mrotzek & Schindler, 2007; Neumann, 2014), zeigt sich auch anhand der vorliegenden Untersuchung. Das Forschungsprojekt zu den Teilkomponenten der Schreibkompetenz, in dessen Rahmen auch die vorliegende Arbeit entstanden ist, kam der Empfehlung nach, von jeder Schülerin und jedem Schüler mehrere Textprodukte verfassen zu lassen. Dabei stellte sich der Vergleich der verschiedenen Textsorten jedoch als wesentlich herausfordernder dar als zunächst gedacht. Unabhängig von der Diskussion um die vermeintliche Steigerung des Schwierigkeitsgrades der von Klasse 5 zu Klasse 9 unterrichtlich behandelten Textsorten müssen die Aufgabenstellungen für die Diagnosestellung der Schreibkompetenz vergleichbar sein. Dabei steht außer Frage, dass beispielsweise das Verfassen einer Argumentation einen höheren kognitiven Aufwand bedeutet als eine Narration. In allen Aufgaben sind die Vorstrukturierung und Hilfestellung dennoch gleichzuhalten, um Unterschiede in der Verwendung sprachlicher Mittel messen und diese der spezifischen Textsorte zuschreiben zu können. Gleichzeitig scheint es sinnvoll, auch die kognitiven Fähigkeiten hinzuzuziehen, da zu vermuten ist, dass Schülerinnen und Schüler mit höheren intelligenznahen Fähigkeiten auch besser formulieren können. Da beide informierende Textsorten (Instruktion und Bericht) einen ähnlichen Schwierigkeitsgrad aufweisen und der Fokus der vorliegenden Arbeit auf den sprachlichen Fähigkeiten lag, blieb die Rolle der Kognition (in Form von Maßen zum Arbeitsgedächtnis) unberücksichtigt. Sie wird jedoch sicherlich auch zur Varianzaufklärung der Textqualität beigetragen haben.

Nicht nur beim Vergleich verschiedener Textsorten ist die Struktur der Aufgabenformulierungen zu berücksichtigen, sondern vor allem auch bei der Parallelisierung von Aufgaben. So ist es kaum verwunderlich, dass bisher nur wenige Längsschnittuntersuchungen zum Schreiben durchgeführt wurden. An das übergreifende Forschungsprojekt schloss sich eine Interventionsstudie zur Schreibkompetenz an, die eindrücklich belegte, dass die Motivation der Schülerinnen und Schüler bei musterhaftem Parallelhalten der Aufgabentypen innerhalb einer Textsorte stark einbricht. So gaben sie zum zweiten Messzeitpunkt an, doch bereits schon einmal einen Unfallbericht geschrieben zu haben. Auch wenn die Forderung nach mehreren Textprodukten pro Schülerin und Schüler aus Gründen der Repräsentativität und höheren Aussagekraft nachvollziehbar scheint, stellt sich die Frage, inwiefern die Befunde anschließend probandenweise zusammengefasst werden dürfen. Im Prinzip ist jeder Text ein Indikator einer jeweils neuen Kompetenzfacette und sollte daher für sich stehen dürfen. Dadurch wird die Untersuchung des Konstrukts der Schreibkompetenz und dessen Modellierung komplex.

Die Diskussion um den Transfer der bildungssprachlichen Fähigkeitsfacetten auf andere Textsorten führt zu einer weiteren grundlegenden Frage der Konzeption von Schreibkompetenz: Becker-Mrotzek und Schindler (2007) verstehen darunter das Produkt aus dem Anforderungsniveau der Aufgabe und der Summe des anforderungsbezogenen Wissens. Somit legt die Aufgabe fest, ob die gezeigte Schreibkompetenz der tatsächlichen entspricht. Eine Aufgabe wird dann als adäquat gelöst angesehen, wenn alle Anforderungsbereiche (z. B. Orthographie, Lexik und Syntax) erfüllt sind. Unklar bleibt, was mit „Erfüllung" gemeint ist. Letztlich setzt dies aufseiten des Untersuchenden voraus, die erwarteten sprachlichen Mittel zuvor festgelegt zu haben und damit vorab zu wissen, welche Mittel die Aufgabe evoziert.

Der Aspekt der Lexik scheint im Modell von Becker-Mrotzek und Schindler (2007) noch nicht genügend spezifiziert, er sollte mehr als nur den Inhaltswortschatz umfassen. Die Abarbeitung der Anforderungen darf nicht nur auf die Quantität bildungssprachlicher Mittel abzielen, sondern vielmehr auf ihren adäquaten Einsatz. Während Bachmann und Becker-Mrotzek (2010) mit ihren Schreibaufgaben mit Profil vorrangig Anforderungen an gute didaktische Aufgaben formulieren, fehlt bisher ein Verständnis angemessener Schreibaufgaben im diagnostischen Sinne. Zu häufig stehen eher zielgruppenadäquate thematische Fragen bei der Konzeption im Vordergrund, dabei sollten auch die erwarteten sprachlichen Mittel und der kognitive Anspruch der Aufgaben bedacht werden. Es stellt sich die Frage, ob die Aufgaben eher so konzipiert sein müssen, dass sie homogene Reaktionen hervorrufen, oder ob die Diagnosestellung darin besteht, die tatsächliche Eigenleistung und damit auch Bearbeitungen weit außerhalb der Norm zu provozieren. So mag der Berichtstext der vorliegenden Untersuchung die tatsächlichen sprachlichen Fähigkeiten besser abbilden, ist jedoch für schwache Schülerinnen und Schüler kaum zu lösen.

Die Befunde der Large Scale Assessments aus DESI und dem IQB spiegeln sich indirekt auch in den vorliegenden Ergebnissen wider. Zwar fand hier keine Zuordnung der Texte zu festgelegten Kompetenzstufen statt, jedoch werden zwischen den Schularten deutliche Unterschiede sowohl in der Verwendung der Mittel als auch in der Textqualität sichtbar. Der mit der vorliegenden Untersuchung mögliche Vergleich von Schülerinnen und Schüler am Ende und am Anfang der Sekundarstufe I zeigt, dass die Leistungsdifferenzen in dem Ausmaß erst in der Klasse 9 zu beobachten sind. Der hiermit erstmals nachgewiesene Entwicklungsprozess in der Verwendung bildungssprachlicher Mittel lässt die Frage offen, ob dies auf die zugrunde liegenden Fähigkeitsunterschiede innerhalb der Schülerschaft zurückzuführen ist, die in Klasse 5 noch nicht so zum Tragen kommen, oder ob auch die Beschulung ihren Anteil daran trägt. Unabhängig von der Ursa-

che scheint es notwendig, diesen wachsenden Leistungsunterschieden entgegenzuwirken.

Beitrag zur Untersuchung lexikalischer und bildungssprachlicher Kompetenzen

Wird die vorliegende Untersuchung vorrangig als Mittel zur Diagnosestellung von
lexikalischen Fähigkeiten betrachtet, so handelt es sich um ein umfassendes und
kontextabhängiges Vorgehen im Sinne von Read (2000). Die in der Literatur häufig vorgenommene Differenzierung der Untersuchungen nach Umfang und Tiefe
stand hier nicht im Fokus, zumal bis heute keine eindeutig empirisch fundierte
Abgrenzung von Umfang und Tiefe vorliegt. Da jedoch nicht jedes Lemma auf
seine inhaltliche Passung zum Textkontext analysiert wird, lässt sich eher von
einem Vorgehen zur Erfassung des Wortschatzumfangs sprechen, das in der produktiven Modalität auf Textebene stattfand. Diese Besonderheit ermöglicht es im
Gegensatz zu einem gängigen Testverfahren, wie z. B. dem hinzugezogenen Wortschatztest aus dem CFT 20-R, den Wortschatz in seinem Verwendungskontext
und zugleich in dem für die Schule notwendigen sprachlichen Register zu analysieren. Der Wortschatztest offenbart ähnliche Leistungsunterschiede zwischen den
Klassenstufen und Schularten, weshalb dieser als Prädiktor für die lexikalische
Kompetenz in den Texten verstanden werden kann. Dennoch kann und darf er
die Untersuchung auf Textebene nicht ersetzen. Nur detaillierte Analysen lassen
die Erforschung von Bildungssprache zu und ermöglichen es, förderungsbedürfti-
ge Inhalte zu formulieren. Ein eigenständiges Testverfahren zur Bestimmung der
bildungssprachlichen Kompetenz ist bis heute nicht entwickelt worden und würde
wahrscheinlich die als bildungssprachlich diskutierten Mittel nicht in dem Umfang abprüfen können, wie es in der vorliegenden Arbeit vollzogen wurde.

Auf Textebene werden in linguistischen Studien vergleichsweise häufig polyseme Verwendungsweisen und die Wortfamiliarität untersucht. Da dies aufwendige
Analysen erfordert, weil jedes Lemma qualitativ zunächst isoliert und anschließend im Satz- und Textkontext betrachtet werden muss, konnte ein solches Vorgehen hier nicht zusätzlich geleistet werden.

Die für die Untersuchung herangezogene CTTR als Maß der lexikalischen
Vielfalt führte in beiden Textsorten zu den erwarteten Effekten. Allerdings scheint
auch hier, wie bei Koizumi (2012) angedeutet, der Einfluss der Textlänge nicht
vollständig herauszupartialisieren sein. Da das Maß der CTTR jedoch nicht als
einziges Kriterium zur Einschätzung der Bildungssprachlichkeit von Texten herangezogen wurde, ist dem hier scheinbar weiterhin stabil bleibenden Effekt der
Textlänge nicht zu viel Aufmerksamkeit zu schenken. Darüber hinaus stellt die
CTTR das einzige Maß dar, welches für die recht kurzen Texte der Schülerinnen
und Schüler neben der klassischen TTR verwendbar ist.

Dem von Meara und Miralpeix (2008) berechtigten Einwand, dass die Maße
der lexikalischen Vielfalt keine qualitative Bewertung der Tokens vorsehen und
somit nicht zwischen elaborierten oder nuancierten und weniger elaborierten

Aussagen differenzieren (*The man saw the woman* vs. *The bishop observed the actress*), kann für die vorliegende Studie die Generierung folgender Variablen entgegengehalten werden, die dies kompensieren: die Analyse der Lemmata hinsichtlich ihrer Frequenz, morphologischen Komplexität oder Fachbegrifflichkeit. Dennoch werden die Tokens nicht nacheinander in Bezug auf ihr bildungssprachliches Niveau eingestuft. Zum einen gibt es für eine solche Zuordnung keine Kriterien, zum anderen wäre dies kaum zielführend, weil auch auf diese Weise nicht sicher die Passung der einzelnen Lemmata zum Handlungskontext eingeschätzt werden kann. Wichtig ist vor allem das Zusammenwirken der Lemmata und damit die Analyse ganzer Phrasen und Wortgruppen. Dies belegen auch die Ergebnisse zu den Textbausteinen.

Hierbei könnte ebenso die Untersuchung der Texte auf Kollokationen aufschlussreich sein, die aufgrund fehlender zugrunde liegender Theorien und Kriterien jedoch vernachlässigt wurde. Es scheint nicht geklärt, ob Kollokationen lediglich feststehende Kombinationen von Begriffen meinen oder auch Lemmata, die für die Aufgabenstellung relevant sind und somit in ein spezifisches Wortfeld passen. Letzteres würde mit dem Konzept des domänenspezifischen Inhaltswortschatzes einhergehen und qualitative Herangehensweisen nach sich ziehen. Mit Blick auf die in der Literatur aufgeführten Merkmale zur Untersuchung des Ausdrucksvermögens auf Textebene und denen als bildungssprachlich diskutierten Mittel scheint in der vorliegenden Untersuchung eine breite Auswahl herausgegriffen worden zu sein, die zugleich fast alle Mittel als Indikatoren der Bildungssprache identifiziert.

Allerdings schließt sich daran eine grundlegende Problematik an, die im Prinzip mit der gewählten Konzeption der vorliegenden Untersuchung nicht geklärt werden kann. Die Ergebnisse erlauben keinen Rückschluss darauf, ob das, was untersucht wurde, für die konzeptionelle Schriftlichkeit spezifisch ist. Zwar gehört das Berichten und Instruieren zu den typisch an der Schriftsprache orientierten Sprachfunktionen (vgl. Feilke, 2014a), weswegen diese als prototypische Vertreter einer konzeptionellen Schriftlichkeit gelten können. Auch zeigen sich die erwarteten Effekte zwischen den Teilstichproben in der Verwendung der sprachlichen Mittel, doch fordert die Validierung von Bildungssprache als Konstrukt im Prinzip sowohl die Abgrenzung von der Sprachverwendung im Mündlichen und als auch die Ausweitung auf anspruchsvollere Sprachhandlungen, wie beispielsweise das Argumentieren. Beides kann die vorliegende Untersuchung nicht leisten, auch wenn sich viele der von Gogolin und Duarte (2016) zusammengestellten bildungssprachlichen Merkmale (siehe Tabelle 6) in beiden hier untersuchten Textsorten nachweisen lassen.

*Beitrag zur Erforschung des Zusammenhangs der Wortschatz- und
Schreibkompetenz*

Die in Kapitel 6 vorgestellten Studien, die sich bisher mit dem Zusammenhang
zwischen den in Texten gezeigten sprachlichen Mitteln und der Textqualität beschäftigt haben, stehen größtenteils im Einklang mit den hier gezeigten Befunden. Im Gegensatz zu den Forschungsergebnissen bei Deno und Kollegen (1982)
oder bei Grobe (1981) ergibt sich allerdings hier nicht, dass bei verschiedenen
Altersgruppen jeweils spezifische Mittel besonders prädiktiv für die Textqualität
sind. Stattdessen zeigt sich, dass sich das Entwicklungsalter als solches auf die
Verwendung sprachlicher Mittel auswirkt: Je älter die Schülerinnen und Schüler
sind, desto ausgeprägter ist der Gebrauch der Mittel, was sich zugleich auch in
der erhöhten Textqualität niederschlägt.

Als eine der wenigen Studien zogen Olinghouse und Wilson (2013) verschiedene Textsorten heran, um narrative, argumentative und informierende Texte
innerhalb der Klassenstufe 5 miteinander zu vergleichen. Demnach waren für
jede Textsorte unterschiedliche sprachliche Mittel spezifisch: Bei informierenden
Texte wurden besonders viele Inhaltswörter verwendet. Olinghouse und Wilson
(2013) konnten nicht klären, ob der unterschiedliche Einsatz von sprachlichen
Mitteln ausschließlich der jeweiligen Textsorte oder aber dem Alter der Probandinnen und Probanden geschuldet ist, da sie nur eine Klassenstufe untersuchten.
Im Gegensatz zu den genannten Veröffentlichungen berücksichtigt die vorliegende Studie zwar verschiedene Einflussfaktoren, bleibt jedoch bei informierenden
Texten (Instruktion und Bericht) als Untersuchungsgegenstand. Der Befund eines
(besonders) hohen Anteils an Inhaltswörtern, welcher für die Textqualität ausschlaggebend ist, kann jedoch nicht bestätigt werden. Weiterhin stellten Olinghouse und Wilson (2013) in allen Texten der Klasse 5 einen geringen Anteil an
bildungssprachlichen Wörtern fest (1 % aller Wörter pro Text). Dabei nutzen sie
die *Academic Word List* (Coxhead, 2000), welche die 3000 am häufigsten vorkommenden Wörter in wissenschaftlichen Texten zusammenfasst. Eine solche Liste
liegt für das Deutsche nicht vor, dennoch lässt sich dieses Ergebnis ebenfalls für
die beiden untersuchten Textsorten nachweisen, da auch in der vorliegenden Studie kaum Fach- und Fremdwörter von Schülerinnen und Schülern der Klasse 5
gebraucht wurden. Allerdings gilt dasselbe auch für die Klassenstufe 9, was wiederum die Frage aufwirft, wie funktional der Gebrauch dieser elaborierten Wörter
für informierende Texte tatsächlich ist.

Der Einfluss der Familiensprache auf die in Texten verwendeten sprachlichen
Mittel und auf die globale Textqualität zeigt sich im Gegensatz zum Effekt der
Klassenstufe und Schulart in der Literatur in sehr verschiedenem Ausmaß. Die
Studie von Babayiğit (2014) verglich monolingual Englisch sprechende Schülerinnen und Schüler im Alter von neun bis elf Jahren mit jenen, die zusätzlich
noch über eine andere Familiensprache verfügen. Wie in der vorliegenden Untersuchung schnitten auch dort die Kinder, die nicht (nur) in der Amtssprache

aufgewachsen waren, deutlich schlechter in einem Wortschatztest und in der Beurteilung ihrer Textqualität ab. Rüßmann und Kollegen (2016) konnten hingegen keinen Einfluss der Familiensprache auf die resultierende Textqualität von Beschreibungen nachweisen. Dieser zur vorliegenden Untersuchung abweichende Befund könnte durch die unterschiedliche Art der Operationalisierung der Textqualität und ebenso durch die Wahl der Textsorte bedingt sein. Auch die Einteilung der Probandinnen und Probanden hinsichtlich ihrer Familiensprache scheint die Ergebnisse maßgeblich zu beeinflussen. Diese wurde in der vorliegenden Untersuchung, wie zuvor bereits diskutiert, nicht optimal operationalisiert.

Didaktische Implikationen

Bildungssprachliche Fähigkeiten lassen sich textsortenübergreifend nicht messen, vielmehr hängt ihr Einsatz von der jeweiligen Schreibaufgabe ab, wie die Befunde belegen. Zwar bleibt der Wortschatz als Personenmerkmal textsortenübergreifend existent, jedoch tritt dieser unterschiedlich in Erscheinung. Dies ist nicht der Kompetenz der Probandinnen und Probanden geschuldet, sondern dem Diagnoseinstrument.

Daher scheint es fraglich, inwiefern sich die Wirksamkeit einer Wortschatzförderung auf Basis unterschiedlicher Aufgabentypen und Textsorten nachweisen lässt, wenn ein vorheriges Training nur auf einen bestimmten Texttyp abzielte. Die Auswahl der zu vermittelnden bildungssprachlichen Merkmale scheint schwer zu treffen. Das erklärt auch, warum es nur wenige Studien gibt, in denen zur Erhöhung der Textqualität der Wortschatz trainiert wird. Zwar konnten beispielsweise Duin und Graves (1987) in ihrer Interventionsstudie einen Zuwachs der Textqualität nachweisen, allerdings wurde in den Trainingseinheiten lediglich am Inhaltswortschatz gearbeitet und dies nur in einer vorher festgelegten Domäne. In dieser Domäne fand ebenso die Nachtestung statt. Ein solches Vorgehen kommt der Idee des Grundwortschatzes sehr nahe, welche jedoch für die bildungssprachliche Kompetenzherausbildung nicht zielführend sein kann. Vielmehr sollte eine Förderung stets einen Transfer auf andere semantische Themenfelder und Textgenres bewirken können.

Grießhaber (2014) stellte anhand von Einzelfalldarstellungen bei Schülerinnen und Schüler mit einer anderen Familiensprache als Deutsch fest, dass diese insbesondere die Verben häufig in einer inadäquaten Weise verwenden. Dies trifft auch auf die vorliegende Studie zu. Zudem zeigt sich, dass der Einsatz unangemessener Verben deutlich mit der Textqualität korreliert. Somit könnte die Vermittlung der Verben als ein Ansatz zur Förderung des bildungssprachlichen Wortschatzes herangezogen werden. Verben wirken funktional und konstruieren den Text maßgeblich, indem sie weitere Konstituenten des Satzes nach sich ziehen. Zudem werden sie häufig polysem gebraucht, sodass sich ihre verschiedenen Verwendungsweisen gut im Unterricht besprechen ließen. Dieser Ansatz deckt sich ebenso mit der Didaktik der Textprozeduren (z. B. Bachmann & Feilke, 2014). Da laut der vorliegenden Studie die Beurteilung der Angemessenheit der Mittel zu stärkeren Effekten führt als deren bloße Quantifizierung, sollte nicht nur der Gebrauch spezifischer sprachlicher Mittel mit Schülerinnen und Schülern erarbeitet werden, sondern vor allem ihr adäquater Einsatz.

Um den Lernenden einen funktionaleren Einsatz der bildungssprachlichen Merkmale zu vermitteln, müsste die Verwendung bestimmter Ausdrücke mit ihren zugrunde liegenden kognitiven Schemata in Verbindung gebracht werden, um einen reinen „Wortschatzdrill" zu vermeiden. Dazu sollten auch die für die jeweiligen Aufgabenstellungen spezifischen Teilhandlungsschritte thematisiert werden, um zu verdeutlichen, dass diese nicht nur an eine bestimmte Textsorte gebunden sind, so z. B. das Linearisieren. Eine ebensolche klare Unterscheidung zwischen der Textgattung und verschiedener Schemata fordert auch Feilke (2017). Demnach sollte für die Schülerinnen und Schüler beim Verfassen von Texten weniger relevant sein, welche Textgattung bzw. -sorte zu versprachlichen ist. Vielmehr ist im Unterricht zu erarbeiten, welche kognitiven Schemata zur Umsetzung der Aufgabe notwendig sind. Dazu muss Schreiben (noch) deutlicher als Problemlöseprozess im Sinne von Hayes und Flower (1980) modelliert werden und als solcher auch in das unterrichtliche Geschehen eingebunden werden.

Wie beim Verfassen von Narrationen die Verbindung von Schema- und Ausdruckswissen didaktisch umgesetzt werden kann, findet sich beispielsweise in der Interventionsstudie von Rüßmann und Kollegen (2016). Die Kombination von kognitiven und sprachlichen Handlungen trägt dort erheblich zur Verbesserung der Textqualität bei. Dazu müssen den Schülerinnen und Schülern zunächst modellhaft mögliche Ausdrucksvarianten vorgegeben werden, was ebenso bei der Vermittlung von Verben notwendig ist.

Der inadäquate Einsatz von Verben in der vorliegenden Studie ist oftmals darauf zurückzuführen, dass den Schülerinnen und Schülern elaboriertere Ausdrücke nicht bekannt sind. Somit wäre es hilfreich, ihnen nicht nur Alternativen anzubieten, sondern vor allem auch das schriftsprachliche Register zu thematisieren. Es könnte anhand der Verben exemplarisch veranschaulicht werden, wodurch und weshalb sich mündliche und schriftliche Sprache voneinander unterscheiden. Durch diesen Ansatz wäre es für Schülerinnen und Schüler möglicherweise leichter nachvollziehbar, warum bestimmte Ausdrücke aus dem Mündlichen in ihren Texten nicht funktional sein können.

Für die Aneignung neuer Wörter scheinen Förderkonzepte sinnvoll, die auf die Vermittlung von Strategien abzielen und somit lediglich beispielhaft verdeutlichen, wie sich die Schülerinnen und Schüler eigenständig ihnen unbekannte Wörter zu eigen machen können. Ein rein lexikologisch orientiertes Wortschatztraining zu einem bestimmten Themenfeld kann zwar wirksam sein, wird jedoch kaum zu einem umfangreicheren Aufbauwortschatz führen. Ein deutsches Äquivalent für die im angloamerikanischen Raum erfolgreich verwendeten Konzepte zum Ausbau des Bildungswortschatzes, wie z. B. die *robust vocabulary instruc-*

tion (Beck et al., 2008), *SIOP* (Echevarría et al., 2010) oder *CALLA (Charmot & O'Malley, 1994)*, existiert bislang noch nicht. Dafür mangelt es weiterhin an entsprechender empirischer Fundierung, die sich dem für die Schule notwendigen bildungssprachlichen Wortschatz widmet und die in dieser Arbeit aufgeworfenen Desiderate aufgreift.

Es zeichnet sich allerdings anhand der Befunde deutlich ab, dass die Anforderungen im Bereich des Schreibens, die für das Ende der Klassenstufe 9 formuliert wurden, kaum als Regelstandards betrachtet werden können. In der vorliegenden Studie lässt die Analyse der beurteilten Textbausteine und ihre sprachliche Angemessenheit erkennen, dass die Schülerinnen und Schüler noch nicht „strukturiert, verständlich, sprachlich variabel und stilistisch stimmig zur Aussage" (KMK, 2004, S. 12) schreiben können und dies obwohl den Schülerinnen und Schülern der Klasse 9 die beiden zu bearbeitenden Textsorten längst vertraut sein müssten, weil diese im Unterricht behandelt wurden.

Zwischen den Erwartungen und der tatsächlichen Ausdruckskompetenz der Schülerinnen und Schüler liegt nachweislich eine Diskrepanz vor, welche sich nicht auf die Verwendung spezifischer Lemmata, sondern auf ganze Konstruktionen bezieht. Somit müssten die Bildungsstandards entweder als Optimalstandards verstanden werden, oder es muss aufgeführt werden, wie diese zu erreichen sind. Nur so haben die Schülerinnen und Schüler eine Chance, diesen auch gerecht zu werden. Ebenso sind die konkreten Erwartungen an die lexikalischen Fähigkeiten in die Bildungsstandards aufzunehmen, was sich nicht nur für die Lernenden, sondern vor allem auch für die Lehrkräfte auszahlt. Nur dadurch kann ein Bewusstsein für die Relevanz des bildungssprachlichen Ausdrucksvermögens entstehen.

Mit Blick auf die zahlreichen Herausforderungen im Bildungsbereich werden interdisziplinäre Kooperationen unabdingbarer, weil sich dadurch nicht nur die verschiedenen Disziplinen vereinen lassen, sondern auch die Anbindung an das Feld Schule und an gesellschaftliche Strukturen leichter gelingt. Ein zukunftsweisendes Beispiel hierfür ist der Forschungsverbund *didaktisch-empirische Schreibforschung* (dieS), welcher mit dem Ziel einer verstärkten Zusammenarbeit zwischen Forscherinnen und Forschern aus den Disziplinen der Psychologie, Linguistik und Sprachdidaktik und zur gegenseitigen Bereicherung ins Leben gerufen wurde. Er stellt eine geeignete Plattform dar, die hier gewonnenen Erkenntnisse zu diskutieren und weiter auszubauen.

Literatur

Abraham, U. (2014). Geschichte schulischen Schreibens. In H. Feilke & T. Pohl (Hrsg.), *Schriftlicher Sprachgebrauch – Texte verfassen* (Deutschunterricht in Theorie und Praxis, DTP; Bd. 4, S. 3–30). Baltmannsweiler: Schneider Verlag Hohengehren.

Adamzik, K. (1995). Einleitung: Aspekte und Perspektiven der Textsortenlinguistik. In K. Adamzik (Hrsg.), *Textsorten – Texttypologie. Eine kommentierte Bibliographie* (Studium Sprachwissenschaft, Bd. 12, S. 11–40). Münster: Nodus Publikationen.

Ahrenholz, B. (2010). Bildungssprache im Sachunterrricht der Grundschule. In B. Ahrenholz (Hrsg.), *Fachunterricht und Deutsch als Zweitsprache* (S. 15–36). Tübingen: Narr.

Ahrenholz, B. (2013). Sprache im Fachunterricht untersuchen. In C. Röhner & B. Hövelbrinks (Hrsg.), *Fachbezogene Sprachförderung in Deutsch als Zweitsprache. Theoretische Konzepte und empirische Befunde zum Erwerb bildungssprachlicher Kompetenzen* (S. 87–98). Weinheim: Beltz-Juventa.

Ahrenholz, B., Oomen-Welke, I. & Ulrich, W. (Hrsg.). (2008). *Deutsch als Zweitsprache* (Deutschunterricht in Theorie und Praxis, DTP; Bd. 9). Baltmannsweiler: Schneider Verlag Hohengehren.

Aitchison, J. (1993). *Words in the mind. An introduction to the mental lexicon* (Reprinted). Oxford: Blackwell.

Alamargot, D. & Chanquoy, L. (2001). *Through the models of writing* (Studies in writing, Bd. 9). Dordrecht: Kluwer Academic Publishers.

Anderson, R. C. & Freebody, P. (1979). *Vocabulary knowledge* (Technical report – Center for the Study of Reading, Bd. 136). Champaign, IL: University of Illinois at Urbana-Champaign.

Anderson, R. C. & Freebody, P. (1981). Vocabulary knowledge. In J. T. Guthrie (Hrsg.), *Comprehension and teaching: research reviews* (S. 77–117). International Reading Association.

Andolina, C. (1980). Syntactic maturity and vocabulary richness of learning disabled children at four age levels. *Journal of Learning Disabilities, 13* (7), 372–377.

Angermaier, M. (1977). *Psycholinguistischer Entwicklungstest. [PET]* (2., korr. Aufl.). Weinheim: Beltz-Test.

Anglin, J. (2005). The acquisition of word meaning II: Later lexical and semantic development. In D. A. Cruse, F. Hundsnurscher, M. Job & R. P. Lutzeier (Hrsg.), *Lexikologie. Ein internationales Handbuch zur Natur und Struktur von Wörtern und Wortschätzen* (Handbücher zur Sprach- und Kommunikationswissenschaft, Bd. 2, S. 1789–1800). Berlin: De Gruyter.

Applebee, A. & Langer, J. (2011). A snapshot of writing instruction in middle and high schools. *English Journal, 100* (6), 14–27.

Arnaud, P. L. (1984). The lexical richness of L2 written productions and the validity of vocabulary tests. In T. Culhane, C. Klein-Braley & D. K. Stevenson (Hrsg.), *Practice and problems in language testing* (Occasional papers / University of Essex, Department of Language and linguistics, Bd. 29, S. 14–28). Colchester: Department of Language and Linguistics, University of Essex.

Auer, M., Gruber, G., Mayringer, H. & Wimmer, H. (2011). *SLS 5-8. Salzburger Lese-Screening für die Klassenstufen 5-8*. Göttingen: Hogrefe.

Augst, G. (1977). Empirische Untersuchungen zum Wortschatz eines Schulanfängers. In G. Augst, A. Bauer & A. Stein (Hrsg.), *Grundwortschatz und Ideolekt. Empirische Un-*

tersuchungen zur semantischen und lexikalischen Struktur des kindlichen Wortschatzes (Reihe Germanistische Linguistik, Bd. 7, 1. Aufl., S. 1–98). Tübingen: Max Niemeyer Verlag.

Augst, G. (Hrsg.). (1984). *Kinderwort. Der aktive Kinderwortschatz (kurz vor der Einschulung); nach Sachgebieten geordnet, mit einem alphabetischen Register* (Theorie und Vermittlung der Sprache, Bd. 1). Frankfurt am Main: Lang.

Augst, G., Disselhoff, K., Henrich, A. & Pohl, T. (2007). *Text Sorten – Kompetenz. Eine echte Longitudinalstudie zur Entwicklung der Textkompetenz im Grundschulalter* (Theorie und Vermittlung der Sprache, Bd. 48). Frankfurt am Main: Lang.

Augst, G. & Faigel, P. (1986). *Von der Reihung zur Gestaltung. Untersuchungen zur Ontogenese der schriftsprachlichen Fähigkeiten von 13–23 Jahren* (Theorie und Vermittlung der Sprache, Bd. 5). Frankfurt am Main: Lang.

Autorengruppe Bildungsberichterstattung. (2016). *Bildung in Deutschland 2016. Ein indikatorengestützter Bericht mit einer Analyse zu Bildung und Migration.* Bielefeld: wbv. https://doi.org/10.3278/6001820ew

Baayen, R. H., Piepenbrock, R. & Gulikers, L. (1995). *The Celex lexical database* (Release 2, German Vers. 2.5, English Vers. 2.5, Dutch Vers. 3.1). Philadelphia, PA: Linguistic Data Consortium.

Babayiğit, S. (2014). Contributions of word-level and verbal skills to written expression. Comparison of learners who speak English as a first (L1) and second language (L2). *Reading and Writing Quarterly, 27* (7), 1207–1229.

Bachmann, T. (2002). *Kohäsion und Kohärenz: Indikatoren für Schreibentwicklung. Zum Aufbau kohärenzstiftender Strukturen in instruktiven Texten von Kindern und Jugendlichen* (Forschungen zur Fachdidaktik, Bd. 4). Innsbruck: Studien-Verlag.

Bachmann, T. (2014). Schriftliches Instruieren. In H. Feilke & T. Pohl (Hrsg.), *Schriftlicher Sprachgebrauch – Texte verfassen* (Deutschunterricht in Theorie und Praxis, DTP; Bd. 4, S. 270–286). Baltmannsweiler: Schneider Verlag Hohengehren.

Bachmann, T. & Becker-Mrotzek, M. (2010). Schreibaufgaben situieren und profilieren. In T. Pohl & T. Steinhoff (Hrsg.), *Textformen als Lernformen* (Kölner Beiträge zur Sprachdidaktik Reihe A, Bd. 7, S. 191–201). Duisburg: Gilles & Francke.

Bachmann, T. & Becker-Mrotzek, M. (2017). Schreibkompetenz und Textproduktion modellieren. In M. Becker-Mrotzek, J. Grabowski & T. Steinhoff (Hrsg.), *Forschungshandbuch empirische Schreibdidaktik* (S. 25–54). Münster: Waxmann.

Bachmann, T. & Feilke, H. (Hrsg.). (2014). *Werkzeuge des Schreibens. Beiträge zu einer Didaktik der Textprozeduren* (1. Aufl.). Stuttgart: Fillibach.

Bailey, A. L. & Butler, F. A. (2003). *An evidentiary framework for operationalizing academic language for broad application to K-12 education. A design document* (CSE report, Bd. 611). Los Angeles, CA: Center for the Study of Evaluation, National Center for Research on Evaluation, Standards, and Student Testing (CRESST).

Bailey, A. L., Butler, F. A., Stevens, R. & Lord, C. (2007). Further specifying the language demands of school. In A. L. Bailey (Hrsg.), *The language demands of school. Putting academic English to the test* (S. 103–156). New Haven, CT: Yale University Press.

Bärenfänger, O., Lange, D. & Möhring, J. (2015). *Sprache und Bildungserfolg. Sprachliche Anforderungen in der Studieneingangsphase.* Leipzig: Institut für Testforschung und Testentwicklung e.V.

Bar-Ilan, L. & Berman, R. A. (2007). Developing register differentiation: The latinate-germanic divide in English. *Linguistics, 45* (1), 1–35.

Barrett, M. (1995). Early lexical development. In P. Fletcher & B. MacWhinney (Hrsg.), *The handbook of child language* (S. 362–393). Oxford: Blackwell.

Bates, E., Dale, P. & Thal, D. (1995). Individual differences and their implications for theories of language development. In P. Fletcher & B. MacWhinney (Hrsg.), *The handbook of language* (S. 96–151). Oxford: Blackwell.

Bates, E., Marchman, V., Thal, D., Fenson, L., Dale, P., Reznick, J. S. et al. (1994). Developmental and stylistic variation in the composition of early vocabulary. *Journal of Child Language, 21* (1), 85–123.

Baumann, J. F., Edwards, E. C., Boland, E. M., Olejnik, S. & Kameʼenui, E. J. (2003). Vocabulary tricks: Effects of instruction in morphology and context on fifth-grade students' ability to derive and infer word meanings. *American Educational Research Journal, 40,* 447–494.

Baumann, J. F. & Kameenui, E. J. (2004). *Vocabulary instruction. Research to practice* (Solving problems in the teaching of literacy). New York, NY: Guilford Press.

Baumert, J. (Hrsg.). (2001). *PISA 2000.* Opladen: Leske + Budrich.

Baumert, J., Maaz, K., Gresch, C., MacElvany, N., Anders, Y., Jonkmann, K. et al. (2010). *Der Übergang von der Grundschule in die weiterführende Schule. Leistungsgerechtigkeit und regionale, soziale und ethnisch-kulturelle Disparitäten* (Bildung Ideen zünden!, Bd. 34). Bonn: Bundesministerium für Bildung und Forschung.

Baumert, J. & Schümer, G. (2001). Familiäre Lebensverhältnisse, Bildungsbeteiligung und Kompetenzerwerb. In J. Baumert (Hrsg.), *PISA 2000* (S. 323–410). Opladen: Leske + Budrich.

Baurmann, J. (1990). Aufsatzunterricht als Schreibunterricht. *Praxis Deutsch, 104,* 7–12.

Baurmann, J. & Ludwig, O. (2001). Schreibaufgaben und selbst organisierendes Schreiben. *Praxis Deutsch, 28* (1182), 6–11.

Baurmann, J. & Pohl, T. (2009). Schreiben. Texte verfassen. In A. Bremerich-Vos, D. Granzer, U. Behrens & O. Köller (Hrsg.), *Bildungsstandards für die Grundschule: Deutsch konkret* (Lehrer-Bücherei, 1. Aufl., S. 75–103). Berlin: Cornelsen Scriptor.

Beaugrande, R. d. (1984). *Text production. Toward a science of composition* (Advances in discourse processes, Bd. 11). Norwood, NJ: ABLEX Publishing Corporation.

Beck, I. L., McKeown, M. G. & Kucan, L. (2002). *Bringing words to life. Robust vocabulary instruction* (Solving problems in the teaching of literacy). New York, NY: Guilford Press.

Beck, I. L., McKeown, M. G. & Kucan, L. (2008). *Creating robust vocabulary. Frequently asked questions and extended examples* (Solving problems in the teaching of literacy). New York, NY: Guilford Press.

Beck, I. L., Perfetti, C. & McKeown, M. (1982). The effects of long-term vocabulary instruction on lexical access and reading comprehension. *Journal of Educational Psychology, 74,* 500–512.

Becker-Mrotzek, M. (2004). *Schreibentwicklung und Textproduktion. Der Erwerb der Schreibfertigkeit am Beispiel der Bedienungsanleitung.* Radolfzell: Verlag für Gesprächsforschung.

Becker-Mrotzek, M. & Böttcher, I. (2006). *Schreibkompetenz entwickeln und beurteilen. Praxishandbuch für die Sekundarstufe I und II* (1. Aufl.). Berlin: Cornelsen Scriptor.

Becker-Mrotzek, M., Brinkhaus, M., Grabowski, J., Hennecke, V., Jost, J., Knopp, M. et al. (2015). Kohärenzherstellung und Perspektivenübernahme als Teilkomponenten der Schreibkompetenz. In A. Redder, J. Naumann & R. Tracy (Hrsg.), *Forschungsinitiati-*

ve Sprachdiagnostik und Sprachförderung – Ergebnisse (1. Aufl., S. 176–205). Münster: Waxmann.

Becker-Mrotzek, M., Grabowski, J. & Steinhoff, T. (Hrsg.). (2017). *Forschungshandbuch empirische Schreibdidaktik*. Münster: Waxmann.

Becker-Mrotzek, M. & Schindler, K. (2007). Schreibkompetenz modellieren. In M. Becker-Mrotzek & K. Schindler (Hrsg.), *Texte schreiben* (Kölner Beiträge zur Sprachdidaktik Reihe A, Bd. 5, S. 7–26). Duisburg: Gilles & Francke.

Becker-Mrotzek, M. & Vogt, R. (2001). *Unterrichtskommunikation. Linguistische Analysemethoden und Forschungsergebnisse* (Germanistische Arbeitshefte, Bd. 38, 2. Aufl.). Tübingen: Niemeyer. https://doi.org/10.1515/9783110231724

Benton, S. L., Corkill, A. J., Sharp, J. M., Downey, R. G. & Khramtsova, I. (1995). Knowledge, interest, and narrative writing. *Journal of Educational Psychology, 87* (1), 66–79.

Bereiter, C. (1980). Development in writing. In L. W. Gregg & E. R. Steinberg (Hrsg.), *Cognitive processes in writing* (S. 73–93). Hillsdale, NJ: Erlbaum.

Bereiter, C. & Scardamalia, M. (1987). *The psychology of written composition* (Psychology of education and instruction). Hillsdale, NJ: Erlbaum.

Berendes, K., Dragon, N., Weinert, S., Heppt, B. & Stanat, P. (2013). Hürde Bildungssprache? Eine Annäherung an das Konzept „Bildungssprache" unter Einbezug aktueller empirischer Forschungsergebnisse. In A. Redder, S. Weinert & S. Lambert (Hrsg.), *Sprachförderung und Sprachdiagnostik. Interdisziplinäre Perspektiven* (S. 17–41). Münster: Waxmann.

Berman, R. A. & Nir-Sagiv, B. (2007). Comparing narrative and expository text construction across adolescence: A developmental paradox. *Discourse Processes, 43* (2), 79–120.

Berman, R. A. & Verhoeven, L. (2002). Cross-linguistic perspectives on the development of text-production abilities in speech and writing. Part 1. *Written Language & Literacy, 5* (1), 1–43.

Bernstein, B. (1962). Linguistic codes, hesitation phenomena and intelligence. *Language and Speech, 5* (1), 31–48.

Bernstein, B. (1964). Elaborated and restricted codes: Their social origins and some consequences. *American Anthropologist, 66* (6), 55–69.

Bialystok, E. (2007). Acquisition of literacy in bilingual children: A framework for research. *Language Learning, 57* (1), 45–77.

Biber, D. & Kurjian, J. (2007). Towards a taxonomy of web registers and text types: A multi-dimensional analysis. *Language and Computers: Studies in Practical Linguistics, 59* (1), 109–131.

Blachowicz, C., Fisher, P. & Ogle, D. (2006). Vocabulary: Questions from the classroom. *Reading Research Quarterly, 41* (4), 524–539.

Bloom, L. (1993). *The transition from infancy to language. Acquiring the power of expression* (1. Aufl.). Cambridge: Cambridge University Press.

Bockmann, A.-K. & Kiese-Himmel, C. (2006). *Eltern antworten. Elternfragebogen zur Wortschatzentwicklung im frühen Kindesalter*. Göttingen: Beltz-Test.

Boettcher, W., Friger, J., Sitta, H. & Tymister, J. (1973). *Schulaufsätze – Texte für Leser* (Schriften für Deutschlehrer). Düsseldorf: Pädagogischer Verlag Schwann.

Boscolo, P. (2009). Engaging and motivating children to write. In R. Beard, J. Myhill, J. Riley & M. Nystrand (Hrsg.), *The Sage handbook of writing development* (S. 300–312). Los Angeles, CA: Sage.

Bourdieu, P. (2005). *Was heißt sprechen? Zur Ökonomie des sprachlichen Tausches* (2., erw. u. überarb. Aufl.). Wien: Braumüller.

Bredel, U. (2003). Die Misere der Schreibdidaktik in Bezug auf differenzierte Schreibaufgaben. Eine Analyse curricularer Sprach- und Textmodelle. In A. Hoppe & K. Ehlich (Hrsg.), *Mitteilungen des Deutschen Germanistikverbandes* (Heft 2/3, S. 138–159).

Brinker, K. (1992). *Linguistische Textanalyse. Eine Einführung in Grundbegriffe und Methoden* (Grundlagen der Germanistik, Bd. 29, 3., durchges. und erw. Aufl.). Berlin: Schmidt.

Butler, F. A., Lord, C., Stevens, R., Borrego, M. & Bailey, A. L. (2004). *An approach to operationalizing academic language for language test development purposes. Evidence from fifth-grade science and math* (CSE report, Bd. 626). Los Angeles, CA: Center for the Study of Evaluation, National Center for Research on Evaluation, Standards, and Student Testing (CRESST).

Cain, K., Lemmon, K. & Oakhill, J. (2004). Individual differences in the inference of word meanings from context: The influence of reading comprehension, vocabulary knowledge, and memory capacity. *Journal of Educational Psychology, 96,* 671–681.

Carey, S. & Bartlett, E. (1978). Acquiring a single new word. *Proceedings of the Stanford Child Language Conference, 15,* 17–29.

Carroll, J. B. (1964). *Language and thought* (Foundations of modern psychology series). Englewood Cliffs, NJ: Prentice-Hall.

Carroll, J. B. (1971). Development of native language skills beyond the early years. In C. E. Reed (Hrsg.), *The learning of language* (Publication of the National Council of Teachers of English, S. 97–156). New York, NY: Meredith.

Charmot, A. U. & O'Malley, J. M. (1994). *The Calla handbook: Implementing the cognitive academic language learning approach.* White Plains, NY: Addison Wesley Longman.

Clark, E. V. (1993). *The lexicon in acquisition* (Cambridge studies in linguistics, Bd. 65). Cambridge: Cambridge University Press.

Clark, E. V. (2000). Later lexical development and word formation. In P. Fletcher & B. MacWhinney (Hrsg.), *The handbook of child language* (1. Aufl., S. 393–412). Oxford: Blackwell.

Clark, E. V. (2003). *First language acquisition.* Cambridge: Cambridge University Press.

Clark, E. V. (2007). Conventionality and contrast in language acquisition. In C. W. Kalish & M. A. Sabbagh (Hrsg.), *Conventionality in cognitive development. How children acquire shared representation in language, thought and action* (New directions for child and adolescent development, Bd. 115, S. 11–23). San Francisco, CA: Jossey-Bass.

Collins, A. M. & Loftus, E. F. (1975). A spreading activation theory of semantic processing. *Psychological Review, 82,* 407–428.

Common Core State Standards Initiative. (n.d.). *English Language Arts Standards "Writing" Grade 8.* Zugriff am 21.05.2017. Verfügbar unter http://www.corestandards.org/ELA-Literacy/W/8/

Coseriu, E. (1976). Die funktionelle Betrachtung des Wortschatzes. In H. Moser (Hrsg.), *Probleme der Lexikologie und Lexikographie.* (Sprache der Gegenwart. Schriften des Instituts für deutsche Sprache, S. 7–25). Düsseldorf.

Coxhead, A. (2000). A new academic word list. *TESOL Quarterly, 34* (2), 213.

Cromley, J. G. & Azevedo, R. (2007). Testing and refining the direct and inferential mediation model of reading comprehension. *Journal of Educational Psychology, 99,* 311–325.

Cronbach, L. J. (1951). What is coefficient alpha? Examination of theory and applications. *Journal of Applied Psychology, 78* (1), 98–104.

Crossley, S. A. & McNamara, D. S. (2010). Cohesion, coherence and expert evaluation of writing proficiency. In S. Ohlsson & R. Catrambone (Hrsg.), *Proceedings of the 32nd Annual Conference of the Cognitive Science Society* (S. 984–989). Austin, TX: Cognitive Science Society.

Crossley, S. A. & McNamara, D. S. (2012). Predicting second language writing proficiency. The roles of cohesion and linguistic sophistication. *Journal of Research in Reading, 35* (2), 115–135.

Crossley, S. A. & McNamara, D. S. (2016). Say more and be more coherent: How text elaboration and cohesion can increase writing quality. *Journal of Writing Research, 7* (3), 351–370.

Crossley, S. A., Roscoe, R. & McNamara, D. S. (2014). What is successful writing? An investigation into the multiple ways writers can write successful essays. *Written Communication, 31* (2), 184–214.

Crossley, S. A., Weston, J. L., McLain Sullivan, S. T. & McNamara, D. S. (2011). The development of writing proficiency as a function of grade level. A linguistic analysis. *Written Communication, 28* (3), 282–311.

Cummins, J. (2000). *Language, power, and pedagogy. Bilingual children in the crossfire* (Bilingual education and bilingualism, Bd. 23). Clevedon: Multilingual Matters.

Cutler, L. & Graham, S. (2008). Primary grade writing instruction: A national survey. *Journal of Educational Psychology, 35,* 907–919.

Daller, H., Milton, J. & Treffers-Daller, J. (2007). Editor's instruction. In H. Daller, J. Milton & J. Treffers-Daller (Hrsg.), *Modelling and assessing vocabulary knowledge* (Cambridge applied linguistics series, S. 1–32). Cambridge: Cambridge University Press.

Dell, G. S. (1986). A spreading-activation theory of retrieval in sentence production. *Psychological Review, 93,* 283–321.

Deno, S. L., Marston, D. & Mirkin, P. (1982). Valid measurement procedures for continuous evaluation of written expression. *Exceptional Children, 48,* 368–371.

Dittmann, J. (2010). *Der Spracherwerb des Kindes. Verlauf und Störungen* (Beck'sche Reihe C. H. Beck Wissen, Bd. 2300, Orig.-Ausg., 3., völlig überarb. Aufl.). München: Beck.

Döll, M. (2012). *Beobachtung der Aneignung des Deutschen bei mehrsprachigen Kindern und Jugendlichen* (1. Aufl.). Münster: Waxmann.

Dromi, E. (1987). *Early lexical development.* Cambridge: Cambridge University Press.

Duin, A. H. & Graves, M. F. (1987). Intensive vocabulary instruction as a prewriting technique. *Reading Research Quarterly, 22* (3), 311–330.

Dunn, D. M., Dunn, L. M. & Lenhard, A. (2015). *Peabody picture vocabulary test – 4. Ausgabe* (Dt. Fassung). Frankfurt am Main: Pearson.

Echevarría, J., Vogt, M. & Short, D. (2010). *Making content comprehensible for elementary English learners. The SIOP model.* Boston, MA: Allyn & Bacon.

Eckhardt, A. G. (2008). *Sprache als Barriere für den schulischen Erfolg. Potentielle Schwierigkeiten beim Erwerb schulbezogener Sprache für Kinder mit Migrationshintergrund* (Empirische Erziehungswissenschaft, Bd. 9). Münster: Waxmann.

Ehlich, K. (1983). Text und sprachliches Handeln. Die Entstehung von Texten aus dem Bedürfnis nach Überlieferung. In A. Assmann, J. Assmann & C. Hardmeier (Hrsg.), *Schrift und Gedächtnis. Beiträge zur Archäologie der literarischen Kommunikation* (Archäologie der literarischen Kommunikation, Bd. 1, S. 24–43). München: Fink.

Ehlich, K., Bredel, U., Reich, H. H. & Falk, S. (Hrsg.). (2009). *Referenzrahmen zur altersspezifischen Sprachaneignung* (Bildung Ideen zünden!, Bd. 29,1, 2. Aufl.). Berlin: Bundesministerium für Bildung und Forschung.

Elben, C. E. & Lohaus, A. (2000). *Marburger Sprachverständnistest für Kinder. MSVK; Handanweisung* (Westermann-Test). Göttingen: Hogrefe.

Elleman, A. M., Lindo, E. J., Morphy, P. & Compton, D. L. (2009). The Impact of Vocabulary Instruction on Passage-Level Comprehension of School-Age Children. A Meta-Analysis. *Journal of Research on Educational Effectiveness, 2* (1), 1–44.

Enders, N. & Grabowski, J. (2015). Der TIMMS-Schock und die Folgen – Für und Wider der vergleichenden Schulleistungsmessung. *Unimagazin, 03/04,* 48–51.

Faistauer, R. (2001). Zur Rolle der Fertigkeiten. In G. Helbig (Hrsg.), *Deutsch als Fremdsprache. Ein internationales Handbuch* (Handbücher zur Sprach- und Kommunikationswissenschaft, Bd. 19,2, S. 864–871). Berlin: De Gruyter.

Feilke, H. (1988). Ordnung und Unordnung in argumentativen Texten. Zur Entwicklung der Fähigkeit, Texte zu strukturieren. *Der Deutschunterricht, 3,* 65–81.

Feilke, H. (1993). Schreibentwicklungsforschung. Ein kurzer Rückblick unter besonderer Berücksichtigung der Entwicklung prozeßorientierter Schreibfähigkeiten. *Diskussion Deutsch, 24,* 17–34.

Feilke, H. (1996). Die Entwicklung der Schreibfähigkeiten. In H. Günther & O. Ludwig (Hrsg.), *Schrift und Schriftlichkeit* (Bd. 2, S. 1178–1191). Berlin: De Gruyter.

Feilke, H. (2002). *Die Entwicklung literaler Textkompetenz. Ein Forschungsbericht* (Siegener Papiere zur Aneignung sprachlicher Strukturformen, SPASS, Bd. 10). Siegen: Die Universität.

Feilke, H. (2006). „Der Stand der Dinge" – Berichte und Berichten. *Praxis Deutsch, 195,* 6–15.

Feilke, H. (2009). Wörter und Wendungen: kennen, lernen, können. *Praxis Deutsch, 36,* 4–13.

Feilke, H. (2012). Bildungssprachliche Kompetenzen fördern und entwickeln. *Praxis Deutsch, 39* (233), 4–13.

Feilke, H. (2014a). Argumente für eine Didaktik der Textprozeduren. In T. Bachmann & H. Feilke (Hrsg.), *Werkzeuge des Schreibens. Beiträge zu einer Didaktik der Textprozeduren* (1. Aufl., S. 11–34). Stuttgart: Fillibach.

Feilke, H. (2014b). Begriff und Bedingungen literaler Kompetenz. In H. Feilke & T. Pohl (Hrsg.), *Schriftlicher Sprachgebrauch – Texte verfassen* (Deutschunterricht in Theorie und Praxis, DTP; Bd. 4, S. 33–53). Baltmannsweiler: Schneider Verlag Hohengehren.

Feilke, H. (2014c). Schriftliches Berichten. In H. Feilke & T. Pohl (Hrsg.), *Schriftlicher Sprachgebrauch – Texte verfassen* (Deutschunterricht in Theorie und Praxis, DTP; Bd. 4, S. 233–251). Baltmannsweiler: Schneider Verlag Hohengehren.

Feilke, H. (2017). „Auf offener See" – Beobachtungen zum Gebrauch didaktischer Werkzeuge. *Didaktik Deutsch, 42,* 53–69.

Fernald, A., Marchman, V. A. & Weisleder, A. (2012). Individual differences in lexical processing at 18 months predict vocabulary growth in typically developing and late-talking toddlers. *Child development, 83* (1), 203–222.

Fix, M. (2008). *Texte schreiben. Schreibprozesse im Deutschunterricht* (StandardWissen Lehramt, Bd. 2809, 2. Aufl.). Paderborn: Schöningh.

Flood, J., Lapp, D., Squire, J. & Jensen, M. (Hrsg.). (1991). *Handbook of research on teaching the English language arts.* New York, NY: Macmillan.

Fox-Boyer, A. (2016). *TROG-D. Test zur Überprüfung des Grammatikverständnisses* (7. Aufl.). Idstein: Schulz-Kirchner Verlag.

Friebertshäuser, H. (1978). Ansatz Semantik. In P. Seidensticker, E. Essen & H. Friebertshäuser (Hrsg.), *Didaktik der Grundsprache. Sprachwissenschaft und Unterrichtspraxis* (Ein systematisches Programm Linguistik, 1. Aufl., S. 79–111). Stuttgart: Kohlhammer.

Friedrich, G. (1998). *Teddy-Test. Verbale Verfügbarkeit zwischenbegrifflicher semantischer Relationen.* Göttingen: Hogrefe.

Gailberger, S. (2011). *Lesen durch Hören. Leseförderung in der Sek. I mit Hörbüchern und neuen Lesestrategien; mit Kopiervorlagen und Hörbuch „Paranoid Park" auf CD-ROM; [das Lüneburger Modell].* Weinheim: Beltz.

Gätje, O., Rezat, S. & Steinhoff, T. (2012). Positionierung. Zur Entwicklung des Gebrauchs modalisierender Prozeduren in argumentativen Texten von Schülern und Studenten. In H. Feilke & K. Lehnen (Hrsg.), *Schreib- und Textroutinen. Theorie, Erwerb und didaktisch-mediale Modellierung* (Forum angewandte Linguistik, Bd. 52, S. 125–153). Frankfurt am Main: Lang.

Gilbert, J. & Graham, S. (2010). Teaching writing to elementary students in grades 4–6: A national survey. *The Elementary School Journal, 110,* 494–518.

Glück, C. W. (2007). *Wortschatz- und Wortfindungstest für 6- bis 10-Jährige. WWT 6-10; Handbuch* (1. Aufl.). München: Elsevier Urban & Fischer.

Glück, C. W. (2010). *Kindliche Wortfindungsstörungen. Ein Bericht des aktuellen Erkenntnisstandes zu Grundlagen, Diagnostik und Therapie* (Münchener Beiträge zur Sonderpädagogik, Bd. 19, 4. Aufl.). Univ., Diss.--München, 1997. Frankfurt am Main: Lang.

Glück, H. (2000). *Metzler-Lexikon Sprache* (Bd. 34). Berlin: Directmedia Publishing.

Gogolin, I. (2009). „Bildungssprache" – The importance of teaching language in every school subject. In T. Tajmel & K. Starl (Hrsg.), *Science education unlimited. Approaches to equal opportunities in learning science* (S. 91–102). Münster: Waxmann.

Gogolin, I. (2011). *Durchgängige Sprachbildung. Qualitätsmerkmale für den Unterricht* (FörMig-Material, Bd. 3). Münster: Waxmann.

Gogolin, I. & Duarte, J. (2016). Bildungssprache. In J. Kilian, B. Brouër & D. Lüttenberg (Hrsg.), *Handbuch Sprache in der Bildung* (Handbücher Sprachwissen, Band 21, S. 478–499). Berlin: De Gruyter.

Gogolin, I., Kaiser, G., Roth, H.-J., Deseniss, A., Hawighorst, B. & Schwarz, I. (2004). *Mathematiklernen im Kontext sprachlich-kultureller Diversität. Abschlussbericht.* Hamburg.

Gogolin, I. & Lange, I. (2011). Bildungssprache und Durchgängige Sprachbildung. In S. Fürstenau & M. Gomolla (Hrsg.), *Migration und schulischer Wandel. Mehrsprachigkeit* (1. Aufl., S. 107–128). Wiesbaden: Verlag für Sozialwissenschaften.

Gogolin, I. & Roth, H. J. (2007). Bilinguale Grundschule: Ein Beitrag zur Förderung der Mehrsprachigkeit. In T. Anstatt (Hrsg.), *Mehrsprachigkeit bei Kindern und Erwachsenen. Erwerb, Formen, Förderung* (S. 31–46). Tübingen: Attempto-Verlag.

Goldberg, A. E. (2008). *Constructions at work. The nature of generalization in language* (Reprinted). Oxford: Oxford University Press.

Grabowski, J. (2014). Schreibkompetenz – ein Thema der Kognitionspsychologie. *Das In-Mind Magazin, 2/2014.*

Grabowski, J., Becker-Mrotzek, M. & Knopp, M. (2013). *Diagnose und Förderung von Teilkomponenten der Schreibkompetenz. Schlussbericht; Projektverbund im Rahmen der Forschungsinitiative Sprachdiagnostik und Sprachförderung (FiSS) des BMBF.* Hannover:

Technische Informationsbibliothek und Universitätsbibliothek. https://doi.org/10.2314/GBV:775995274

Grabowski, J., Becker-Mrotzek, M., Knopp, M., Jost, J. & Weinzierl, C. (2014). Comparing and combining different approaches to the assessment of text quality. In D. Knorr, C. Heine & J. Engberg (Hrsg.), *Methods in writing process research* (Textproduktion und Medium, Bd. 13, S. 147–165). Frankfurt am Main: Lang.

Grabowski, J., Blabusch, C. & Lorenz, T. (2007). Welche Schreibkompetenz? Handschrift und Tastatur in der Hauptschule. In M. Becker-Mrotzek & K. Schindler (Hrsg.), *Texte schreiben* (Kölner Beiträge zur Sprachdidaktik Reihe A, Bd. 5, S. 41–62). Duisburg: Gilles & Francke.

Graefen, G. & Moll, M. (2011). *Wissenschaftssprache Deutsch: lesen – verstehen – schreiben. Ein Lehr- und Arbeitsbuch*. Frankfurt am Main: Lang.

Graham, S. (2006). Writing. In P. A. Alexander & P. H. Winne (Hrsg.), *Handbook of educational psychology* (2. Aufl., S. 457–478). New York, NY: Routledge, Taylor & Francis Group.

Graham, S., Harris, K. R. & Chamber, A. B. (2015). Evidence-based practice and writing instruction: A review of reviews. In C. A. MacArthur, S. Graham & J. Fitzgerald (Hrsg.), *Handbook of writing research* (2. Aufl.). New York, NY: Guilford Press.

Graham, S., Harris, K. R. & Hebert, M. (2011). *Informing writing: The benefits of formative assessment. A Carnegie Corporation Time to Act report*. Washington, DC: Alliance for Excellent Education.

Graham, S., Harris, K. R. & Mason, L. (2005). Improving the writing performance, knowledge, and self-efficacy of struggling young writers: The effects of self-regulated strategy development. *Contemporary Education Psychology, 30*, 207–241.

Graham, S., Harris, K. R. & Santangelo, T. (2015). Research-based writing practices and the common core. Meta-analysis and meta-synthesis. *The Elementary School Journal, 115* (4), 498–522.

Graham, S., Milanowski, A. & Miller, J. (2012). *Measuring and promoting inter-rater agreement of teacher and prinicpal performance ratings*. Center of Educator Compensation Reform: Westat.

Graham, S. & Perin, D. (2007). A meta-analysis of writing instruction for adolescent students. *Journal of Educational Psychology, 99* (3), 445–476.

Greene, J. P., Winters, M. A. & Forster, G. (2003). *Testing high stakes tests. Can we believe the results of accountability tests?* New York, NY: Center for Civic Innovation at the Manhattan Institute.

Grießhaber, W. (2010). *Spracherwerbsprozesse in Erst- und Zweitsprache. Eine Einführung* (1. Aufl.). Duisburg: Universitätsverlag Rhein-Ruhr.

Grießhaber, W. (2014). Erst- und zweitsprachliche Mittel bei der (un)konventionellen Gestaltung von Texten. In N. Kruse, K. Ehlich, B. Maubach & A. Reichardt (Hrsg.), *Unkonventionalität in Lernertexten. Zur Funktion von Divergenz und Mehrdeutigkeit beim Textschreiben* (S. 109–131). Berlin: Erich Schmidt Verlag.

Grimm, H. (2000). *Sprachentwicklungstest tür zweijährige Kinder – SETK-2. Diagnose rezeptiver und produktiver Sprachverarbeitungsfähigkeiten; Manual*. Göttingen: Hogrefe.

Grimm, H. (2001). *SETK 3-5 – Sprachentwicklungstest für drei- bis fünfjährige Kinder. Diagnose von Sprachverarbeitungsfähigkeiten und auditiven Gedächtnisleistungen; Manual*. Göttingen: Hogrefe.

Grimm, H. (2003). *Störungen der Sprachentwicklung. Grundlagen – Ursachen – Diagnose – Intervention – Prävention* (2., überarb. Aufl.). Göttingen: Hogrefe.

Grimm, H. & Doil, H. (2006). *Elternfragebögen für die Früherkennung von Risikokindern. ELFRA* (2., überarb. und erw. Aufl.). Göttingen: Hogrefe.

Grimm, H. & Schöler, H. (1991). *Heidelberger Sprachentwicklungstest. (H-S-E-T)* (Westermann-Test, 2., verb. Aufl.). Göttingen: Hogrefe.

Grobe, C. (1981). Syntactic maturity, mechanics, and vocabulary as predictors of quality ratings. *Research in the Teaching of English, 15*, 75–85.

Guiraud, P. (1960). *Problèmes et méthodes de la statistique linguistique* (Synthese library). Paris: Presses Université de France.

Günther, K. B. (1991). Probleme der Diagnostik lexikalisch-semantischer Störungen. In M. Grohnfeldt (Hrsg.), *Störungen der Semantik* (Handbuch der Sprachtherapie, Bd. 3, S. 167–195). Berlin: Edition Marhold im Wissenschaftsverlag Spiess.

Habermas, J. (1977). Umgangssprache, Wissenschaftssprache, Bildungssprache. *Jahrbuch Max-Planck-Gesellschaft*, 36–51.

Halliday, M. A. K. (1985). *An introduction to functional grammar*. London: E. Arnold.

Halliday, M. A. K. & Hasan, R. (1976). *Cohesion in English* (A Longman paperback, Bd. 9). London: Longman.

Hammill, D. D. & Larsen, S. C. (1996). *TOWL-3. Test of written language* (3. Aufl.). Austin, TX: Pro-Ed.

Harris, K. R., Graham, S. & Mason, L. (2006). Improving writing, knowledge, and motivation of struggling young writers: Effects of self-regulated strategy development with and without peer support. *American Educational Research Journal, 43*, 295–340.

Harris, M., Barrett, M., Jones, D. & Brookes, S. (1988). Linguistic input and early word meaning. *Journal of Child Language, 15* (1), 77–94.

Harsch, C., Neumann, A., Lehmann, R. & Schröder, K. (2007). Schreibfähigkeit. In B. Beck & E. Klieme (Hrsg.), *Sprachliche Kompetenzen. Konzepte und Messung; DESI-Studie (Deutsch Englisch Schülerleistungen International)* (Beltz-Pädagogik, S. 42–62). Weinheim: Beltz.

Hart, B. & Risley, T. (2003). The early catastrophe. The 30 million word gap. *American Educator, 27*, 4–9.

Haß-Zumkehr, U. (2000). Wortschatz ist mehr als „viele Wörter". Die Aufgabe der Abteilung Lexik des IDS. *Sprachreport, 16/2*, 2–7.

Haswell, R. H. (2000). Documenting improvement in college writing. A longitudinal approach. *Written Communication, 17* (3), 307–352.

Hayes, J. R. (1996). A new framework for understanding cognition and affect in writing. In C. M. Levy (Hrsg.), *The science of writing. Theories, methods, individual differences, and application*. Mahwah, NJ: Erlbaum.

Hayes, J. R. (2012). Modeling and remodeling writing. *Written Communication, 29* (3), 369–388.

Hayes, J. R. & Flower, L. (1980). Identifying the organization of writing processes. In L. W. Gregg & E. R. Steinberg (Hrsg.), *Cognitive processes in writing* (S. 3–30). Hillsdale, NJ: Erlbaum.

Heister, J., Würzner, K. M., Bubenzer, J., Pohl, E., Hanneforth, T., Geyken, A. et al. (2011). dlexDB – eine lexikalische Datenbank für die psychologische und linguistische Forschung. *Psychologische Rundschau, 62* (1), 10–20.

Heppt, B. (2016). *Verständnis von Bildungssprache bei Kindern mit deutscher und nicht-deutscher Familiensprache.* Dissertation, Humboldt-Universität. Berlin. Zugriff am 16.08.2016. Verfügbar unter http://edoc.hu-berlin.de/dissertationen/heppt-birgit-2016-05-23/PDF/heppt.pdf

Herrmann, T. (1985). *Allgemeine Sprachpsychologie. Grundlagen und Probleme* (U-&-S-Psychologie). München: Urban & Schwarzenberg.

Herrmann, T. (1991). *Lehrbuch der empirischen Persönlichkeitsforschung* (6. Aufl.). Göttingen: Hogrefe.

Herrmann, T. & Grabowski, J. (1994). *Sprechen. Psychologie der Sprachproduktion* (Spektrum-Psychologie). Heidelberg: Spektrum.

Hiebert, E. H. & Kamil, M. L. (Hrsg.). (2005). *Teaching and learning vocabulary. Bringing research to practice.* Mahwah, NJ: Erlbaum.

Hoffmann, L. (2013). *Deutsche Grammatik. Grundlagen für Lehrerausbildung, Schule, Deutsch als Zweitsprache und Deutsch als Fremdsprache.* Berlin: Schmidt.

Hogan, T. P. & Mishler, C. (1980). Relationships between essay tests and objective tests of language skills for elementary school students. *Journal of Educational Measurement, 17,* 219–227.

Hollich, G. J., Hirsh-Pasek, K. & Golinkoff, R. M. (2000). *Breaking the language barrier. An emergentist coalition model for the origins of word learning* (Monographs of the Society for Research in Child Development, 262; 65,3). Malden, MA: Blackwell.

Honnef-Becker, I. (2000). Wortschatzarbeit in der Schreibwerkstatt. Plädoyer für eine textbezogene Wortschatzdidaktik. In P. Kühn (Hrsg.), *Wortschatzarbeit in der Diskussion* (Germanistische Linguistik, 155/156, S. 149–177). Hildesheim: Olms.

Hoppe, A. (2003). Grundlinien in der Entwicklung des Schreibunterrichts der letzten 40 Jahre: didaktische Theoriebildung und Schulpraxis. In A. Hoppe & K. Ehlich (Hrsg.), *Mitteilungen des Deutschen Germanistikverbandes* (Heft 2/3, S. 160–171).

Hornung, A. (2003). Bedarfsanalysen: Stärken und Schwächen von jugendlichen Schreibenden. In A. Hoppe & K. Ehlich (Hrsg.), *Mitteilungen des Deutschen Germanistikverbandes* (Heft 2/3, S. 250–299).

Huneke, H. W. & Steinig, W. (1997). *Deutsch als Fremdsprache. Eine Einführung* (Grundlagen der Germanistik, Bd. 34). Berlin: Schmidt.

IQB. (2014). *Kompetenzstufenmodelle zu den Bildungsstandards im Kompetenzbereich Schreiben, Teilbereich freies Schreiben für den Mittleren Schulabschluss.* Zugriff am 17.03.2017. Verfügbar unter https://www.iqb.hu-berlin.de/bista/ksm/KSM_Schreiben_MS_1.pdf

Johnson, W. (1944). Studies in language behavior I. A program of research. *Psychological Monographs, 56,* 1–15.

Kannengieser, S. (2015). *Sprachentwicklungsstörungen. Grundlagen, Diagnostik und Therapie* (3. Aufl.). München: Elsevier Urban & Fischer.

Kauschke, C. (2000). *Der Erwerb des frühkindlichen Lexikons. Eine empirische Studie zur Entwicklung des Wortschatzes im Deutschen* (Tübinger Beiträge zur Linguistik. Series A, Language development, Bd. 27). Tübingen: Narr.

Kauschke, C. (2012). *Kindlicher Spracherwerb im Deutschen. Verläufe, Forschungsmethoden, Erklärungsansätze* (Germanistische Arbeitshefte, Bd. 45). Berlin: De Gruyter. https://doi.org/10.1515/9783110283891

Kauschke, C. & Siegmüller, J. (2012). *Patholinguistische Diagnostik bei Sprachentwicklungsstörungen (PDSS)* (2., völlig überarb. Aufl., 2. korrig. Nachdr). München: Urban & Fischer.

Kellogg, R. T. (1996). A Model of Working Memory in Writing. In C. M. Levy & S. Ransdell (Hrsg.), *The science of writing : theories, methods, individual differences, and application* (S. 57–72). Mahwah, NJ: Erlbaum.

Kiese-Himmel, C. (2005). *Aktiver Wortschatztest für 3- bis 5-jährige Kinder. AWST-R; Revision; Manual.* Göttingen: Beltz-Test.

Kilian, J. & Isermann, J. (2010). Sprachkompetenz im Bereich Wortschatz und Semantik. *Muttersprache, 120,* 23–39.

Kintsch, W. (1998). *Comprehension. A paradigm for cognition.* Cambridge: Cambridge University Press.

Klann-Delius, G. (2008). Modelle des kindlichen Wortschatzerwerbs. *Spektrum Patholinguistk, 1,* 1–18.

Klicpera, C. & Gasteiger-Klicpera, B. (1998). *Psychologie der Lese- und Schreibschwierigkeiten. Entwicklung, Ursachen, Förderung* (2. Aufl.). Weinheim: Beltz.

Klicpera, C., Schabmann, A. & Gasteiger-Klicpera, B. (2010). *Legasthenie – LRS Modelle, Diagnose, Therapie und Förderung* (3. Aufl.). München: Ernst Reinhard.

KMK. (2004). *Bildungsstandards im Fach Deutsch für den Mittleren Schulabschluss. Beschluss vom 4.12.2003.* München: Wolters Kluwer.

KMK. (2005a). *Bildungsstandards im Fach Deutsch für den Hauptschulabschluss. Beschluss vom 15.10.2004.* München: Wolters Kluwer.

KMK. (2005b). *Bildungsstandards im Fach Deutsch für den Primarbereich. Beschluss vom 15.10.2004.* München: Wolters Kluwer.

Knopp, M., Becker-Mrotzek, M. & Grabowski, J. (2013). Diagnose und Förderung von Teilkomponenten der Schreibkompetenz. In A. Redder, S. Weinert & S. Lambert (Hrsg.), *Sprachförderung und Sprachdiagnostik. Interdisziplinäre Perspektiven* (S. 296–315). Münster: Waxmann.

Koch, P. & Oesterreicher, W. (1994). Schriftlichkeit und Sprache. In H. Günther & J. Baurmann (Hrsg.), *Schrift und Schriftlichkeit. Ein interdisziplinäres Handbuch internationaler Forschung* (Handbücher zur Sprach- und Kommunikationswissenschaft, Bd. 11.1, S. 587–604). Berlin: De Gruyter.

Köhne, J., Kronenwerth, S., Redder, A., Schuth, E. & Weinert, S. (2015). Bildungssprachlicher Wortschatz – linguistische und psychologische Fundierung und Itementwicklung. In A. Redder, J. Naumann & R. Tracy (Hrsg.), *Forschungsinitiative Sprachdiagnostik und Sprachförderung – Ergebnisse* (1. Aufl., S. 67–92). Münster: Waxmann.

Koizumi, R. (2012). Relationships between text length and lexical diversity measures. Can we use short texts of less than 100 tokens? *Vocabulary Learning and Instruction, 1* (1), 60–69.

Köller, O. (2008). Bildungsstandards in einem Gesamtsystem der Qualitätssicherung im allgemeinbildenden Schulsystem Deutschlands. In E. Klieme & R. Tippelt (Hrsg.), *Qualitätssicherung im Bildungswesen. Eine aktuelle Zwischenbilanz* (Zeitschrift für Pädagogik, Beiheft, Bd. 53, S. 59–75). Weinheim: Beltz.

Komor, A. & Reich, H. H. (2009). Semantische Basisqualifikationen. In K. Ehlich, U. Bredel, H. H. Reich & S. Falk (Hrsg.), *Referenzrahmen zur altersspezifischen Sprachaneignung* (Bildung Ideen zünden!, Bd. 29,1, 2. Aufl., S. 49–61). Berlin: Bundesministerium für Bildung und Forschung.

Koster, M., Tribushinina, E., Jong, P. F. de & van den Bergh, H. (2015). Teaching children to write: A meta-analysis of writing intervention research. *Journal of Writing Research, 7* (2), 299–324.

Kühn, P. (1979). *Der Grundwortschatz. Bestimmung und Systematisierung* (Reihe Germanistische Linguistik, Bd. 17). Berlin: De Gruyter. https://doi.org/10.1515/9783111378398

Kühn, P. (2000). Kaleidoskop der Wortschatzdidaktik und -methodik. In P. Kühn (Hrsg.), *Wortschatzarbeit in der Diskussion* (Germanistische Linguistik, 155/156, S. 5–28). Hildesheim: Olms.

Kühn, P. (2007). Rezeptive und produktive Wortschatzkompetenzen. In H. Willenberg (Hrsg.), *Kompetenzhandbuch für den Deutschunterricht. Auf der empirischen Basis des DESI-Projekts* (S. 159–167). Baltmannsweiler: Schneider Verlag Hohengehren.

Kühn, P. (2013). Wortschatz. In I. Oomen-Welke, B. Ahrenholz & W. Ulrich (Hrsg.), *Deutsch als Fremdsprache* (Deutschunterricht in Theorie und Praxis, DTP; Bd. 10, S. 153–164). Baltmannsweiler: Schneider Verlag Hohengehren.

Kurtz, G. (2012a). Bildungssprache – Sprachbildung: Leistungen in verschiedenen Wortschatzgebieten bei Dritt- und Viertklässlern mit Deutsch als Erst- und Zweitsprache. In B. Ahrenholz & W. Knapp (Hrsg.), *Sprachstand erheben – Spracherwerb erforschen. Beiträge aus dem 6. Workshop Kinder und Jugendliche mit Migrationshintergrund* (1., neue Ausg, S. 241–263). Freiburg im Breisgau: Fillibach.

Kurtz, G. (2012b). Bildungswortschatz trainieren – Robusten Wortschatz aufbauen. In S. Merten & K. Kuhs (Hrsg.), *Perspektiven empirischer Sprachdidaktik* (Koblenz-Landauer Studien zu Geistes-, Kultur- und Bildungswissenschaften, Bd. 10, S. 71–90). Trier: Wissenschaftlicher Verlag Trier.

Leaird, J. T. (2005). *The relationship between measures of vocabulary and narrative writing quality in second- and fourth-grade students.* Unpublished Masterthesis, Peabody College of Vanderbilt University, TN.

Leijten, M. & van Waes, L. (2013). Keystroke Logging in Writing Research. Using Inputlog to Analyze and Visualize Writing Processes. *Written Communication, 30* (3), 358–392.

Leinbrink (2015). Wortschatzerwerb. In U. Haß & P. Storjohann (Hrsg.), *Handbuch Wort und Wortschatz* (Handbücher Sprachwissen, Bd. 3, S. 27–52). Berlin: De Gruyter.

Lemnitzer, L. & Zinsmeister, H. (2006). *Korpuslinguistik. Eine Einführung* (Narr-Studienbücher). Tübingen: Narr.

Lenhard, W. & Artelt, C. (2009). Komponenten des Leseverständnisses. In W. Lenhard & W. Schneider (Hrsg.), *Diagnostik und Förderung des Leseverständnisses* (Tests und Trends, Bd. 7, S. 1–17). Göttingen: Hogrefe.

Lesemann, P.P.M., Scheele, A. F., Mayo, A. Y. & Messer, M. H. (2007). Home literacy as special language environment to prepare children for school. *Zeitschrift für Erziehungswissenschaft, 10,* 334–355.

Levelt, W. J. M. (1989). *Speaking. From intention to articulation* (A Bradford book). Cambridge, MA: Massachusetts Institute of Technology.

Linnarud, M. (1986). *Lexis in composition. A performance analysis of Swedish learners' written English* (Lund studies in English, Bd. 74). Malmö: CWK Gleerup.

Linnemann, M. (2017). Erfassung von Schreibprozessen: Methoden, Techniken, Tools. In M. Becker-Mrotzek, J. Grabowski & T. Steinhoff (Hrsg.), *Forschungshandbuch empirische Schreibdidaktik* (S. 335–352). Münster: Waxmann.

Ludwig, O. (1983). Einige Gedanken zu einer Theorie des Schreibens. In S. Grosse (Hrsg.), *Schriftsprachlichkeit* (Sprache der Gegenwart, Bd. 59, S. 37–173). Düsseldorf: Schwann.

Ludwig, O. (2003). Geschichte der Didaktik des Texteschreibens. In U. Bredel (Hrsg.), *Didaktik der deutschen Sprache: Ein Handbuch* (S. 171–177). Paderborn: Schöningh.

Maas, U. (2010). Literat und orat. Grundbegriffe der Analyse geschriebener und gesprochener Sprache. *Grazer Linguistische Studien, 73,* 21–150.

Malecki, C. K. & Jewell, J. (2003). Developmental, gender, and practical considerations in scoring curriculum-based writing probes. *Psychology in the Schools, 40,* 379–390.

Malvern, D., Richards, B., Chipere, N. & Durán, P. (2004). *Lexical diversity and language development.* London: Palgrave Macmillan. https://doi.org/10.1057/9780230511804

Mandl, H., Friedrich, H. & Horn, A. (1986). Psychologie des Wissenserwerbs. In B. Weidenmann & A. Krapp (Hrsg.), *Pädagogische Psychologie. Ein Lehrbuch* (S. 142–187). München: Psychologie-Verlags-Union.

Marulis, L. M. & Neuman, S. B. (2010). The effects of vocabulary intervention on young children's word learning. A meta-analysis. *Review of Educational Research, 80* (3), 300–335.

Marx, N. (2017). Schreiber/innen mit nichtdeutscher Familiensprache. In M. Becker-Mrotzek, J. Grabowski & T. Steinhoff (Hrsg.), *Forschungshandbuch empirische Schreibdidaktik* (S. 139–152). Münster: Waxmann.

McCarthy, P. M. (2011). *Gramulator (Version 5.0) [Computer software].* Zugriff am 17.03.2017. Verfügbar unter https://umdrive.memphis.edu/pmmccrth/public/software/software_index

McCarthy, P. M. & Jarvis, S. (2007). vocd. A theoretical and empirical evaluation. *Language Testing, 24* (4), 459–488.

McCarthy, P. M. & Jarvis, S. (2010). MTLD, vocd-D, and HD-D: a validation study of sophisticated approaches to lexical diversity assessment. *Behavior research methods, 42* (2), 381–392.

McCutchen, D. (1996). A capacity theory of writing. Working memory in composition. *Educational Psychology Review, 8* (3), 299–325.

McCutchen, D. (2006). Cognitive factors in the development of children's writing. In C. A. MacArthur, S. Graham & J. Fitzgerald (Hrsg.), *Handbook of writing research* (S. 115–128). New York, NY: Guilford Press.

McCutchen, D. (2011). From novice to expert: Implications of language skills and writing-relevant knowledge for memory during the development of writing skill. *Journal of Writing Research, 3,* 51–68.

McElvany, N., Becker, M. & Lüdtke, O. (2009). Die Bedeutung familiärer Merkmale für Lesekompetenz, Wortschatz, Lesemotivation und Leseverhalten. *Zeitschrift für Entwicklungspsychologie und Pädagogische Psychologie, 41,* 121–131.

McElvany, N., Ohle, A., El-Khechen, W., Hardy, I. & Cinar, M. (2017). Förderung sprachlicher Kompetenzen – Das Potenzial der Familiensprache für den Wortschatzerwerb aus Texten. *Zeitschrift für Pädagogische Psychologie, 31* (1), 13–25.

McGregor, K. K., Newman, R. M., Reilly, R. M. & Capone, N. C. (2002). Semantic representation and naming in children with specific language impairment. *Journal of speech, language, and hearing research: JSLHR, 45* (5), 998–1014.

McKee, G. (2000). Measuring vocabulary diversity using dedicated software. *Literary and Linguistic Computing, 15* (3), 323–338.

McKeown, M., Beck, I., Omanson, R. & Perfetti, C. (1983). The effects of long-term vocabulary instruction on reading comprehension: An empirical example. *Journal of Learning Disabilities, 15,* 481–493.

McNamara, D. S., Crossley, S. A. & McCarthy, P. M. (2010). Linguistic features of writing quality. *Written Communication, 27* (1), 57–86.

Meara, P. & Miralpeix, I. (2008). *D_Tools. The manual.* Zugriff am 12.08.2016. Verfügbar unter www.lognostics.co.uk/tools

Meara, P. & Wolter, B. (2004). V_LINKS: Beyond vocabulary depth. In D. Albrechtsen, K. Haastrup & B. Henriksen (Hrsg.), *Writing and vocabulary in foreign language acquisition* (Angles on the English-speaking world, Bd. 4, S. 85–96). Copenhagen: Museum Tusculanum Press; University of Copenhagen.

Meibauer, J. (1999). Über Nomen-Verb-Beziehungen im frühen Wortbildungserwerb. In J. Meibauer & M. Rothweiler (Hrsg.), *Das Lexikon im Spracherwerb* (UTB für Wissenschaft Mittlere Reihe Linguistik, Pädagogik, Bd. 2039, S. 184–207). Tübingen: Francke.

Menyuk, P. (2000). Wichtige Aspekte der lexikalischen und semantischen Entwicklung. In H. Grimm (Hrsg.), *Sprachentwicklung. Enzyklopädie der Psychologie* (S. 172–192). Göttingen: Hogrefe.

Menyuk, P., Liebergott, J. W. & Schultz, M. C. (1995). *Early language development in fullterm and premature infants.* Hillsdale, NJ: Erlbaum.

Merten, S. & Kuhs, K. (2012). Zum Stellenwert von Wortschatzarbeit in mehrsprachigen Klassen. In S. Merten & K. Kuhs (Hrsg.), *Perspektiven empirischer Sprachdidaktik* (Koblenz-Landauer Studien zu Geistes-, Kultur- und Bildungswissenschaften, Bd. 10, S. 7–27). Trier: Wissenschaftlicher Verlag Trier.

Merz-Grötsch, J. (2000). *Schreiben als System.* Freiburg im Breisgau: Fillibach.

Merz-Grötsch, J. (2003). Methoden der Textproduktionsvermittlung. In U. Bredel (Hrsg.), *Didaktik der deutschen Sprache: Ein Handbuch* (S. 802–813). Paderborn: Schöningh.

Meurers, D., Berendes, K., Vajjala, S. & Bryant, D. (2015). *Leseanforderungen in der Sekundarstufe: Ein Vergleich der linguistischen Komplexität von Schulbuchtexten,* 3. Kongress der Gesellschaft für Empirische Bildungsforschung (GEBF): Bochum.

Miller, G. A. (1993). *Wörter. Streifzüge durch die Psycholinguistik* (Spektrum-Bibliothek, Bd. 36). Heidelberg: Spektrum.

Miller, G. A. & Galanter, E. (1991). *Strategien des Handelns. Pläne und Strukturen des Verhaltens* (Konzepte der Humanwissenschaften, 2. Aufl.). Stuttgart: Klett.

Morek, M. & Heller, V. (2012). Bildungssprache – Kommunikative, epistemische, soziale und interaktive Aspekte ihres Gebrauchs. *Zeitschrift für angewandte Linguistik, 57* (1), 67–101.

Müller, R. & Dittmann-Domenichini, N. (2007). Die Entwicklung schulisch-standardsprachlicher Kompetenzen in der Volksschule. Eine Quasi-Längsschnittstudie. *Linguistik online, 32,* 71–93.

Nagy, W. & Herman, P. (1987). Breadth and depth of vocabulary knowledge: Implications for acquisition and instruction. In M. G. McKeown & M. E. Curtis (Hrsg.), *The Nature of vocabulary acquisition* (S. 19–36). New York, NY: Psychology Press.

Nagy, W. & Scott, J. (2000). Vocabulary processes. In M. L. Kamil, R. Barr, P. D. Pearson & P. Mosenthal (Hrsg.), *Handbook of reading research. Bd. III* (S. 269–284). Mahwah, NJ: Erlbaum.

Nation, I. S. P. (2001). *Learning vocabulary in another language* (The Cambridge applied linguistics series). Cambridge: Cambridge University Press.

National Centre for Education Statistics. (2012). *The nation's report: Writing 2011.* Washington, DC: Institute of Education Sciences, U.S. Department of Education.

Neugebauer, C. & Nodari, C. (1999). Aspekte der Sprachförderung. In M. Gyger & B. Heckendorn-Heinimann (Hrsg.), *Erfolgreich integriert? Fremd- und mehrsprachige Kinder und Jugendliche in der Schweiz* (S. 161–175). Bern: Berner Lehrmittel- und Medienverlag.

Neumann, A. (2014). Großuntersuchungen zur Schreibleistungsmessung. In H. Feilke & T. Pohl (Hrsg.), *Schriftlicher Sprachgebrauch – Texte verfassen* (Deutschunterricht in Theorie und Praxis, DTP; Bd. 4, S. 514–531). Baltmannsweiler: Schneider Verlag Hohengehren.

Neumann, A. & Lehmann, R. (2008). Schreiben Deutsch. In E. Klieme (Hrsg.), *Unterricht und Kompetenzerwerb in Deutsch und Englisch. Ergebnisse der DESI-Studie* (Beltz Pädagogik, S. 89–103). Weinheim: Beltz.

Oehler, H. & Heupel, C. (1975). *Grundwortschatz Deutsch. Essential German.* Stuttgart: Klett.

Oelkers, J. (2005). Von Zielen zu Standards. Ein Fortschritt? In G. Becker (Hrsg.), *Standards. Unterrichten zwischen Kompetenzen, zentralen Prüfungen und Vergleichsarbeiten* (Friedrich-Jahresheft, Bd. 23, S. 18–19). Seelze: Friedrich.

Ohm, U., Funk, H. & Kuhn, C. (2007). *Sprachtraining für Fachunterricht und Beruf. Fachtexte knacken – mit Fachsprache arbeiten* (FörMig Edition, Bd. 2). Münster: Waxmann.

Olinghouse, N. G. & Graham, S. (2009). The relationship between the discourse knowledge and the writing performance of elementary-grade students. *Journal of Educational Psychology, 101* (1), 37–50.

Olinghouse, N. G., Graham, S. & Gillespie, A. (2015). The relationship of discourse and topic knowledge to fifth graders' writing performance. *Journal of Educational Psychology, 107* (2), 391–406.

Olinghouse, N. G. & Leaird, J. T. (2009). The relationship between measures of vocabulary and narrative writing quality in second- and fourth-grade students. *Reading and Writing Quarterly, 22* (5), 545–565.

Olinghouse, N. G. & Wilson, J. (2013). The relationship between vocabulary and writing quality in three genres. *Reading and Writing Quarterly, 26* (1), 45–65.

Ortner, H. (2009). Rhetorisch-stilistische Eigenschaften der Bildungssprache. In U. Fix (Hrsg.), *Rhetorik und Stilistik. Ein Handbuch historischer und systematischer Forschung* (Handbücher zur Sprach- und Kommunikationswissenschaft, Bd. 31, 2, S. 2227–2240). Berlin: De Gruyter.

Ossner, J. (1995). Prozessorientierte Schreibdidaktik in Lehrplänen. In J. Baurmann & R. Weingarten (Hrsg.), *Schreiben. Prozesse, Prozeduren und Produkte* (S. 29–50). Opladen: Westdeutscher Verlag.

Ossner, J. (1996). Gibt es Entwicklungsstufen beim Aufsatzschreiben? In H. Feilke & P. R. Portmann (Hrsg.), *Schreiben im Umbruch. Schreibforschung und schulisches Schreiben* (Deutsch im Gespräch, 1. Aufl., S. 74–84). Stuttgart: Klett.

Ossner, J. (2006). Kompetenzen und Kompetenzmodelle im Deutschunterricht. *Didaktik Deutsch, 21,* 5–19.

Ott, M. (2000). *Schreiben in der Sekundarstufe I. Differenzierte Wahrnehmung und gezielte Förderung von Schreibkompetenzen* (Deutschdidaktik aktuell, Bd. 9). Baltmannsweiler: Schneider Verlag Hohengehren.

Paradis, J. (2011). Individual differences in child English second language acquisition: Comparing child-internal and child-external factors. *Linguistic Approaches to Bilingualism, 3* (1), 213–237.

Parker, R. I., Tindal, G. & Hasbrouck, J. (1991). Countable indices of writing quality: Their suitability for screening-eligibility decisions. *Exceptionality, 2,* 1–17.

Pearson, P. D., Hiebert, E. H. & Kamil, M. L. (2007). Vocabulary assessment: What we know and what we need to learn. *Reading Research Quarterly, 42,* 282–296.

Perkuhn, R., Keibel, H. & Kupietz, M. (2012). *Korpuslinguistik.* Stuttgart: UTB GmbH.

Petermann, F. (2010). *Sprachstandserhebungstest für Kinder im Alter zwischen 5 und 10 Jahren. SET 5-10.* Göttingen: Hogrefe.

Philipp, M. (2012). *Besser lesen und schreiben. Wie Schüler effektiver mit Sachtexten umgehen lernen* (Schulpädagogik). Stuttgart: Kohlhammer.

Philipp, M. (2015). *Schreibkompetenz. Komponenten, Sozialisation und Förderung* (UTB Sprach- und Literaturwissenschaft, Bd. 4457). Tübingen: Francke.

Plewnia, A. (2006). Wortschatz und Wortkunde im Lehrplan Deutsch. *Der Deutschunterricht, 58,* 9–18.

Pohl, T. (2014). Entwicklung der Schreibkompetenzen. In H. Feilke & T. Pohl (Hrsg.), *Schriftlicher Sprachgebrauch – Texte verfassen* (Deutschunterricht in Theorie und Praxis, DTP; Bd. 4, S. 101–142). Baltmannsweiler: Schneider Verlag Hohengehren.

Polacco, P. (1996). *I can hear the sun. A modern myth.* New York, NY: Philomel Books.

Polz, M. (2011). Vorbereitung auf die schulische Wortschatzarbeit in Lehramtsstudiengängen und in der zweiten Phase der Lehrerbildung. In I. Pohl & W. Ulrich (Hrsg.), *Wortschatzarbeit* (Deutschunterricht in Theorie und Praxis, DTP; Bd. 7, S. 475–492). Baltmannsweiler: Schneider Verlag Hohengehren.

Pregel, D. & Rickheit, G. (1987). *Der Wortschatz im Grundschulalter. Häufigkeitswörterbuch zum verbalen, substantivischen und adjektivischen Wortgebrauch.* Hildesheim: Olms.

Programmträger FÖRMIG. (2009). *Förderung von Kindern und Jugendlichen mit Migrationshintergrund FörMig – Bilanz und Perspektiven eines Modellprogramms. Abschlussbericht.* Hamburg: Universität.

Qian, D. D. (1999). Assessing the roles of depth and breadth of vocabulary knowledge in reading comprehension. *Canadian Modern Language Review, 56,* 282–307.

Qian, D. D. (2000). *Validating the role of depth of vocabulary knowledge in assessing reading for basic comprehension [TOEFL 2000 Research Report].* Princeton, NJ: Educational Testing Service.

Quasthoff, U., Goldhahn, D. & Eckart, T. (2015). Building Large Resources for Text Mining: The Leipzig Corpora Collection. In C. Biemann & A. Mehler (Hrsg.), *Text Mining – From Ontology Learning to Automated Text Processing Applications* (S. 3–24). Berlin: Springer.

Raatz, U. & Möhling, R. (1971). *Frankfurter Tests für Fünfjährige (Wortschatz-FTF-W).* Frankfurt am Main: Beltz-Test.

Raatz, U. & Schwarz, E. (1974). *Wortschatzuntersuchung für Kinder, 4.-6. Klasse.* Frankfurt am Main: Beltz.

Ramm, G., Walter, O., Heidemeier, H. & Prenzel, M. (2005). Soziokulturelle Herkunft und Migration im Ländervergleich. In M. Prenzel (Hrsg.), *PISA 2003. Der zweite Vergleich der Länder in Deutschland; was wissen und können Jugendliche?* (S. 269–298). Münster: Waxmann.

Read, J. A. S. (2000). *Assessing vocabulary* (Cambridge language assessment series). Cambridge: Cambridge University Press.

Read, J. A. S. (2007). Second language vocabulary assessment: Current practices and new directions. *International Journal of English Studies, 7* (2), 105–125.

Redder, A., Guckelsberger, S. & Graßer, B. (2013). *Mündliche Wissensprozessierung und Konnektierung. Sprachliche Handlungsfähigkeiten in der Primarstufe* (1. Aufl.). Münster: Waxmann.

Reich, H. H. (2008). *Materialien zum Workshop „Bildungssprache". FörMig – Weiterqualifizierung „Berater(in) für sprachliche Bildung, Deutsch als Zweitsprache"*. Hamburg.

Rescorla, L., Mirak, J. & Singh, L. (2000). Vocabulary growth in late talkers: lexical development from 2;0 to 3;0. *Journal of Child Language, 27* (2), 293–311.

Richards, B. (1987). Type/Token Ratios. What do they really tell us? *Journal of Child Language, 14* (2), 201–209.

Riebling, L. (2013). Heuristik der Bildungssprache. In I. Gogolin, I. Lange, U. Michel & H. H. Reich (Hrsg.), *Herausforderung Bildungssprache – und wie man sie meistert* (FörMig-Edition, Bd. 9, S. 106–153). Münster: Waxmann.

Römer, C. & Matzke, B. (2010). *Der deutsche Wortschatz. Struktur, Regeln und Merkmale* (Narr Studienbücher). Tübingen: Narr.

Rost-Roth, M. (Hrsg.). (2010). *DaZ-Spracherwerb und Sprachförderung Deutsch als Zweitsprache. Beiträge aus dem 5. Workshop „Kinder mit Migrationshintergrund"*. Freiburg im Breisgau: Fillibach.

Rothweiler, M. (2001). *Wortschatz und Störungen des lexikalischen Erwerbs bei spezifisch sprachentwicklungsgestörten Kindern* („Edition S"). Heidelberg: Winter.

Rothweiler, M. & Meibauer, J. (1999). Das Lexikon im Spracherwerb – ein Überblick. In J. Meibauer & M. Rothweiler (Hrsg.), *Das Lexikon im Spracherwerb* (UTB für Wissenschaft Mittlere Reihe Linguistik, Pädagogik, Bd. 2039, S. 9–31). Tübingen: Francke.

Rupp, S. (2013). *Semantisch-lexikalische Störungen bei Kindern. Sprachentwicklung: Blickrichtung Wortschatz* (Praxiswissen Logopädie). Berlin: Springer.

Rüßmann, L., Steinhoff, T., Marx, N. & Wenk, A. K. (2016). Schreibförderung durch Sprachförderung? Zur Wirksamkeit sprachlich profilierter Schreibarrangements in der mehrsprachigen Sekundarstufe I unterschiedlicher Schulformen. *Didaktik Deutsch, 40,* 41–59.

Saddler, B. & Graham, S. (2007). The relationship between writing knowledge and writing performance among more and less skilled writers. *Reading and Writing Quarterly, 23,* 231–247.

Saussure, F. d. (1986). *Grundfragen der allgemeinen Sprachwissenschaft*. Berlin: De Gruyter.

Schleppegrell, M. J. (2001). Linguistic features of the language of schooling. *Linguistics and Education, 12,* 431–459.

Schleppegrell, M. J. (2004). *The language of schooling. A functional linguistics perspective*. Mahwah, NJ: Erlbaum.

Schmid, H. (1995). *Improvements in part-of-speech tagging with an application to German. Proceedings of the ACL SIGDAT-Workshop*, Dublin.

Schmidt, K. H. & Metzler, P. (1992). *Wortschatztest (WST)*. Göttingen: Hogrefe.

Schmitt, M. & Knopp, M. (2017). Prädiktoren der Schreibkompetenz. In M. Becker-Mrotzek, J. Grabowski & T. Steinhoff (Hrsg.), *Forschungshandbuch empirische Schreibdidaktik* (S. 239–252). Münster: Waxmann.

Schmitt, N. (2010). *Researching vocabulary. A vocabulary research manual* (Research and practice in applied linguistics). New York, NY: Palgrave Macmillan.

Schmitt, N. (2014). Size and depth of vocabulary knowledge. What the Research Shows. *Language Learning, 64* (4), 913–951.

Schmölzer-Eibinger, S. (2008). *Lernen in der Zweitsprache. Grundlagen und Verfahren der Förderung von Textkompetenz in mehrsprachigen Klassen* (Europäische Studien zur Textlinguistik, Bd. 5). Tübingen: Narr.

Schnörch, U. (2002). *Der zentrale Wortschatz des Deutschen. Strategien zu seiner Ermittlung, Analyse und lexikografischen Aufarbeitung* (Studien zur deutschen Sprache, Bd. 26). Tübingen: Narr.

Schoonen, R. (2012). The validity and generalizability of writing scores: The effect of rater, task and language. In E. van Steendam, M. Tillema, G. Rijlaarsdam & H. van den Bergh (Hrsg.), *Measuring writing: recent insights into theory, methodology and practice* (Bd. 27, S. 1–22). Leiden: BRILL.

Schrey-Dern, D., Stiller, U. & Tockuss, C. (2006). *Sprachentwicklungsstörungen. Logopädische Diagnostik und Therapieplanung; 42 Tabellen* (Forum Logopädie). Stuttgart: Thieme.

Schroeder, S., Wurzner, K. M., Heister, J., Geyken, A. & Kliegl, R. (2015). childLex: a lexical database of German read by children. *Behavior research methods, 47* (4), 1085–1094.

Schuth, E., Heppt, B., Köhne, J., Weinert, S. & Stanat, P. (2015). Die Erfassung schulisch relevanter Sprachkompetenzen bei Grundschulkindern – Entwicklung eines Testinstruments. In A. Redder, J. Naumann & R. Tracy (Hrsg.), *Forschungsinitiative Sprachdiagnostik und Sprachförderung – Ergebnisse* (1. Aufl., S. 93–112). Münster: Waxmann.

Sieber, P. (1998). *Parlando in Texten. Zur Veränderung kommunikativer Grundmuster in der Schriftlichkeit* (Reihe Germanistische Linguistik, Bd. 191). Tübingen: Niemeyer. https://doi.org/10.1515/9783110940800

Sieber, P. (2003). Modelle des Schreibprozess. In U. Bredel (Hrsg.), *Didaktik der deutschen Sprache: Ein Handbuch* (S. 208–223). Paderborn: Schöningh.

Siepmann, D. (2007). Wortschatz und Grammatik: zusammenbringen, was zusammengehört. *Beiträge zur Fremdsprachenvermittlung, 46,* 59–80.

Snow, C. E., Lawrence, J. F. & White, C. (2009). Generating knowledge of academic language among urban middle school students. *Journal of Research on Educational Effectiveness, 2* (4), 325–344.

Snyder, L. S., Bates, E. & Bretherton, I. (1981). Content and context in early lexical development. *Journal of Child Language, 8* (3), 565–582.

Staatsinstitut für Schulqualität und Bildungserfolg München. (k.A.). *LehrplanPLUS für die Mittelschule Jahrgangsstufe 9 des Faches Deutsch.* Zugriff am 11.02.2017. Verfügbar unter https://www.isb.bayern.de/download/13216/06lp_d_9_r.pdf

Stahl, S. A. & Fairbanks, M. M. (1986). The effects of vocabulary instruction: A model-based meta-analysis. *Review of Educational Research, 56* (1), 72–110.

Stanat, P. (2006). Disparitäten im schulischen Erfolg: Analysen zur Rolle des Migrationshintergrunds. *Unterrichtswissenschaft, 2* (34), 98–124.

Statistisches Bundesamt. (2014). *Bevölkerung und Erwerbstätigkeit. Bevölkerung mit Migrationshintergrund – Ergebnisse des Mikrozensus 2013.* Wiesbaden: Statistisches Bundesamt.

Steinhoff, T. (im Druck). Funktionale Schreibdidaktik. In E. Montanari, Y. Ekinci & L. Selmani (Hrsg.), *Grammatik und Variation.* Heidelberg: Snychron.

Steinhoff, T. (2009). *Wortschatz – eine Schaltstelle für den schulischen Spracherwerb?* (Siegener Papiere zur Aneignung sprachlicher Strukturformen, SPASS, Bd. 17). Siegen: Die Universität.

Steinhoff, T. (2011). Unterrichtsideen zur textorientierten Wortschatzarbeit: Aneignungs- und Gebrauchskontexte lexikalischer Mittel. In I. Pohl & W. Ulrich (Hrsg.), *Wortschatzarbeit* (Deutschunterricht in Theorie und Praxis, DTP; Bd. 7, S. 577–589). Baltmannsweiler: Schneider Verlag Hohengehren.

Steinhoff, T. (2013). Wortschatz – im Zentrum von Sprachgebrauch und Kompetenzförderung. In S. Gailberger & F. Wietzke (Hrsg.), *Handbuch kompetenzorientierter Deutschunterricht* (Pädagogik 2013, S. 12–29). Weinheim: Beltz.

Steinig, W. (2009). *Schreiben von Kindern im diachronen Vergleich. Texte von Viertklässlern aus den Jahren 1972 und 2002.* Münster: Waxmann.

Stemler, S. E. (2004). A comparison of consensus, consistency, and measurement approaches to estimating interrater reliability, *9* (4). Zugriff am 18.04.2017. Verfügbar unter http://pareonline.net/getvn.asp?v=9&n=4

Suchodoletz, W. v. (2013). *Methoden zur Diagnostik und Therapie von Sprech- und Sprachentwicklungsstörungen. Ergänzung zu Kapitel 3 des Leitfadens Kinder- und Jugendpsychotherapie* (Bd. 18). Göttingen: Hogrefe.

Suchodoletz, W. v. & Sachse, S. (2012). *Früherkennung von Sprachentwicklungsstörungen. Der SBE-2-KT und SBE-3-KT für zwei- bzw. dreijährige Kinder* (1. Aufl.). Stuttgart: Kohlhammer.

Szagun, G. (2013). *Sprachentwicklung beim Kind. Ein Lehrbuch* (5., aktual. u. vollst. überarb). Weinheim: Beltz.

Szagun, G., Steinbrink, C., Franik, M. & Stumper, B. (2006). Development of vocabulary and grammar in young German-speaking children assessed with a German language development inventory. *First language, 26* (3), 259–280.

Szagun, G., Stumper, B. & Schramm, S. A. (2009). *Fragebogen zur frühkindlichen Sprachentwicklung (FRAKIS) und FRAKIS-K (Kurzform)*. Frankfurt: Pearson.

Thibodeau, A. L. (1964). *A study of the effects of elaborative thinking and vocabulary enrichment exercises on written composition.* Boston, MA.

Thürmann, E. (2011). *Deutsch als Schulsprache in allen Fächern. Konzepte zur Förderung bildungssprachlicher Kompetenzen.* Zugriff am 17.03.2017. Verfügbar unter http://www.schulentwicklung.nrw.de/materialdatenbank/nutzersicht/getFile.php?id=5179

Torrance, M. & Galbraith, D. (2008). The processing demands of writing. In C. A. MacArthur, S. Graham & J. Fitzgerald (Hrsg.), *Handbook of writing research* (S. 67–80). New York, NY: Guilford Press.

Townsend, D., Filippini, A., Collins, P. & Biancarosa, G. (2012). Evidence for the importance of academic word knowledge for the academic achievement of diverse middle school students. *The Elementary School Journal, 112* (3), 497–518.

Ulrich, W. (2010). *Wörter, Wörter, Wörter. Wortschatzarbeit im muttersprachlichen Deutschunterricht; Anleitung und praktische Übungen mit 204 Arbeitsblättern in Form von Kopiervorlagen* (2., unveränd. Aufl.). Baltmannsweiler: Schneider Verlag Hohengehren.

Ulrich, W. (2011a). Begriffsklärungen: Wort, Wortschatz, Wortschatzarbeit. In I. Pohl & W. Ulrich (Hrsg.), *Wortschatzarbeit* (Deutschunterricht in Theorie und Praxis, DTP; Bd. 7, S. 29–45). Baltmannsweiler: Schneider Verlag Hohengehren.

Ulrich, W. (2011b). Gegenwärtige Situation: Förderung einer lexikonorientierten Reflexion über Sprache. In I. Pohl & W. Ulrich (Hrsg.), *Wortschatzarbeit* (Deutschunterricht in

Theorie und Praxis, DTP; Bd. 7, S. 18–28). Baltmannsweiler: Schneider Verlag Hohengehren.

Ure, J. (1971). Lexical density and register differentiation. In G. E. Perren (Hrsg.), *Applications of linguistics. Selected papers of the 2nd International Congress of Applied Linguistics 1969* (S. 443–452). Cambridge: Cambridge University Press.

Van Steendam, E., Tillema, M., Rijlaarsdam, G. & van den Bergh, H. (Hrsg.). (2012). *Measuring writing: recent insights into theory, methodology and practice* (Bd. 27). Leiden: BRILL.

Vermeer, A. (2001). Breadth and depth of vocabulary in relation to L1/L2 acquisition and frequency of input. *Applied Psycholinguistics, 22*, 217–234.

Weinert, F. E. (2001). Vergleichende Leistungsmessung in Schulen – eine umstrittene Selbstverständlichkeit. In F. E. Weinert (Hrsg.), *Leistungsmessungen in Schulen* (Beltz-Pädagogik, S. 17–31). Weinheim: Beltz.

Weinzierl, C. & Wrobel, A. (2017). Schreibprozesse untersuchen. In M. Becker-Mrotzek, J. Grabowski & T. Steinhoff (Hrsg.), *Forschungshandbuch empirische Schreibdidaktik* (S. 221–238). Münster: Waxmann.

Weiß, R. H. (2006). *Grundintelligenztest Skala 2 – Revision (CFT 20-R) mit Wortschatztest und Zahlenfolgentest – Revision (WS/ZF-R). CFT 20-R.* Göttingen: Hogrefe.

Willenberg, H. (k.A.). *Der Wortschatz.* Zugriff am 21.05.2017. Verfügbar unter http://heiner-willenberg.de/der-wortschatz.html

Willenberg, H. (Hrsg.). (2007). *Kompetenzhandbuch für den Deutschunterricht. Auf der empirischen Basis des DESI-Projekts.* Baltmannsweiler: Schneider Verlag Hohengehren.

Willenberg, H. (2008). Wortschatz Deutsch. In E. Klieme (Hrsg.), *Unterricht und Kompetenzerwerb in Deutsch und Englisch. Ergebnisse der DESI-Studie* (Beltz Pädagogik, S. 72–80). Weinheim: Beltz.

Willenberg, H. (2011a). Kritische Betrachtung von Makrountersuchungen zur Wortschatzmessung. In I. Pohl & W. Ulrich (Hrsg.), *Wortschatzarbeit* (Deutschunterricht in Theorie und Praxis, DTP; Bd. 7, S. 517–523). Baltmannsweiler: Schneider Verlag Hohengehren.

Willenberg, H. (2011b). Lehrpläne, curriculare Bildungsstandards und Wortschatzarbeit. In I. Pohl & W. Ulrich (Hrsg.), *Wortschatzarbeit* (Deutschunterricht in Theorie und Praxis, DTP; Bd. 7, S. 509–516). Baltmannsweiler: Schneider Verlag Hohengehren.

Wrobel, A. (1995). *Schreiben als Handlung. Überlegungen und Untersuchungen zur Theorie der Textproduktion* (Reihe Germanistische Linguistik, Bd. 158). Berlin: De Gruyter.

Wrobel, A. (2002). Schreiben und Formulieren. Prätext als Problemindikator und Lösung. In D. Perrin, I. Böttcher, O. Kruse & A. Wrobel (Hrsg.), *Schreiben. Von intuitiven zu professionellen Schreibstrategien* (S. 83–96). Wiesbaden: Verlag für Sozialwissenschaften.

Wrobel, A. (2014). Schreibkompetenz und Schreibprozess. In H. Feilke & T. Pohl (Hrsg.), *Schriftlicher Sprachgebrauch – Texte verfassen* (Deutschunterricht in Theorie und Praxis, DTP; Bd. 4, S. 85–100). Baltmannsweiler: Schneider Verlag Hohengehren.

Wu, T. (1993). An accurate computation of hypergeometric distribution function. *ACM Transactions on Mathematical Softer, 19*, 33–43.

Wygotskij, L. S. (1986). *Denken und Sprechen* (Fischer-Taschenbücher Fischer Wissenschaft, Bd. 7368, Ungekürzte Ausg). Frankfurt am Main: Fischer-Taschenbuch-Verlag.

Abbildungsverzeichnis

Tabellenverzeichnis

UNSERE BUCHEMPFEHLUNG

Michael Becker-Mrotzek,
Joachim Grabowski,
Torsten Steinhoff (Hrsg.)

Forschungshandbuch empirische Schreibdidaktik

*2016, ca. 350 Seiten, br., 34,90 €,
ISBN 978-3-8309-3432-5*
*E-Book: 30,99 €,
ISBN 978-3-8309-8432-0*

Aus der Interdiziplinarität und Empirisierung der modernen Bildungsforschung – und damit auch der Erforschung der Voraussetzungen und Bedingungen von Schreibentwicklung, Schreibprozessen und ihrer Didaktik – ergeben sich neue methodische und methodologische Herausforderungen. Darauf reagiert das Forschungshandbuch empirische Schreibdidaktik, indem es den aktuellen, auch internationalen, Forschungsstand der zugehörigen Themenbereiche instruktiv darlegt und damit einen Beitrag zur Verbesserung der Forschungs- und Methodenausbildung in einschlägigen, auch lehramtsbezogenen Studiengängen und in der wissenschaftlichen Nachwuchsqualifikation leistet.

www.waxmann.com